高等学校应用型本科管理学

"十三五"规划教材

市场营销学

（第二版）

主　编　柳　欣
副主编　周　蓉　高　微

中国金融出版社

责任编辑：丁　芊
责任校对：刘　明
责任印制：陈晓川

图书在版编目（CIP）数据

市场营销学/柳欣主编 . —2 版 . —北京：中国金融出版社，2020.8
高等学校应用型本科管理学"十三五"规划教材
ISBN 978 - 7 - 5220 - 0651 - 2

Ⅰ . ①市…　Ⅱ . ①柳…　Ⅲ . ①市场营销学—高等学校—教材
Ⅳ . ①F713.50

中国版本图书馆 CIP 数据核字（2020）第 106055 号

市场营销学（第二版）
SHICHANG YINGXIAOXUE（DI-ER BAN）
出版
发行　**中国金融出版社**

社址　北京市丰台区益泽路 2 号
市场开发部　（010）66024766，63805472，63439533（传真）
网上书店　http://www.chinafph.com
　　　　　　（010）66024766，63372837（传真）
读者服务部　（010）66070833，62568380
邮编　100071
经销　新华书店
印刷　北京市松源印刷有限公司
尺寸　185 毫米×260 毫米
印张　19.5
字数　436 千
版次　2013 年 2 月第 1 版　2020 年 8 月第 2 版
印次　2020 年 8 月第 1 次印刷
定价　58.00 元
ISBN 978 - 7 - 5220 - 0651 - 2
如出现印装错误本社负责调换　联系电话（010）63263947

前　　言

进入 21 世纪以来，随着科学技术的飞速发展，人类社会正快速驶入一个前所未有的快车道。如今，高度发展的科学技术为我们的生活带来了翻天覆地的变化，同时也对企业营销带来了新的挑战和思考。企业对市场营销人才也有了新的要求。

市场营销学是一门建立在经济科学、行为科学和现代管理学基础上的应用科学，具有谋略性、艺术性与实用性，已被广泛运用于企业和各类社会组织的运筹、决策和企业形象塑造等方面。它研究以满足消费者需求为中心的企业营销活动过程及其规律性，具有全程性、综合性、实践性的特点，它所涉及的理论、方法和原理都关系到企业经营的成败。在激烈的竞争中，各行各业都需要充分运用市场营销的观念来发展经济、开拓事业。

为适应市场营销教学的需要，我们在中国金融出版社的支持和指导下，对《市场营销学》加以修订，本次修订结合多年的教学研究经验，将理论教学和实践教学有机结合。一方面可满足应用型、创新型人才培养需要，注重对分析问题和解决问题能力的考核，以及对学生创新创业能力的培养；另一方面可满足市场需要，对企业决策等提供可借鉴的依据，具有较强的实用性。

本书较原版进行了一些改进，主要体现在：

一是引入中国优秀传统文化。中国已成为世界第二大经济体，中国的营销人员在感受中国经济迅猛发展的同时，更要自觉地接受中国优秀传统文化的洗礼。我们不仅能从古圣先贤的事迹中培养营销人员的职业精神，更能从经史子集中接受美的熏陶从而提高自身的专业素养。本书尝试从中国优秀传统文化中寻找市场营销学课程可借鉴的内容，为市场营销学与中国文化的结合做一点尝试，希望读者在感受中国文化力量的同时更能够推及开来，为中国企业软实力的增强进行有益的探索。

二是助力"双创"能力提升。数字化、网络化、智能化带来了新一轮的科技革命和产业变革，在这一新的变革中需要创业精神和创新能力来应对挑战。本书对于创业者重点掌握的营销理论通过"创业必备知识点"加以强调，同时通过"创业营销能力实训项目"在学以致用的同时提高创新能力，培养创业精神。

三是利用优质线上资源。本书主编是省级营销类线上精品课程的负责人，在修订中将相关营销理论的优质网络课程通过"线上导读"环节引入。用新的思路、新的观念、新的方法对营销理论和营销实务进行分析和阐明，力争做到前沿、新颖、独到。

四是促进学用结合。本书选用大量案例，既有中外营销的经典案例，也有近几年活跃于中国市场和国际市场知名企业的案例，以拓宽读者的思维和视野，让读者"走进去"，掌握相关营销理论。全书在每章配有相应的思考与练习、课堂模拟训练等项目，使学生重点掌握营销业务的实际操作能力。每章都配有同步训练和案例分析等内容，供广大学生和自学者进行自我检测。

本书既可作为经济、管理类本科教材，也可作为市场营销人员和企业管理人员的自学用书。

本书由柳欣担任主编，高微、周蓉担任副主编。全书共十二章，参与本书的编写人员有：柳欣（哈尔滨金融学院，第一章、第二章、第五章），高微（哈尔滨金融学院，第七章、第八章、第九章），周蓉（哈尔滨金融学院，第三章、第四章、第六章），张磊（哈尔滨金融学院，第十一章），刘雅晶（哈尔滨金融学院，第十章、第十二章），全书最后由柳欣定稿。

感谢中国金融出版社对本书出版的大力支持。感谢柳世毅先生和李淼先生书写本书所选用的诗词，让本书得以润染中国书法的墨色之美。

本书及线上导学视频参考和引用了众多专家、学者的珍贵资料，除注明出处的部分外，限于体例未能一一说明，在此谨向有关作者表示诚挚的谢意。由于编写时间仓促、编者水平有限，书中疏漏和不妥之处敬请广大读者和专家批评指正。

编者
2020 年 8 月

目　　录

第一章
市场营销导论

◆ 本章学习目标

☞ 应用知识目标

1. 领会市场营销学是一门应用科学；
2. 识记市场营销的含义及特点；
3. 理解市场营销管理。

☞ 应用技能目标

1. 把握市场营销的丰富内涵；
2. 树立现代市场营销观念指导经营活动。

☞ 创业必知知识点

1. 市场营销的核心；
2. 树立现代市场营销观念；
3. 体会营销管理。

📖 中国传统文化与营销启示

路逢剑客须呈剑，不是诗人莫献诗。

——宋·释道宁

闻声和音，谓声气不同，则恩爱不接。①

——鬼谷子·中经

启示：市场营销学产生于 20 世纪初期的美国，较之西方经典理论其历史并不长，还是个"年轻人"；中国传统文化根植于有着五千年文明的中国，其历史非常久远，可以称得上"老人家"。这一老一小的相遇是因为社会经济及市场经济发展的必然。今天，市场营销学的应用已从营利组织扩展到非营利组织，从有形产品如牙刷到无形产品如创意，从指导企业到影响生活，已成为同企业管理相结合，并同经济学、行为科学、

---

① 听到对方的声音便用相同的声音去应和。这是因为如果声音的性质不同，感情就不会相同。

人类学、数学等学科相结合的应用边缘管理学科。当市场营销学的应用越来越广泛，从中国优秀传统文化中汲取的智慧就显得越来越重要。以上这些中国古文，很多时候不仅告诉我们了解消费者需求的重要性，还启示我们如何在营销细节中通过与消费者"共情"建立起良好的客户关系。

第一节　市场营销及核心概念

市场营销离我们很遥远吗？实际上我们每天都在和它打交道。生活里，那个"执子之手，与子偕老"的爱人是你用众多标准从芸芸众生中细分确定的"目标市场"，重要约会我们总要把自己包装一番，其实不就是在进行"产品改良"吗？手机里的广告时时刺激你的购买欲望……我们每天都在营销或被营销，不知不觉中参与着营销活动。互联网让消费者更容易获得资讯，有更多的选择，也使得今天的企业面对的竞争越来越激烈。没有营销，企业就没有发展。越来越多的企业管理者认识到，企业能够不被淘汰，紧紧依靠生产技术优势远远不够，更多的要依赖行之有效的营销行为。不管你是一个职业人，还是一个创业者，或者正在准备中的学习者，市场营销学都是你必知的课程。

一、市场营销

（一）市场营销的基本含义

市场营销是企业在市场环境中从事的经营活动，是在市场营销观念指导下产生的一种现代企业行为。市场营销的确切定义经历了不断发展和完善的过程，最权威的定义依旧来自美国市场营销协会（AMA）。我们从市场营销界及营销学者给出的多种不同的解释和表述就能看出在不同时期人们对市场营销认识的发展过程。在本书中，为叙述简便，营销与市场营销具有相同的含义。

对于市场营销早期的认识是比较肤浅的，1960 年，美国市场营销协会定义委员会给市场营销下过如下定义："市场营销是引导产品及劳务从生产者到达消费者或使用者手中的一切企业经营活动。"从这一定义中会发现市场营销的起点是产品制成后，终点是消费者，其含义仅仅把市场营销看作是沟通生产环节与消费环节的商业活动过程，存在明显的局限性。

随着社会经济的发展和人类认识的深化，市场营销的内涵和外延已经极大的丰富和扩展，其过程向前延伸到生产领域和生产前的各种活动，向后延伸到流通过程结束后的消费过程；其内容扩大到市场调研、市场细分、产品开发、确定价格、选择分销渠道、广告、促销、售后服务、信息反馈等诸多方面；其目的上升为保证消费者的需求得到全部和真正满足，并为社会创造更高的生活标准；其运行表现为在现代市场营销观念指导下制订计划、有组织地自觉加以调节和控制的理性活动。

2013 年 7 月，美国市场营销协会将市场营销定义为在创造、沟通、传播和交换产品中，为顾客、客户、合作伙伴以及整个社会带来价值的一系列活动、过程和体系。

（二）市场营销的特点

1. 市场营销是以满足需求为基点从而推动"创造需求"的企业经营行为

市场营销是以满足需求为中心，从最新的定义中可以看到，从事市场营销的企业仍以盈利为基本目标，但这一目标的实现，已经不仅仅是满足消费者（顾客）的需求，还包括要满足合作伙伴和社会的需求，而且不仅仅是满足还需要"创造"。在高科技发展的今天，许多产品的出现引领了消费者的需求，创造需求有利于营销创新，基于上述认识，企业在市场营销中，无论从事市场调研、产品开发，还是确定价格、广告宣传，虽然仍然以消费者的需求为出发点，但不仅需要满足现实需求，还要激发、转化各种潜在需求，进而引导和创造新的需求；不仅满足消费者的近期、个别需要，还要顾及消费者的长远需要，维护社会公众的整体利益。

2. 市场营销是一系列过程的体现

市场营销是由一系列行为过程构成的，包括评估市场、战略决策、策略实施等阶段。评估市场可以使企业选择有利的经营时机，客观分析企业自身情况，分析消费者需求趋势。战略决策主要是解决制订或调整经营方向、进行经营规模的合理优化等重大战略问题，市场营销战略决定着企业市场营销活动的方向和效果。策略实施阶段要确定产品策略，合理制定价格，畅通渠道，辅之以有效的促销和人员推销手段，在全面满足消费者需要的基础上，促成产品的最终销售。

3. 市场营销是以整体营销组合作为运行手段和方法的有机体系

在传统的经营活动中，企业往往集中运用一种或几种经营手段达成预定目标，例如仅借助产品本身来扩大市场，只依靠推销手段来促进销售。与传统方式不同，市场营销不主张采用单一手段从事经营活动，而认为应在产品设计、包装、商标、定价、财务、销售、服务、公关、分销渠道、仓储运输等各个环节和方面都要制定相应的市场营销策略，以综合性的策略组合进行整体营销。其最具代表性的体现就是4P理论，即产品策略、定价策略、分销渠道策略、促销策略，以及近年来迅速发展的公共关系策略和财务控制策略等。整体营销组合即由这些策略组合而成。每项策略中又包含一系列具体手段，如产品策略中包含产品组合、产品寿命周期、新产品开发、包装、商标等手段。关系策略中包含政府关系、新闻界关系、社区关系、顾客关系、经销商关系等。这些具体手段又构成该策略的下一层次的组合。整体营销组合与各个策略组合相互联系、共同作用，构成市场营销手段和方法的完整体系。

✎ 探讨与应用

李宁回归

从1990年创立到2016年走到末路边缘，李宁用26年见证着其所创立的李宁品牌从辉煌到谷底又重回辉煌。2010年，李宁业绩发生断崖式下跌，净利润暴跌至11.08亿元，股价在短短5个月时间内被腰斩。2014年底，门店锐减至5600家左右，2012—2014年分别亏损19.79亿元、3.92亿元、7.81亿元。

改变从2014年李宁回归管理开始，公司口号由"让改变发生"改回"一切皆有可能"，确立"提供李宁品牌体验价值"的目标，公司由体育装备提供商转型为"互联网＋运动生活体验提供商"；开通微博，与消费者密切互动，加强了用户黏性；重启多品牌战略，获得 Danskin 在中国和澳门地区的独家经营权，推出自营品牌李宁 YOUNG，并与小米合作推出智能跑鞋。

在一系列改革下，2016 年 3 月，李宁公司宣布了 2015 年全年业绩：全年收入 70.89 亿元，较 2014 年增长 17%，实现净利润 1400 万元，在李宁的带领下，公司终于扭亏为盈。在财报发布会上，李宁一再强调，产品、渠道、运营综合能力的提升，是扭亏为盈的关键。而这也是李宁近几年的变革计划中，最主要的方向。

由 CBNData 发布的《90 后、95 后线上消费大数据洞察》显示，年轻人衣品方面有一个共同特征：他们比过去任何时候都更加关注原创设计师的作品，而"原创"是如今中国李宁的品牌中的一个重要的组成部分，也是让他成为当下年轻消费者关注焦点的一个重要因素。李宁通过打造极具个性特征的"韦德之道"和极具中国文化特征的"悟道"两个系列产品，探索一条爆款的路子。前者连续推出爆款球鞋，韦德之道 6 代和 7 代更是出现了一鞋难求的盛况；后者则以潮鞋的形式，在一个特定的文化圈里流行起来。

2018 年 2 月，李宁亮相纽约时装周，模特们身穿带有"中国李宁"字样的服装出现在 T 台上。一时之间，"中国李宁"成为国内的潮牌，无论是主题还是设计，"中国李宁"在将中国元素体现得淋漓尽致的同时又让世界眼前一亮。

在记者问到对于公司未来发展的看法时，李宁表示：未来要把李宁品牌经营成为中国体育品牌的代表，成为亚洲最有竞争力的体育品牌，至于能不能走到是另外一回事。我自己的未来则是把我的体育知识和对体育的憧憬贡献到社会发展中。当运动员时可以作为运动员来争夺冠军，现在把体育商业融入社会发展中，通过体育来创造人生价值，这是我的目标。

（资料来源：http://www.xinhuanet.com/。）

试分析：

1. 李宁品牌是如何重回辉煌的？

2. 结合市场营销定义，你如何理解李宁将体育商业融入社会发展中？

二、市场营销的核心概念

（一）需要、欲望和需求

需要、欲望和需求是市场营销思想的出发点，也是市场交换活动的基本动因。需要是没有得到某些基本满足的感受状态。营销者不创造需要，需要是与生俱来的。欲望是对具体满足物的愿望，可以理解为需要被满足的具体指向物。需求是有购买能力的对某个产品的欲望，也就是既有欲望又有购买力时就会形成需求。

美国心理学家马斯洛认为，人们的需求是多层次的，由低级到高级按一定的顺序排列（见图 1-2）。

马斯洛认为，随着收入和环境的变化，人们的需求也会发生变化，只有当较低层次的需要得到部分满足后才会向往高一级的需要。但当较低级的需求受到威胁时，也会向相反的方向发展，如当遇到灾荒时，就可能牺牲较高级的需要去追求衣食等。在经济不

第五层	自我需要	想要取得事业上的成功，实现自我发展目标	心理需要
第四层	被尊重需要	要求受到尊重，获取名誉	
第三层	社会需要	希望得到友谊	
第二层	安全需要	从长远生存利益考虑希望有安全、稳定的环境	生理需要
第一层	生存需要	满足起码的生存条件	

图 1-1　马斯洛需求层次模式

发达阶段，生理需要占主要地位。当人们生活水平提高后，由于衣食和安全一般已不成问题，人们就追求满足更高级的需要。

（二）产品

产品是营销人员提供给消费者以满足其各种需要和欲望的所有物品。产品可以是有形的，也可以是无形的，主要包括实体商品、服务、事件、体验、人物、地点、财产、组织、信息、观念等。

实体商品触手可及，如我们穿的衣服、吃的面包、喝的饮料、骑的单车，一个中小型超市里大概会有 2 万种商品，而大概其中的 150 种就可以满足人基本的生活所需；服务包括理发、美容、法律咨询；营销还会推广时效性的事件，如奥运会和世界杯等事件在企业和粉丝中被大力推广；迪士尼的神奇王国营销给消费者的是快乐的体验。总之，随着营销的不断创新，消费者的需求在不断地被发现和满足的同时也丰富了产品的内容。

✎ 探讨与应用

和"股神"巴菲特吃饭你付多少钱?

你相信有人花一两百万美元，仅仅为了吃一顿人均消费不过 100 美元的牛排吗？答案是有，原因很简单，因为餐桌上和他们一起用餐的是"股神"巴菲特。他是美国最有名的投资商，他的商业眼光非常的老到，基本就是一看一个准，并且在股票选择上也有自己独特的见解和手段，所以很多人也叫他股神。

在近二十年里，巴菲特慈善午餐中标价格持续飙升。拍卖开始前三年，成交价一直在起拍价 2.5 万美元附近徘徊。2000 年，旧金山科技企业家皮特布隆仅用 2.5 万美元就赢得了第一个与巴菲特共进午餐的机会。而自 2004 年移师 eBay 展开网络竞拍后，当年成交价便飙升至 25 万美元。2017 年，巴菲特午餐最终以 267.9 万美元的价格成交，整整翻了 10 倍。

（资料来源：https：//cj.sina.com.cn。）

试分析：

1. 这里营销的是什么？

2. 在生活中你所接触的产品哪些是无形的？

（三）顾客让渡价值

顾客让渡价值是菲利普·科特勒在《营销管理》一书中提出来的，是指企业转移的、顾客感受得到的实际价值。它的一般表现为顾客购买总价值与顾客购买总成本之间的差额。顾客总价值是指顾客购买某一产品与服务所期望获得的一组利益，主要包括产品价值、服务价值、人员价值和形象价值四个因素。顾客总成本是指顾客为购买某一产品所耗费的时间、精神、体力以及所支付的货币资金等，主要包括货币成本、时间成本、精力成本和体力成本四个因素。顾客让渡价值与顾客总成本和顾客总价值及八个因素之间的关系如图 1-2 所示。

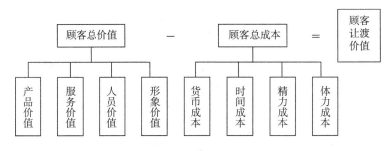

图1-2　顾客让渡价值决定因素

顾客让渡价值决定着顾客的满意程度，因为顾客在购买产品时，总希望把有关成本包括货币、时间、精力和体力成本等降到最低限度，而同时又希望从中获得更多的实际利益，以使自己的需要得到最大限度的满足，因此，顾客在选购产品时，当"顾客让渡价值"≥0 时，顾客会觉得物有所值，顾客一般会表现为满意的状态。当"顾客让渡价值"<0 时，顾客往往会觉得货次价高，一般会表现为不满意的状态。

企业可以从两个主要途径提高顾客让渡价值和增强顾客满足感，一是降低总成本，二是提高总价值，这时八个因素的变化都可以决定企业能否增强市场优势。企业可以降低价格，简化订购和送货程序，或者提供担保减少顾客风险等，也可以强化或扩大产品功能、产品服务、人员和形象利益。

✒ **探讨与应用**

吃"海底捞"火锅带给你的小惊喜

眼镜布：在下雨及冬天雾气较大时，为戴眼镜的客人进店时送上一个眼镜布，避免热气使客人的眼镜起雾。

橡皮筋：长发客人进餐时如果披着头发吃饭不方便，送上橡皮筋说："您好，为了您进餐方便，送您一根橡皮筋。"

手机袋：客人的手机放在桌子上，服务员应主动拿上手机袋说："您好，我帮您把手机罩上吧，避免沾上油。"避免客人的手机进水进油。

送蒸蛋：小孩、老人入座时主动取出蒸蛋送给小孩、老人。

坐垫：有老人、小孩、孕妇来时，主动到指定地方取垫子给客人垫上，防止坐的时间太长引起不适。

生日礼物：凡是有客人过生日，根据不同的年龄、性别送果盘礼物或长寿面。

美甲：由于等座时间长，给每桌的其中一位客人进行美甲，有专业人员提供美甲服务，让客人消遣时间。

儿童乐园：家长带小朋友来就餐时，服务员可引导家长带小朋友到游乐园，主要是方便家长用餐，避免小孩打扰。

送泡菜：凡是有孕妇到座，对孕妇喜欢吃酸菜的，提前送一份泡菜。

发毛巾（一桌4次）：客人到座2分钟之内送上热毛巾，因为客人从外面到店，需用热毛巾擦手擦脸。

剥虾壳：征得客人同意后，为了节约用餐时间，提供剥虾壳服务，避免客人手弄脏。

（资料来源：https：//wenda. so. com。）

试分析：

海底捞的这些小惊喜如何用顾客让渡价值来理解？

（四）交换和交易

一个人对需求的满足可以有几种方式：自行生产、强行掠取、乞讨和交换等。其中交换是使市场营销活动得以产生的最直接原因，交换是市场营销的核心。

交换是指为取得所需之物从而提供某种产品作为回报的行为。在前面的产品概念中我们已经了解到，今天我们所交换的不仅仅可以是有形产品，也可以是某种活动和能力。交易是交换活动的基本单元，是由双方之间的价值交换所构成的行为。交换和交易是两个既有联系又有区别的概念，交换不一定以货币为媒介，可以物物交换，但交易是双方价值的交换，是以货币为媒介。为了促使交换成功，营销者必须分析参与交换各方各自希望给予什么和得到什么，而交易则是通过谈判寻找一个各方均满意的方案。

（五）市场

狭义的市场是买卖双方进行商品交换的场所。广义的市场是指所有现实购买者和潜在购买者需求的总和。从营销的角度看，市场包含三个主要因素，即有某种需要的人、为满足这种需要的购买能力和购买欲望，可以由下面的等式表示出来。

$$市场 = 人口 + 购买力 + 购买欲望$$

（1）人口是构成市场最基本的要素。消费者人口的多少，决定着市场的规模和容量的大小。

（2）购买力是构成市场最物质的要素。购买力是消费者支付货币、购买商品或劳务的能力，是构成现实市场的物质基础。一定时期内，购买力水平的高低由消费者的可支配收入水平决定。

（3）购买欲望是构成市场的非显性要素。购买欲望指消费主体购买商品的动机、愿望或要求，是消费者把潜在的购买力变成现实购买力的重要条件。

市场的这三个因素是相互制约、缺一不可的，只有三者结合起来才能构成现实的市场，才能决定市场的规模和容量。

（六）营销者与消费者

营销者往往是指在市场交易活动中更为主动、积极地开展营销活动的卖方，而相对被动的一面则是买方即消费者，消费者是指参与消费活动的个人或组织。随着新科技带给营销行为的变化，消费者变得越来越主动，消费者可以直接通过互联网对所需商品款式、价格、功能等提出要求，并在网上进行讨价还价。这就需要市场营销者采取积极有效的策略与手段来促进市场交换的实现。通过提高营销人员的素质、加强营销的组织与管理来更好地满足消费者的需求。

第二节　营销管理与营销观念

一、营销管理

营销管理是指针对市场需求及其变化情况，对市场营销活动进行计划、组织、规划和实施理念、产品和服务的构思、定价、分销和促销的

线上导学：
需求变变变

过程。营销管理的本质是需求管理，其主要任务是刺激消费者对产品的需求，但不能局限于此。它还帮助公司在实现其营销目标的过程中，影响需求水平、需求时间和需求构成。任何市场都存在不同的需求状况，不同的需求状况就需要不同的营销策略解决。根据需求水平、时间和性质的不同，营销管理可以归纳出八种不同的需求状况。

（一）负需求

负需求是指绝大多数人对某个产品感到厌恶，甚至愿意出钱回避它的一种需求状况。在负需求情况下，营销管理的任务是扭转需求，其营销对策有：分析人们为什么不喜欢这些产品，并针对目标顾客的需求重新设计产品、定价，做更积极的促销，或改变顾客对某些产品或服务的信念，通过扭转式营销将负需求变为正需求。例如，对于乳糖不耐受的人群喝牛奶会引起肠鸣、腹痛、胀气和腹泻，牛奶对于他们就是负需求。而伊利公司于2007年推出"舒化奶产品"，这是国内第一款可有效解决"乳糖不耐症"或乳糖酶缺乏问题的"低乳糖奶"，也是首款水解率高达90%以上的高水解率低乳糖牛奶，可以让不能喝牛奶的人喝上牛奶，让能喝牛奶的人获得更好的营养吸收。

（二）无需求

无需求是指目标市场对产品毫无兴趣或漠不关心的一种需求状况。引起市场对产品无需求的原因大致有：人们一般认为对个人无价值的东西；认为有价值，但在特定的市场无价值的东西；新产品或人们不熟悉的物品等。营销管理的任务是激发需求，其营销对策有：通过刺激性营销、大力促销及其他市场营销措施，努力将产品所能提供的利益与人的自然需要和兴趣联合起来。如某网站上售卖的生日那天的老报纸，消费者对已经过期的老报纸没有需求，但经过与生日的结合重新发现了它的价值。

（三）潜在需求

潜在需求是指相当一部分消费者对某物有强烈的需求，而现有产品或服务又无法满

足的一种需求状况。营销管理的任务是实现需求。其营销对策有：通过开发式营销，开展市场营销研究和潜在的市场范围测量，进而开发有效的物品和服务来满足这些需求。2019 年 7 月 1 日起《上海市生活垃圾管理条例》正式开始施行后，一些上班族忙于工作早出晚归，不能按照要求定时定点投放，支付宝推出上门回收垃圾业务，在提供帮助的同时开发了自己的新业务增长点。

（四）下降需求

下降需求是指市场对一个产品或几个产品的需求呈下降趋势的一种需求状况。营销管理的任务是重振营销，其营销对策有：通过恢复式营销，分析衰退的原因，进而开拓新的目标市场，改进产品特点和外观，或采用更有效的沟通手段来重新刺激市场需求，使老产品开始新的生命周期。20 世纪 80 年代在人们有能力吃上大米白面的时候，粗粮如玉米、燕麦、糙米，渐渐淡出了我们的生活。但是随着人们健康意识的不断增强，电视节目的大力倡导，以及怀旧意识的回归，人们对粗粮的消费又呈现出逐年上扬的趋势。

（五）不规则需求

不规则需求是指某些物品或服务的市场需求在一年不同季节，或一周不同的日子，甚至一天的不同时间上下波动很大的一种需求状况。营销管理的任务是调节需求。其营销对策是：通过同步式营销，利用灵活的定价、大力促销及其他刺激手段使物品或服务的市场供给与需求在时间上协调一致。例如，酒店有着明显的淡旺季，客人的需求不规则，一般 4 月、5 月、9 月、10 月为最高峰，12 月及 1 月为低峰（淡季），饭店管理者必须通过灵活的价格及其他方法进行调整，比如实行淡季价格与旺季价格。

（六）充分需求

充分需求是指某个物品或服务的目前需求水平和时间等于预期的需求水平和时间的一种需求状况。这是企业最理想的一种需求状况。营销管理的任务是维持需求，营销对策有：通过维护式营销，努力保持产品质量，经常测量消费者满意程度，通过降低成本来保持合理价格，并激励推销人员和经销商大力推销，维持目前需求水平。百事可乐作为流行的饮料之一，除了自身在饮品方面作出的努力外，为了使充分需求保持住，百事可乐不惜花重金聘请代言人，代言人阵容相当奢华，包含每个时代当红的偶像，这使得它能一直与先于其 12 年问世的可口可乐并驾齐驱。

（七）过度需求

过度需求是指市场需求超过了企业所能供给或所供给的水平的一种需求状况。营销管理的任务是限制需求，其营销对策有：通过限制式营销，提高价格、合理分销产品、减少服务和促销等措施，暂时或永久地降低市场需求水平，或者是设法降低来自盈利较少或服务需要不大的市场的需求水平。需要强调的是，降低市场营销并不是杜绝需求，而是降低需求水平。一些景区限流即属这样一种情况，一些奢侈品店也会限制进店人数。

（八）有害需求

有害需求是指市场对某些有害物品或服务的需求。营销管理的任务是抵制需求，其营销对策有：通过抵制性营销，劝说喜欢有害产品或服务的消费者放弃这种爱好和需求，大力宣传有害产品或服务的严重危害性，大幅度提高价格，以及停止生产供应等。限制市场营销和抵制市场营销的区别在于：前者是采取措施减少需求，后者是采取措施消灭需求。如大力宣传吸烟有害健康，减少对烟的需求。

 探讨与应用

把废料做成潮品

1993 年，从事设计师职业的弗雷塔格兄弟，无论上班还是近郊出游，都喜欢骑自行车，因此他们想要一个能一股脑儿将电脑、文件，塞进不怕风吹、日晒、雨淋的邮差包。看着公寓外路过的大卡车，他们萌生了一个想法，卡车上色彩缤纷的遮雨布不就是做包的最好材料吗？用卡车遮雨布、自行车内胎和汽车安全带做包包，估计你会想"他们脑子进水了还是泡水了"，但两兄弟却动手制作了，兄弟俩往公寓扛回来一块废弃的遮雨布，将上面臭气熏天的油污清洗干净，裁剪出做背包的材料，亲手缝制包包。回收来的旧卡车遮雨布，每一款都样式各异，设计师再凭借自己的美学知识进行切割、缝制，以至于制作出来的包袋，没有一款的图案是重复的。这正是年轻人喜欢的"独一无二的潮流"。这些废料做成的包，既实用、又环保、话题性又强，怎么看都是一门很好的生意！

26 年来，弗雷塔格兄弟已经回收并生产了 400 多万个包，单单是 2018 年就处理了 657 吨退役的卡车篷布。

它不打硬广告、不接受投资，却在欧洲和亚洲成功收割了一大批忠实的用户和"粉丝"，设计、创意、广告等行业人士大都是它的拥趸，21 家官方门店和 400 多家零售点也不断在全球扩张着其商业版图。

试分析：
运用营销管理的理论来分析弗雷塔格兄弟的成功。

二、营销观念

营销观念也称营销导向、营销理念、营销管理哲学等，是企业从事营销活动的指导思想和价值导向。营销观念是企业经营之"魂"，正确的营销观念关系到企业的存亡与兴衰。

线上导学：
念念不忘
必有回响

 探讨与应用

日本长寿企业的秘诀

2017 年东京商工调查公司发表一份调查报告显示，全日本超过 150 年历史的企业竟达 21666 家之多，而在 2018 年将又有 4850 家将满 150 岁生日，2019 年后还会增加 7000 多家，这些长寿企业中包括建于公元 578 年的寺庙建筑企业"金刚组"、建于公元 705 年的"西山温泉庆云馆"、建于 1295 年的旅馆"法师"、建于 1296 年的旅馆"千年汤

古"等，它们的寿命都在1000年以上。也有人统计了一下中国超过150年的本土企业，这些老店有六必居、剪刀老字号张小泉、陈李济、同仁堂药业、王老吉这五家企业，不知道这个数字是不是最权威的数字，也许还可以再深度挖掘一下我们身边的老字号，还有资料显示我国企业的平均寿命为7~8年。中国和日本两国有关企业寿命的数字比较可能不是重点，重点是我们要从其中寻找原因，除了我们国家经受过战争的破坏等不可抗力原因之外，分析日本企业长寿的秘诀发现其中之一就是它们的企业经营理念都体现了"诚信"，而这可能需要我们所有的企业都来秉承。

（资料来源：http：//www.sohu.com。）

分析："树立正确的营销观念"为什么重要？

随着社会经济的发展，经营观念也不断地演变和充实。纵观西方企业经营观念发展演变的历史，大致经历了包括生产观念、产品观念、推销观念、市场营销观念、社会市场营销观念五个发展阶段。

（一）生产观念

生产观念是指导企业市场经营行为的最古老的观念之一。产生时间在20世纪20年代前，这一时期生产力和科技水平较为落后，其考虑问题的出发点是企业的生产能力与技术优势，企业一切经济活动都以生产为中心，主要任务是提高生产效率，降低产品成本，增加产品数量，达到获取利润的目的。其典型口号就是"我生产什么，顾客就买什么"。

（二）产品观念

产品观念也是一种较古老的企业市场营销观念。其出发点仍是企业生产能力与技术优势；其观念前提是"物因优为贵，只要产品质量好，就不愁卖不出去"；其指导思想仍沿袭生产观念的指导思想；企业的主要任务是"提高产品质量，以质取胜"。

产品观念认为，消费者最喜欢高质量、多功能和具有某种特色的产品，企业应致力于生产高价值产品，并不断加以改进。它产生在市场产品供不应求的"卖方市场"形势下，这种观念导致营销近视症，即不适当地把注意力放在产品上，而不是放在市场需要上，在市场营销管理中缺乏远见，只看到自己的产品质量好，看不到市场需求在变化，致使企业经营陷入困境。

（三）推销观念

这一经营观念产生于20世纪20年代末至50年代前。当时，社会生产力有了巨大发展，市场趋势由卖方市场向买方市场过渡，尤其在1929—1933年大危机期间，大量产品销售不出去，迫使企业重视广告术与推销术的应用研究。这种观念认为，消费者通常表现出一种购买惰性或抗衡心理，企业必须进行大量推销和促销努力。但其实质仍然是以生产为中心的。

推销观念认为，消费者容易产生购买惰性，在这个时期，科学技术有很大发展，生产的产品增加升速，供求状况发生了变化，虽然买方市场未最后形成，但卖主之间竞争日趋激烈，销售问题暴露出来，企业感到商品在物美价廉的同时，应该更重视广告术、推销术，从而刺激消费者购买。如20世纪30年代，美国汽车开始供过于求，每当顾客走进商店汽车陈列室，推销人员会笑脸相迎，主动介绍汽车的特色，有的甚至使用带有强迫性的推销手段促成交易。

这种营销观念的出发点仍然是企业的生产与技术优势。其典型口号是"我卖什么就让消费者买什么"。这种观念被大量用于销售那些非渴求物品，即购买者一般不会想到要去购买的产品或服务。推销观念影响较为广泛，即使在今天许多企业在产品过剩时，也常常奉行推销观念。

（四）市场营销观念

市场营销观念是以消费者为中心的观念，是一种新型的企业经营哲学。这种观念认为企业的一切机会和策略应以消费者为中心，实现企业目标、获取最大利润的关键在于，以市场需求为中心组织企业营销活动，比竞争者更有效地满足消费者的需求。

这一观念产生于20世纪50年代以后，随着第三次科学技术革命的兴起，社会产品供应量迅速增加，市场上的激烈竞争，买方市场已经形成。社会的发展使得个人收入和消费水平不断提高，购买选择更为精明。这种形式迫使企业改变以卖方为中心的思维，转向以消费者为中心。市场营销观念以满足顾客需求为出发点，其典型口号是"顾客需要什么，企业就生产什么"。结束了企业"以产定销"的局面，许多企业认识到，必须转变经营观念，才能求得生存和发展。

日本本田汽车公司决定在美国推出雅阁牌新车后，为满足美国顾客的需求，在设计新车前，他们派出工程技术人员专程到洛杉矶地区考察高速公路的情况，实地丈量路长、路宽，采集高速公路的柏油，拍摄进出口的设计。回到日本后，他们专门修了一条9英里长的高速公路，就连路标和告示牌都与美国公路上的一模一样。在设计行李箱时，设计人员意见有分歧，他们就到美国停车场看了一个下午，看当地人如何放取行李，统一意见后才会在生产中采用。雅阁汽车一经问世，就成为美国人最受欢迎的车型。

市场营销观念的出现，使企业经营观念发生了根本性变化，也使市场营销学发生了一次革命。西奥多·莱维特曾对推销观念和市场营销观念做过深刻的比较，指出：推销观念注重卖方需要，市场营销观念则注重买方需要。推销观念以卖主需要为出发点，考虑如何把产品变成现金；而市场营销观念则考虑如何通过制造、传送产品以及与最终消费产品有关的所有事务，来满足顾客的需要。从本质上说，市场营销观念是一种以顾客需要和欲望为导向的哲学，是消费者主权论在企业市场营销管理中的体现。

（五）社会市场营销观念

社会市场营销观念产生于20世纪70年代，是对营销观念的补充和完善。市场营销观念在满足消费者需求的同时，在实际执行过程中，会发生与社会公众利益或者社会长远利益相矛盾的现象。例如，快餐带来便捷但却引起了肥胖，使用一次性用品省去了很多麻烦但带来了白色污染，氟利昂冰箱满足了用户生活便利的需要但破坏了臭氧层。经济全球化、相关群体利益多元化、环境破坏、资源短缺、人口爆炸、通货膨胀和忽视社会服务等问题日益严重，要求企业顾及消费者和利益相关者整体与长远利益，即社会利益的呼声越来越高。西方市场营销学界提出了社会市场营销观念，认为企业生产经营不仅要考虑消费者需要，而且要考虑消费者、利益相关者和整个社会的长远利益。

分析以上五种营销观念可以看出，前三种观念属于生产观念范畴，都是以产品为中心，企业首先考虑的是产品而不是顾客，然后通过推销来出售已经生产出来的产品，把市场作为生产和销售过程的终点；而后两种观念是以顾客为中心，企业首先考虑的是顾客需求，然后根据顾客需求，设计、生产出符合市场需求的产品，并对市场营销因素进行合理有效的组合，制定出既能满足需求又有利于企业长期发展的营销策略。通常，我们把五种市场营销观念归为两大类：前三种为传统市场营销观念，后两种为现代市场营销观念。五种观念的对比见表 1 – 1。

表 1 – 1　　　　　　　　　　　　五种营销观念比较

营销观念		营销出发点	营销目标	营销策略
传统观念	生产观念	产品	通过扩大产量降低成本取得利润	提高产量
	产品观念		通过提高质量扩大销量取得利润	提高质量
	推销观念		加强销售扩大销量取得利润	降低价格、多种推销方式
现代观念	市场营销观念	消费者需求	发现和满足消费者需求	实施整体市场营销方案
	社会市场营销观念	消费者需求、企业利益及社会长期利益	满足消费者需求，增进社会长期利益，企业取得利益	协调性市场营销活动

✍ 探讨与应用

能洗地瓜的洗衣机

海尔客服人员接到四川农民投诉"海尔洗衣机排水管老是被堵"，上门维修时发现，这位农民用洗衣机洗地瓜（又称红薯），泥土大，致使排水管堵塞。这完全就是因为用户使用不当造成的，但海尔公司并没有推卸自己的责任，还帮顾客加粗了排水管。农民感激之余，说如果能有洗红薯的洗衣机就好了，就是这样一句话，海尔人却记在了心上。1998 年海尔公司研发的"洗地瓜的洗衣机"诞生了，它不仅具有一般双桶洗衣机的全部功能，还可以洗地瓜、水果。除了洗地瓜外，海尔公司还开发了"打酥油洗衣机""洗龙虾洗衣机""削土豆皮洗衣机""洗荞麦洗衣机"等多种神器。海尔的掌门人张瑞敏曾说过，开发出适应顾客需求的产品，就可以创造出一个全新的市场。

试分析：

海尔公司秉承的是什么营销观念？

第三节　市场营销学的产生与发展

一、市场营销学的概念及特点

（一）市场营销学的概念

市场营销学是系统地研究市场营销活动规律性的一门科学。

菲利普·科特勒指出："市场营销学是一门建立在经济科学、行为科学、现代管理理论之上的应用科学。"因为"经济科学提醒我们，市场营销是用有限的资源通过仔细分配来满足竞争的需要；行为科学提醒我们，市场营销学是涉及谁购买、谁组织，因此，必须了解消费者的需求、动机、态度和行为；管理理论提醒我们，如何组织才能更好地管理其营销活动，以便为顾客、社会及自己创造效用"。其实，菲利普·科特勒以上这段话已经清楚地阐明了市场营销学的性质、特点，以及它与其他学科的关系。

从历史上看，市场营销学是从西方经济学中分化出来的一门独立的学科，它建立在经济科学、行为科学、管理学等理论基础上，并且大量运用了这些学科的研究成果，然而，它本身不是一门经济科学，而只是一门经济方面的应用科学；是一门具有综合性、边缘性特点的应用科学；是一门研究经营管理的"软科学"。在某种意义上，它不仅是一门科学，而且是一门艺术。市场营销学虽然与上述学科以及社会学、心理学、数学等学科都有密切联系，但它不能代替其他学科，也不应与其他学科相混淆。

（二）市场营销学的特点

1. 全程性。市场营销学的研究领域随着经济发展的实践而不断扩大，已不仅局限在商品流通领域，而是扩大到了社会再生产的全过程，上延到生产领域的产前活动（包括市场调研和产品设计等），下伸到消费领域的售后服务（如安装、维修和咨询服务等）。

2. 综合性。市场营销学是一门综合性的边缘学科。它以经济学为理论基础，吸收借鉴了哲学、社会学、心理学、管理学、行为科学、经济计量学、信息学、数学等学科的理论和研究方法，自成一体。菲利普·科特勒指出：营销学的父亲是经济学，母亲是行为科学，数学是营销学的祖父，哲学乃营销学的祖母；它是管理学的重要内容，它是充分运用多种学科的知识和研究成果来分析市场营销环境、消费者心理及其行为；在分析方法和手段上，它既要做定性分析，又要做定量分析，因而统计学、会计学、运筹学和数学都是必不可少的工具。

3. 实践性。市场营销学具有很强的社会实践性和可操作性。这是因为：一方面，市场营销学的基本原理、方法与策略来源于广大企业营销实践经验的总结；另一方面，市场营销学的基本原理、方法与策略对于工商企业的营销活动又具有指导意义和实用价值。

二、市场营销学的产生与发展

市场营销学是适应市场经济高度发展而发展起来的一门多学科交叉渗透、实用性很强的新学科。市场营销学的产生和发展大体可划分为四个阶段。

（一）形成阶段（19 世纪中叶至 20 世纪初）

这一阶段世界各主要资本主义国家先后完成了工业革命，商品经济迅速发展，城市化水平也在日益提高。同时，经济的发展促使大量的资本投入到扩大再生产，大规模生产带来了日益增多的商品从而使市场供给超过市场需求，卖方市场转为买方市场。面对这样的局面，企业不得不更加关心自己商品的销路，寻求产品销售市场成为企业经营的首要问题。社会经济环境的这一变化同样也为理论研究提出了新的课题。从现有的一些文献可知最初在美国几所大学开设的"市场营销学"课程，当时较多地被称为"分配学"。例如，1902 年密歇根大学开设了《美国的分配与管理行为》课程，1906 年俄亥俄州大学开设了《产品的分配》课程。1912 年，哈佛大学的赫杰特齐（E. Hegertg）在广泛走访企业主，总结归纳他们新的经营管理实践的基础上，撰写了第一本以"Marketing"命名的教科书。人们普遍认为这是市场营销学作为一门独立学科问世的里程碑。但是，它的内容与现代市场营销原理概念相差甚远，实际上只是分配学和广告学。这一阶段市场营销学内容仅限于推销术和广告术等，研究多集中在大学之中，尚未形成自己的理论体系，理论本身的幼稚和缺乏还不足以指导企业的营销实践。

（二）应用阶段（20 世纪 20 年代至 20 世纪 40 年代）

1929—1933 年，美国发生了严重的经济危机。市场上产品堆积如山，价格暴跌，企业纷纷倒闭，企业家关心的问题已不是如何扩大生产和降低成本，而是如何推销自己的产品，市场营销学被提到日程上来。在这一时期，美国的高等院校和工商企业建立的各种市场研究机构有力地推动了市场营销学的普及与研究。1926 年，美国成立了"全国市场学和广告学教师协会"；1931 年又成立了"美国市场营销协会"（American Marketing Association，AMA），并在全国设立了几十个分会。该协会成员既有经济学家，又有工商企业家和其他方面的专家。此外，很多高等院校也组织起市场营销学研究团体，研究市场营销理论及其应用问题，并经常为企业提供各种咨询服务。这个时期营销学的研究从学校走向企业，从课堂走向社会，体现了理论与实践的结合，产品的推销术和广告术研究的更深入，但研究范围仍局限在商品流通领域。

（三）发展阶段（20 世纪 50 年代至 20 世纪 60 年代）

第二次世界大战结束后，特别是 20 世纪 50 年代后，美国率先结束了战后的恢复时期，经济开始高速增长，大量的军事工业转向民用。同时，随着科学技术的迅猛发展，生产力水平大大提高，产品数量急剧增加，商品供过于求的矛盾严重困扰着企业。垄断资产阶级及其政府吸取了以往经济危机的教训，实行"高工资、高福利、高消费"和"缩短工作时间"的所谓"三高一短"政策来刺激购买力。在这种形势下，企业面对的是一个需求状况更为复杂、竞争更加激烈的买方市场，建立在卖方市场下以研究推销术为主的旧的市场营销学理论和方法就很难适应企业的需求了。于是，一些市场营销学专家和企业家纷纷从不同的角度提出了以消费者为中心的新的市场营销学理论，认为应该把市场作为生产过程的起点来组织企业的经营活动。这一基本观念的变革，被西方称为"市场营销革命"，这样就把市场营销学的研究推向了新阶段。到了 20 世纪 60 年代，反映这些变革的市场营销学理论的一系列优秀著作相继问世，其中最值得推崇的是美国市场营销学家杰罗姆·麦卡锡（Jerome Mccarthy）的《基础市场学》和菲利普·科特勒（Philip Kotler）的《营销管理：分析、计划和控制》，这些著作全面提出了现代市场营销理论，形成了现代市场营销学的概念、方法与理论体系。这一时期市场营销学的研究从流通领域进入生产领域，形成了"以需定产"的经营思想。由研究销售职能扩大到研究企业各部门之间的整体协调活动。

（四）繁荣阶段（20 世纪 70 年代至今）

在第三次科技革命的推动下，许多国家与地区掀起了经济改革的浪潮，工农业生产迅速发展。面对这种形势，市场营销学在原有理论的基础上，又吸收了社会学、心理学、管理学、行为学、统计学等学科的若干理论，再加上信息科学、电子计算机科学的广泛应用，使市场营销学不断地得到充实和完善。这期间市场营销学的新概念层出不穷，例如20世纪80年代科特勒提出了大市场营销概念，将营销组合由"4P"扩展到"6P""10P""11P"，从战术营销转向战略营销，这被称为"市场营销学的第二次革命"；20世纪90年代以来，竞争者分析、服务市场营销、政治市场营销、网络营销、市场营销决策支持系统、市场营销专家系统等一系列新理论、新问题不断地被提出、被研究。正如科特勒所说，市场营销的概念不是太多，而是远远不足。随着营销实践的发展，市场营销学的内容将会越来越丰富，市场营销学成为广泛吸收现代科学技术成就的一门具有完整体系的经营管理学科。

　　20世纪70年代末，伴随着改革开放，市场营销学开始进入我国。1978年，暨南大学最早开设市场营销学课程，1991年中国市场学会在北京正式成立，标志着中国市场营销学的发展已经走上理论与实践相结合的道路。进入21世纪，特别是在"大众创业、万众创新"的新态势下，市场营销学已经成为提升创新创业能力的必备学习课程。随着中国经济建设和改革步伐进一步加快，中国市场营销理论也已进入本土化及创新阶段。那些让美国头疼的日本企业家无不在《孙子兵法》《论语》《阳明心学》等中国经典文化中寻找给养，创造着商业的奇迹。这也提醒我们一方面应借鉴和吸收西方发达国家的市场营销理论精华，另一方面应认真总结我国的本土市场营销经验，让那些照耀千年的优秀文化焕发新的活力，展现新的魅力，形成具有中国特色的市场营销理论。

三、市场营销学的研究对象

　　关于市场营销学的研究对象，中外学者有不同的表述。美国市场营销协会定义委员会的定义是：市场营销学是研究"引导商品和劳务从生产者流转到消费者和使用者中所实行的一切企业活动"的科学。日本学者认为："在满足消费者利益的基础上，研究如何适应市场需求而提供商品和劳务的整个企业活动，这就是市场营销学"。美国著名的市场营销学专家菲利普·科特勒认为：市场营销学的研究对象是企业的这样一种职能，即识别目前未满足的需求与欲望，估量和确定需求量的大小，选择本企业能最好地为它服务的目标市场，并且决定适当的产品、服务和计划，以便为目标市场服务。我国学者也有多种不同的表述。有人认为，市场营销学是以商品供求关系为研究对象，揭示市场营销活动及其规律性的经济学科。也有人认为，市场营销学是从市场需求出发研究产品营销活动全过程的科学。

　　上述各种表述，虽然强调的角度和具体表达方法不同，但本质上还是一致的，即直接或间接地共同强调了以消费者为中心，来实施企业的营销活动过程。

　　可见，市场营销学的研究对象是市场营销活动及其规律，即研究企业如何识别、分析评价、选择和利用市场机会，从满足目标市场顾客需求出发，有计划地组织企业的整体活动，通过交换，将产品从生产者手中转向消费者手中，以实现企业营销目标。

☆ **同步测试**

◇ **单项选择题**

1. "路逢剑客须呈剑，不是诗人莫献诗"更能体现出（　　）。

A. 产品观念　　　　B. 市场营销观念　　C. 生产观念　　　　D. 推销观念

2. 市场营销的目的是（　　）。

A. 满足产品多样化　　　　　　　　B. 满足定价合理性

C. 满足促销有效性　　　　　　　　D. 满足消费者需求

3. "酒香不怕巷子深"是（　　）观念的体现。

A. 生产观念　　　　B. 产品观念　　　C. 市场营销观念　　D. 推销观念

4. 由于家庭影院、在线电影等的普及，消费者对去电影院看电影的需求下降，那么电影院的主要营销任务是（　　）。

A. 扭转需求　　　　B. 恢复需求　　　C. 维持需求　　　　D. 限制需求

5. 被西方称为引起"市场学革命"的是（　　）。

A. 推销观念　　　　B. 市场营销观念　　C. 生态营销观念　　D. 大市场营销观念

6. 要求市场营销者在制定市场营销政策时，要统筹兼顾三方面的利益，即企业利润、消费者需要的满足和社会利益的营销管理哲学是（　　）。

A. 推销观念　　　　B. 市场营销观念　　C. 生产观念　　　　D. 社会市场营销观念

7. 市场营销的核心是（　　）。

A. 生产　　　　　　B. 分配　　　　　C. 交换　　　　　　D. 促销

8. 从营销理论的角度看，企业市场营销的最终目标是（　　）。

A. 满足消费者的需求和欲望　　　　B. 获取利润

C. 求得生存和发展　　　　　　　　D. 把商品推销给消费者

9. 从市场营销的角度看，市场就是（　　）。

A. 买卖的场所　　　　　　　　　　B. 商品交换关系的总和

C. 交换过程本身　　　　　　　　　D. 具有购买欲望和支付能力的消费者

10. 为了适应社会对于环境保护的要求，许多企业主动采取绿色包装以降低白色污染。这种做法反映了企业的（　　）。

A. 生产观念　　　　B. 销售观念　　　C. 市场观念　　　　D. 社会市场营销观念

◇ **多项选择题**

1. 按照菲利普·科特勒教授的定义，我们可将市场营销的概念归纳为以下要点（　　）。

A. 市场营销的最终目标是满足需求和欲望

B. 交换是市场营销的核心

C. 交换过程是一个满足双方需求和欲望的社会过程和管理过程

D. 交换过程能否顺利进行取决于企业对交换过程的管理水平和企业产品满足顾客

需求的程度

2. 以企业为中心的市场营销观念包括（　　　）。

A. 生产观念　　　　B. 推销观念　　　　C. 市场营销观念　　D. 社会市场营销观念

E. 促销观念

3. 社会市场营销观念的核心是正确处理（　　　）之间的利益关系。

A. 企业　　　　　　B. 供应商　　　　　C. 顾客　　　　　　D. 中间商

E. 社会

4. 根据购买者及购买目的不同，市场可划分为（　　　）。

A. 消费者市场　　　B. 生产者市场　　　C. 中间商市场　　　D. 政府市场

E. 国际市场

5. 市场包括以下几个要素（　　　）。

A. 销售者　　　　　B. 购买者　　　　　C. 购买力　　　　　D. 市场营销机构

E. 购买欲望

◇判断题

1. 在组成市场的双方中，买方的需求是决定性的。　　　　　　　　　　　（　　　）

2. 市场营销就是推销和广告。　　　　　　　　　　　　　　　　　　　　（　　　）

3. "酒香不怕巷子深"体现了企业的推销观念。　　　　　　　　　　　　（　　　）

4. 市场营销观念和社会市场营销观念的最大区别在于后者强调了社会和消费者的长远利益。　　　　　　　　　　　　　　　　　　　　　　　　　　　　　　　　　（　　　）

5. 从企业实际的营销经验看，维系老顾客要比吸引新顾客花费更高的成本。

（　　　）

◇简答题

1. 什么是市场？构成市场的三要素是什么？

2. 什么是市场营销？市场营销的任务是什么？

3. 现代市场营销有哪些观念？你是如何理解营销观念变化的原因的？

4. 比较传统营销观念与现代营销观念的根本区别。

5. 市场营销学为什么要以消费者为研究的中心内容？

☆创业营销技能实训项目

让身边成功案例激发创业火花

[训练目标] 选择学校周边受学生欢迎的小型超市或餐饮企业，通过其产品和服务分析其受欢迎的原因，在深刻体会营销理论的同时为自身创业提供借鉴。

[训练组织] 学生每6人为一组，教师提供指导。

[创业思考] 如何根据需求来确定自己的创业项目？

[训练提示] 教师可以在开始训练前要求学生按组成立公司，确立公司组织结构，

制定公司工作目标。

[训练成果] 各组汇报，教师讲评。

☆ 案例分析

故宫文创的"活"与"火"

从 2013 年开始，故宫淘宝以颠覆性的"卖萌"开始，再到《我在故宫修文物》等一系列纪录片火爆，故宫在公众认知里，不再是端着的皇家气派和板着脸的严肃形象，而是开放、轻盈、时尚、年轻的颠覆性形象。有人总结出故宫文创的五大法宝：拟人、卖萌、讲故事、拼段子、玩时尚，回看故宫的创新之路，这几套组合拳打得极有章法。

2010 年以前，故宫文创属于自发阶段，以小商品为主，主要是对文物的简单复制；2010 年至 2017 年，进入文化创意的自觉阶段。随着国家相继出台多项文化政策，很多博物馆都开始了自觉开发文创产品，但同质化现象很严重，"你做手机壳，我也做手机壳，只不过壳的花纹不一样"。面对这种情况，故宫人深切地意识到，文化创意一定要对人们的生活方式形成影响，才能有价值、有意义。从 2017 年开始，故宫文创进入"主题开发"阶段。比如，"故宫中国节"项目，立足于中国传统节日，结合故宫丰厚的年节文化，通过多种形式和载体，让人们触发对中国传统节日的记忆。"紫禁城过大年"、刷屏的"上元节灯会"等，都是在这样的思路下策划出来的。再如根据"洞房花烛夜"主题开发结婚的礼服、佩饰、床上用品等，并让非遗传承人加入进来制作。目前故宫 66 套婚庆服装，有 30 多套出自非遗传承人之手，让传统婚庆文化在产品中得到诠释。截至目前，已累计研发文创产品超过一万种，逐渐有了自身鲜明特色和风格，形成了多元化的故宫文创产品系列。而与腾讯等在文创方面的深度合作，则大大拓展了传统文创的"纪念品买卖"的边界，将触角延伸到了音乐、视频等内容创意和游戏、人工智能等科技创新的领域。

2017 年故宫文创销售收入 15 亿元，超过 A 股 1500 家上市公司的年收入，这个数字对于那些习惯于依赖门票收入的文博单位而言，确实令人惊美。2019 年春节，故宫举办史上最大展览——"紫禁城里过大年"，游客可"穿越"到明清两朝王侯将相的过年盛景中。从大年初一到初八，每天限量的 8 万张故宫门票一直处于售罄状态。传统的淡季都不淡了。故宫文创完成了从"活"起来到"火"起来。

（资料来源：http://culture.people.com.cn。）

阅读以上材料，回答问题：

1. 如何理解故宫文创的产品？

2. 故宫文创之"火"带给我们什么启示？

第二章
市场营销战略规划

◆ 本章学习目标

☞ 应用知识目标

1. 掌握企业战略；

2. 了解营销战略；

3. 掌握企业业务战略。

☞ 应用技能目标

1. 企业营销战略制定；

2. 理解企业战略规划。

☞ 创业必知知识点

1. 企业战略的内涵；

2. 制定企业战略规划。

📖 中国传统文化与营销启示

凡事豫则立，不豫则废。言前定则不跲，事前定则不困，行前定则不疚，道前定则不穷。①

——《礼记·中庸》

夫未战而庙算胜者，得算多也；未战而庙算不胜者，得算少也。多算胜，少算不胜，而况于无算乎！吾以此观之，胜负见矣。②

——《孙子兵法·计篇》

启示： 在竞争如此激烈的市场，企业想成功不被淘汰，"豫"和"算"是必须的，制定企业战略就是一个"豫"和"算"的过程。在企业战略被越来越重视的今天，企业战略的意义不言而喻，随着市场营销战略的不断完善和取得成效，其已经成为企业总体战略不可缺少的部分，从市场营销战略对企业战略的影响上看我们清醒地认识到，制定市场营销战略是一项至关重要的工作，形成以市场营销战略为核心的企业总体战略奠定

---

① 意为：凡事有准备才能做成功，没有做好准备则会失败。任何事情，事前有准备就可以成功，没有准备就要失败；说话先有准备，就不会词穷理屈站不住脚；做事先有准备，就不会遇到困难挫折；行事前计划先有定夺，就不会发生错误后悔的事。

② 意为：未战之前就能预料取胜的，是因为筹划周密，条件充分；未开战而估计取胜把握小，是具备取胜的条件少。条件充分的取胜就大，准备不充分的就会失败。何况一点条件也不具备的呢！我根据这些来观察战争，胜败也就清楚了。

了企业成功不可替代的基础。世界 500 强企业里面，在企业战略上取胜的 IBM、海尔、宝洁、沃尔玛等无一不是在市场营销战略上取得巨大成功的。

第一节　企业战略规划

在企业发展战略的制定和实施过程中，营销部门起着无可替代的作用。企业在正确的市场营销理念指导下开展市场营销管理，最首要的就是制定切实可行的市场营销战略，以此指导市场营销活动。激烈的市场竞争需要企业建立完备的市场营销战略系统，早在 1938 年，美国管理学家切斯特·巴纳德就在其代表作《经理的职能》一书中开始引进战略的思想内容，并运用战略思想分析企业诸因素及其相互之间的影响。时至今日，企业进入了战略经营、战略管理的时代。

一、战略

战略原为军事用语，指的是"指导战争全局的谋划"。在现代市场竞争条件下，市场如战场，这是企业竞争的场所。因此，"战略"一词被应用到企业的经营管理中，泛指全局性的、长远的、重大的谋划。

菲利普·科特勒指出："当一个组织搞清楚其目的和目标时，它就知道今后要往何处去。问题是如何通过最好的路线到达那里。公司需要有一个达到其目标的全盘的、总的计划，这就是战略。"企业战略是企业前进的方向，是企业经营的蓝图，企业将依此培养客户的忠诚度，赢得持续的竞争优势。战略的目的就在于建立企业在市场中的地位，满足客户需求，赢得竞争优势，获得卓越的经营业绩。

企业战略可以划分为三个层次：总体战略、经营战略和职能战略。一般而言，在竞争领域的三个层面上，总体战略指导和影响经营战略，经营战略则统领和整合职能战略。

（一）总体战略

总体战略也称公司战略，由最高管理层针对企业整体制定的、用于指导企业一切行为的纲领，是企业基本战略。总体战略是在对企业内外环境进行深入调查研究的基础上，对市场需求、竞争状况、资源供应、企业实力、国家政策、社会需求等因素进行综合分析判断，确定关系企业全局和长远发展的谋划和方略。总体战略规定企业的使命和目标，定义企业的价值；关注全部商业机遇，决定主要的业务范围和发展方向；确定需要获取的资源和形成的能力，在不同业务之间分配资源；确定各种业务之间的配合，保证企业总体的优化；确定公司的组织结构，保证业务层战略符合股东财富最大化的要求。

（二）经营战略

经营战略也称竞争战略，是在总体战略指导下，战略经营单位进行竞争的战略，对所从事的某一经营事业的发展作出长远谋划。这一战略决定一个特定市场的产品如何创造价值，包括决定与竞争对手产品的区分、机器的现代化程度、新产品推出和老产品退出、是否成为技术先导企业、如何向顾客传达信息等。经营战略应与总体战略保持一致，支持总体战略的实现。

（三）职能战略

职能战略也称职能层战略，职能战略由职能管理的负责人领导制定，是以贯彻、实施和支持总体战略与经营战略而在企业特定职能管理领域内制定的战略。职能战略包括人力资源战略、财务战略、信息战略和技术战略等。它有利于职能部门及其管理人员更加清楚地认识本部门在实施总体战略、经营战略过程中的任务、职责和要求，有效运用各种管理职能，保证企业目标的实现。

总体战略、经营战略与职能战略三个层次一起构成了企业战略体系。企业战略体系的各个层次之间既相互联系又相互配合，高层次战略构成低一层次战略的环境；同时，低层次战略又为上一层次战略目标的实现提供保障和支持。所以，一个企业要想实现其总体战略目标，必须把这三个层次的战略结合起来。

二、战略的特征

（一）指导性

企业战略界定了企业的经营方向、远景目标，明确了企业的经营方针和行动指南，并筹划了实现目标的发展轨迹及指导性的措施、对策，在企业经营管理活动中起着导向的作用。

（二）全局性

企业战略追求的是整体效果，根据全局的需要制定，结合自身资源，站在系统管理高度，对企业的远景发展轨迹进行全面的规划。

（三）长远性

企业战略着眼于长期生存和长远发展的通盘思考，确立了远景目标，并谋划了实现远景目标的发展轨迹及宏观管理的措施、对策。除根据市场变化进行必要的调整外，制定的战略不能朝令夕改，具有长效的稳定性。

（四）竞争性

竞争是制定战略的重要原因。战略明确在竞争中如何与对手抗衡的基本纲领，增强企业的对抗性和战斗力，推动企业长远、健康的发展。

（五）系统性

立足长远发展，企业战略确立了远景目标，并需围绕远景目标设立阶段目标及各阶段目标实现的经营策略，以构成一个环环相扣的战略目标体系。

知识链接

海尔公司的10年目标

海尔制定了10年内进入世界500强的目标，在现有产品市场上实行星级服务，进军信息产业，开展国际化经营，在内部进行市场链再造。这就是一套系统的战略。这些都是在全球竞争条件下的谋划和行动，体现了：

方向性——立足家电，向相关高技术延伸，向世界发展；

长远性——至少管十年；

全局性——内部市场链的再造涉及整个企业，其他举措也都具有全局性。

三、战略规划的一般过程

战略规划的一般过程分为五步：第一，判断问题。通常根据三种基本的信息来源，判定在企业运行中即将发生的战略问题：企业外部环境的变化趋势、内部条件的演变趋势、经济效益的发展趋势。企业可以从相互依存、彼此影响的环境因素与各个职能领域之间的变化上寻找问题，并分析它对整个发展的影响程度。第二，评估问题的重要性。就是将战略问题整理、分类，依据轻重缓急的不同加以排序。最重要的战略问题，应由企业最高层详尽分析；一般重要的战略问题，可由战略经营单位研究分析；而一般性问题，只需加以注意，不一定详加分析。第三，分析问题。排序以后，应对重要问题进行分析。例如从过去、现在和将来等多个方面，分析问题的发展趋势，全面、综合地描述较大的问题；将战略问题逐层分解，针对性更强地收集有助于作出判断的数据，研究各个层次的问题以及它们对企业战略的影响，系统、深入地掌握战略问题；从相关利益群体的角度，对战略问题从正反方面提出种种假设，评定假设的重要性和可靠程度，将注意力集中在最为重要、可靠的假设上，供制定战略时参考。第四，提出与问题相关的战略。第五，发展战略计划和形成行动方案。

第二节　总体战略

一、明确企业使命

企业的使命描述企业肩负的任务，说明企业存在的理由，反映企业的目的、特征和性质。企业使命的设定，要以市场导向为宗旨，通过对竞争者的分析，明确自身的竞争优势，确定企业将"干什么""为哪些市场服务""所要满足的需求有哪些"以及"企业将如何满足这些需求"等。

随着时间和环境的变化，企业的使命也可能发生变化。企业使命的提出，不仅回答企业是做什么的，更重要的是为什么做，是企业终极意义的目标。崇高、明确、富有感召力的使命不仅为企业指明了方向，而且使企业的每一位成员明确了工作的真正意义，激发出内心深处的动机。

二、区分战略业务单位

大多数的企业，包括规模较小的企业，都有可能同时或准备经营若干项业务。界定企业的活动领域，只是在大范围上说明了企业经营的总体范围。为了便于从战略上进行管理，有必要对组成企业活动领域的各项业务从性质上区别开来，划分为若干个战略业务单位。战略业务单位就是企业值得为其专门制定一种经营战略的最小经营单位。有的时候，一个战略业务单位会是企业的一个部门，或一个部门中的某类产品，甚至某种产品；有的时候，又可能包括几个部门、几类产品。

合理区分战略业务单位，可以将企业使命分解为各业务单位的战略任务，使企业使命具体化。区分战略业务单位的主要依据，是各项业务之间是否存在共同的经营主线。共同的经营主线是指目前的产品、市场与未来的产品、市场之间的一种内在联系。

三、规划投资组合

如何把有限的人力、物力，尤其是财力资源，合理分配给现状、前景不同的各个战略业务单位，是总体战略必须考虑的主要内容。企业高层必须对各个业务单位及其业务进行评估和分类，确认它们的发展潜力，决定投资结构。在规划投资组合方面，"市场增长率/市场占有率"矩阵是应用较广的一种方法。该矩阵是美国管理咨询服务企业波士顿咨询公司提供的一种分析模式（见图2－1）。

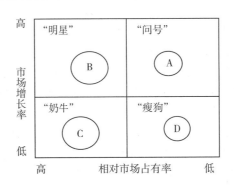

图2－1　波士顿矩阵

市场增长率是战略业务单位所在市场或行业在一定时期内销售增长的百分比；市场占有率是这个企业或战略业务单位在该市场总销量中所占的份额。在矩阵中，纵坐标代表市场增长率。横坐标为相对市场占有率，表示各经营单位与其最大的竞争者之间，在市场占有率方面的相对差异。矩阵中的圆圈代表企业所有的战略经营单位。圆圈的位置表示各单位在市场增长率及相对占有率方面的现状。圆圈的面积表示各单位销售额的大小。该矩阵有四个象限，因而业务单位可划分为不同的类型。

"问号"，有较高增长率、较低占有率的业务单位或业务。大多数业务单位最初都处于这一象限。这一类业务单位需要较多的资源投入，以赶上最大的竞争者和适应迅速增长的市场。但是它们又都前程未卜，难以确定远景。企业必须考虑，继续增加投入还是维持现状，或减少投入，精简、淘汰。

"明星"，市场增长率和市场占有率都很高，需要大量投入资源，以保证跟上市场的扩大，并击退竞争者，因此短时期内未必给企业带来可观的收益。但它们是企业未来的"财源"。企业一般应该有两个或两个以上的明星类业务，如果一个没有，则将是危险的信号。

"奶牛"，由于市场增长率降低，不再需要大量资源投入，又由于相对市场占有率较高，这些经营单位可以产生较高的收益，支援"问号"类、"明星"类或"瘦狗"类单位。但如果它的收益全部用于支持其他单位，这个强壮的"奶牛"就会日趋瘦弱。

"瘦狗"，市场增长率和市场占有率都较低的经营单位。它们或许还能提供一些收益，但盈利甚少或有亏损。

企业既要看到现状，又要分析前景，将目前的矩阵与未来的矩阵进行比较，考虑主要的战略行动，并依据资源有效分配的原则，决定各单位将来应该扮演的角色，从整体角度规划投入的适当比例和数量。可以采取如下战略：

发展。以提高经营单位的相对市场占有率为目标，甚至不惜放弃短期收益。比如对

"问号"类单位，使其尽快成为"明星"，就要增加投入。

保持。维持经营单位的相对市场占有率。比如对"奶牛"类单位，因为它们提供更多的收益。

收割。这种战略以获取短期收益为目标，不顾长期效益。比如较弱小的"奶牛"类单位，也可用于"问号"及"瘦狗"。

放弃。目标是清理、撤销某些经营单位，减轻负担，以便把有限的资源用于效益较高的业务。这种战略尤其适合于没有前途或妨碍企业盈利的单位。

四、规划成长战略

投资组合战略决定的是哪些经营单位需要发展、扩大，哪些应当收割、放弃。企业需要建立一些新的业务，代替被淘汰的旧业务，否则就不能实现预定的利润目标。

一般可以遵循这样一种系统的思路规划新增业务。首先，在现有业务范围内，寻找进一步发展的机会；其次，分析建立和从事某些与目前业务有关的新业务的可能性；最后，考虑开发与目前业务无关，但是有较强吸引力的业务。这样就形成了三种成长战略。

（一）专业化发展战略

专业化发展战略是指在现有市场上发展现有业务，以达到扩大化经营目的的战略。它主要包括市场渗透战略、市场开发战略和产品开发战略三种形式。

1. 市场渗透战略

市场渗透战略是通过加强调研和宣传，利用现有产品、在现有的市场上争取扩大市场份额、增加销售数量，以达到扩大企业业务为目的的战略。

2. 市场开发战略

市场开发战略是通过增加市场开发费用和促销费用，利用现有产品，以现有市场为基础不断向外扩张，开辟新的市场，以达到扩大业务目的的营销战略。

3. 产品开发战略

产品开发战略是通过增加产品开发费用，对现有产品进行改进，使现有产品以新的姿态投放到现有市场以增强竞争力，扩大销售业务。

（二）一体化发展战略

一体化发展战略是在现有业务的基础上，通过收购、联合、参股和控股等方式，向现有业务的上游或下游方向发展，形成"产、供、销"一体化，以扩大现有业务的营销战略。一体化发展战略包括后向一体化、前向一体化和水平一体化三种形式。

1. 后向一体化

在现有业务的基础上，向上游的业务发展，即通过收买、兼并、联合等形式，拥有或控制企业的原材料、零部件及其他供应系统，实行"供、产"一体化。例如，汽车公司将汽车零配件生产厂家兼并为一体；化工厂与化工原料厂联合为一体等。后向一体化不仅扩大了现有业务，而且有利于保证原材料、零部件的供应及质量，因而也促进了现有业务的发展。

2. 前向一体化

在现有业务的基础上，向下游的业务发展，即通过收买、兼并、联合等形式形成

"产、销"一体化，或者是由现有的原材料生产企业向成品生产发展，形成产品生产一体化，进而达到"产、供、销"一体化。

3. 水平一体化

通过收买、兼并、联合同行业的其他企业，形成一体化经营的战略。对于大型企业、名牌产品，运用水平一体化战略，可以利用其他企业的场地、设备、人力、资金等资源，扩大自己的业务；对于中、小型企业，运用水平一体化战略，可以利用其他企业的技术、知名度等，提高本企业的业务素质，提高产品的声誉。

（三）多角化发展战略

多角化发展战略是指企业利用现有资源和优势，运用资本营运的各种方式，投资发展同行业的其他业务的营销战略。根据所利用的资源不同，多角化发展战略可分为同心多角化、水平多角化和综合多角化三种类型。

同心多角化是指面对新市场、新顾客，以现有业务领域为基础，利用现有的产品线、技术、设备、经验、特长等，增加产品的种类，向行业的边缘业务发展的战略。例如，电脑制造商生产数码相机等。企业是从同一圆心逐渐向外扩展活动领域，没有脱离原有的经营主线，有利于发挥已有优势，风险相对较小。

水平多角化是针对现有目标市场上顾客的潜在需求，采用不同技术增加新业务。这些技术与企业现有能力没有多大联系。例如，制造农药及化肥的企业生产农机具产品。企业在技术、生产方面进入新领域，风险较大。

综合多角化是以新业务进入新市场，新业务与企业现有技术、市场及业务没有联系。例如房地产开发商进入教育行业，同时还经营保健品行业，这样风险较大。

专业化发展战略、一体化发展战略和多角化发展战略各有利弊，企业在营运过程中，必须根据自身的条件和外部环境的变化权衡利弊、进行选择，以规避投资风险，促进企业的发展。

✍ 探讨与应用

联想的创业历程

联想获得了巨大的成功，让我们关注联想的近三十年发展，探索联想的创业历程。

1984 年，联想集团的前身——中国科学院计算所新技术发展公司成立，从一间小平房里起家，仅有11 个人，创业资本 20 万元。

2000 年，联想首次提出"国际化"的愿景。联想集团的业务涉及个人电脑、服务器、主板、外设、信息家电等 INTERNET 接入端产品、信息服务、软件、系统集成以及以电子商务为核心的网络终端产品等多方面。联想拥有已经申请和正在申请的上百项技术和产品的国家专利，开发出包括奔月商用电脑和天禧家用电脑在内的多个系列、百余种型号的个人电脑产品，以及自有品牌激光打印机、MODEM 和其他网络产品，LOGOE-ASY 和 SECURITYEASY 等多项 EASY 技术的主板产品，基于 ACE 和 POWERLINK 技术的集成解决方案，联想还在积极研制开发满足家庭和个人需求的消费类信息产品。联想集团是国家 120 家试点大型企业集团之一，国家技术创新试点企业集团之一，成为国内最具影响力的高科技公司。

作为因特网全面技术与服务的提供者，联想将以因特网为核心，全面客户导向为原则，满足家庭、个人、中小企业、大行业大企业四类客户的需求，为其提供针对性的信息产品和服务。为此，联想集团组成了六大业务群组，即为个人和家庭客户提供各种接入端设备和 ISP、ICP 信息服务的消费 IT、手持设备、信息运营业务群组；为企业和大行业客户同样提供针对性的产品和服务的企业 IT 业务群组和 IT 服务业务群组；在 QDI 主板业务的基础上构筑部件/合同制造业务群组，以期发展更大规模的制造业。

为实现战略目标，更好地迎接各种挑战，提高企业的竞争力，联想集团制定了完整的战略路线：（1）立足国内市场，积极备战海外；（2）以客户为中心发展业务并设立组织结构；（3）以服务促进产品增值拓宽市场，以产品带动服务成长；（4）积极采用联盟和投资的方式进行业务拓展；（5）建立竞争力保障体系，实施矩阵式管理；（6）建立科学、系统的人力资源体系；（7）加大研发投入，建设研发体系，提升研发能力。

十年间，联想实现了从本土企业到国际化企业的跨越。从换标、签约奥运，到成功收购 IBM PCD、NEC、PC、Medion，联想一路凯歌高奏。双拳战略的有力执行，让联想的全球市场份额节节攀升，并积极把握着移动互联的重大产业机遇。2011 年，联想以216 亿美元的年营业额重返《财富》全球 500 强。作为中国企业"走出去"的标杆，联想在国际化进程中积累了无数宝贵经验，上演了许多耐人寻味的故事。国际化也为联想品牌美誉度的提升带来了巨大助推。

（资料来源：http：//wenku. baidu. com。）

试分析：

1. 企业战略规划对于联想的重要性。

2. 联想如何实现"从本土企业到国际化企业的跨越"？

第三节　经营战略

经营战略也称竞争战略，经营战略考虑的是经营单位怎么开展业务，如何应对竞争。20 世纪 80 年代初，哈佛大学教授迈克尔·波特提出行业结构分析模型——"五力模型"，确定竞争的五种主要来源，"五力"分别是：供应商的讨价还价能力、购买者的讨价还价能力、潜在竞争者进入的能力、替代品的替代能力、行业内竞争者现在的竞争能力。这一理论对企业战略制定产生了全球性的深远影响，成为经营战略必须权衡的因素。迈克尔·波特认为，当企业在与五种竞争力量的抗争中，面临着三类战略选择。这三种战略选择分别是成本领先战略、差异化战略与集中型战略。

一、成本领先战略

成本领先战略致力于内部加强成本监控。为使企业总成本降到行业最低，企业往往会在研发、生产、销售、服务和广告等领域，通过简化产品、改进设计、节约材料、降低人工费用、生产创新和科技创新等方式来完成。

成本优势有利于企业在行业内保持领先地位。即使爆发"价格战"，也能在对手毫无利润时保持一定的盈利；可凭借低成本吸引顾客，降低或缓解替代品的威胁；为新进入者设置较高障碍，使生产技术不熟练、缺乏经验或规模经济的潜在竞争者不敢轻言进入或不能进入；应对费用的增长更有余地，可降低投入因素变化的影响，更灵活地处理供应商的提价行为；提高对购买者的讨价还价能力，对抗强有力的购买者。实施成本领先战略在资源和技能等方面要有良好的融资渠道，能保证资本持续、不断地投入；产品易于制造，生产工艺简约；拥有低成本分销系统；紧凑、高效的劳动管理。在组织落实方面，有更先进的技术、设备，更熟练的员工，更高的生产、营销效率，更严格的成本控制，更完善的组织结构和责任管理体系，有以数量为目标的激励机制。

在某些情况下，成本领先战略也可能失效。例如，竞争对手开发出更低成本的生产方法、经营模式，或通过模仿形成相似的产品和成本；新进入者后来居上；技术变化降低了企业资源的效用。尤其要防止因过度追求低成本导致的降价过度，引起利润率降低；或丧失对市场变化的预见能力；或降低了产品、服务的质量，影响了顾客的购买欲望。

二、差异化战略

差异化战略也称特色优势战略，是指企业选择许多用户重视的一种或多种特质，通过在行业独树一帜以满足顾客的需求的战略。

差异化战略竞争优势主要依托产品及其设计、工艺、品牌、特征、款式和服务等方面或重要的关键点，与竞争者相比具有更显著并能为顾客感知的独到之处。

通过产品、服务、人员或形象的差异形成战略特色，可以更好地建立顾客的品牌忠诚。市场产生较高品牌忠诚可为新竞争者的进入形成强有力的障碍，并使得替代品无法在性能上构成威胁。不同企业的产品各有特色，可在一定程度上缓解行业内部的价格竞争；购买者无法直接对比产品"优劣"，可抑制对价格的敏感度，并提高转换成本。还可提高企业边际收益，增强对供应商的讨价还价能力。

制定差异化战略，要求企业研发力量非常强大；在产品质量、技术和工艺等方面，享有领先、良好的声誉；进入行业的历史久远，或拥有独特的学习能力，善于吸取其他企业的经验、技能并融会贯通；强大的营销能力；能有效协调和控制研发、制造和营销等职能；拥有吸引高级专家、创造性人才和高技能员工的机制和企业文化；能得到销售渠道各环节的大力支持与配合。

这一战略也有风险。例如，对手的价格很低，顾客就可能放弃"特色优势"，选择"价廉"。一旦市场原来看重的特色重要性下降，或者用户对"差异"的感觉不明显，就可能忽略这些"独树一帜"。遇到大量对手模仿，会缩小可感知的差异；特别是在产品成熟期，有技术实力的竞争者很容易通过"学习"来降低差异。过度差异化还会导致成本上升，价格超过消费者的最大承受能力，抵消差异化带来的吸引力。

三、集中型战略

集中型战略又称聚焦战略，是指把经营战略的重点放在一个特定的目标市场上，为特定的地区或特定的购买者集团提供特定的产品或服务。

成本领先或差异化战略的目标是全行业与整个市场，而集中战略着眼于特定领域，即谋求局部的成本领先或差异化产生优势。企业或战略业务单位重点"聚焦"于特定购买者群体，或产品线的某一部分，或某一地域市场。这么做便于集中资源，更好地服务于特定目标；可以更好地调研、分析有关技术、市场、顾客和对手等，会使企业目标明确，效益易评估，战略过程便于控制，管理也相对简便。

实施集中型战略关键是选好目标，尽可能地选择对手薄弱、最不易受到替代品冲击的目标。集中战略也有其风险，例如，原来以较宽市场为目标的企业执意进入，或竞争者从中发现了可再细分的市场，本企业就可能失去优势。技术进步、替代品出现、观念更新和消费偏好变化等，也会导致特定市场与总体市场之间的差异变小，企业因而失去原来赖以形成优势的基础。在较宽市场上经营的企业与本企业之间成本差异加大，会抵消聚焦形成的成本优势，或抵消集中取得的差异化优势。

第四节　营销战略规划

营销战略必须服从经营战略，并与其他职能战略相互配合，形成协同作用。营销部门要分析、领会经营战略的要求和约束，以此作为营销管理的依据。

一、确定营销目标

大多数的企业、业务单位或业务，都可能同时追求多个目标：一个较大的目标，通常会分解为若干较小的、次一级的目标。因此，制定营销战略时要注意目标体系的层次化，战略目标之间的因果关系或主次关系；目标之间的一致性，防止发生相互消长的现象。例如，"以最低成本获得最大销量""实现最大利润、达到最高销量"，这些在实践中往往"鱼与熊掌不可兼得"。目标不能只是概念化，还需要量化，加上数量、时间等量化指标，更利于管理和控制。

二、分析营销环境

（一）发掘市场机会

企业可以通过系统化或非正式化的方法来随时注意获取市场情报，寻找新的市场机会，以产生许多市场开发的新构想。

发现市场机会，一是可以在现有市场上挖掘潜力，指导现有的产品进一步渗透到现有的目标市场上去，扩大销售量；二是可以在现有的产品无潜力可挖的情况下，以现有的产品开发新的市场；三是在市场开发无潜力可挖时，考虑进行新产品开发；四是当产品开发也已潜力不大时，可根据自身资源条件考虑多角化经营，在多种经营中寻求新的市场机会。目前美国的烟草跨国公司菲利普·莫里斯公司的非烟产业实现的利润已占到利润总额的60%以上。

（二）评估市场机会

在发掘市场机会后，进行市场机会的鉴别是营销成功的重要前提。要使市场机会变成企业的机会，必须与企业的目标相一致。同时企业还必须具有利用该市场机会的能力。如果市场机会与企业目标不一致，或企业暂时无能力开发，则是不适宜的市场机会。因此评估好与企业目标相匹配的市场机会，是正确制定企业经营战略的一个关键环节。上海烟草集团公司成立几年来，注重"以烟为主，多种经营"的市场开发，建立并注重发挥多种经营评估机构的作用，大大减少了烟外产业的经营决策的失误，烟外产业及商业环节实现利润已接近全部利润的50%。

三、制定营销战略和计划

通过营销环境的分析，往往会产生出许多新的市场开发构想。企业要做的文章是如何从若干好的构想意见中遴选出最能符合企业目标与开发能力的一项作为开发任务。这需要经常做四个步骤的事情。

（一）市场需要衡量与预测

市场需要衡量与预测是指对市场开发的现状与未来的前景做严密的估计。每个企业都希望进入前景良好的市场。由于影响未来市场的因素很多，所以这种预测相当困难。这对企业是很大的挑战，必须做好。

（二）市场细分

如果企业对市场开发的预测很一致，企业还必须进行市场细分的工作。经营者要通过地理因素、人口因素、心理因素、行为因素来细分市场。

（三）选择目标市场

细分后的市场各有不同的需求，企业要选择其中的一个或几个目标进行经营。目标是在某一特定时期内希望完成的预期成果，它是经由战略行动而实现战略计划的纲要，是企业目的和使命的具体化。

线上导学：
熊孩子造牛市

市场营销目标是企业在市场环境分析和市场调查预测的基础上，把企业的外部条件与内部条件相互协调起来，充分利用现有资源，促使企业为长期发展而制定的营销活动要达到的目的。企业主要的营销目标有市场占有率、销售增长率、销售额和利润等。

市场营销目标必须和企业的市场营销能力相一致。这就要求企业在制定市场营销目标时，要正确评价自己。任何市场营销战略不可避免地会遇到企业目标和企业能力之间的冲突，目标过高，可能造成资源浪费，目标过低，无异于自我挫败。因此，企业在确定目标时，至少要满足以下几个条件：一是目标必须有利于企业使命的实现，必须符合企业内外的价值观、社会伦理道德标准。二是目标能够产生激励：但凡上下级共同制定的目标，只要能够量化和具体化，就能产生指导和激励的力量。三是目标应当是可行的。四是在目标群中，同一层次上的目标之间或主从目标之间必须相互协同、互相助长，不能彼此矛盾、相互冲突。

（四）市场定位

企业一旦选定目标市场，就要研究如何在目标市场上进行产品的市场定位，即勾画产品形象，为自己的产品确定一个合适的市场位置。企业在确定市场营销战略目标后，还要确定产品方向和市场活动范围。任何产品的市场都有许多顾客群，他们各有不同的需要，并且分散在不同的地区，因此任何企业（即使是大公司）也不可能很好地满足所有顾客群的不同需要。所以，企业在市场环境分析和调查预测及制定营销目标过程中，发现和选择了有吸引力的市场机会后，就要进行市场细分，根据自己的营销目标和优势，决定进入哪个或哪些市场，选择目标市场，从而有效地进入目标市场，完成营销目标，提高经营效益。

四、确定市场营销组合

企业制定出产品开发定位的计划后，便可开始策划市场营销组合的细节。

市场营销组合是企业针对确定的目标市场，综合运用各种可能的营销手段，组合成一个系统化的整体策略，以便达到企业的经营目标。市场营销的手段有几十种之多，麦卡锡把这些手段归为四个因素，简称"4P"，即产品、价格、分销和促销。

（一）产品

产品代表企业提供给目标市场的货物或服务的组合，包括产品的品牌、包装、品质、服务以及产品组合等内容。

（二）价格

价格代表消费者为获得该产品所付出的金额，包括制定零售价、批发价、折扣和信用条件等。

（三）分销

分销代表企业为使产品送达目标顾客手中所采取的各种活动，包括发挥批发商和零售商的作用等。

（四）促销

促销代表企业为宣传其产品优点及说服目标顾客购买所采取的各种活动，包括广告、人员推销、营业推广及公共关系等。

✍ 探讨与应用

花旗银行的全球营销战略

美国花旗银行（Citibank）距今已有 200 多年的历史，可谓是华尔街上最古老的商业银行之一，在成立之初，它的注册资本为 200 万美元，实收资本仅 80 万美元；如今已发展成为世界上最大的全能金融集团——花旗集团（Citigroup）。2000 年，花旗集团资产规模已达 9022 亿美元，一级资本 545 亿美元，被 2001 年《银行家》杂志列为 2001 年全球 1000 家大银行的第一位。2001 年 4 月，美国《福布斯》杂志公布了全美 500 强企业，花旗集团取代通用公司，登上了 2000 年全美 500 强榜首。2001 年 7 月 30 日出版的美国《商业周刊》首次推出了全球最有价值的 100 个品牌排行榜，花旗银行被列为金融行业第一位。

纵观花旗银行的发展历程，其超前的全球化营销战略是花旗银行领先其他银行的一个重要因素，花旗银行在世界各地广设分支机构，建立起了庞大的金融营销网络，这一网络被认为是花旗银行在国际金融界真正具有竞争力的优势所在。

花旗银行海外银行业务的出现最早可以追溯到 1897 年。20 世纪 60 年代以来，花旗银行的海外贷款、存款和利润增长率指标等均超过其国内业务。此后经过里斯顿（Wriston）对花旗银行的"体制再造"改革后，到1984年花旗银行的海外分行已增加到231家。1983年，花旗银行在历经30多年之后第三次回到中国，其北京、上海代表处和深圳分行相继开业。

花旗银行市场战略的另一个特点是，即使所在国家出现了经济衰退甚至是经济危机，也绝不轻易撤出，而是从危机中努力寻找商机。例如在发生金融危机的印度尼西亚，当许多外资银行纷纷撤离的时候，花旗银行却反其道而行之，追加投资开设新的分支机构，结果自身不但未受损失，并且业务量和利润都有了大幅的提高；同时还赢得了当地政府和民众的信任。

花旗银行在亚太地区的海外发展因受各国各地区政府的政策限制和当地经济发展及开放度的差异影响而有较大不同。传统上多数国家都对金融市场进入进行限制，还有的国家则对进入市场后的实际经营活动进行限制。尽管如此，花旗银行的决策者似乎从未放弃过在这一地区进行业务扩张的努力，其主要策略之一是市场抢先战略，即一旦有机会，就会抢在其他竞争者之前首先进入该市场，并迅速进行业务扩张。例如，在韩国、马来西亚、越南等国花旗银行都是抢先进入者。抢先战略通过积极分设经营机构、不断扩展业务领域等手段，不仅能够迅速占领市场、扩大企业影响，同时还能对后进入竞争者制造进入障碍，从而确保竞争优势。

花旗银行的市场开发战略还针对不同国家发展阶段的不同而有所区别。如对越南这样的不发达市场地区，主要业务方向是为美国跨国公司和当地企业提供现金管理、短期融资和外汇交易服务（在越南，每一家企业都必须在两个不同的银行分别设立本币账户和美元账户）。对于印度等国家，则还开办银团贷款、项目融资以及债券和零售业务。而在经济发展迅速的国家如马来西亚、新加坡，则提供更为复杂的证券业务、金融衍生品等项目的服务。至于像日本这样的处于成熟阶段的国家，花旗银行提供的服务就更全面了，举凡金融、信托、证券、租赁、期货，几乎无所不有。

花旗银行在其稳健和安全经营的基础上，作为市场拓展的微观组成部分，还精心制定其客户发展战略，并且取得显著成效。例如，长期以来，日本的主银行体制和银企相互持股政策，使得日本企业非常忠实于本国银行，大多数外国银行在日本的经营都比较困难，然而花旗银行却成功地在日本市场上占有一席之地。特别是近年来，一些日本银行因不良资产增加出现经营亏损甚至倒闭，使得有更多的客户基于安全考虑纷纷投向了可信度高、安全性强的花旗银行的怀抱。

花旗银行的客户战略首先是对客户群进行细分，在公司业务方面，采取特别服务的市场体制，专门设立全球关联银行（Globe Relationship Banking）业务部门，为全球跨国公司及其子公司提供各种商务结算服务。如在其选定的享受特别服务的220家大公司中，有三分之一的企业来自亚太地区的日本、韩国等。在零售业务方面，花旗银行把目标瞄准了亚洲新兴的中产阶级，认为随着他们财富的增加，他们对个人金融服务的需求也在增加。例如在中国台湾，花旗把具有较高收入的中层管理人员作为自己的特殊顾客，为他们提供支票账户、周转卡、晚餐卡以及特别服务花旗金卡等一揽子金融服务。

此外，花旗银行还采取客户服务差别化战略，依据客户收入、消费习惯的不同，提供各种不同的服务组合。同时，还积极发展多品种交易客户，不仅为其提供存贷款、信用卡、消费贷款服务，还提供投资信托、年金以及保险类金融商品的综合服务。

为了争取更多的客户，花旗的营销手段层出不穷，除了积极利用广告媒体和各种宣传资料外，还注重市场调查和信息的搜集工作。例如在印度，花旗的工作人员通过查阅电话号码簿把信用卡发放给那些安装电话的人，因为除了个别例外，只有富裕人士才能装得起电话。而在印度尼西亚，花旗的目标则是那些拥有卫星电视接收器的家庭。成功的营销策略使花旗的信用卡业务在亚太地区赢得了广泛的客户群。花旗另一个获取客户的办法是战略性公司收购。例如，20世纪80年代末花旗银行通过收购澳大利亚信用卡服务公司一举获得了40万名新客户。

（资料来源：http：//blog. sina. com. cn/s/blog _ 4a5fbb88010004kq. html。）

试分析：

花旗银行的市场营销战略是什么？

☆ **同步测试**

◇ **单项选择题**

1. 总体战略是企业（　　）层次的战略。

A. 总体　　　　　　B. 局部　　　　　　C. 最高　　　　　　D. 较强

2. 职能战略是各个职能部门的（　　）战略。

A. 长期性　　　　　B. 中期性　　　　　C. 短期性　　　　　D. 中长期

3. 具有较高增长率和较高市场占有率的经营单位是（　　）。

A. 问号类　　　　　B. 明星类　　　　　C. 奶牛类　　　　　D. 瘦狗类

4. 问号类经营单位是具有较高增长率和（　　）的经营单位或业务。

A. 较高占有率　　　B. 一般占有率　　　C. 较低占有率　　　D. 没有占有率

5. 市场增长率和相对市场占有率都较低的经营单位是（　　）。

A. 问号类　　　　　B. 明星类　　　　　C. 奶牛类　　　　　D. 瘦狗类

6. （　　）是指企业利用多种信息载体，与目标市场进行沟通的传播活动，包括广告、人员推销、营业推广与公共关系等。

A. 产品　　　　　　B. 定价　　　　　　C. 促销　　　　　　D. 分销

◇ **多项选择题**

1. 市场增长率/市场占有率矩阵将经营单位划分为（　　）几种类型。

A. 明星类　　　　　B. 金马类　　　　　C. 奶牛类　　　　　D. 问号类

E. 瘦狗类

2. 规划企业成长战略的方式有（　　）。

A. 松散式成长战略　　　　　　　　　　B. 密集式成长战略

C. 统一式成长战略　　　　　　　　　　D. 一体化成长战略

E. 多角化成长战略

3. 企业一体化成长战略包括（　　　）。

A. 后向一体化　　　　B. 向上一体化　　　　C. 水平一体化　　　　D. 向下一体化

E. 前向一体化

4. 企业多角化成长战略包括（　　　）。

A. 纵向多角化　　　　B. 垂直多角化　　　　C. 同心多角化　　　　D. 水平多角化

E. 综合多角化

5. 市场营销组合因素包括（　　　）。

A. 产品　　　　　　　B. 竞争　　　　　　　C. 定价　　　　　　　D. 分销

E. 促销

◇**判断题**

1. 职能战略是企业多个职能部门的长期性战略。　　　　　　　　　　　　　（　　）

2. 企业使命反映企业的目的、特征和性质。　　　　　　　　　　　　　　　（　　）

3. 问号类是较高增长率、较低占有率的经营单位或业务。　　　　　　　　　（　　）

4. 市场增长率和市场占有率都较低的经营单位或业务属于问题类。　　　　　（　　）

5. 产品、价格、分销和促销是市场营销过程中不可以控制的因素。　　　　　（　　）

◇**简答题**

1. 简述企业战略具有的特征。

2. 简述战略规划的一般过程。

3. 市场营销组合的特点是什么？

☆ 创业营销技能实训项目

他山之石　可以攻玉

[训练目标] 实地走访本地知名企业或搜集相关企业案例和资料，通过这些案例和资料加深你对企业战略规划的理解。

[训练组织] 学生每六人分为一组，选择不同的企业进行调查，也可以搜集国内外知名企业的相关战略资料进行分析。

[创业思考] 如果你来组建公司，你会如何进行公司战略规划。

[训练提示] 教师提出活动前准备及注意事项，同时随队指导。

[训练成果] 各组汇报，教师讲评。

☆ 案例分析

格兰仕微波炉的战略

经过激烈的竞争，格兰仕攻占国内市场60%以上的份额，成为中国微波炉市场的代名词。在国家质量检测部门历次全国质量抽查中，格兰仕几乎是唯一全部合格的品牌，与众多洋品牌频频在抽检中不合格被曝光形成鲜明对比。去年，格兰仕投入上亿元技术开发费用，获得了几十项国家专利和专有技术；今年，将继续加大投入，使技术水平始终保持世界前列。

由于格兰仕的价格挤压，近几年微波炉的利润空间降到了低谷。今年春节前夕，甚至出现个别韩国品牌微波炉售价低于300元的情况，堪称世界微波炉最低价格。国内品牌的主要竞争对手一直是韩国产品，它们由于起步早曾经一度占据先机。在近几年的竞争中，韩国品牌落在了下风。韩国公司在我国的微波炉生产企业屡次在一些重要指标上被查出不符合标准，并且屡遭投诉，这在注重质量管理的韩国公司是不多见的。业内人士认为，200多元的价格水平不正常，是一种明显的倾销行为。它有两种可能：一是韩国受金融危机影响，急需扩大出口，向外转嫁经济危机；二是抛库存套现，做退出前的准备。

面对洋品牌可能的大退却，格兰仕不是进攻而是选择了暂时退却。日前，格兰仕总部发出指令，有秩序地减少东北地区的市场宣传，巩固和发展其他市场。这一决策直接导致了春节前后一批中小企业进军东北，争夺沈阳及天津市场。这些地区已经平息的微波炉大战，有重新开始的趋势。

格兰仕经理层在解释这种战略性退让时指出，其目的在于让出部分市场，培养民族品牌，使它们能够利用目前韩国个别品牌由于质量问题引起信誉危机的有利时机，在某一区域获得跟洋品牌直接对抗的实力，形成相对的针对洋品牌的统一战线，消除那些搞不正当竞争的进口品牌。

从长远看，格兰仕保持一些竞争对手，也是对自己今后的鼓励和鞭策。格兰仕的目标是打出国门。1998年，格兰仕微波炉出口额5000万美元，比上年增长两倍，在国内家电行业名列前茅，其国际市场价格平均高于韩国同类产品25%。前不久，在世界最高水平的德国科隆家电展中，第二次参展的格兰仕不仅获得大批订单，而且赢得了世界微波炉经销商的广泛关注。今年格兰仕的出口目标是再翻一番。

为继续扩大规模，格兰仕将有选择地在国内微波炉企业中展开收购工作。1998年收购安宝路未果后，公司总结了经验教训，今年将重点联合政府部门实现新的目标。鉴于亚洲金融危机的影响短期内可能不会消除，格兰仕表示，并购工作对海外品牌企业一视同仁。

（资料来源：杨明刚．市场营销100个案与点析［M］．上海：华东理工大学出版社，2004。）

阅读以上材料，回答问题：

企业营销战略如何在规划、实施、控制各阶段与总体战略规划相配合？

第三章

市场营销环境

◆本章学习目标

☞ 应用知识目标

1. 掌握营销环境的概念；

2. 认识营销环境和企业营销行为的关系；

3. 了解营销环境分析的基本方法。

☞ 应用技能目标

1. 企业环境 SWOT 分析；

2. 以营销环境的知识对企业进行机会威胁分析。

☞ 创业必知知识点

1. 了解企业营销环境的影响；

2. 掌握 SWOT 分析法。

📖中国传统文化与营销启示

中国传统文化博大精深，经史子集、书画歌赋都在其中。故宫博物院透露：2020 年 9 月前后，在故宫诞辰 600 年之际，北宋画家张择端绘制的长卷风俗画《清明上河图》将在午门正殿及东西雁翅楼展厅展出，而上一次展出是在 2015 年 9 月。《清明上河图》作为中国十大传世名画之一，是中国优秀传统文化的象征之一。它所描绘的是宋都汴京（今河南开封）的繁华景象。而当时的汴京，是同一时代世界上规模最大的城市，人口超过百万，今天这个人口数看似微不足道，但在当时能达到这样数字的城市全世界也没有几个，这也成为宋朝商业繁荣的重要原因。汴河是北宋国家漕运的重要交通枢纽，商业交通要道，在 5 米长卷中，向我们展现了汴河两岸的商业繁荣。从画面上可以看到人口稠密，商船云集，主干道两边车水马龙店铺林立，有茶坊、酒楼、脚店、盐铺等。商店中有绫罗绸缎、珠宝香料、香火纸马等的专门经营，此外尚有医药门诊、大车修理、看相算命、修面整容，在画中有最早的外卖小哥的身影，有吸引游人的广告招牌和灯箱，各行各业，应有尽有，也能让我们感受到商家之间激烈的竞争。《清明上河图》不仅仅是一件伟大的现实主义绘画艺术珍品，同时也为我们提供了北宋大都市的商业、手工业、民俗、建筑、交通工具等翔实形象的第一手资料，在中国乃至世界绘画史上被奉为经典之作。

启示：宋代的繁华帝都就是一个大大的市场，市场构成三要素在画中都能够表现出来，《清明上河图》中的"清明"，虽然诸多专家学者有着不同的解释与争论，但如果按照文物鉴定专家郑振铎先生的理解，这幅图所描绘的就是清明节这一天，你会不会觉得我们的先人也是利用节日营销的高手？陈寅恪先生曾说："华夏民族之文化，历数千载之演进，造极于赵宋之世。"如果你有机会一睹这副名画的真容，你会希望成为其中哪一店铺的主人，穿越时空的你会更关注当时的哪些环境因素呢？

环境通常是指影响和制约某一事物生存和发展的外部因素的总和。企业是一个不断为社会提供商品和劳务的经济系统，具有独立性，它要求系统内的各要素必须协调一致，组合最优，从而实现系统功能的最大化。同时，企业又是一个开放系统，它必须不断与外界发生物质、能量和信息转换，受到外界因素的影响和制约。企业的市场营销活动是在一定的外界条件下进行的，也就要适应一定的营销环境。而企业的市场营销环境是不断变化的，这种变化一方面给企业造成新的市场机会，另一方面也会给企业带来威胁。因此，企业应该经常监视和预测其周围的市场营销环境的发展变化，并要善于分析和识别由于环境变化而造成的主要机会和威胁，及时采取适当对策，使其经营管理迅速适应其市场营销环境的发展变化。

第一节　市场营销环境的内涵

一、市场营销环境的含义

（一）市场营销环境的概念

美国著名市场营销学家菲利普·科特勒对市场营销环境的含义有如下的解释："市场营销环境是指影响企业的市场和营销活动的不可控制的参与者和影响力。"也就是说，市场营销环境是指直接或间接影响企业营销活动的所有外部力量和相关因素的集合，它是影响企业生存和发展的各种外部条件。认识和分析企业的营销环境是企业的经营管理活动必不可少的环节。

（二）市场营销环境的构成要素

市场营销环境内容比较广泛，可以根据不同标志加以分类。在这里，我们借鉴美国著名市场营销学家菲利普·科特勒划分市场营销环境的方法，从宏观环境和微观环境来分析市场营销环境的构成要素。

宏观市场营销环境又称间接营销环境，是指所有与企业的市场营销活动有联系的环境因素，包括人口环境、经济环境、自然环境、科技环境、政法环境和文化环境等。这些因素涉及广泛的领域，主要从宏观方面对企业的市场营销活动产生影响。这些因素又可派生出若干次级因素，它们之间既相互制约，又相互影响，形成极为复杂的因果关系。

微观市场营销环境又称直接营销环境，它是指与本企业市场营销活动有密切关系的环境因素，包括企业、供应商、营销中介、顾客、竞争者和社会公众等。微观市场营销环境体现了宏观市场营销环境因素在某一领域里的综合作用，对于企业当前和今后的经营活动产生直接的影响。

宏观市场营销环境与微观市场营销环境两者之间并不是并列关系，而是主从关系。微观市场营销环境要受制于宏观市场营销环境，宏观市场营销环境一般以微观市场营销环境为媒介去影响与制约企业的营销活动，在某些场合，也可以直接影响企业的营销活动。

营销环境对企业营销活动的影响如图3-1所示。

图3-1　市场营销环境构成图

企业外部环境是外在于企业的客观存在，它是不以人们的意志为转移的，对企业来说属于不可控因素，企业无力改变。但企业可以通过对内部因素的优化组合，去适应外部环境的变化，保持企业内部因素与外部环境的动态平衡，使企业不断充满生机和活力。也就是说，企业面对外部环境并不是无所作为，被动顺从的，它能够通过加强对环境变化趋势的分析研究，掌握其变化规律，主动适应环境变化的要求。企业主动适应外部环境，与外部环境保持动态平衡，不仅具有可能性，而且非常必要，这是企业生存和发展的客观要求。

二、市场营销环境的特点

市场营销环境是一个多因素、多层次而且不断变化的综合体。概括地说，市场营销环境具有以下特点。

（一）客观性

环境作为营销部门外在的不以营销者意志为转移的因素，对企业营销活动的影响具有强制性和不可控性的特点。一般来说，营销部门无法摆脱和控制营销环境，特别是宏观环境，企业难以按自身的要求和意愿随意改变它，如企业不能改变人口因素、政治法律因素、社会文化因素等。但企业可以主动适应环境的变化和要求，制定并不断调整市场营销策略。事物发展与环境变化的关系是适者生存，不适者淘汰，就企业与环境的关系而言，也完全适用。有的企业善于适应环境就能生存和发展，有的企业不能适应环境的变化就难免被淘汰。

（二）多变性

构成企业营销环境的因素是多方面的，而每一个因素都随社会经济的发展而不断变化。主要包括三个方面：一是某一环境因素的变化会引起另一环境的变化；二是每个环境内部的子因素变化会导致环境因素的变化；三是各因素在不同的形势下，对企业活动影响大小不一样。这就要求企业根据环境因素和条件的变化不断调整其营销策略。

（三）差异性

市场营销环境的差异性不仅表现在不同企业受不同环境的影响，而且同样一种环境因素的变化对不同的企业的影响也不相同。例如，中国加入世界贸易组织，意味着大多数中国企业进入国际市场，进行"国际性较量"，而这一经济环境的变化，对不同行业所造成的冲击并不相同。企业应根据环境变化的趋势和行业的特点，采取相应的营销策略。

（四）相关性

市场营销环境不是由某一个单一的因素决定的，它要受到一系列相关因素的影响。例如，价格不但受市场供求关系的影响，而且受到科技进步及财政税收政策的影响。市场营销环境因素相互影响的程度是不同的，有的可以进行评估，有的则难以估计和预测。

由于市场营销环境对企业营销活动的影响具有以上特点，使之复杂多变，难以捉摸。因此，企业才需要采取相应的对策。

第二节　宏观营销环境

企业的营销活动是在宏观环境中进行的，因此会受宏观环境的因素，如人口、经济、自然、科学技术、政治法律和社会文化等的间接影响。企业必须对这些宏观环境因素变化带给企业的营销活动的挑战与机会作出正确的分析评估，制定和实施相应的营销决策。

图 3 - 2　市场营销宏观环境

一、人口环境

人口环境包括人口规模、人口增长、人口结构、人口的地理分布等因素。市场营销是以市场为中心展开的，而市场又是由具有购买欲望和购买力的人组成的。因此，人口环境就成为企业营销首要分析评估的宏观环境因素。

（一）人口规模

一般来说，在经济发展和收入水平相等的条件下，一国人口规模越大，则市场规模就越大。人口规模对市场规模的决定影响，通常表现在对基本生活资料市场的需求量方面。根据联合国统计，到 2050 年，世界人口将突破 100 亿人，而我国人口已经接近 14 亿人。随着世界及我国人口规模的扩大，世界及我国市场规模也会不断扩大。

（二）人口增长

对企业营销来说，不仅要通过了解人口现状来了解现有市场规模，更需要关注人口发展的趋势。因为人口增长与否或速度快慢，直接影响未来市场需求增长与否或变化方向。目前，全世界人口增长率为 1.7%，发展中国家或地区人口增长率平均达 2.1%，其中，撒哈拉以南非洲人口增长率平均高达 3.2%，而发达国家则为 0.6%，有些西欧、北欧国家人口增长率为负。这就意味着发展中国家或地区的消费需求会不断增长，市场潜力很大；相反，有些西欧、北欧国家或地区人口出生率下降，则可能会造成这些国家儿童用品消费需求总量的相对减少，对营销儿童用品的企业是一种"环境威胁"，但对另一些行业，如旅游业、交通运输业、餐饮业等行业来说，却是增加了市场机会。

但我们也要意识到，人口的增长一方面可以给企业营销带来更多的机会，另一方面也会给企业乃至整个社会带来深刻的影响。例如，无限制的人口增长会造成地球资源的缺乏、环境污染日益严重、教育资源短缺、住宅交通拥挤等社会问题。人口各项指标的变化与企业的营销活动有重大关系，既有威胁，又有新的机会，所以说，会给市场带来整体性和长远性的影响。

（三）人口结构

企业营销者除了要了解掌握人口规模、人口增长以外，还应分析人口的结构。因为不同的人口结构对商品有着不同的需求，分析不同的人口结构，可为企业寻找目标市场提供依据。人口结构主要包括人口的年龄结构、性别结构、家庭结构、社会结构及民族结构等。

1. 年龄结构

人口年龄通常可以分为六个阶段：学龄前儿童、学龄儿童、青少年、25～40岁青年人、40～60岁中年人和60岁以上的老年人。不同年龄人群对商品的需求不一样。目前，世界人口呈老龄化上升趋势。预计到2050年，我国老年人口比例将达27%，这将意味着在今后世界及我国"银发市场"，诸如保健用品、营养品、老年医疗卫生将会发达起来。

2. 性别结构

不同性别的人口会给市场需求带来性别上的差异。例如，女性比男性更喜欢打扮、逛商场，上街采购日用品、化妆品、女性服装等，而男子则在购买大件物品方面表现出积极性。企业营销者有必要掌握人口性别的差异给企业产品营销带来的差异影响，以便顺利实现营销目标。

3. 学历结构

人口学历结构反映人口受教育程度的高低。不同学历等级的人口，会表现出不同的消费偏差。通常，高学历等级的人口更多倾向于购买有知识品位的商品；低学历等级的人口，则较多讲究所购商品价廉、实用。随着我国九年义务教育的普及和高等教育机会增加，人口的学历层次普遍提高，这给知识商品市场营销带来机遇，甚至文化礼品市场也在我国逐渐兴起，成为市场的一个重要组成部分。

4. 家庭结构

家庭是市场需求的基本单位。不同的家庭结构类型会导致不同的购买行为，从而影响企业的市场营销行为。中国的家庭结构大体经过了三次重大的改变，在计划生育前，多子多福的观念使当时中国的家庭结构表现为儿孙满堂并以"大家族"的形式出现。"只生一个好"的计划生育时代，中国的家庭形成了较为熟悉的"4＋2＋1"结构。随着2014年二胎政策的逐步放开，四口之家的家庭结构将成为主要形式。家庭结构的变化，必然对住房、家具、家用电器等需求产生影响。

5. 社会结构

在改革开放之前，社会阶层结构基本以农民为主体。在 1978 年改革开放以后，中国的社会结构出现新的变化，2007 年，在民政部政策研究中心发表的"当前中国社会分层结构变化的新趋势"一文中认为中国的社会阶层、社会群体利益分化和多元化更为明显，其基本的趋势是从过去的巨型、整体群体，分化为多元利益群体。社会结构变化的产物就是一些新型阶层出现，以中国大城市为例，出现新生的"新中产阶层"，其基本特征是：年龄比较轻，一般都具有较高的学历，有专业知识，懂外语，大多就职于金融、证券、信息、高新技术等领域。随着网络时代的到来，又催生出出生即与网络相伴的网络原住民等新型社会群体。这些新型社会群体都会在消费行为及生活方式上对企业营销活动带来影响。

6. 民族结构

世界各国的民族结构有单一的，也有多元的。我国除了占人口大多数的汉族以外，还有 55 个少数民族，他们在饮食、服饰、居住、婚丧、节日等物质和文化生活各方面各有特点。这些不同的消费者需求与风俗习惯影响了消费者需求的构成和购买行为。因此，企业营销者要注意民族市场的营销，重视开发适合各民族特性、受其欢迎的商品。

（四）人口的地理分布

人口的地理分布是指人口在不同地区的密集程度。受自然地理条件及经济发展程度等多方面因素的影响，人口的分布绝不会是均匀的。世界人口正在加速城市化，在许多国家和地区，人口往往集中在几个大城市里。从我国来看，人口主要集中在东南沿海一带，西北地区人口稀少。另外，城市的人口比较集中，尤其是大城市人口密度很大，例如上海、北京、重庆和广州等，而农村人口相对分散。人口的这种地理分布表现在市场上，就是城市市场集中程度高，销售周转快；农村市场广，但运输成本大。

随着经济的活跃和发展，人口的区域流动性也越来越大。在发达国家，除了国家之间、地区之间、城市之间的人口流动外，还有一个突出的现象就是城市人口向农村流动。我国从 1978 年改革开放以来，人口的区域流动表现为农村人口向城市流动，内地人口向沿海经济开放地区流动，从而增加了人口流入较多地区的基本需求量，给当地企业带来较多的市场份额和营销机会。

二、经济环境

经济环境指企业营销活动所面临的外部经济因素，这些因素包括消费者收入、消费者支出、消费者储蓄和信贷以及社会经济发展水平等。经济运行状况及发展趋势会直接或间接地对企业营销活动产生影响。

（一）消费者收入

购买力是市场形成并影响其规模大小的决定因素，它也是影响企业营销活动的直接经济因素。消费者的购买力来自消费者的收入，但消费者并不是把全部收入都用来购买商品或劳务，购买力只是收入的一部分。因此，在研究消费者收入时，要注意以下几点：

1. 国民生产总值

国民生产总值是衡量一个国家经济实力与购买力的重要指标。从国民生产总值的增长幅度可以了解一个国家经济发展的状况和速度。国民生产总值增长越快，对商品的需求和购买力就越大，反之就越小。

2. 人均国民收入

人均国民收入是用国民收入总量除以总人口的比值。这个指标大体反映了一个国家人民生活水平的高低，也在一定程度上决定商品需求的构成。一般来说，人均收入增长，对商品的需求和购买力就大，反之就小。

3. 个人可支配收入

个人可支配收入是在个人收入中扣除税款和非税性负担后所得余额，它是个人收入中可以用于消费支出或储蓄的部分，它构成了实际的购买力。

4. 个人可任意支配收入

个人可任意支配收入是在个人可支配收入中减去用于维持个人与家庭生存不可缺少的费用（如房租、水电、食物、衣着等项开支）后剩余的部分。这部分收入是消费需求变化中最活跃的因素，也是企业开展营销活动时所需要考虑的主要对象。因为这部分收入主要用于满足人们基本生活需要之外的开支，一般用于购买高档耐用消费品、旅游、储蓄等，它是影响非生活必需品和服务销售的主要因素。

（二）消费者支出

随着消费者收入的变化，消费者支出模式会发生相应的变化，进而影响到消费结构。经济学家常用恩格尔系数来反映这种变化。

消费结构是指消费过程中人们所消耗的各种消费品及服务的构成，即各种消费支出占总支出的比例关系。优化的消费结构是优化产业结构和产品结构的客观依据，也是企业开展营销活动的基本立足点。我国目前经济发展水平与发达国家相比还有很大的差距，特别在广大的农村现行消费中衣食等必要消费所占比例还比较大，随着经济的进一步发展以及国家在医疗等制度方面改革的深入，人们的消费模式和消费结构都会发生明显的变化。

 知识链接

恩格尔系数

恩格尔系数即食物支出占家庭收入的比例，计算公式为：恩格尔系数＝食物支出总额/个人或家庭消费支出总额。恩格尔系数是衡量一个国家、地区、城市、家庭生活水平高低的重要参数。食物开支占总消费量的比重越大，恩格尔系数越高，生活水平越低；反之，食物开支所占比重越小，恩格尔系数越小，生活水平越高。

（三）消费者储蓄和信贷

消费者的购买力还要受储蓄和信贷的直接影响。当收入一定时，储蓄越多，现实消费越少，而潜在的消费量就越大；反之，储蓄越少，现实消费量就越大，而潜在消费量越小。另外，储蓄的目的不同，也往往会影响到潜在需求量、消费模式、消费内容和消费发展方向的不同。这就要求企业营销人员在调查、了解储蓄动机与目的的基础上，制定不同的营销策略，为消费者提供有效的产品和劳务。

消费者信贷对购买力的影响也很大。消费者信贷是指消费者凭信用先取得商品使用权，然后按期归还贷款，以购买商品。信贷消费允许人们购买超过自己现实购买力的商品，创造了更多的需求。我国现阶段的信贷消费基本上局限于住房、汽车及大件商品等，较以前有了较大的发展。

（四）社会经济发展水平

企业的市场营销活动还要受到整个国家或地区的经济发展水平的制约。经济发展阶段不同，居民的收入不同，顾客对产品的需求也不一样，从而会在一定程度上影响企业的营销。如在经济发展水平比较高的地区，消费者更注重产品的款式、性能及特色，品质竞争多于价格竞争。而在经济发展水平比较低的地区，消费者往往更注重产品的功能及实用性，价格因素显得比产品质量更为重要。因此，对于不同的经济发展水平的地区，企业应采取不同的市场营销策略。

另外，经济发展阶段、经济体制、地区与行业发展状况、城市化程度都会给企业的营销活动带来一定的影响。

✍ 探讨与应用

银发族不再省吃俭用，"新老年生活"原来这么潮

在我国消费升级的背景下，老年消费者这一新兴的主力"买家"群体也在不断创造出新的需求，为各行业带来大量新商机。日前，2019 年北京银发消费月正式拉开帷幕，每周 3~4 场、持续一个月左右的落地活动集聚了全市 30 余家北京老字号、200 余家品牌企业、数千家门店。北京商报记者走访了多个正在开展活动的企业后发现，今年不少商家都不约而同地表示，近两年，北京老年消费者的消费习惯、消费方式、消费能力都出现了巨大变化，比如他们开始更关注"网红"及"爆款"产品、挑选商品时更兼顾美观性与功能性、人均消费额也在短期内大幅提升等。就此，北京商报记者特意选择了近三年消费月活动中老年消费需求集中且出现明显变化的零售、健康服务及居家养老行业三家企业代表，讲述他们眼中的银发消费新趋势。

（资料来源：http://consume.people.com.cn/n1/2019/1016/c425315 – 31402283. html。）

随着"60 后"等消费者逐渐步入中老年，老年消费需求与市场过往的传统认知已发生巨大的改变。品质化、多元化、便利化的市场需求增长显著，老人的消费和娱乐意愿空前强烈，银发消费逐渐从生存型向享受型发展。而这些来自需求的市场变化，也正是推动行业开展全面数字化升级的巨大契机。

（资料来源：中国老年网《中国城市报》2019 – 10 – 14，第 3 版。）

试分析：

中国人口环境的变化给企业带来了哪些商机，企业如何满足其消费需求？

三、自然环境

自然环境是指作为生产投入或受营销活动影响的自然资源，包括物质自然资源和地

理环境等。一个国家或地区的自然地理环境包括自然资源、地形地貌和气候条件，这些因素都会不同程度地影响企业的营销活动，有时这种影响对企业的生存和发展起决定作用。企业要避免由自然地理环境带来的威胁，最大限度地利用环境变化可能带来的市场营销机会，就应不断地分析和认识自然地理环境变化的趋势，根据不同的自然地理环境变化的情况来设计、生产和销售产品。

（一）物质自然环境

物质自然资源是指自然界提供给人类各种形式的物质财富，如矿产资源、森林资源、土地资源、水力资源等。这些资源分为三类：一是"无限"资源，如空气、水等；二是有限但可以更新的资源，如森林、粮食等；三是有限但不可再生的资源，如石油、锡、煤、锌等矿物。自然资源是进行商品生产和实现经济繁荣的基础，与人类社会的经济活动息息相关。由于自然资源在地理分布上的不均衡性，企业到某地投资或从事营销必须了解该地的自然资源情况，如果该地对本企业产品需求量大，但缺乏必要的生产资源，那么，企业就适宜向该地输送销售产品；但是如果该地有丰富的生产资源，企业就应该在该地投资建厂，在当地生产，就地销售。资源短缺将使企业生产成本大幅度上升，企业必须积极从事研究和开发，尽力寻求新的资源替代品。而各国政府对环境污染问题进行控制，限制了某些行业的发展，也为企业造成了两种营销机会：一是为治理污染的技术和设备提供了一个大市场，二是为不破坏生态环境的新的生产技术和包装方法创造了营销机会。因此，企业经营者要了解政府对资源使用的限制和对污染治理的措施，力争做到既能减少环境污染，又能保证企业发展，提高经济效益。

（二）地理环境

一个国家或地区的地形地貌和气候，是企业开展市场营销所必须考虑的地理环境因素，这些地理特征对市场营销有一系列影响。例如，气候（温度、湿度等）与地形地貌（山地、丘陵等）特点，都会影响产品设备的性能和使用。在沿海地区运转良好的设备到了内陆沙漠地区就有可能发生性能的急剧变化。有些国家地域辽阔、南北跨度大，各种地形地貌复杂，气候多变，企业必须根据各地的自然地理条件生产与之相适应的产品。可见气候、地形地貌不仅直接影响企业的经营、运输、通信、分销等活动，而且会影响到一个地区的经济、文化、人口分布状况。因此，企业开展营销活动，必须考虑当地的气候与地形地貌，使营销策略能适应当地的地理环境。

四、科技环境

科技环境可能是目前影响人类命运的最引人注目的因素。科学技术创造了如抗生素、器官移植和智能手机等产品，但也带来了像原子弹、神经毒气等恐怖的战争武器。它还带来了一些好坏参半的事物，如汽车、电视和信用卡。我们对科技的态度取决于我们是对它的奇迹印象更深还是错误印象更深。

科技发展速度快慢对市场经营起着显著的、多方面的影响。人类历史上每一次技术革命，都会改变着社会经济生活。每一种新技术的产生和新成果的出现，也都给企业造成新的市场营销机会。同时，产生的新兴技术与行业，必然给旧技术与行业带来巨大的环境威胁，使其受到冲击，甚至被淘汰。例如，数码相机损害了胶片行业、光盘损害了唱片行业。所以，企业营销应及时观察到科技环境的发展变化，及时采取新技术、新工艺，由旧行业转入新行业，只有这样才能求得生存与发展。

营销人员应注意下列技术发展趋势：

1. 技术的高速发展

当今，科学家们正致力于广泛的新技术的研究，这些研究将革新我们的产品和生产方式。在生物技术、微电子、机器人和材料科学等领域已出现了令人振奋的成果，例如，实用太阳能技术、癌症的治疗、精神健康的药物、商用航天飞机、能做饭和打扫卫生的家庭机器人、电动汽车以及声音和手势能控制的计算机等。科学家还对如能飞的汽车、三维电视、空间移民、无性繁殖等项目感兴趣。每个项目所遇到的挑战不仅来自技术，也来自商业，那就是要使这些产品实用，而人们又能买得起，这就需要企业营销人员提供市场环境的分析和导向。

2. 研究与开发的高预算

美国是全世界研究与开发开支最高的国家。美国近一半的研究与开发资金来自联邦政府，许多新产品和服务构想来自政府研究成果。许多公司在研究与开发上的投资也很大，例如，通用汽车、IBM 和 AT&T 公司每年的研究与开发支出有几十亿美元。研究与开发的高预算，使得研发公司在研究的同时要注重市场的导向，所以，公司要经常向研究与开发部门派入营销人员，使其研究主要以市场为导向。

3. 对新技术管制的加强

由于产品越来越复杂，公众需要了解这些产品是否安全，因此，政府机构会对有不安全因素的产品进行调查，进而禁止销售。在美国，联邦食品和药物管理局颁布了关于新药试验的复杂规定。消费产品安全委员会制定了关于消费品的安全标准，并对没有达标的公司进行处罚。这些管制使公司研究成本增加，并使产品从研制到面市的周期变长。营销人员在研究开发新产品时应对这些管制有所了解。

五、政法环境

政法环境是指企业市场营销活动的外部政治形势和法律制度。政府和法律机构会为公众的利益制定有关的法律法规，以调节企业的运作。因此，从事市场营销的人员，必须及时了解国内、国际重大的政治事件，懂得和遵守国家的方针政策和法令。因为在任何社会制度下，企业的营销活动都必定要受到政治与法律环境的强制和约束，这对营销决策会产生重要的影响。

线上导学：
政法环境与
消费心理

（一）政治环境

政治环境是指企业市场营销活动的外部政治形势和状况，以及国家方针政策的变化对市场营销活动带来的或可能带来的影响。这些政治环境包括政治局势、方针政策和国际贸易中相应的政策等。

1. 政治局势

一个国家的政局稳定与否，会给企业营销活动带来重大的影响。如果政局稳定，人民安居乐业，就会给企业造成良好的营销环境。相反，政局不稳，社会矛盾尖锐，秩序混乱，就会影响经济发展和消费者的购买力。所以，企业在对外营销活动中，一定要考虑东道国政局变动和社会稳定情况可能造成的影响。

2. 方针政策

国家政府制定的方针政策，如人口政策、能源政策、物价政策、财政政策、金融与货币政策等，都会对企业的营销活动带来影响。例如，国家通过降低利率来鼓励消费，通过征收个人收入调节税调节消费者收入，从而影响消费者的购买力，进而影响消费者需求，通过增加产品税如香烟、酒等来抑制消费者的消费需求。

3. 国际贸易政策

在国际贸易中，不同的国家也会制定一些政策来干预外国企业在本国的营销活动。主要措施有以下几个方面：一是进口限制，包括限制进口数量的各项措施和限制外国产品在本国市场上销售的措施，主要目的在于保护本国工业，确保本国企业在市场上的竞争优势；二是税收政策，比如对某些产品征收特别税或高额税，则会使这些产品的竞争力减弱，给经营这些产品的企业效益带来一定的影响；三是价格管制，即当一个国家发生了经济问题时，如经济危机、通货膨胀等，政府就会对某些重要物资，甚至所有产品采取价格管制措施，直接干预企业的定价决策，影响企业的营销活动；四是外汇管制，即政府对外汇买卖及一切外汇经营业务所实行的管制，使企业生产所需的原料、设备和零部件不能自由地从国外进口，企业的利润和资金也不能随意汇回母国。

（二）法律环境

随着我国法律的逐步健全以及依法治国水平的提升，法律对企业的影响日益增加。相对于方针政策而言，法律、法令、法规具有相对的稳定性。法律详细规定了企业的运作方式，限定了交易履行的方式，规定了交易各方的权利和义务，给营销活动带来了制约、机会和影响。因此，一个国家的法律环境对企业的营销活动是极为重要的。

企业一方面可以凭借法律维护自己的正当权益，另一方面也应依据法律进行生产和营销活动。营销人员要了解一些重要的经济法规，如《公司法》《企业法》《反不正当竞争法》《商标法》《票据法》《广告法》《专利法》等，同时还要留意与消费者密切相关的法律条例，如版权实施条例、度量衡条例、售卖货品条例、不良医药广告条例等。了解这些法律法规对市场营销活动具有重要的作用。

📝 营销小贴士

祥和的、安定团结的社会政治局面对消费心理的影响是积极的；恶劣的、混乱不堪的社会政治局面对消费者的影响是消极的。

留住你的客户，努力为他们创造一个稳定、和谐的购物环境。你面对的客户学习能力很强，他们不会为不划算的消费埋单，营销人员也要与时俱进，为你的顾客提供他们最需要的商品。

六、文化环境

文化环境包括影响一个社会的基本价值、观念、偏好和行为的风俗习惯和其他因素。社会文化是指一个社会的民族特征、价值观念、生活方式、风俗习惯、伦理道德、教育水平、语言文字、社会结构等的总和。社会文化内容十分广泛，主要由两部分组成：一是全体社会成员所共有的基本核心文化，二是随时间变化和外界因素影响而容易改变的社会次文化或亚文化。人类在某种社会中生活，必然会形成某种特定的文化，不同国家、不同地区的人民，不同的社会与文化，代表着不同的生活模式。这种差异对企业营销的影响极为复杂，有时甚至可能成为某次营销活动成功或失败的关键。因此，对于市场营销人员来说，社会文化环境是又一个不可忽视的重要因素。

线上导学：
文化环境与
消费心理

（一）语言文字

语言是人类重要的交际工具，也是不同文化间最明显的标志。要想进入某个市场，就必须掌握市场所在地区的语言，通过用当地语言交流，向顾客介绍自己的产品和服务。了解顾客的需求，来刺激顾客的购买欲望。不懂当地语言并不能作出正确的翻译，就会影响营销活动，这在国际营销中尤为重要。例如，美国百事可乐公司著名的广告"Come alive with Pepsi"被译成德文后是"从坟墓中复活"。美国通用汽车公司的雪佛兰品牌车"神枪手"的英文"NOVA"译成西班牙语成了"跑不动"的意思，结果在使用西班牙语的国家营销受到了很大影响。事实证明，语言文字对营销成败的影响是很重要的。

（二）价值观念

价值观念的不同，对人们的消费行为、消费方式也会产生重大影响。如在西方国家中，许多人的价值观念是"能挣会花"，用明天的钱追求今天的享受。因此，分期付款、赊销等形式在西方国家非常流行，人们普遍习惯于借债消费；而中国多数崇尚"节俭"，消费原则是"量入为出"，不习惯借债消费。当然，价值观除了与传统文化有关，还受到社会发展程度的影响，但不论怎样，价值观念影响着消费者的目标选择和购买决策。因此，在企业营销活动过程中，如在产品的设计、造型、颜色、广告、推销方式等方面都应充分考虑不同的价值观念的重要影响，采取不同的策略。

（三）宗教信仰

不同的宗教信仰有不同的文化倾向和戒律，影响着人们处世的方式、价值观念和行为准则，从而影响人们的消费行为，带来特殊的市场需求，与企业的营销活动有密切的关系。特别是在一些信奉宗教的国家和地区，宗教信仰对市场营销的影响力更大。据统计，全世界信奉基督教的教徒有10亿多人，信奉伊斯兰教的教徒有8亿人，印度教徒6亿人，佛教徒2.8亿人，泛灵论者3亿人。教徒信教不一样，信仰和禁忌也不一样，这些信仰和禁忌限制了教徒的消费行为，如印度教徒视牛为圣物，不吃牛肉，伊斯兰教忌食猪肉和含酒精的饮料，佛教徒不沾荤腥。这些都是企业营销时必须注意的因素。

某些国家和地区的宗教组织在教徒购买决策中有重大影响。一种新产品出现，宗教组织有时会提出限制和禁止使用，认为该商品与该宗教信仰相冲突；相反，有的新产品出现，得到宗教组织的赞同和支持，它就会号召教徒购买、使用，起一种特殊的推广作用。因此，企业应充分了解不同地区、不同民族及不同消费者的宗教信仰，提供适合其要求的产品，制定适合其特点的营销策略，否则会触犯宗教禁忌，失去市场机会。这说明了解和尊重消费者的宗教信仰，对企业营销活动具有重要意义。

（四）风俗习惯

风俗习惯是人们根据自己的生活内容、生活方式和自然环境，在一定的社会物质生产条件下长期形成并世代相袭而成的一种风尚和由于重复、练习而巩固下来并变成需要的行动方式等的总称。它在饮食、服饰、居住、婚丧、信仰、节日、人际关系等方面都表现出独特的心理特征、伦理道德、行为方式和生活习惯。不同的国家、不同的民族有不同的风俗习惯，它对消费者的消费嗜好、消费模式、消费行为等具有重要的影

线上导学：
消费习俗与
消费心理

响。例如，不同的国家、民族对图案、颜色、数字、动植物等都有不同的使用习惯，像中东地区严禁带六角形的包装；英国忌用大象、山羊做商品装饰图案；中国人以红色表示喜庆，白色表示丧事，而西方人的结婚礼服则用白色，表示爱情的纯洁；日本人在数字上忌用"4"，因在日语发音中，"4"与死相近；我国是个多民族国家，各族人民都有着自己的风俗习惯，如蒙古族人喜欢穿蒙袍、住帐篷、饮奶茶、吃牛羊肉；朝鲜族人喜食狗肉、辣椒，穿色彩鲜艳的衣服，食物上偏重素食，群体感强。企业营销者应注意不同国家、民族的消费习惯和爱好，做到"入境随俗"。可以说，这是企业做好市场营销尤其是国际营销的重要条件，如果不重视各个国家、各个民族之间的文化和风俗习惯的差异，就可能造成难以挽回的损失。

 营销小贴士

制定营销战略，把文化的含义从物质和社会环境传播到产品和服务领域以吸引消费者，消费者在产品中积极寻找文化的含义以获得自我价值和自我肯定。

第三节　微观营销环境

企业营销管理的任务，就是要不断地向目标市场提供对其有吸引力的产品或服务。要想成功地做到这一点，企业的营销管理者就不仅要重视目标市场的需求，而且要了解企业营销活动的所有微观环境因素。微观环境因素包括企业内部、供应商、营销中介、顾客、竞争者和社会公众等。每个企业的营销目标都是在营利的前提下为目标顾客服务，满足目标市场的特定需求。要实现这个任务，企业必须把自己与供应者和营销中介联系起来，以接近目标顾客（如图3-3所示）。供应者—企业—营销中介—顾客形成企

业的基本营销系统。此外，企业营销的成败还要受另外两个因素的影响：一是竞争者，二是公众。

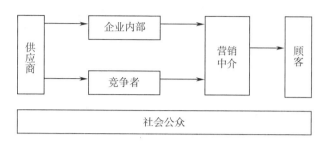

图3-3　市场营销微观环境

一、供应商

供应商是指向企业及其竞争者提供生产上所需要的资源的企业和个人，包括提供原材料、设备、能源、劳务和资金等。企业要选择在质量、价格以及在运输、信贷、承担风险等方面条件最好的供应者。

供应商这一环境因素对企业营销的影响很大，所提供资源的价格和数量，直接影响企业产品的价格、销量和利润。供应短缺、工人罢工或其他事故，都可影响企业按期完成交货任务。从短期来看，这些事件会导致销售额的损失；从长期来看，则会损害企业在顾客中的信誉。如果企业过分倚重于单一的供应者，往往容易受其控制，并且若单一供应者遇到意外情况而致使其供应能力受到影响，也会直接波及企业的生产和销售。因此，企业应尽量从多方面获得供应，以降低供应风险。

二、企业内部

企业内部环境是指内部各部门对营销工作所产生的影响。企业的市场营销部门不是孤立的，它面对着企业的许多其他职能部门，如高层管理者（董事会、总裁等）、财务、研究与开发、采购、制造和会计等部门。营销部门在制定和实施营销计划时，必须考虑其他部门的意见，处理好同其他部门的关系。

（一）高层管理者

高层管理者是企业的最高领导核心，负责规定企业的任务、目标、战略和政策，营销管理者只有在高层管理者规定的范围内作出各项决策，并得到上层的批准后才能实施。

（二）企业各职能部门

营销管理者还必须同其他职能部门发生各种联系，如财务部门、生产部门、采购部门、制造部门等。在营销计划的实施过程中资金的有效运用、资金在制造和营销之间的合理分配、可能实现的资金回收率、销售预测和营销计划的风险程度等，都同财务管理有关；新产品的设计和生产方法是研究与开发部门集中考虑的问题；生产所需的原材料能否得到充分的供应，是由采购部门负责的；制造部门负责生产指标的完成；会计部门则通过对收入和支出的计算，协助营销部门了解其计划目标实现的程度。所有这些部门，都同营销部门的计划和活动发生密切的关系。

三、营销中介

营销中介是指协助企业促销、销售和配销其产品给最终购买者的企业或个人，包括中间商、实体分配机构、营销服务机构（调研公司、广告公司、咨询公司等）、金融机构（银行、信托公司、保险公司等）。

线上导学：
购物环境与
消费心理

（一）中间商

中间商指把产品从生产商流向消费者的中间环节或渠道，它主要包括批发商和零售商两大类。中间商对企业营销具有极其重要的影响，它能帮助企业寻找目标顾客，为产品打开销路，为顾客创造地点效用和时间效用。一般企业都需要与中间商合作，来完成企业营销目标。为此，企业需要选择适合自己营销的合格中间商，必须与中间商建立良好的合作关系，必须了解和分析其经营活动，并采取一些激励性措施来推动其业务活动的开展。

（二）实体分配机构

实体分配机构指帮助企业进行保管、储存、运输的物流机构，包括仓储公司、运输公司等。实体分配机构的主要任务是协助企业将产品实体运往销售目的地，完成产品空间位置的移动。到达目的地之后，还有一段待售时间，还要协助保管和储存。这些物流机构是否安全、便利、经济直接影响企业营销效果。因此，在企业营销活动中，必须了解和研究物资分销机构及其业务变化动态。

（三）营销服务机构

营销服务机构指企业营销中提供专业服务的机构，包括广告公司、广告媒介经营公司、市场调研公司、营销咨询公司等。这些机构对企业的营销活动会产生直接的影响，它们主要任务是协助企业确立市场定位，进行市场推广，提供活动方便。一些大企业或公司往往有自己的广告和市场调研部门，但大多数企业则以合同方式委托这些专业公司来办理有关事务。为此，企业需要关注、分析这些服务机构，选择最能为本企业提供有效服务的机构。

（四）金融机构

金融机构指企业营销活动中进行资金融通的机构，包括银行、信托公司、保险公司等。金融机构的主要功能是为企业营销活动提供融资及保险服务。在现代化社会中，任何企业都要通过金融机构开展经营业务往来。金融机构业务活动的变化还会影响企业的营销活动，比如银行贷款利率上升，会使企业成本增加；信贷资金来源受到限制，会使企业经营陷入困境。企业应与这些公司保持良好的关系，以保证融资及信贷业务的稳定和渠道的畅通。

以上这些都是市场营销不可缺少的中间环节，大多数企业的营销活动都需要有它们的协助才能顺利进行。如生产集中和消费分散的矛盾，必须通过中间商的分销来解决；资金周转不灵，则须求助于银行或信托公司等。商品经济越发达，社会分工越细，这些中介机构的作用越大。企业在营销过程中，必须处理好同这些中介机构的合作关系，以便更好地进行市场营销活动。

四、顾客

企业需要仔细了解它的顾客市场。市场营销学通常按照顾客及其购买目的的不同来划分市场，这样可具体深入地了解不同市场的特点，更好地贯彻以顾客为中心的经营思想。一般包括五种市场：消费者市场、生产者市场、中间商市场、政府市场和国际市场。每种市场都有各自的特点，销售人员需要对此进行仔细研究。

（一）消费者市场

消费者市场是由个人和家庭组成，他们仅为自身消费而购买商品和服务。

（二）生产者市场

生产者市场购买产品和服务是为了进一步深加工，或在生产过程中使用。

（三）中间商市场

中间商市场购买产品和服务是为了再次销售，以获取利润。

（四）政府市场

政府市场由政府机构构成，购买产品和服务用以服务公众，或作为救济转移支付。

（五）国际市场

国际市场则是由其他国家的购买者构成，包括消费者、生产商、经销商和政府。

五、竞争者

企业在经营过程中会面对许多竞争者。它要想成功，就必须充分了解自己的竞争者，努力做到较其竞争者更好地满足市场的需要。从购买者的角度来观察，每个企业在其营销活动中都面临四种类型的竞争者：愿望竞争者、平行竞争者、产品形式竞争者、品牌竞争者。

（一）愿望竞争者

愿望竞争者是指满足购买者当前存在的各种愿望的竞争者。

（二）平行竞争者

平行竞争者是指能满足同一需要的各种产品的竞争，如满足交通工具的需要可买汽车、两轮摩托车、三轮摩托车等，它们之间是平行的竞争者。

（三）产品形式竞争者

产品形式竞争者是指满足同一需要的同类产品不同形式间的竞争，如汽车有各种型号、式样，其功能各有不同特点。

（四）品牌竞争者

品牌竞争者是指满足同一需要的同种形式产品的各种品牌之间的竞争，如汽车有"奔驰""丰田""福特"等牌子，这种品牌之间的竞争，即同行业者之间的竞争是要着重研究的。每个企业都应当充分了解：目标市场上谁是自己的竞争者；竞争者的策略是什么；自己同竞争者的力量对比如何，以及它们在市场上的竞争地位和反应类型等。在竞争中取胜的关键在于知己知彼，扬长避短，发挥优势。但一个企业如果仅注意品牌竞争，仅致力于在一定的市场上争夺较大的占有率，而忽略了抓住有利时机开辟新的市场或防止其产品的衰退，那就犯了"营销近视症"。

六、社会公众

企业的营销环境还包括各种公众。公众是指对一个组织实现其目标的能力具有实际或潜在利害关系和影响力的一切团体和个人。企业面临的公众包括金融公众、媒体公众、政府公众、群体公众、当地公众、一般公众和内部公众七大类。

（一）金融公众

金融公众是指关心并可能影响企业获得资金的能力的团体，如银行、投资公司、证券交易所和保险公司等。

（二）媒体公众

媒体公众主要是指报社、杂志社、广播电台和电视台等大众传播媒体。这些组织对企业的声誉具有举足轻重的作用。

（三）政府公众

政府公众是指有关的政府部门。营销管理者在制定营销计划时必须充分考虑政府的政策。企业必须向律师咨询有关产品安全卫生、广告真实性、法人权利等方面可能出现的问题，以便同有关政府部门处理好关系。

（四）群体公众

群体公众是指消费者组织、环境保护组织及其他群众团体，如玩具公司可能遇到关心子女安全的家长对产品安全性的质询。国际上日益盛行的消费者保护运动是不可忽视的。

（五）当地公众

当地公众是指企业所在地附近的居民和社区组织。企业在营销活动中，要避免与周围公众利益发生冲突，应指派专人负责处理这方面的问题，同时还应注意对公益事业作出贡献。

（六）一般公众

一般公众是指社会上的一般公众。企业需要了解一般公众对它的产品和活动的态度。企业形象，即在一般公众心目中形象的好坏对企业的经营和发展具有重要意义，要力争在一般公众心目中建立良好的企业形象。

（七）内部公众

内部公众是指企业内部的公众，包括董事会、经理、"白领"员工、"蓝领"员工等。近几年，许多公司提出了"内部营销"这一新概念，这是营销理论在企业内部的运用。内部营销观念强调企业内每一员工都有其内部供应者和内部客户，每一员工都要通过自身的努力与内部供应者搞好关系，协调运作；同时尽力满足内部客户的各种需要，共同实现企业的战略目标。大企业通常发行内部通讯，对员工起沟通和激励作用，以加强内部交流，提高工作效率。内部公众的态度还会影响企业与外部公众的关系。

所有以上这些公众，都与企业的营销活动有直接或间接的关系。现代企业是一个开放的系统，在经营活动中必然与各方面发生联系，处理好与各方面公众的关系，是企业管理中一项极其重要的任务。因此，许多公司都设有"公共关系部门"，专门负责处理与公众的关系，这也是现代商品经济高度发展的一个产物。

第四节　市场营销环境分析

市场营销环境变化给企业营销带来的影响集中地表现为威胁与机会两种情况。威胁是市场营销环境变化给企业带来的不利局面和压力，造成消极影响；机会是市场营销环境变化给企业营销带来的有利条件和新的机会，产生积极影响。威胁和机会是同时存在的，企业不仅要看到市场营销环境变化带给企业营销威胁的一面，还要发掘它给予企业营销机会的一面。要具体分析环境威胁是什么，有哪些表现；环境机会是什么，有哪些表现；哪个是主要的，哪个是次要的；是威胁大于机会还是机会大于威胁，或是机会与威胁等同。只有全面分析市场营销环境因素，才能对企业营销所处的市场营销环境作出准确的判断。

企业常用的市场营销环境分析方法有 PEST 分析方法、五种竞争力模型分析方法、机会威胁分析矩阵法和 SWOT 分析法。其中机会威胁分析矩阵法和 SWOT 分析法是企业营销分析比较实用的方法，我们主要介绍这两种分析法。

一、机会威胁分析矩阵法

（一）环境威胁分析

研究市场营销环境对企业的威胁，一般分析两个方面：一是分析威胁对企业影响的严重性，二是分析威胁出现的可能性。我们可以通过"威胁分析矩阵图"来表示（如图 3-4 所示）。

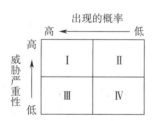

图 3-4　威胁分析矩阵图

按照威胁对企业影响的严重性高低和出现的概率的高低，我们可以分为以下四类：

1. 威胁严重性高，出现的概率也高（第 I 象限）。

这表明企业面临着严重的环境危机，面对危机企业应处于高度戒备状态，积极采取相应的对策，避免威胁造成的损失。例如，污水排放量很大的造纸厂在国家政府提倡环境保护而限制排污量的时候，企业面临的环境威胁就很大了，甚至面临着倒闭的危险。对此，企业就需要转变经营策略，或者把污水治理外包给污水处理公司，或者工厂自己加大其治污力度。

2. 威胁严重性高，但出现的概率低（第 II 象限）。

这种情况企业不可忽视，必须密切注意其发展方向，也应制定相应的措施准备面对，力争将危害降低。例如，流行性病毒对于餐饮行业的打击是惨重的，像新冠疫情来临时，餐饮行业只能关门歇业。但这种情况出现的概率是很低的。

3. 威胁严重性低，但出现的概率高（第Ⅲ象限）。

虽然企业面临的威胁不大，但由于出现的可能性大，企业也必须充分重视，这样的情况也经常遇到。

4. 威胁严重性低，出现的概率也低（第Ⅳ象限）。

在这种情况下，企业不必担心，但应注意其发展动向。这样的情况很多，也有很大一部分情况是随机的，所以企业也不能一有什么风吹草动就草木皆兵，这样不仅使企业员工和消费者无所适从，也会使企业丧失很多机会。

（二）市场机会分析

研究营销环境机会应考虑潜在的吸引力和成功的可能性两方面。我们可以通过"机会分析矩阵图"来表示（如图 3-5 所示）。

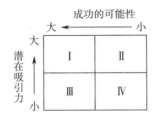

图 3-5　机会分析矩阵图

按照机会潜在的吸引力大小和机会成功可能性的大小，可以分为以下四种类型：

1. 机会潜在吸引力大，成功的可能性也大（第Ⅰ象限）。

这表明营销机会对企业发展有利，同时，企业有能力利用营销机会，企业应采取积极的态度，分析把握市场机会。比如说，当新冠疫情来临时，导致口罩、84 消毒液和酒精都供不应求，则生产这些产品的商家就面临着很大的机遇，而且成功的把握很大。企业就可以实现短期利润的增长。

2. 机会潜在吸引力很大，但是成功的可能性很小（第Ⅱ象限）。

这说明企业暂时还不具备利用这些机会的条件，应当放弃。比如说，面临着国人对健康的追求和渴望，企业可以开发出保健功能的产品，这对企业无疑是有很大潜在吸引力的，但对有的企业来说实现的可能性太小。这时，企业就应该好好分析当前的形势。

3. 机会潜在吸引力很小，但是成功的可能性大（第Ⅲ象限）。

虽然企业拥有利用机会的优势，但不值得企业去开拓。这样的情况很多，比如说更换或改进产品的包装会对消费者形成新的刺激，但这种刺激的程度往往是有限的，虽然说成功的可能性很大，但要考虑成本和收益的比较。

4. 机会潜在吸引力很小，成功可能性也小（第Ⅳ象限）。

这种情况下企业应当有所取舍了，或者主动放弃。

✍ 探讨与应用

光大银行探路新零售模式

在建设"一流财富管理银行"的战略引领下，光大银行积极探索新零售发展模式，该行零售客户目前已突破1亿户大关。

近年来，光大银行通过与百度、阿里、腾讯、京东、新浪等互联网头部平台合作，将互联网的流量优势与银行的专业金融服务能力相结合，积极拓展线上化业务，提升线上营销能力。目前，光大银行通过线上渠道获客1198万户。

依托重点项目和业务，光大银行充分发挥薪资代发、三方存管、资金托管、出国金融等项目的客户导入作用。"薪悦管家"综合金融服务平台为薪资代发客户提供专属化的一站式综合服务；以出境场景为依托，光大银行的"出国云"业务模式为个人客户和合作商户提供出境前中后、出国上下游产业链的全流程出国金融服务。

此外，光大银行还加大科技赋能，应用金融科技新技术，升级智能服务渠道，推进智能柜台、移动外拓PAD、客户经理工作台、光大超市等重点项目建设。2018年12月，光大银行首家具有超市形态的银行网点——"伴客易"光大超市开业，光大超市除了能办理商业银行业务外，还集成了光大集团旗下其他企业的产品和服务。

受宏观经济调整、利率市场化等因素影响，近年来，商业银行传统业务利润空间不断降低，存贷利差持续收窄。为应对市场环境变化，多家商业银行加大零售业务投入，推动零售业务转型。自去年开始，光大银行明显加快了业务转型步伐，并取得较好成绩。

（资料来源：《金融时报》，2019-10-10，第3版，有改动。）

试分析：

光大银行是怎么发现市场机会并转化为企业机会的？

（三）环境威胁—机会综合分析

营销环境带来的对企业的威胁和机会是并存的，威胁中有机会，机会中也有挑战。企业还可以运用"威胁—机会综合分析矩阵图"进行综合分析，能更清楚地认识企业在环境中的位置（如图3-6所示）。

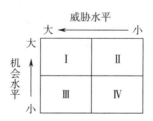

图3-6 威胁—机会综合分析矩阵图

按照营销环境对企业威胁水平的大小和机会水平的大小，我们可以把企业的业务分为以下四种类型：

1. 冒险业务（第Ⅰ象限）

这类业务机会水平高，威胁水平也高，也就是说在环境中机会与挑战并存，成功和风险同在。因此，这类情况下企业应抓住机会充分利用，同时制定避免风险的对策。

2. 理想业务（第Ⅱ象限）

这类业务机会水平高，威胁水平低，有非常好的发展前景，这样的业务是很少的。

比如，面对全球环境保护呼声的提高，绿色企业就成为了理想企业，它们前期投入很多人力物力，就可以在有这种门槛出现的时候最先满足条件从而进入市场，占取先机。企业向这方面发展，就会迎来比较宽松的环境和广阔的前景。

3. 困难企业（第Ⅲ象限）

这类业务机会水平低，威胁水平高，企业会面临较大的环境威胁，而营销机会很少，这种企业如果不能减少环境威胁将陷入经营困难的境地。比如在绿色经济的呼声中，污染大的企业就很可能成为困难企业。

4. 成熟业务（第Ⅳ象限）

这类业务机会水平低，威胁水平也低，市场相对稳定，企业处于成熟的环境中。这样的企业通常为大企业，比如我国的服务行业、服装行业、工艺品行业等劳动密集型行业都已经形成比较完备的格局，一般情况下，不会面临很大的威胁和机会。这种情况下，企业可以把其作为常规性业务维持正常的运转。

二、SWOT 分析法

（一）SWOT 分析法的概念

SWOT 分析法是一种综合考虑企业内部条件和外部环境各种因素而选择最佳营销战略的方法。S 是指企业的竞争优势（Strength）；W 是指企业的竞争劣势（Weakness）；O 是指企业外部面对的机会（Opportunity）；T 是指企业面临的外部威胁（Threat）。使用 SWOT 分析法能够清楚确定公司的资源优势和缺陷，了解公司面临的机会和挑战，对于制定公司未来的发展战略有着至关重要的意义。

（二）SWOT 分析法的主要内容

1. 竞争优势（S）

竞争优势是指一个企业超越其竞争对手的能力，或者指公司所特有的能提高公司竞争力的因素。例如，当两个企业处在同一市场或者说它们都有能力向同一顾客群体提供产品和服务时，如果其中一个企业有更高的盈利率或盈利潜力，那么，我们就认为这个企业比另外一个企业更具有竞争优势。竞争优势可以包括以下几个方面：

（1）技术优势

具有独特而先进的生产技术、低成本生产方法、完善的质量管理体制与丰富的营销经验等。

（2）资产优势

具有先进的生产流水线、现代化工作间和设备、储存丰富的自然资源、充足的资金来源、优秀的品牌形象、先进的企业文化等。

（3）人力优势

关键领域拥有专长的职员、积极上进的职员，他们拥有丰富的工作经验与很强的组织学习能力。

（4）组织优势

具有高质量的控制体系、完善的信息管理系统、忠诚的客户群、强大的融资能力。

（5）竞争能力优势

产品开发周期短，具有强大的营销网络，与供应商建立了良好的伙伴关系，对市场环境变化反应迅速，市场份额处于领导地位。

2. 竞争劣势（W）

竞争劣势是指某种公司缺少或做得不好的方面，或指某种会使公司处于劣势的条件。可能导致企业内部劣势的因素有三种：一是缺乏具有竞争意义的技能技术，二是缺乏具有竞争力的资产资源、人力资源与组织资源，三是关键领域里的竞争能力正在丧失。

3. 外部机会（O）

市场机会是影响公司战略的重大因素。公司管理者应当确认每一个机会，评价每一个机会的成长和利润前景，选取那些可与公司财务和组织资源匹配、使公司获得的竞争优势的潜力最大的最佳机会。

潜在的发展机会可能是：客户群的扩大趋势或产品细分市场；技能技术向新产品新业务转移，为更大客户群服务；市场进入壁垒降低；获得并购竞争对手的能力；出现向其他地理区域扩张，扩大市场份额的机会。

4. 外部威胁（T）

在公司的外部环境中，总是存在某些对公司的盈利能力和市场地位构成威胁的因素。公司管理者应当及时确认危及公司未来利益的威胁，作出评价并采取相应的战略行动来抵消或减轻它们所产生的影响。

公司的外部威胁可能是：出现强大的新竞争对手；替代品抢占公司销售市场；主要产品市场增长率下降；汇率和外贸政策的不利变动；人口特征，社会消费方式的不利变动；客户或供应商的谈判能力提高；市场需求减少；容易受到经济萧条的影响。

由于企业的整体性和竞争优势来源的广泛性，在做优劣势分析时，必须从整个价值链的每个环节上，将企业与竞争对手做详细的对比。如产品是否新颖，制造工艺是否复杂，销售渠道是否畅通，价格是否具有竞争性等。同时，衡量一个企业及其产品是否具有竞争优势，是从客户角度出发，而不是从企业的角度来进行分析。

企业在维持竞争优势的过程中，必须深刻认识自身的资源和能力，采取适当措施。因为一个企业一旦在某方面具有竞争优势，势必会吸引竞争对手的注意。一般地说，企业经过一段时期的努力，建立起某种竞争优势，然后就处于维持这种竞争优势的态势，竞争对手开始逐渐作出反应，而后，如果竞争对手直接进攻企业的优势所在，或采取其他更为有力的策略，就会使这种优势受到削弱，所以企业应保证其资源的持久竞争优势。影响企业竞争优势持续时间的主要因素有三个：一是建立这种优势需要多长时间？二是能够获得的优势有多大？三是竞争对手作出有力反应需要多长时间？如果企业分析清楚了这三个因素，就可以明确自己在建立和维持竞争优势中的地位。

对于企业而言，竞争对手的竞争优势就是企业自身的竞争劣势。企业内部优势和劣势是将企业自身的实力和竞争对手的实力相比较而言的。当两个企业处于同一市场或向同一客户群体提供产品或服务时，其中一个企业更具盈利能力或更具有潜力，则该企业更具竞争优势。企业应不断改进其劣势，发扬其优势作用以更好地获取市场机会，实现企业经营目标。企业不应去纠正它的所有劣势，主要应该认真研究在企业已拥有的机会中，有多少是本企业占有的绝对优势。

（三）SWOT 分析的步骤

1. 列出企业的优势和劣势，以及可能的机会与威胁。

2. 优势、劣势与机会、威胁相组合，形成 SO、ST、WO、WT 策略。

3. 对 SO、ST、WO、WT 策略进行甄别和选择，确定企业目前应该采取的具体战略与策略。

表 3-1 给出了 SWOT 分析。

表 3-1   SWOT 分析

S/W O/T	竞争优势 S	竞争劣势 W
外部机会 O	SO 战略（增长型）发展优势，利用机会	WO 战略（扭转型）利用机会，克服弱点
外部威胁 T	ST 战略（多样型）利用优势，回避威胁	WT 战略（防御型）减少劣势，回避威胁

明确企业的优势与劣势，就能了解企业能够做什么，而机会与威胁是企业外部环境可能产生的影响，把握企业外部环境带来的机会与威胁，也就了解企业应该做什么。当然 SWOT 分析法不是仅仅列出四项清单，最重要的是通过评价公司的优势、劣势、机会、威胁，最终得出以下结论：在公司现有的内外部环境下，如何最优地运用自己的资源，如何建立公司的未来资源。

三、根据环境因素制定营销对策

市场营销环境变化给企业营销带来的影响是多样的、复杂的。企业应持全面、具体的评价原则，运用机会威胁分析矩阵法和 SWOT 分析法，对影响企业营销的相关环境作出准确分析，并在环境分析与评价的基础上，对威胁与机会水平不等的营销业务，采取不同的对策。

（一）应付外部威胁的对策

1. 促变

促变的对策就是企业采取措施抑制或扭转不利因素的发展，化不利为有利，促进环境因素转变。2003 年，"非典"爆发，很多企业受到重创，而顺丰快递却在环境的威胁中寻找契机，借航空运价大跌之际，顺丰顺势与扬子江快运签下包机 5 架的协议，从而使这家民营快递企业独占空中航运优势，成就了顺丰的"快"。

2. 减轻

减轻的对策就是企业主动调整营销计划，改变经营战略，适应市场环境变化，减轻环境威胁的严重程度。如 2020 年，受新型冠状病毒疫情影响，很多餐饮企业取消堂食业务，为减轻这一威胁带来的损失，一些企业开展网上订餐、送餐业务。

3. 转移

转移的对策就是企业抽出部分资金转移到其他部门，实行多元化经营；也可以全部转产，或者全部采用新材料代替木材作原材料等。

（二）把握市场机会的对策

1. 及时利用策略

企业看准市场环境趋势，当机立断，尽早作出决策。美国亚默尔公司创始人菲利普·亚默尔是肉类罐头食品工业的开拓者，他是对机会采取及时利用策略的典范。1975年初春的一天，报纸上一条有关墨西哥发生疑似瘟疫的短讯引起他的兴趣。他马上联想到美国与墨西哥接壤的加利福尼亚州或得克萨斯州可能会被波及，而这两个州是美国肉食供应的主要基地。如果这样肉类供应肯定会紧张，肉价就必然猛涨。当天，他派人去墨西哥证实这一消息后，立即集中全部资金购买加利福尼亚州和得克萨斯州的牛肉和生猪，运往美国东部几个大冷库储存。不出所料，瘟疫很快蔓延到美国西部的几个州。联邦政府下令：严禁一切食品从这几个州外运。于是，美国国内肉类奇缺，价格暴涨。这时，亚默尔把早先储存在东部冷库中的牛肉和生猪抛出，获取了暴利。在短短的几个月里，亚默尔净赚 900 万美元。

2. 适时利用策略

美国著名市场学学者西奥多·李维特曾告诫企业家们，要小心地评价市场营销机会。他说："这里可能是一种需要，但是没有市场；或者这里可能是一个市场，但是没有顾客；或者这里可能有一个顾客，但没有推销员。"他的告诫说，机会决策必须准确地预测市场需要和估价企业的能力，不然，从表象出发，难免导致决策失误。所以有些机会要分步骤，边试验、边总结，以进一步摸清市场环境，然后全面实施。

☆ 同步测试

◇ 单项选择题

1. 影响消费需求变化的最活跃的因素是（　　）。

A. 人均国内生产总值　　　　　　B. 可任意支配收入

C. 个人收入　　　　　　　　　　D. 个人可支配收入

2. 恩格尔定律表明，随着消费者收入的提高，恩格尔系数将（　　）。

A. 越来越小　　　B. 保持不变　　　C. 越来越大　　　D. 近于零

3. （　　）主要是指一个国家或地区的民族特征、价值观念、生活方式、风俗习惯、宗教信仰、伦理道德、教育水平、语言文字等的总和。

A. 社会文化　　　B. 政治法律　　　C. 科学技术　　　D. 自然资源

4. 对市场机会的分析认为，企业最好的市场机会是（　　）。

A. 成功的可能性大　　　　　　　B. 潜在的吸引力大

C. 成功的可能性和潜在的吸引力都大　D. 潜在的吸引力大，但成功的可能性小

5. 威胁水平高而机会水平低的业务是（　　）。

A. 理想业务　　　B. 冒险业务　　　C. 成熟业务　　　D. 困难业务

6. 企业的营销活动不可能脱离周围环境而孤立地进行，企业营销活动要主动地去

（　　）。

    A. 控制环境　　　　B. 征服环境　　　　C. 改造环境　　　　D. 适应环境

7. 政府颁布有关禁烟的一些法令，对烟草企业来说是（　　）。

    A. 威胁　　　　　　B. 机遇　　　　　　C. 无影响　　　　　D. 无法判断

8. 人口老龄化对（　　）企业来说是一种机会。

    A. 通信　　　　　　B. 娱乐　　　　　　C. 保健品　　　　　D. 休闲服装

9. 在经济发展水平比较低的地区，消费者往往更注重产品的（　　）。

    A. 品牌　　　　　　B. 服务　　　　　　C. 价格　　　　　　D. 品质

10. 保险公司、证券交易所属于企业的（　　）。

    A. 政府公众　　　　B. 媒介公众　　　　C. 融资公众　　　　D. 群众团体

◇**多项选择题**

1. 市场营销环境（　　）。

    A. 是企业能够控制的因素　　　　　　B. 是企业不可控制的因素

    C. 可能形成机会，也可能造成威胁　　D. 是可以了解和预测的

    E. 通过企业的营销努力是可以在一定程度上去影响的

2. 微观环境指与企业紧密相连，直接影响企业营销能力的各种参与者，包括（　　）。

    A. 企业本身　　　　B. 营销中介　　　　C. 顾客　　　　　　D. 竞争者

    E. 社会公众

3. 营销部门在制定和实施营销目标与计划时，要（　　）。

    A. 注意考虑企业外部环境力量　　　　B. 注意考虑企业内部环境力量

    C. 争取高层管理部门的理解和支持　　D. 争取得到政府的支持

    E. 得到其他职能部门的理解和支持

4. 营销中间商主要指协助企业促销、销售和经销其产品给最终购买者的机构，包括（　　）。

    A. 中间商　　　　　B. 实体分配公司　　C. 营销服务公司　　D. 财务中介机构

    E. 证券交易机构

5. 在社会文化环境中，宗教信仰影响着人们的（　　）等方面。

    A. 生活态度　　　　B. 生活方式　　　　C. 购买动机　　　　D. 消费倾向

    E. 个性特征

◇**判断题**

1. 微观环境与宏观环境之间是一种并列关系，微观营销环境并不受制于宏观营销环境，各自独立地影响企业的营销活动。　　　　　　　　　　　　　　　　　　　　（　　）

2. 在一定条件下，企业可以运用自身的资源，积极影响和改变环境因素，创造更有利于企业营销活动的空间。　　　　　　　　　　　　　　　　　　　　　　　　　　（　　）

3. 自从我国计划生育政策实施以来，人口出生率下降，新生婴儿和学龄前儿童减少，一方面给儿童食品、童装、玩具等生产经营者带来威胁；另一方面由于家庭小孩数

的减少，又给高级益智玩具、儿童食品带来机会。　　　　　　　　　　　　　（　　）

4. 恩格尔系数越小，生活水平越低；反之，恩格尔系数越大，生活水平越高。

（　　）

5. 许多国家政府对自然资源管理的干预有日益加强的趋势，这意味着市场营销活动将受到一定程度的限制。　　　　　　　　　　　　　　　　　　　　　　　　（　　）

◇简答题

1. 市场营销环境包括哪些内容？

2. 简要分析营销宏观环境及其对营销的影响。

3. 简要分析营销微观环境及其对营销的影响。

4. 应对环境威胁时有哪些对策？

5. 把握市场机会时有哪些对策？

☆ 创业营销技能实训项目

对市场营销及其影响因素的认识

［训练目标］选取身边的企业、超市、餐厅对其面对的环境进行分析，加深对市场营销环境重要性的认识及对环境分析的初步了解。

［训练组织］将一个班的同学分成4～6个模拟公司，各模拟公司选择一个地点进行调查。

［创业思考］你创业的地点会选择在哪里，为什么？

［训练提示］教师提出活动前准备及注意事项，同时随队指导。

［训练成果］各组汇报，并在班级中进行讨论，教师讲评。

☆ 案例分析

金六福 2018 营销新姿势：大胆开玩"千里共福年"

金六福品牌诞生于十年前，定位为"中国人的福酒"，以"福"文化为主线，承载着深厚民俗文化的积淀，是中国几千年来传统文化的浓缩，引导人们在庆功、贺喜、祝寿、助兴、交友相互祝福的同时，追求"寿、富、康、德、和、孝"六福的美好生活境界。在"金六福"品牌内涵里，"金、六、福"表现出了"吉祥、幸福、美好"的文化理念。从最初的"好日子离不开它，金六福酒；喝金六福酒，运气就是这么好；中国人的福酒；幸福团圆，金六福酒；奥运福·金六福；中国福·金六福；中秋团圆·金六福酒；春节回家·金六福酒；我有喜事·金六福酒；国有喜事·金六福酒"到"年夜饭·金六福酒"等品牌内涵不断丰富完善，品牌精神也不断升华圆满，早已由节庆营销上升到了文化高度。掌门人吴向东曾表示，将"福"文化打造成中国老百姓的"新民俗"正在一步步地实现。

近日，金六福·一坛好酒举办一系列春节营销活动。一个主题为"中国福酒·千里共福年"的 H5 及一组别出心裁的创意海报在多个社交平台上刷屏，吸引了互联网主流用户——"80 后、90 后"年轻群体的追捧和热议。

"敬酒＋地图连线"H5，拜年更添新花样

据悉，金六福·一坛好酒此次制作的"千里共福年"H5，意在重拾久违的年味，借助互联网及技术的赋能，使拜年这一传统的春节仪式超越地域的限制，表达"千里"共"福年"的美好愿望。据一些营销业内人士评价，该 H5 的机制有两处突出亮点，一是"敬酒"，二是"地图连线"。笔者亲自试验后了解到，用户进入"中国福酒·千里共福年"H5 后，可发起敬酒，号召朋友圈里的亲朋好友地图连线喝福酒。有消费者表示：该 H5 既有新意，又充满不一样的人情味。

消费者除了可以获取京东商城金六福旗舰店优惠券以外，还有机会获得价值 369 元的金六福的超级明星单品——金六福·一坛好酒红坛一瓶。

"场景＋情感"海报创意，获目标受众好评

除了引爆朋友圈的"千里共福年"H5，金六福还发布了一组"千里共福年"系列海报。海报分为亲子篇、恋人篇、兄弟篇和闺蜜篇，囊括了现代年轻人以情感为连接的人际关系类型。海报通过创意拼接的方式，将身处不同地点的关系双方，通过同饮一杯金六福福酒的契机联系在一起。该系列海报上有配合场景的描述文案，如"不一样的纬度，一样的 40.8％vol""世界再大，大不过一杯福酒"，引起了众多目标受众的共鸣。同时，"中国福酒·千里共福年"的主题得以再一次呈现，增加了消费者对金六福春节营销主题的印象。

"内容＋传播"组合拳，金六福引爆春节营销

据悉，金六福春节营销活动除了内容出彩外，在传播渠道上也下足了功夫。据相关负责人介绍，以"千里共福年"为主题的拜年敬酒 H5 及创意拼接海报投放在各大社交平台，精准地触达目标消费者，使营销效能进一步提升。在硝烟四起的春节营销主战场上，金六福无疑用漂亮的动作、给力的展示，完成了品牌形象的输出。

（资料来源：中国产经新闻网，2018－02－11，有改动。）

阅读以上材料，回答问题：

1. 金六福 2018 年营销新姿势的依据是什么？是如何影响金六福营销策略的制定的？

2. 金六福"千里共福年"活动的成功给了我们什么启示？

第四章
市场营销调研

◆**本章学习目标**

☞ 应用知识目标

1. 掌握市场营销调查研究的含义；

2. 了解市场营销调研的内容；

3. 掌握市场营销调研的步骤和方法。

☞ 应用技能目标

1. 把握市场营销调研的方法；

2. 能够应用市场调研的知识进行市场调查和预测。

☞ 创业必知知识点

1. 设计调查问卷；

2. 调查方法的使用及调查结果的分析。

中国传统文化与营销启示

　　古之善用天下者，必量天下之权而揣诸侯之情。量权不审，不知强弱轻重之称；揣情不审，不知隐匿变化之动静。何谓量权？曰：度于大小，谋于众寡，称货财有无之数，料人民多少、饶乏，有余不足几何？辨地形之险易，孰利孰害？谋虑孰长孰短？揆君臣之亲疏，孰贤孰不肖？与宾客之知慧，孰多孰少？观天时之祸福，孰吉孰凶？诸侯之交，孰用孰不用？百姓之心，孰安孰危？孰好孰憎？反侧孰辩？能知此者，是谓量权。[①]

——《鬼谷子·揣篇》

　　启示： 从以上的名句中我们能了解到为了得到天下，一国首领应该明了的事项，在列举的事项中没有哪一项不是通过实地调研得到的，今天面对商场，这些内容虽然已经有了新的名称或更规范的表述，但依旧值得我们借鉴。美国的孩子宝公司为了在中国市

---

　　① 古代善于统驭天下的人，必能审察国家的发展态势，揣测各诸侯王的内心想法。如果不能做到审时度势、权衡利害，就不能明了各诸侯王的强弱轻重以及实力；如果不能准确揣测各诸侯王的真实情况，就不能明白其隐蔽、藏匿以及应变策略，形势走向。什么叫忖度时势、权衡得失？就是能揣测大小，明察多少。估量国家财货的厚或薄，预测人口数量的多与少，物资丰饶或匮乏，有余或不足的具体情况。辨识国家山川地理的险易，乃至利害情况。衡量国内谋士的优劣长短，君臣关系的亲或疏，贤明还是愚昧。国内宾客的智谋情况，是多是少？观测天时的祸福状况，是吉是凶？诸侯之间的亲密关系，可以效力，还是不可效力。百姓之心，是背离还是靠拢，何时安全，何时危险，以及是喜爱还是憎厌。对以上情况反复辨识并准确把握，知道如何去行动，才算做到了审时度势、权衡利弊。

场上推销"孩子宝"变形金刚，在中国进行了长达一年多的市场调研，通过调研发现当时中国的独生子女令父母舍得投资，所以首先应该获得孩子的心，才能使这种玩具在中国的大城市有广阔的市场。于是，孩子宝公司先将一套《变形金刚》动画系列片无偿送给广州、上海、北京等大城市的电视台播放，观看动画片的孩子们的脑海里都被动画片中的核心人物变形金刚打上了深深的烙印。所以当变形金刚从银屏上"下来"——孩子宝公司将变形金刚投向了中国市场，孩子们简直像着了魔一样扑向商场和摊贩购买。

（资料来源：徐育斐. 推销技巧［M］. 北京：中国商业出版社，2003.）

在现代市场经济活动中，市场调研已经成为企业进行市场经营活动的前提和基础，成为企业开展营销策划活动、获取市场信息的有效工具。在开发某一市场之前，市场调研能帮助企业决策者识别和选择最有利可图的市场机会；进入市场之后，市场调研又是市场信息反馈系统的重要组成部分。在现实生活中，市场调研就在我们周围。通过市场调研，经营者可以及时了解市场环境的变化，及时了解市场策略的市场反应，并适时调整市场操作。随着世界经济的不断发展，国际上一些著名企业更是把精确而有效的市场调研作为企业经营、发展的必修课。

第一节　市场调研的类型与原则

一、市场调研的含义及特征

（一）市场调研的概念

市场调研是指根据市场营销的需要，运用科学的方法，对企业营销活动的有关信息、资料有目的地进行收集、整理与分析，提出调研报告，为企业营销管理者正确决策提供科学依据的活动。市场调研是企业开展经营活动的前提，是企业有效利用和调动市场情报、信息的主要手段。市场调研是一个过程。

菲利普·科特勒对市场调研的定义为：市场调研是系统地设计、搜集、分析和提出数据资料，以及提出与公司所面临的特定的营销状况有关的调研结果。

根据市场信息的范围不同，市场调研有狭义与广义之分：狭义的市场调研是将市场调研的领域锁在对顾客或消费者需求研究方面；广义的市场调研是将市场调研的领域扩展到一切与市场营销活动有关的方面。可以从两个方面理解广义市场调研：从纵向看，市场调研贯穿于市场营销活动全过程，从市场研发开始，到营销战略与策略的制定，直至产品销售与售后服务，市场调研活动一直伴随始终；从横向看，市场调研领域不仅涵盖对消费者购买行为的调研，而且涉及以市场为导向的企业经营环境研究、竞争对手研究、市场营销组合要素研究等方面。

（二）市场调研的特征

市场调研作为企业获取信息的一种主要方法，具有如下特征：

1. 普遍性

在市场经济条件下，任何活动都离不开调研。市场调研存在于企业经营活动的各个环节和各个方面，是企业经营活动中不可或缺的一部分。企业要想在激烈的市场竞争中获取相对的竞争优势，就必须进行全方位的市场调研，同时还要根据市场变化调整策略，进行经常性的市场调研，有助于企业发现新的市场机会，开拓新的市场领域。

2. 科学性

市场调研运用科学的方法设计方案、定义问题、采集数据与分析数据，从中提取有效的信息，不是主观臆造的；市场调研结果的分析，也是在科学原理指导下进行的，并且被实践证明是行之有效的。

3. 不确定性

市场是由众多因素影响和控制的，调研虽然具有针对性，但是由于市场是不断发展变化的，市场调研应针对不同调研者采用不同的调研方法，而被调研者反映的信息又不一定很全面，有可能是现实情况的一个侧面，市场调研的结果往往就具有不确定性。作为决策者，在运用调研资料时，要坚持定性分析与定量分析相结合的原则与审慎的态度，充分利用自己的技能、创造力去判断分析，以降低调研结果的不确定性。

4. 应用性

每一次市场调研都是为一项营销活动做准备的，能用来解决特定的营销问题，市场调研是一种具有使用目的的应用性调研。

二、市场调研的类型

（一）按照资料来源不同分类

按资料来源不同，将市场调研分为文案调研、实地调研和网络调研。

1. 文案调研

文案调研是收集、分析历史和现实已有的各种信息和情报资料，获取与调研目的相关信息的一种调研方法。它具有获取信息快、方法简单、节省资金等特点。同时，文案调研还可以与实地调研结合使用，例如，调研分析汽油价格变化对消费者购车的影响，就可以通过文案调研对过去的资料进行收集，现在的资料则采用实地调研和网络调研的方式获得。

2. 实地调研

对市场现象进行实地观察，是市场调研最基本的收集资料的方法之一。实地调研包括访问法、观察法、实验法等。访问法是将调研的事项，以面谈、电话、书面等形式向被调研者提出询问，获得调研资料的方法；观察法是凭借自己或借助仪器观察市场，并进行现场记录，用以收集资料的方法；实验法是在模拟环境中小规模地进行实验，判断相关量之间关系的调研方法。

3. 网络调研

网络调研是借助网络直接收集一手资料或间接收集二手资料的市场调研方法。随着信息技术的突飞猛进，信息爆炸使个体与社会发生了根本性的变革，个体通过一种结成网状的电信设备进行网络层面的物质活动、精神活动和话语交流。这使得网络调研具有巨大的技术优势和发展潜力，网络调研跨越了时空限制，不仅节省了人力、物力和财力，而且将彻底改变传统的调研模式，是一次根本性的变革。但网络调研也存在着弊端，其中最主要的问题就是网络调研结果的可靠性和客观性。

（二）按照调研样本产生的方式不同分类

按调研样本产生的方式不同，市场调研可以分为市场普查、重点调研、抽样调研、典型调研等。

1. 市场普查

市场普查就是对市场调研指标总体进行调研，也就是对所要认识的研究对象全体进行全方位的调研。它是获得较为完整的信息资料的调研方法。

2. 重点调研

重点调研是指从调研对象总体中选出一部分重点单位进行调研。这种方法的优点是节省人力，节省开支，同时能较快掌握调研对象的基本情况。

3. 抽样调研

抽样调研是指在调研对象总体中抽取一部分子体作为样本进行调研，再根据样本信息推算出市场总体情况的方法。这是市场调研中最常使用的方法。

4. 典型调研

典型调研是指从调研对象总体中有意识地选择一些具有典型意义或具有代表性的单位进行专门调研。

（三）按照调研的目的分类

按调研的目的不同，市场调研可分为探索性调研、描述性调研、因果性调研、预测性调研。

1. 探索性调研

探索性调研是指在情况不明的条件下，为了找出问题的症结，明确进一步深入调研的具体内容和重点而进行的调研，又称为非正式调研或试探性调研。

探索性调研的主要功能是"探测"，即帮助调研主体识别和了解：公司的市场机会可能在哪里？公司的市场问题可能在哪里？并寻找那些与之有关的影响变量，以便确定下一步市场调研或市场营销努力的方向。即发现问题，寻找市场机会。例如，某超市近几个月来金龙鱼色拉油销量大幅度下降，是市场环境变化了？是新的竞争者加入了？还是市场上出现了功能强大的替代品？原因很多，到底是哪一种？为了找到可能的原因，又不可能进行一一调研，这就需要进行探索性调研。探索性调研一般在新产品开发过程中或在一项大型市场调研活动的开始阶段使用。其主要解决的问题是"可以做什么"。

但探索性调研只能是将市场存在的机会与问题呈现出来，它既不能回答市场机会与问题存在的原因，也不能回答市场机会与问题将导致的结果，后两个问题常常依靠更加深入的市场研究才能解决。例如，是否存在市场机会？

2. 描述性调研

描述性调研是指描述市场状况，经过周密计划，正式地、全面地对特定的市场情报和市场数据进行系统的收集与汇总，以达到对市场情况准确、客观地反映与描述（探索性调研是基础），它比探索性调研更深入仔细。通常不涉及事物的本质与事物发展的内在原因，而是说明要调研市场的状况特征，是市场现象的具体化。常见的描述性调研有市场分析调研、产品分析调研、销售分析调研、价格分析调研、渠道分析调研、广告分析调研、形象分析研究等。描述性调研是市场调研的重要组成部分，它主要解决"是什么"的问题。通常用 6W 描述：

哪些人构成了市场？　　Who——购买者

他们购买什么？　　　　What——购买对象

他们为何购买？　　　　Why——购买目的

他们怎样购买？　　　　How——购买方式

他们何时购买？　　　　When——购买时间

他们在哪购买？　　　　Where——购买地点

一般来说，描述性市场调研要求具有比较规范的市场调研方案，比较精确的抽样与问卷、设计，以及对调研过程的有效控制。描述性市场调研的结果常常可以通过各种类型的统计表或统计图来表示；同样，描述性调研也不能回答市场现象产生的原因，及其可能导致的后果。但描述性调研的结果有助于识别市场各要素之间的关联与关系，因此对进行下一步的因果研究提供了重要的分析基础。比如如果存在市场机会，市场将会有多大。

3. 因果性调研

因果性调研是以解释市场变量之间的因果关系为目的的调研，又称为解释性市场调研，它的目的在于对市场现象发生的因果关系进行解释说明。主要功能是在描述市场调研的基础上，对调研数据进行加工与计算，再结合市场环境要素的影响，对市场信息进行解释和说明。进一步分析何者为因，何者为果？顾客为什么不满意？如何才能提高客户的满意度和忠诚度？售后服务对客户满意度的影响？这些都需要进行因果性调研。

探索性调研和描述性调研侧重于市场调研，因果性调研侧重于市场分析与研究，是更高一级的市场调研方式。通过因果分析，市场调研人员能够解释一个市场变量的变化是如何导致或引起另一个市场变量的变化。

4. 预测性调研

预测性调研是以预测未来市场变化趋势为目的的调研。市场预测调研是指在市场描述性调研和因果性调研的基础上，依据过去和现在的市场经验和科学的预测技术，对市场未来的趋势进行测算和判断，以便得出与客观事实相吻合的结论。

它主要通过了解现有市场状况，结合过去情况，总结市场变化趋势与规律，运用类推或数学模型方法对未来市场变化作出预测。

预测性调研的目的在于对某些市场变量未来的前景和趋势进行科学的估计和推断，回答"将来的市场会怎样"。

✍ 探讨与应用

手机对社会行为的影响

虽然手机曾仅用在商务活动中，但时至今日它已被广泛应用于家庭生活中。美国新泽西州克兰富德有一家名为 Knowledge Networks 的营销调研公司，其对 18 岁至 64 岁的美国人所做的一项调查显示：大部分受访者都把"重视家庭"作为他们使用手机的首要原因。相比于年纪较大的人，更多的年轻人把"联络朋友"作为他们选择手机的第二大原因，而"与工作有关的通话"则是其使用手机的第三大原因。这次调查还报告了一些有趣的描述性信息。例如，男性每天用手机打电话的次数（8.3 次）要多于女性（5.5 次）。尽管不论男女都把家庭放在了首位，但女性更喜欢打给朋友，而男性将手机用于工作的次数是女性的 3 倍。另外，65% 的非裔美国人有手机，62% 的美国白人拥有手机，而拉美裔美国人在手机的使用上比较落后，仅有 54% 的人拥有手机。

尽管描述的是采用传统调查方法所得到的信息，但这些发现只是总体意义上的描述性信息。相比较而言，针对手机使用情况所开展的定性调研则能帮助我们更多地理解描述性背后更深层次的内容。以美国超过 1.9 亿的手机用户为例，手机已融入人们的生活，并在美国人的内心打下深深的烙印。

Robbie Blinkoof 是马里兰州巴尔的摩市 Context – Back 调查小组的首席人类学家和执行合伙人。他和其他一些人类学家都认为，手机正在显著地影响美国人的社会行为，而这种社会行为可能会对人们周围的社会和世界产生长远的影响。

（资料来源：小约瑟夫·F. 海尔. 市场营销调研精要［M］. 大连：东北财经大学出版社，2016.）

试分析：

结合案例谈谈你对描述性调研的理解。

（四）按照调研时间分类

按照调研时间分类，市场调研可分为经常性市场调研、一次性市场调研、定期性市场调研。

1. 经常性市场调研

经常性市场调研是指对市场现象的发展变化过程进行连续的观察。

2. 一次性市场调研

一次性市场调研则是为了解决某种市场问题而专门组织的调研。

3. 定期性市场调研

定期性市场调研是指对市场现象每隔一段时间就进行一次的调研。它们分别研究不同的市场现象，满足市场宏观、微观管理的需要。

（五）按照调研主体分类

按照调研主体分类，市场调研可分为企业市场调研、政府部门市场调研、社会组织市场调研、个人市场调研。

1. 企业市场调研

企业在经营过程中，为了更好地发现市场机会，就要进行市场调研。企业是市场调研的主要主体。

2. 政府部门市场调研

政府部门是社会经济的主要调节者，需要经常开展市场调研活动，但政府部门的市场调研一般都是较大范围的调研，如经济普查。

3. 社会组织市场调研

社会组织市场调研是指各种协会、学会、中介组织、事业单位、群众组织等为了学术研究、工作研究、提供咨询等需要，组织开展专业性较强的市场调研活动。

4. 个人市场调研

个人市场调研主要指个人、个体经营者和研究人员为研究需要而进行的市场调研。

（六）按照商品用途分类

按照商品用途分类，市场调研可分为消费品市场调研、生产资料市场调研、服务市场调研。

1. 消费品市场调研

消费品市场调研是直接面向最终消费者的物质产品市场的调研，如个人生活用品。

2. 生产资料市场调研

生产资料市场调研是指购进产品不用于消费，而用于再生产的产品市场调研，如配件。

3. 服务市场调研

服务市场调研是指不以实物形式，而是以劳务或服务形式表现的无形商品市场的调研，如金融、保险、咨询等。

（七）按照调研空间范围分类

按照调研空间范围分类，市场调研可分为国际市场调研、全国性市场调研、区域性市场调研。

1. 国际市场调研

国际市场调研是指在其他国家或地区的商品或劳务营销环境所进行的市场调研，是一些企业开拓海外市场、进行国际贸易时必须进行的市场调研。

2. 全国性市场调研

全国性市场调研是针对国内市场开展的全国性大规模市场调研。

3. 区域性市场调研

区域性市场调研是针对国内某个相对较小的区域市场进行的市场调研。

三、市场调研的原则

（一）客观性原则

客观性原则就是从客观实际出发，在正确理论指导下，对已有的资料进行科学分析，找出事物发展的客观规律性，并用于指导行动。市场调研收集到的资料，必须体现出客观性原则，对调研资料的分析必须实事求是，尊重客观事实，切忌以主观臆造代替科学分析。

（二）系统性原则

市场调研与分析是一项系统性的工作，它是由市场调研主体、客体、程序、方法、设备、资金与信息资料等因素构成的。在市场调研与分析过程中，必须综合考虑各种因素。以系统思想为指导，注意全面考虑问题，既要了解本企业的实际情况，又要了解竞争对手的有关情况；既要认识到内部环境的影响，又要调研社会环境对企业与消费者的影响程度。绝不能犯以偏概全的错误。

（三）经济性原则

进行市场调研要考虑经济效益问题。市场调研需要投入一定的人力、物力与财力，必须在保证质量的前提下，节约费用开支。一般情况下，对产出市场信息的数量、质量要求越高，花费的人力、财力、物力也越高。但从市场信息实际使用效果来看，高的投入并不总是能产生高的产出。为此，必须进行投入与产出的比较，寻找一个最佳结合点。只有当信息的预期价值大于获得这些信息的成本时，调研才应当进行。通常要考虑以下三个问题：一是收益多大，是否值得投资；二是调研的成果能否提高决策的质量；三是调研支出预算方案是否最佳。

（四）科学性原则

市场调研是为企业决策提供依据的，必须具有科学性。不论是市场调研方式与方法的选择，还是调研过程的组织都必须按照严格的程序，调研人员要具备专门的调研技术和科学的态度，还要规定科学合理的工作标准。只有这样，才能保证市场调研与分析工作的高质高效。

（五）准确性原则

准确性原则要求对市场信息的收集、加工、处理、分析和提供必须做到两点：一要真实，二要准确。真实是定性的要求，即要求收集、处理、分析、提供的市场信息资料必须是真实的，而不是虚假的；准确是定量的要求，即收集、处理、分析、提供的信息资料应尽量减少误差与迷糊度。

第二节　市场调研的内容

市场调研的内容相当广泛，从广义上讲，与企业营销活动有关的所有因素都是市场调研的对象。但市场调研主要是围绕企业营销活动展开的，因此市场调研包括市场需求调研、营销环境调研、市场竞争调研、营销要素调研等。

一、市场需求调研

市场需求调研在企业营销调研中是最重要的内容，它主要包括生产者需求调研与消费者需求调研，进行市场需求调研的主要目的是更好地满足消费者需求，及时调整企业经营管理决策来适应不断变化的市场。

企业可以根据市场需求水平、技术发展、竞争态势、政治法律状况与企业自身经营目标、战略、政策、采购程序、组织结构和制度体系等对生产者需求进行调研。

企业的一切活动都是围绕着消费者进行的。消费者需求调研在企业营销调研中是最重要的内容。消费者需求调研包括目标市场选择调研、顾客购买动机调研、顾客购买影响因素调研、顾客购买决策过程调研、消费者需求量调研、消费者需求结构调研、消费者需求时间调研、消费者购买力调研、消费者支出结构调研、消费者行为调研与消费者满意度调研等。

✍ 探讨与应用

智能手环需求下降　细分市场成为行业发展趋势

智能手环的诞生主要是为了监测人体的运动情况，督促、培养人类形成良好而科学的运动习惯。随着技术的发展，现阶段的智能手环不仅可以提供运动反馈、监测睡眠，还可以检查身体的健康状况，引导健康生活。特别是随着我国全民运动的开展，智能手环市场迎来快速发展阶段。

现阶段我国智能手环生产厂家及品牌众多，但是功能方面大同小异。智能手环产业链成熟，屏幕、芯片、传感器等模块都可以批量购买进行组装生产。行业进入门槛较低，投资即可入局，导致我国智能手环品牌鱼龙混杂，产品质量良莠不齐。

新思界产业研究中心发布的《2018—2022年中国智能手环行业市场供需调研咨询报告》显示，低价位垄断、严重同质化以及质量参差不齐等问题成为我国智能手环市场的主要特征。在小米、华为等品牌企业的竞争之下，中小型智能手环厂商的市场份额受到大幅压缩，行业内掀起了价格战竞争。但价格战并没有给中小型企业带来更多的市场，部分企业开始被淘汰。

智能手环陷入困境的主要原因是恶性价格竞争、产品创新不足、同质化现象严重。智能手环行业未来发展需要在技术上作出突破，将产品做到差异化。例如针对喜爱运动的年轻一代，可以开发主打运动监控的产品；我国老龄化程度不断加深，针对老年群体，可以开发监控老人身体健康的产品；对女性群体，可以开发监测皮肤健康状况的美容产品，等等。清晰的定位以及技术的突破，强调品牌的特有优势，细分市场，我国智能手环行业未来的发展前景仍然广阔。

（资料来源：新思界网页，2018-08-27.）

试分析：

市场需求调研对企业营销策略的制定有什么作用？

二、营销环境调研

任何企业的营销活动都是在一定的环境中进行的，环境的变化，既可以给企业带来市场机会，也可以形成某种威胁。因此，对市场营销环境的调研是企业营销活动管理的一项重要工作。对环境因素的调研有助于企业认识、利用和适应环境。

企业的营销环境包括微观环境与宏观环境，它们通过直接或间接的方式给企业的营销活动带来影响与制约。微观环境主要包括企业内部、营销渠道、顾客、竞争者和社会公众等，宏观环境主要包括人口、经济、自然、技术、政治、法律及社会文化等。企业要时刻认识和把握自己所处的生存与发展环境，同时还要能动地影响环境。

三、市场竞争调研

市场经济充满了竞争，任何企业、任何产品在市场上都会遇到竞争。当产品进入销售旺季时，竞争对手就会增加，竞争可以是直接竞争，如生产或经营同类产品的厂家；也可以是间接竞争，即产品不同，但用途相同或相似的产品，如矿泉水制造厂商对生产果汁、汽水的厂商来说就构成了间接竞争。不论何种竞争，不论竞争对手的实力如何，要想使自己处于有利地位，首先要对竞争对手进行调研，以确定企业的竞争策略。

企业要出色地完成组织目标，必须能比竞争者更好地满足目标市场的需求。因此，企业不但要全面了解目标市场的需求，还要时刻掌握竞争者的动向，分析竞争者的优势与劣势，以便制定恰当的竞争战略和策略。市场竞争调研主要侧重于企业与竞争对手的对比研究，包括两个方面：

第一，对竞争形势的一般性调研，如不同企业或企业群体的市场占有率、经营特征、竞争方式、行业的竞争结构及变化趋势等。

第二，针对某个竞争对手的调研，如企业与竞争对手在产品品种、质量、价格、销售渠道、促销方式、服务项目等方面态势的调研。调研的主要目的就是做到在竞争中知己知彼、百战不殆。

四、营销要素调研

市场营销组合要素调研，其主要目的是帮助企业能正确地使用这些市场营销组合工具，更好地满足顾客要求，达到企业经营的目的。市场营销要素调研主要包括产品或服务调研、价格调研、分销渠道调研与促销调研等。

产品或服务调研是市场营销组合调研的重要组成部分，也是其他营销调研的基础。产品或服务调研主要包括：顾客追求的产品核心利益的调研，新产品设计、开发与试验的调研，产品生命周期的调研与产品包装的调研等。

价格是市场营销组合中最敏感、最活跃的要素，也是市场竞争的重要手段。注重产品的价格调研对于企业制定正确的价格策略具有重要作用。价格调研一般包括：市场供求情况及变化趋势的调研、影响价格变化的各种因素的调研、替代品价格的调研、新产品定价策略的调研等。

分销渠道是产品从生产者向消费者转移过程中经过的通道。分销渠道策略是营销活动的重要组成部分之一，合理的分销渠道能够使产品及时、安全、经济地通过必要的环节，以最低的成本、最短的时间实现最大的价值。因此，分销渠道调研是市场调研的重要组成部分。主要包括：选择各类中间商的调研，对影响分销渠道选择各个因素的调研等。

促销是营销者与购买者之间的信息沟通与传递活动。促销的目的就是激发消费者的欲望，影响消费者的购买行为，扩大产品的销售，增加企业的效益。促销调研的内容一般包括促销手段的调研与促销策略的可行性调研等。

除了以上列举的主要范围之外，市场调研可以应用在更多、更广泛的方面。如美国总统选举，要通过市场调研来了解民意，制定施政纲要；国外陪审团成员的选择，很多也是借助市场调研及其工具来完成的。

第三节　市场调研问卷的设计

调查问卷又称调查表或询问表，它是社会调查的一种重要工具，用于记载和反映调查内容和调查项目的表式。

一、调查问卷的组成部分

正式的调查问卷一般包括以下三个组成部分：

第一部分：前言。主要说明调查的主题、调查的目的、调查的意义，以及向被调查者表示感谢。

第二部分：正文。这是调查问卷的主体部分，一般设计若干问题要求被调查者回答。

第三部分：附录。这一部分可以将被调查者的有关情况加以登记，为进一步的统计分析收集资料。

二、调查问卷设计的原则与要求

（一）调查问卷设计的原则

1. 问卷上所列问题都是必要的

问卷上所列问题应该都是必要的，可要可不要的问题不要列入。

2. 所问问题是被调查者所了解的

所问问题不应是被调查者不了解或难以答复的问题。使人感到困惑的问题会让你得到的是"我不知道"的答案。在"是"或"否"的答案后应有一个"为什么"，回答问题所用时间最多不超过半小时。

3. 在询问问题时不要转弯抹角

如果想知道顾客为什么选择你的店铺买东西，就不要问："你为什么不去张三的店铺购买？"你这时得到的答案是他们为什么不喜欢张三的店铺，但你想了解的是他们为什么喜欢你的店铺。根据顾客对张三店铺的看法来了解顾客为什么喜欢你的店铺可能会导致错误的推测。

4. 注意询问语句的措辞和语气

在语句的措辞和语气方面，一般应注意以下几点：

（1）问题要提的清楚、明确、具体。

（2）要明确问题的界限与范围，问句的字义（词义）要清楚，否则容易误解，影响调查结果。

（3）避免用引导性问题或带有暗示性的问题。诱导人们按某种方式回答问题使你得到的是你自己提供的答案。

（4）避免提使人尴尬的问题。

（5）对调查的目的要有真实的说明，不要说假话。

（6）需要理解他们所说的一切。利用问卷做面对面访问时，要注意给回答问题的人足够的时间，让人们讲完他们要讲的话。为了保证答案的准确性，将答案向调查对象重念一遍。

（二）调查问卷设计的要求

在设计调查问卷时，设计者应该注意遵循以下基本要求：

1. 问卷不宜过长，问题不能过多，一般控制在20分钟左右回答完毕。

2. 能够得到被调查者的密切合作，充分考虑被调查者的身份背景，不要提出对方不感兴趣的问题。

3. 要有利于使被调查者作出真实的选择，因此答案切忌模棱两可，使对方难以选择。

4. 不能使用专业术语，也不能将两个问题合并为一个，以至于得不到明确的答案。

5. 问题的排列顺序要合理，一般先提出概括性的问题，逐步启发被调查者，做到循序渐进。

6. 将比较难回答的问题和涉及被调查者个人隐私的问题放在最后。

7. 提问不能有任何暗示，措辞要恰当。

8. 为了有利于数据统计和处理，调查问卷最好能直接被计算机读入，以节省时间，提高统计的准确性。

三、调查问卷的设计与制作

问卷的设计与制作并不存在严格的必须遵守的程序，一般遵循以下工作流程。

（一）明确调研主题

在进行问卷设计之前，必须要明确调研的主题以及问卷调研的目的与调查主题的关系。调研主题是市场调研的关键，也是市场调研的目的所在。

（二）拟定调研项目

问卷设计之前，问卷设计人员应该根据问卷调研主题拟定一份问卷调研基本内容的纲要。这些调研的项目必须符合调研的主题，具有客观性、科学性和可操作性，同时要包含市场调查问卷的相关内容。

（三）设计问句与问句排序

问句设计一方面要考虑是否反映了调研者的基本意图，另一方面要考虑被调研者能否正确理解问句。最后对设计好的问句进行合理排序。

问句是一份调研问卷的基本构成要素，问卷的目的与调研的项目基本是靠问句来反映的。因此，问卷设计的核心内容是问句设计。问句的分类方法很多，主要有如下几种类型：

1. 按问卷中问句形式的不同，问句主要分为封闭式问句与开放式问句。

2. 按说明问题深度的不同，问句主要分为事实性问句、态度性问句与原因性问句。

3. 按问句答案内容的不同，问句主要分为系统性问句与非系统性问句。

4. 按解决问题功能的不同，问句主要分为过滤性问句、提问式问句、探求式问句、强度式问句与核实式问句。

问句设计应坚持如下几个基本原则：定义清楚、语句简洁、避免引导、注意过滤、数量适中、不问隐私。

（四）问卷评估、测试与修订

当一份问卷的雏形形成后，需要进行评估，并选择有典型意义的少量样本进行测试，测试的主要目的是确认被调研者对问卷的理解与调研目标之间是否存在偏差，最后进行修订。

（五）印刷

在资金、时间、设备等资源条件允许的条件下，市场调研人员应该为自己的调研对象准备一份最具吸引力的、便于阅读、易于回答的调研问卷。

第四节 市场调研方法和步骤

一、市场调研的方法

（一）问卷调研法

问卷调研是企业进行实地调研、搜集第一手市场资料最基本的工具。在现实的市场调研活动中，市场调研的内容非常丰富，人们不仅要了解市场潜量、市场需求规模等方面的市场调研总体的数量特征，而且要了解关于市场需求的行为特征，以及产生各种行为的动机、态度等方面的心理特征信息。问卷调研法为有效地搜集这些信息提供了良好的技术手段，所以，在市场调研活动中被广泛运用。

问卷调研是根据统一设计好的问卷，向被调研者调研搜集关于市场需求方面的事实、意见、动机、行为等情况的一种间接的、书面的、标准化的调研方法。问卷调研的程序包括调研方案设计，确定调研问卷对象，问卷的设计与制作，问卷的发放，问卷的回收、整理与分析，撰写问卷调研报告六个步骤（如图4-1所示）。

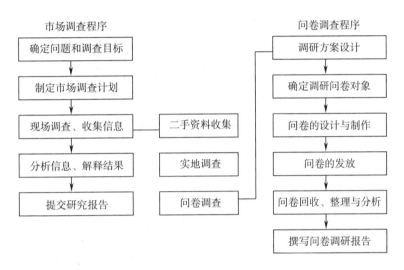

图4-1　问卷调研的基本程序

（二）抽样调研法

抽样调研法是市场调研中一种常见的方法，是指在调研对象的总体中，抽取一部分样本，并对其进行观察，然后根据对样本单位的观察结果来推测调研总体一般特征的方法。在这类调研中，一般将与调研主题相关的所有假设调研对象称为调研的"母体"，也称"总体"；将从中抽选出的一部分被调研者称为"样本"或"子样"。

1. 抽样调研的方法

在市场调研过程中，抽样调研的方法大体可以分为两类：随机抽样和非随机抽样（如表4-1所示）。

表4-1　　　　　　　　　　　抽样调研方法

随机抽样	简单随机抽样	总体的每个成员都有已知的、均等的被抽中的机会 （如将总体编号后，任选其中的几个号码）
	分层抽样	将总体分成不重叠的组（如年龄组），在每组内随机抽样
	等距抽样	将总体各单位按某标志排列后，依一个固定顺序和间隔来抽样
	分群抽样	将总体分成不重叠的组（如街区组），随机抽取若干组进行调研

续表

非随机抽样	随意抽样	调研员选择总体中最易接触的成员来获取信息
	估计抽样	调研员按自己的估计选择总体中可能提供准确信息的成员 （如要了解中高层收入人群的消费习惯，可选择在高档小区进行）
	定额抽样	按若干分类标准确定每类规模，然后按比例在每类中选择特定数量的成员进行调研（如男 30 个、女 20 个）

2. 抽样调研的基本程序

抽样调研是市场调研整体方案的一个组成部分，科学的抽样调研方案和可操作性的抽样调研方案一般有六个基本步骤（如图 4 – 2 所示）。

图 4 – 2　抽样调研的基本程序

（1）定义调研总体。根据市场调研主题与市场调研提纲的要求，确定抽样调研基本对象的范围。

（2）选择样本框。市场调研人员可以通过各种方式获得样本框，例如，从公司内部的客户信息库中获得基本用户的抽样调研样本框；对城镇居民的调研，可以通过居民委员会或派出所来获得样本框。

（3）确定抽样数目。在市场调研中，抽样数目是一个非常重要的问题。若样本数目不够多，缺乏代表性，还会造成抽样过程中不必要的人力与财力资源浪费。

（4）选择抽样方法。一般来说，选择哪种抽样方法，取决于调研技术的要求、调研总体的分布特征以及调研成本的限制。

（5）抽样计划与实施。采用不同的抽样方法，抽样计划的设计就不同。在随机抽样中，分类抽样、等距抽样和分阶段抽样的抽样设计较为复杂；在非随机抽样中，配额抽样的设计相对更复杂。

（6）对调研总体特征的推断。抽样调研的最终目的是通过对样本的观察，达到对调研总体的一般认识。因此，抽样调研的最后阶段是用样本数据对调研总体数据进行估计或推断。

（三）态度测量表

在问卷调研设计中，大量的问句表现为对市场的特征以及对消费者购买行为、态度、心理与动机等方面的测量。由于消费者与市场的特征非常复杂，在问卷调研中往往采用各种不同的测量尺度与测量表。

1. 测量尺度

问卷调研中常用的态度测量尺度有四种，即定类尺度、定序尺度、定距尺度和定比尺度。其中定类尺度是基础，后一种都是前一种的升级。一般来说，定类、定序尺度多用于态度测量；定距尺度可用于态度测量，也可用于客观指标的测量；定比尺度多用于客观指标的测量。定类与定序测量尺度的级别较低，应用广泛。

2. 直接量表

态度量表是对被调研者的行为、态度、心理进行测量的基本形式。具体又分为直接量表与间接量表。直接量表是指由调研者设计各种不同类型的问题，直接向被调研者进行询问，被调研者根据自己的行为、态度对问句直接作出回答的一种方法，其具体形式主要有：是否型量表、选择型量表、标度式量表与配对比较型量表。

3. 间接量表

间接量表是由调研者根据市场调研目的的要求，涉及一系列调研问句，由被调研者根据自己对问题的态度来决定语句选择的一种态度测量表。常见的有沙斯通量表、赖克梯量表与哥特曼量表。

（四）访问调研法

1. 访问调研方式

访问的调研方式有很多，主要有入户访问、街上阻截、客户走访、座谈会、电话访问和深度访问等。

2. 访问调研的实施过程

（1）访问前的准备。访问之前要做好大量的准备工作，以便访问更好地进行，也可以保证访问的结果更加真实可靠。访问前的准备主要包括熟悉调研提纲、学习相关知识、选择被访问者、安排访问时间与访问地点、集体访问前的准备。

（2）访问进行。访问进行也是访问调研的一个重要环节，它由三个步骤构成：约访、开场白与访问进行。"约访"与"开场白"是一种铺垫，访问是核心部分。访问进行是否顺利，访问完成的效果会直接影响到市场调研的成败。

（3）访问记录。在访问过程中，访问者要对访问内容进行记录。通常采用录音记录，录音记录一般要征求被访问者的同意，记录之后进行笔记整理。

（4）访问结束及结束后的工作。访问结束时应向被访问者致谢，同时也可以与被访问者建立某种联系，说明必要时可能还要来访等，访问结束后整理访问材料，必要时可以向被访问者发出致谢信。

其他访问法主要有实验调查法、直接观察法和专家调研法等。实验调查法是指在推行某种经济政策、具体措施或经营方法时，先进行实验试点，以收集资料，取得经验的方法；直接观察法是调研者根据调研目的的要求，深入调研现场，通过对调研对象进行直接察看或测量，例如通过调研人员的感官，眼看、鼻嗅、耳闻、手摸、品尝来观察；专家调研法是一种依靠专家的知识、经验和市场观察能力来搜集和分析市场情况的方法。

二、市场调研的步骤

市场调研是一个过程，它包含以下几个步骤：一是确定问题和调研目标，二是制订调研计划，三是现场调研和收集信息，四是分析信息和解释结果，五是提交研究报告（如图 4 - 3 所示）。

图 4 - 3　市场调研程序

（一）确定问题和调研目标

调研的第一步要求营销经理和营销研究人员认真确定问题和调研目标。正确定义问题等于解决一半问题，确定问题和调研目标是市场调研很重要的一个步骤。所要调研的问题，既不可过于宽泛，也不宜过于狭窄，要进行明确界定，并充分考虑调研成果的时效性。调研问题与目标的表述将指导整个调研过程，营销经理和调研人员将这些描述做成书面材料，以确保他们对调研的目的和预期结果看法一致。

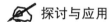探讨与应用

了解银行服务质量的测量因素

爱尔兰国家银行想要确定客户在评价银行服务质量时可能会使用的测量标准。由于预算有限，再加上与当地大学营销学教授合作的意愿，所以本次调研计划对学习基本营销课程的大学生和学习营销管理课程的研究生进行重点调研。调研的目的是确定可代表服务质量的活动和产品。调研人员把这些学生作为调研对象的理由是：他们作为消费者，有着丰富的银行业务往来经验，而且让他们参与进来也是很容易的。调研结果显示同学们通过四个方面来评价银行的服务质量：（1）银行人员的人际交往能力；（2）银行报表的可信度；（3）自动取款机的便利度；（4）人性化的网上银行业务功能。

一个月之后，调研人员对一家大型银行的现有顾客进行了重点调研，这家大型银行是上次调研的大学所在区域的大型银行之一。调研结果显示，这些顾客通过以下六个方面来评价银行的服务质量：（1）银行人员的聆听能力；（2）对顾客业务需求的理解能力；（3）共鸣；（4）对客户问题的反应能力；（5）处理银行业务的技术竞争力；（6）与所接触人员的人际交往能力。

调研人员确定了顾客采用五个标准来评价银行的服务质量，从而构建银行服务质量评价体系，提高银行服务质量。

（资料来源：小约瑟夫·F. 海尔. 市场营销调研精要［M］. 大连：东北财经大学出版社，2016.）

试分析：

银行通过市场调查明确调查问题说明了什么？

（二）制订调研计划

营销调研中，确定所需要的信息，制订有效收集信息的计划，并向营销经理提出该计划是非常关键的一步。该计划需要确定资料来源、调研人员收集信息的方法、调研工具的选择、抽样计划、接触方法。营销经理在批准计划以前需要预测该调研计划的成

本，并依据此项活动的目标加以规范。在调研中二手信息的收集因其特性备受关注。

（三）现场调研和收集信息

调研中的信息收集是花费最大而又容易失误的工作，尤其是现场调研，涉及很多方面，同时信息的收集又直接影响调研的结果。市场调研需要的各种资料，可分为原始资料和现成资料两大类。原始资料是从实地调研中所得到的第一手资料；现成资料是从他人或其他单位取得的、已经积累起来的第二手资料。应尽量采用现成资料，这样可以节省时间和经费，资料不足时可实地调研获取原始资料补充。

现成资料来源于内部资料和外部资料。内部资料是企业内部的市场信息系统经常收集和记录的资料，如客户订单、销售资料、销售损益、库存情况、产品成本等；外部资料是从统计资料、行业资料、市场调研机构资料、科研情报机构资料、金融机构资料、文献报刊杂志等资料中获得的资料。

获取原始资料的方法有询问法、观察法、实验法、统计调研法（普查、重点调研、典型调研、抽样调研）等。每种方法都有自己的优缺点和适用范围，企业可根据自己的情况进行选择。

（四）分析信息和解释结果

在收集信息之后，要对收集来的信息进行分析处理，并通过相应的方法把分析的结果加以解释，分析信息和解释结果，这也是一门艺术。现代营销人员可采用计算机辅助方式，应用专业系统软件，利用模型进行数据分析，以便发现有助于营销管理决策的信息，为市场营销的战略和决策的提出提供较准确的数据。

（五）提交研究报告

在对收集的信息加以解释之后，还要把结果形成一份研究报告，调研报告的形成是营销调研的最后一步，也是很关键的一步。调研报告不只是计算机分析汇总的一系列数据和统计图表，更应包含调研人员依据数据得出的结论及给出的营销建议，这些建议与结论才是对营销决策最具意义的调研结果。

第五节　市场预测方法和步骤

一、市场预测的概念

预测是指根据已经获得的资料，运用科学的方法，对事物未来的发展趋势作出客观估计和判断的过程。预测理论作为通用的方法论，既可以应用于研究自然现象，如气象预测，也可以应用于研究社会现象，如经济发展预测。市场预测是预测在营销领域的运用。

市场预测是指在市场调研的基础上，根据市场的历史和现状，凭借经验并运用一定的预测理论和技术，对市场未来发展的趋势进行预测和判断的活动和过程。

市场预测并非毫无根据地胡乱估计，首先，它的根据是市场调研所获得的资料和信息，必须依据这一基础测算和判断；其次，这种判断要运用一定的预测理论或技术，即运用科学的方法。由此也可以看出市场预测具有科学性，这一性质保证了市场预测的结果具有相当的准确性，能够帮助企业活动决策者作出科学的决策。但由于所获得的调研信息有限，决策者进行决策时不能完全依赖预测结果。

二、市场预测的方法

（一）经验判断预测法

1. 对比分析法

对比分析法是指将预测目标与其同类的或相似的事物加以对比分析，来推断预测目标未来的发展取向与可能水平的一种预测方法。这种方法实际上是运用类比的原则，对预测目标进行推断的一种方法。主要类型有由点推算面、由局部类推整体、由相近产品类推新产品或同类产品、由相似的国外市场类推国内市场等。

对比分析法一般适用于开拓新市场，预测潜在购买力和需求量，预测新产品长期的销售变化规律等，比较适合中长期的预测。

2. 集合意见法

集合意见法是指集合企业内部经营管理人员、业务人员等的意见，凭他们的经验和判断共同讨论市场趋势而进行市场预测的方法。由于经营管理人员、业务人员等比较熟悉市场需求及其变化动向，他们的判断往往能反映市场的真实趋向，因此是进行短期、近期市场预测常用的方法。根据参与预测人员的不同，这种方法又可分为两种：经理判断法和销售人员判断法。经理判断法是由企业的经理或厂长召集各业务部门的主管人员，共同讨论市场趋势，并作出预测结果的一种预测方法；销售人员判断法是指企业负责人召集销售人员讨论市场发展趋势，预测市场结果的一种预测方法。

3. 专家意见法

专家意见法是指企业邀请内部或外部的具有某一方面专业知识和丰富经验的专业人员（即专家），根据市场预测的目标和要求，综合专家意见进行市场预测的一种方法。由于专家在某方面具有权威性，预测结果较准确，同时这种预测方法组织较方便，预测时间短，已成为重要的定性预测方法。

按照征求专家意见的方式不同，专家意见预测法可以分为专家会议法、头脑风暴法和德尔菲法。

4. 顾客意见法

顾客意见法即预测人员直接调研顾客或用户的购买意向，在分析市场需求变化的趋势和竞争情况之后，作出对本企业产品需求的预测。此法适用于用户数量不太多或用户与本企业有固定协作关系的企业，主要是制造生产资料类产品的企业。如果用户量大，调研起来就很困难。该方法的优点是直接了解用户的意见，使调研结果更加真实。缺点是调研数据在实际购买时会受各种因素的影响而发生改变，预测者要提前充分考虑。另外，对潜在客户的调研预测比较困难。

（二）时间序列预测法

时间序列预测法是一种定量预测的方法。它是将预测目标的历史数据按时间的顺序排列成为时间序列，然后分析它随时间变化的发展趋势，是预测目标的未来值的一种预测方法，也叫历史延伸法或外推法。也就是说，时间序列预测法将影响预测目标的一切因素都由"时间"综合起来加以描述。因此，时间序列预测法主要用于分析影响事物的主要因素比较困难或相关变量资料难以得到的情况，预测时先要进行时间序列的模式分析。

时间序列预测法的基本特点是：假定事物的过去趋势会延伸到未来；预测所依据的数据具有不规则性，撇开了市场发展之间的因果关系。

时间序列预测法包含简单平均法、移动平均法、指数平滑法、季节指数法、趋势外推法、生命周期法等多种方法。

（三）因果分析法

客观事物之间总是相互联系的，而且常常是通过因果关系进行着某种联系。在经济现象中这种因果关系更加普遍。例如人们的收入水平提高了，市场就会繁荣；广告的投入增加了，产品的销售量就会增加等。因此，对于有些市场预测可以通过寻找和分析经济现象中的因果关系进行，回归分析就是这样一种分析方法。

回归分析就是研究某一个因变量与其他自变量之间的数量变动关系，由回归分析求出的关系式叫作回归模型。回归分析预测法就是从各种经济现象之间的相互关系出发，通过对与预测对象有联系的现象变动趋势的分析，推算预测对象未来状态的一种预测方法。回归分析根据自变量的多少，可分为一元回归分析和多元回归分析，根据因变量与自变量是否线性相关，可分为线性回归和非线性回归，线性回归是指因变量与自变量的关系是直线形的，而非线性回归是指因变量与自变量的关系是非直线形的，如呈曲线形的。

需要说明的是，需求预测是一项非常复杂的工作，随着环境的不断变化，市场需求与企业需求也是不断变化的、不稳定的，需求越不稳定，就越要求精确的预测，这就要求把市场调研与预测作为一项长期的工作来抓。

三、市场预测的步骤

市场预测是在市场调研的基础上，明确预测目标，收集资料，分析判断并运用预测方法，作出预测结论的复杂过程。这一过程具体包括以下步骤。

（一）确定预测目标

确定预测目标，是进行市场预测首先要解决的问题。要完成一项市场预测，首先要明确预测的目的是什么，预测的对象是什么，只有预测目标与对象明确了，才能根据预测目标有意识地去收集各种资料，采用恰当的预测方法进行预测。

确定了预测目标，就使整个市场预测工作有了明确的方向和内容。例如，某地区为制定小轿车生产行业长远规划，开展了该地区 2020 年家庭小轿车需求预测。该项预测目标明确，预测对象是小轿车，预测项目涉及居民家庭小轿车的需求量预测、影响居民小轿车需求的各种因素（如收入水平）的预测。该项预测属于长期的市场预测。对企业而言，预测目标的确定，应根据企业生产经营管理的需要，服从企业经营决策的要求。要开展目标分析，也就是运用系统观点，逐步把握目标和外部环境之间的依存关系。

（二）收集分析有关资料

科学的市场预测，必须建立在掌握充分的市场资料的基础上。预测目标确定后，就要围绕预测目标，广泛收集各种历史和现实资料。市场预测所需的资料有两类：一类是关于预测对象本身的历史和现实资料，如上例中近年来某地区家庭私人购买小轿车的统计资料；另一类是影响预测对象发展过程的各种因素的历史和现实的资料，如影响居民家庭购买小轿车的因素有收入状况、小轿车价格变动资料、城市道路发展变化资料等。

（三）进行分析判断

分析判断是指对收集的历史和现实资料进行综合分析，对市场未来的发展变化趋势作出判断，为选择预测方法、建立预测模型提供依据。要分析各种市场因素对未来需求的影响；要分析预测期内产、供、销关系及其变化；要分析消费心理、消费倾向等对市场未来需求的影响，主要分析消费者的消费心理、消费倾向、消费行为、价值观念等变化对市场未来需求的影响。如随着我国进入小康社会，人们对健康日益重视，可以预测各种健身用品需求量将越来越大。

（四）选择预测方法

市场预测要依赖预测方法。根据预测目标，在对有关资料进行分析判断后，就要选择预测方法。预测方法选择是否适当，将直接影响预测结果的可靠性。预测方法很多，有定性预测法和定量预测法两大类。第一类中又有许多具体方法，而每一种方法对不同的预测对象、目标的有效性是不同的。

选择预测方法一般应从以下方面考虑：一方面，要根据预测目标和要求来选择预测方法；另一方面，要根据预测对象本身的特点来选择预测方法，预测模型与预测方法是密切联系的。确定了预测方法，也就确定了预测模型。建立预测模型，就是指依据预测目标，应用预测方法建立数学模型。

（五）得出预测结论

这是市场预测工作的最后一个阶段。包括两个环节：一是利用预测模型计算出预测值。就是根据具体的数学模型，输入有关数据资料，经过运算，求出预测值；二是评价预测值的合理性，最后确定预测结论。

利用预测模型计算出来的预测值，只是初步的预测结果。由于种种原因，预测值和实际情况总是存在一定偏差，这就是预测误差。因此，在确定最后预测结论时，一般需要对预测的误差作出估计，预测值误差实质上是对预测模型精确度的直接评价，决定着对模型是否认可，是否需要作出修正。如果预测误差较小，符合预测要求，最后就可以确定预测结论，即确定最终的预测值。

需要指出的是，为了保证预测值的准确性，在市场预测中，常常要同时采用不同的预测方法与预测模型，并对它们的预测结果进行比较分析，进而对预测值的可信度作出评价，以确定最符合实际的预测值。

☆ 同步测试

◇ 单项选择题

1. （　　）是企业开展经营活动的前提，是企业有效利用和调动市场情报、信息的主要手段。

A. 市场调研 B. 市场预测 C. 市场分析 D. 市场探索

2. 以解释市场变量之间的因果关系为目的的调研是（　　）。

A. 探索性调研 B. 描述性调研 C. 因果性调研 D. 预测性调研

3.（　　）是收集、分析历史和现实已有的各种信息和情报资料，获取与调研目的相关信息的一种调研方法。

A. 文案调研 B. 实地调研 C. 网络调研 D. 探索性调研

4. 每一次市场调研都是为一项营销活动做准备的，能用其解决特定的营销问题，市场调研是一种具有使用目的的（　　）调研。

A. 普遍性 B. 科学性 C. 应用性 D. 不确定性

5. 对市场调研指标总体进行调研，也就是对所要认识的研究对象全体进行全方位的调研是（　　）。

A. 市场普查 B. 重点调研 C. 抽样调研 D. 典型调研

6. 市场调研要从客观实际出发，在正确理论指导下，对已有的资料进行科学分析，找出事物发展的客观规律性，并用于指导行动，这体现了市场调查的（　　）原则。

A. 客观性 B. 经济性 C. 科学性 D. 全面性

7. 德尔菲法属于（　　）中的一种。

A. 对比分析法 B. 意见集合法 C. 专家意见法 D. 顾客意见法

8. 下列不符合市场调查问卷的设计原则的一项是（　　）。

A. 问卷不宜过长 B. 问题多多益善

C. 不能使用专业术语 D. 提问不能有任何暗示

9. 市场调查的最后一个步骤是（　　）。

A. 分析信息 B. 解释结果 C. 提交研究报告 D. 问卷调查

10.（　　）是将预测目标的历史数据按时间的顺序排列成为时间序列，然后分析它随时间变化的发展趋势。

A. 因果分析法 B. 时间序列预测法

C. 专家意见法 D. 对比分析法

◇多项选择题

1. 市场调研的主要特征有（　　）。

A. 普遍性 B. 科学性 C. 不确定性 D. 应用性

E. 确定性

2. 市场调研按照资料来源的不同可以分为（　　）。

A. 文案调研 B. 实地调研 C. 网络调研 D. 探索性调研

E. 预测性调研

3. 市场调研按照空间范围可以分为（　　）。

A. 消费品市场调研 B. 生产市场调研

C. 国际市场调研 D. 国内区域性市场调研

E. 全国性市场调研

4. 态度测量表是市场调研中的一个重要的方法，包括（ ）。

A. 测量尺度 　　　B. 直接量表 　　　C. 间接量表 　　　D. 定性量表

E. 定量量表

5. 下列属于专家意见预测法的是（ ）。

A. 集合意见法 　　B. 对比分析法 　　C. 专家会议法 　　D. 头脑风暴法

E. 德尔菲法

◇ **判断题**

1. 市场调查首先开始的工作是收集信息资料。 　　　　　　　　　　　　　（ ）

2. 预测性调研就是企业为了推断和测量市场的未来变化而进行的研究。 　（ ）

3. 市场调研的最后一个程序是撰写和提交调查报告。 　　　　　　　　　（ ）

4. 市场调查问卷中的问句按照形式的不同分为封闭式问句和开放式问句。 （ ）

5. 抽样调研的方法分为随机抽样和非随机抽样。 　　　　　　　　　　　（ ）

◇ **简答题**

1. 简述市场调研的内容和步骤。

2. 简述市场调研问卷的设计与制作。

3. 市场调研的主要方法有哪些？

4. 简述市场预测的主要步骤。

5. 简述市场预测的主要方法。

☆ 创业营销技能实训项目

针对某一产品开展调研与分析

[训练目标] 通过对某一产品如牛奶产品的调研与分析，掌握市场调研的基本方法与技巧。

[训练组织] 将一个班的同学分成 3 ~ 4 个模拟公司，每组成员以 10 个人为宜，各模拟公司对本地牛奶市场的购买信息与购买行为进行调查。

[创业思考] 你在进行市场调查时会如何确定调查样本？

[训练提示] 教师提出活动前准备及注意事项，可以提示学生要了解牛奶的市场占有率，分析消费者对牛奶产品的需求等问题，同时随队指导。

[训练成果] 各组汇报，并将结果在班级中进行讨论，评出最优方案，教师讲评。

☆ 案例分析

麦当劳奶昔的营销调研

2017 年 2 月，麦当劳推出了一款巧克力三叶草双层奶昔，为了让消费者同时品尝到巧克力和薄荷两种口味，公司请 Goge 团队设计了一根吸管，能同时喝到最底下的咖啡，中间层的奶油薄荷，以及最上层的奶昔。这根吸管外观形似秸秆，在弯曲的部分打了三个孔，借助流体力学原理，确保消费者在第一口就可以吸到"50%巧克力与50%薄荷完美配比的奶昔"，而不用干等上下两层融化。回首往事，很多年前，麦当劳为了增加店内奶昔的销量，曾专门实施过一项市场调研。他们请购买奶昔的顾客填写调查问卷表，主要涉及"要怎样改进奶昔，你才会买更多呢？你想要这款奶昔再便宜点吗？再多点巧克力味吗？"等类似的问题。根据调查反馈的市场信息，公司对奶昔着实做了不少技术创新和改进。可奇怪的是，奶昔是越做越好了，但是销量和利润都没有得到增长。于是，麦当劳请哈佛商学院教授 Clayton Christensen 及其团队一起解决这个问题。

通过一系列的现场观察、问卷调查和深度访谈，Clayton 团队发现了一个有趣的现象：大约有50%的奶昔是早上卖掉的，而买奶昔的几乎都是同一批客户，他们只买奶昔，并且所有购买者基本上都是开车打包带走的。市场调研团队又开展了进一步的访谈、观察和分析，结果发现，原来这些买奶昔的所有顾客每天一大早都有同样的事情要做：要开很久的车去上班，路上很无聊，开车时就需要做些事情让路程变得有意思一点；想买东西吃的时候还没有真的饿，但是他们知道大约2个小时后，也就是大致上午和中午的中间时段就会饥肠辘辘了。他们通常会怎样解决这些问题呢？有人会吃香蕉，但很快就发现香蕉消化得太快了，很快就又饿了。也有人试过面包圈，但面包圈太脆，边吃边开车时，会弄得满手黏糊糊的。还有人吃过士力架巧克力，但是早餐吃巧克力总觉得于健康不利。而奶昔无疑是最合适不过的。用细细的吸管吸厚厚的奶昔要花很长时间，并且基本上能抵挡住一上午阵阵来袭的饥饿。有位受访者说："这些奶昔真够稠的！我一般要花去20分钟才能把奶昔从那细细的吸管里吸干净。谁会在意它的营养成分呢！我就不在乎。我就知道整个上午都饱了，而且奶昔杯刚好能与我的茶杯座配套。"他一边举着空空的左手一边说着。

在通过市场调研掌握以上需求信息之后，改进奶昔对麦当劳就变得轻而易举了。如何才能帮顾客更好地打发无聊的通勤时间呢？那就是，让奶昔再稠一些，让顾客食用时间更长一点。可以考虑加上一点果肉，虽不一定能让每一个消费者都觉得健康，却能给顾客无聊的旅程增添小小的惊喜。还可以把制作奶昔的机器搬到柜台前，让消费者不用排队，刷卡自助取用等。这些创意付诸实施之后，确实大大提高了奶昔的销量。

（资料来源：郭国庆.市场营销学概论［M］.北京：高等教育出版社，2018.）

阅读以上材料，回答问题：

1. 麦当劳是如何开展顾客对奶昔需求的市场调研的？

2. 假如你是该调研项目的负责人，你还将采取哪些措施来进一步提升市场调研的准确性？

第五章
消费者市场和组织市场购买行为研究

◆ **本章学习目标**

☞ 应用知识目标

1. 理解消费者市场和组织市场的基本特征和购买行为等主要内容；
2. 掌握影响购买者购买行为的主要因素；
3. 了解组织市场的基本特征和购买者行为分析等内容。

☞ 应用技能目标

1. 对消费者市场购买行为进行分析；
2. 对组织试产购买行为进行分析。

☞ 创业必知知识点

1. 消费者类型判断及营销对策；
2. 组织消费者的购买行为分析。

📖 中国传统文化与营销启示

新嫁娘

唐·王建

三日入厨下，洗手作羹汤。
未谙姑食性，先遣小姑尝。

这是描写一位新妇的古诗，大意是新嫁娘在新婚不久就开始进入厨房做羹汤，不知道自己婆婆的口味，所以先让小姑子来品尝。第一个"姑"是婆婆的意思，第二个"姑"是指她丈夫的妹妹也就是她的小姑子。这是她到这个家庭的第一顿饭，对于新嫁娘来说，得到婆婆的认可是非常重要的，因为婆婆往往会决定家庭重要的事项，是家庭的决策者。贸然询问婆婆的口味，新嫁娘可能还有些胆怯或觉得有些失礼，所以她注意到这个家庭还有一个很重要的人物——她的小姑子，在做饭时先让最了解婆婆口味的小姑子来品尝。虽然诗写到这里就停止了，但我们一定能想到小姑子的评价一定会直接影响到她。这首诗不仅为我们塑造了一个恪守孝道的勤劳的女子形象，更让我们感受到这个新嫁娘的智慧。

启示：本诗中新嫁娘迅速找到了家庭中的决策者和影响者，相信一定会得到新的家庭成员们的喜爱。作为营销人员，只有判断消费者角色才能采取有效的营销策略，当然首先要以自己的专业和诚意打动每一位与自己接触的消费者。费城百货商店的营业员菲利，在店里的其他人都不愿搭理的情况下，为一位衣着简朴的避雨老太太搬来一把椅子，几个月后，这个小伙子获得一个机会，被指定代表这家百货公司与另一家大的家族公司洽谈业务，利润巨大。后来才知道那位老太太是美国亿万富翁"钢铁大王"卡内基的母亲，这位老人成为决定这项业务的直接影响者。也许我们不可能有菲利那般幸运，但时刻把消费者放在心上的营销人员，会让每一位客户成为他下一项业务的影响者。就让我们先从消费者行为的学习开始吧！

第一节　消费者市场及其特点

一、消费者市场的含义

市场指有购买力、有购买欲望的顾客群体。按照顾客购买目的或用途的不同，市场可分为消费者市场和组织市场两大类。消费者市场是个人或家庭为了满足生活消费而购买产品和服务的市场。生活消费是产品和服务流通的终点，所以消费者市场是最终产品市场。

二、消费者市场购买对象的分类

（一）消费者的购买对象

消费者的购买对象是满足个人和家庭生活需要的产品和服务，即消费品。消费品是为了满足个人和家庭生活的需要。

（二）消费者购买对象的分类

1. 根据消费者的购买习惯和行为分类

根据消费者的购买习惯和行为分类，可分为便利品、选购品、特殊品及寻购品。

（1）便利品。便利品又称日用品，是指消费者日常生活所需，需重复购买的商品。其商品范围广阔，包括食品、饮料、日用百货、旅游纪念品、突发急需商品等。消费者在购买时，一般不愿意花很多时间比较价格和质量。这些商品是消费者经常需要的，消费者随时购买，很少考虑如何挑选，有些是凭一时冲动才购买的，有些是消费者产生急需时购买的，因此，生产和经营便利品的企业要使消费者感受到"便利"，通过采用密集分销渠道，尽量做到品种齐全，方便消费者。

（2）选购品。选购品指消费者购买时愿意花较多时间对许多同类产品进行比较之后才决定购买的商品，如服装、家电等。对于这类消费品，购买者一般要在质量、价格、款式、服务等方面反复比较挑选，然后才决定购买。当商品的质量款式规格等方面没有大的差异时，人们主要以品牌的知名度作为选购的依据。当商品的花色、品种、款式、色彩等方面差异很大时，人们选购商品就会用自身的爱好为选购导向，如服装、鞋、帽等。为此，企业应注意扩大品牌的知名度，促进消费者购买。

（3）特殊品。特殊品是消费者对其有特殊偏好并愿意花较多时间和精力去购买的消费品，如汽车、高档家具、奢侈品等。这类商品不是消费者普遍需要的，但特殊品的消费者在购买前已经对商品具有一定认识，偏爱特定的品牌，不愿接受代用品。因此，对于这些商品出售点不在多，而在于知名度高，服务水平高。

（4）寻购品。寻购品是指只在有特殊需要时使用的商品，如某些特殊药品、登山潜水物品、残疾人用品等。一般消费者不了解这些商品或是有需要后不知去何处购买。这类商品销售点不宜多，但应注意在网上宣传公布购买点，以便消费者在需要时前去购买。

2. 根据购买对象的有形与否分类

根据购买对象的有形与否分类，分为有形产品和无形产品两类。

（1）有形产品。有形产品是指使用价值必须借助有形物品才能发挥其效用，且该有形部分必须进入流通和消费过程的产品。

（2）无形产品。无形产品也称服务，是指一方向另一方提供一种无形的并且不导致任何所有权产生的活动或利益。服务具有无形、生产和消费不可分离、可变和易消逝的特点。

3. 根据商品的耐用程度和使用频率分类

根据商品的耐用程度和使用频率分类，可将消费品分为耐用品和易耗品。

（1）耐用品。耐用品使用寿命较长，可以多次使用，如房屋、汽车、家具、家用电器等。因为消费者购买次数较少，价钱相对昂贵，因此，购买时考虑比较慎重。

（2）易耗品。易耗品使用寿命短，只能使用一次或几次，如各类食品、易耗学习用品、日用小商品等，购买者大多随机购买。

三、消费者市场的特点

（一）广泛性

生活中的每一个人都不可避免地发生消费行为或消费品购买行为，成为消费者市场的一员，因此，消费者市场人数众多，范围广泛。

（二）分散性

消费者的购买单位是个人或家庭，一般而言，家庭商品储藏地点小、设备少，买大量商品不易存放，同时家庭人口较少，商品消耗量不大。再者，现代市场商品供应丰富，购买方便，随时需要，随时购买，不必大量储存，导致消费者每次购买数量零星，购买次数频繁，易耗的非耐用消费品更是如此。

（三）复杂性

消费者受到年龄、性别、身体状况、性格、习惯、文化、职业、收入、教育程度和市场环境等多种因素的影响而具有不同的消费需求和消费行为，所购商品的品种、规格、质量、花色和价格千差万别。

（四）易变性

消费需求具有求新求异的特性，要求商品的品种、款式不断翻新，有新奇感，不喜爱一成不变的老面孔。许多消费者对某个新品种、新款式的共同偏好就形成了消费风潮，这与科学技术的进步并无必然联系，只是反映消费心理的变化。商品的更新并不表示质量和性能有所改进，只是反映结构和款式等形式上的变化。随着市场商品供应的丰富和企业竞争的加剧，消费者对商品的挑选性增强，消费风潮的变化速度加快，商品的流行周期缩短，千变万化，往往令人难以把握。

（五）发展性

人类社会的生产力和科学技术总是在不断进步，新产品不断出现，消费者收入水平不断提高，消费需求也就呈现出由少到多、由粗到精、由低级到高级的发展趋势。

（六）情感性

消费品有千千万万，消费者对所购买的商品大多缺乏专门的甚至是必要的知识，对质量、性能、使用、维修、保管、价格乃至市场行情都不太了解，只能根据个人好恶和感觉作出购买决策，多属非专家购买，受情感因素影响大，受企业广告宣传和推销活动的影响大。

（七）伸缩性

消费需求受消费者收入、生活方式、商品价格和储蓄利率影响较大，在购买数量和品种选择上表现出较大的需求弹性或伸缩性。收入多则增加购买，收入少则减少购买。商品价格高或储蓄利率高的时候减少消费，商品价格低或储蓄利率低的时候增加消费。

（八）替代性

消费品种类繁多，不同品牌甚至不同品种之间往往可以互相替代。如"白猫"牌洗衣粉和"碧浪"牌洗衣粉可互相替代，毛衣与皮衣虽属不同种类也可互相替代。由于消费品具有替代性，消费者在有限购买力的约束下，对满足哪些需要以及选择哪些品牌来满足需要，必然会很慎重地进行决策并且会出现经常变换的可能，导致购买力在不同产品、品牌和企业之间流动。

（九）地区性

同一地区的消费者在生活习惯、收入水平、购买特点和商品需求等方面有较大的相似之处，而不同地区消费者的消费行为则表现出较大的差异性。

（十）季节性

季节性特点分为三种情况：一是季节性气候变化引起的季节性消费，如冬天穿棉衣，夏天穿单衣；热天买冰箱，冷天买电热毯等。二是季节性生产而引起的季节性消费，如春夏季是蔬菜集中生产的季节，也是蔬菜集中消费的季节。三是风俗习惯和传统节日引起的季节性消费，如端午节吃粽子、中秋节吃月饼等。

第二节　消费者购买行为模式与决策过程

一、消费者购买行为

（一）消费者购买行为的含义

消费者购买行为是指消费者为获取、购买、使用、评估和处置预期能满足其需要的产品和服务所采取的各种行为。

（二）消费者购买行为的类型

在日常生活中，消费者的购买行为多种多样，究其原因，是受诸多因素影响，其中最主要的是购买介入程度和品牌差异大小。

购买介入程度指消费者购买风险大小或消费者对购买活动的关注程度。如果产品价格昂贵，消费者缺乏产品知识和购买经验，购买具有较大的风险性和高度的自我表现性，这类购买行为称为高度介入购买行为，这类消费者称为高度介入购买者；如果产品价格低或消费者有产品知识和购买经验，购买无风险或无自我表现性，则称为低度介入购买行为，这类消费者称为低度介入购买者。同类产品不同品牌之间的差异大小也决定着消费者购买行为的复杂性，差异小，无须在不同品牌之间精心选择，购买行为就简单。因此，同类产品不同品牌之间的差异越大，产品价格越昂贵，消费者越是缺乏产品知识和购买经验，感受的风险越大，购买过程就越复杂。阿萨尔（Assael）根据购买者的购买介入程度和产品品牌差异程度区分出四种复杂程度不同的购买类型（见表5-1）。

表5-1　　　　　　　　　　　　购买行为类型

购买介入程度　　　品牌差异程度	高	低
大	复杂的购买行为	多样性的购买行为
小	减少失调感的购买行为	习惯性的购买行为

1. 复杂的购买行为

消费者属于高度介入，并且了解现有各品牌、品种和规格之间具有显著差异，会产生复杂的购买行为。复杂的购买行为指消费者购买过程完整，要经历大量的信息收集、全面的产品评估、慎重的购买决策和认真的购后评价等各个阶段。

对于复杂的购买行为，营销者应制定策略帮助购买者掌握产品知识，运用印刷媒介和销售人员宣传本品牌的优点，发动商店的营业员和购买者的亲朋好友影响最终购买决定，简化购买过程。

2. 减少失调感的购买行为

消费者属于高度介入，但是并不认为各品牌之间有显著差异，会产生减少失调感的购买行为。减少失调感的购买行为指消费者并不广泛收集产品信息，并不精心挑选品牌，购买过程迅速而简单，但是在购买后会认为自己所买产品具有某些缺陷或其他产品有更多的优点而产生失调感，怀疑原先购买决策的正确性。服装、首饰、家具和某些家用电器等商品的购买大多属于减少失调感的购买行为。此类产品价值高，不常购买，但是消费者看不出或不认为某一价格范围内的不同品牌有什么差别，不须在不同品牌之间精心比较和选择，购买过程迅速，可能会受到与产品质量和功能无关的其他因素的影响，如因价格便宜、销售地点近而决定购买。购买之后，会因使用过程中发现产品的缺陷或听到其他同类产品的优点而产生失调感。

对于这类购买行为，营销要提供完整的售后服务，通过各种途径经常提供有利于本企业和产品的信息，使顾客相信自己的购买决定是正确的。

3. 习惯性的购买行为

消费者属于低度介入，并认为各品牌之间没有什么显著差异，就会产生习惯性购买行为，习惯于购买自己熟悉的品牌，在购买后可能评价也可能不评价。

对习惯性购买行为的主要营销策略是：

（1）利用价格与销售促进吸引消费者试用。由于产品本身与同类其他品牌相比难以找出独特优点以引起顾客的兴趣，就只能依靠合理价格与优惠、展销、示范、赠送、有奖销售等销售促进手段吸引顾客试用。一旦顾客了解和熟悉产品，就可能经常购买以至形成购买习惯。

（2）开展大量重复性广告加深消费者印象。在低度介入和品牌差异小的情况下，消费者并不主动收集品牌信息，也不评估品牌，只是被动地接受包括广告在内的各种途径传播的信息，根据这些信息所形成的对不同品牌的熟悉程度来决定选择。

（3）增加购买介入程度和品牌差异。在习惯性购买行为中，消费者只购买自己熟悉的品牌而较少考虑品牌转换，如果竞争者通过技术进步和产品更新将低度介入的产品转换为高度介入并扩大与同类产品的差距，将促使消费者改变原先的习惯性购买行为，寻求新的品牌。提高介入程度的主要途径是在不重要的产品中增加较为重要的功能和用途，并在价格和档次上与同类竞争性产品拉开差距。比如，洗发水若仅仅有去除头发污渍的作用，则属于低度介入产品，与同类产品也没有什么差别，只能以低价展开竞争；若增加去除头皮屑的功能，则介入程度提高，提高价格也能吸引购买，扩大销售；若再增加营养头发的功能，则介入程度和品牌差异都进一步提高。

4. 多样性的购买行为

消费者属于低度介入，并了解现有各品牌和品种之间具有显著差异，会产生多样性的购买行为。多样性的购买行为指消费者购买产品有很大的随意性，并不深入收集信息和评估比较就决定购买某一品牌，在消费时才加以评估，但是在下次购买时又转换其他品牌。转换的原因是厌倦原口味或想试试新口味，是寻求产品的多样性而不一定有不满意之处。

对于寻求多样性的购买行为，市场领导者和挑战者的营销策略是不同的。市场领导者力图通过占有货架、避免脱销和提醒购买的广告来鼓励消费者形成习惯性购买行为。而挑战者则以较低的价格、折扣、赠券、免费赠送样品和强调试用新品牌的广告来鼓励消费者改变原习惯性购买行为。

（三）消费者购买行为模式

关于如何分析消费者的购买行为，市场营销学家归纳出以下七个主要问题：

消费者市场由谁构成？（Who）	购买者（Occupants）
消费者购买什么？（What）	购买对象（Objects）
消费者为什么购买？（Why）	购买目的（Objectives）
消费者市场的购买活动有谁参与？（Who）	购买组织（Organizations）
消费者什么时间购买？（When）	购买时间（Occasions）
消费者在何地购买？（Where）	购买地点（Outlets）

消费者怎样购买？（How）　　　　　　　　　　　　　购买方式（Operations）

以上七个问题都以英文字母"O"开头，西方市场营销学家将这些决策称为"7O"研究法。在市场营销过程中，对于谁购买、买了什么、为什么购买、什么时间购买、通过什么方式购买等问题，营销人员很容易通过市场调查得到答案，但是要了解真正的原因却需要企业有针对性地制定营销策略。

为研究消费者购买行为，专家们建立了一个"刺激—反应模式"来说明营销环境刺激与消费者反应之间的关系（见图 5-1）。

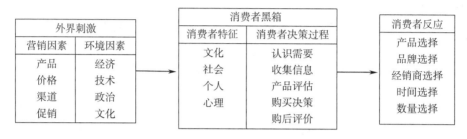

图 5-1　消费者购买行为模式

从这一模式中可以看到，具有一定潜在需要的消费者首先是受到企业营销活动的刺激和各种外部环境因素的影响而产生购买意向的，而不同特征的消费者对于外界的各种刺激和影响又会基于其特定的内在因素和决策方式作出不同的反应，从而形成不同的购买意向和购买行为。这就是消费者购买行为的一般规律。

 探讨与应用

黑色的冰箱

20 世纪 80 年代初期，日本曾经有一段时间突然流行黑色的冰箱。据说，这种冰箱是由生产厂商调色时调错了颜色，结果数以万计的冰箱变成了黑色，若不上市将会给厂家造成巨大的损失。不得已之际，厂家只得碰运气地推向市场，但没想到一下子造成了轰动，市场上这种黑色冰箱居然出现供不应求的情况。顾客在好奇、反传统、追求新奇的心理作用下，竟然开始抢购，商店门前排起长队，似乎不买一台这种黑色冰箱，就大大落伍了。

黑色冰箱大发利市之后，是不是代表其他只要是黑色的家电用品都可以卖得火爆呢？厂商趁顾客一窝蜂地购买黑色的商品之际，陆续推出了各种各样的黑色家电，如黑色风扇、黑色电话，黑色空调等，但结果出现了严重的滞销。为什么会出现这种情况呢？

原来是顾客的热潮已经冷却退去了。作为一种反叛的象征，黑色的冰箱恰好呼应了顾客的那种反传统、求新求奇的心态，对于公司而言，他们的产品也是恰好与顾客内心的想法相符合，所以成功了。但实际上，这样的潮流年年都有，顾客随时都会有新的想法，若企业不能适应这种变化，势必难以长久地经营下去。

（资料来源：车慈慧. 市场营销［M］. 北京：高等教育出版社，2009.）

试分析：

黑色冰箱出现时日本消费者购买行为。

二、消费者购买决策过程

消费者购买过程是消费者购买动机转化为购买活动的过程。不同消费者的购买过程有特殊性，也有一般性，对此加以研究可以更有针对性地开展营销活动，满足需求，扩大销售。

（一）消费者购买决策过程的参与者

消费者在购买活动中可能扮演下列五种角色中的一种或几种：

发起者。第一个提议或想到去购买某种产品的人。

影响者。有形或无形地影响最后购买决策的人。

决定者。最后决定整个购买意向的人。比如买不买，买什么，买多少，怎么买，何时与何地买等。

购买者。实际执行购买决策的人。比如与卖方商谈交易条件，带上现金去商店选购等。

使用者。实际使用或消费商品的人。

消费者以个人为单位购买时，五种角色可能同时由一人担任；以家庭为购买单位时，五种角色往往由家庭不同成员分别担任。例如，一个家庭要购买一台电脑，发起者可能是孩子，他认为有助于提高自己学习英语的效率。影响者可能是爷爷，他表示赞成。决定者可能是母亲，她认为孩子确实需要，根据家庭目前经济状况也有能力购买。购买者可能是父亲，他有些电器知识，带上现金去各商店选购。使用者是孩子。

在以上五种角色中，营销人员最关心决定者是谁。

（二）消费者购买决策过程的主要步骤

不同购买类型反映了消费者购买过程的差异性或特殊性，但是消费者的购买过程也有其共同性或一般性，西方营销学者对消费者购买决策的一般过程做了深入研究，提出若干模式，采用较多的是五阶段模式（见图5-2）。

图5-2　购买过程的五阶段模式

这个购买过程模式适用于分析复杂的购买行为。因为复杂的购买行为是最完整、最有代表性的购买类型，其他几种购买类型是越过其中某些阶段后形成的，是复杂购买行为的简化形式。模式表明，消费者的购买过程早在实际购买以前就已开始，并延伸到实际购买以后，这就要求营销人员注意购买过程的各个阶段而不是仅仅注意销售。

1. 认识需求

认识需求指消费者确认自己的需求是什么。需求是购买活动的起点，升高到一定程度时就变成一种驱力，驱使人们采取行动去予以满足。需求可由内在刺激或外在刺激唤起。内在刺激是人体内的驱使力，如饥、渴、冷等。人们由从前的经验学会如何应付这种驱力，并受到激励去寻找能满足这种驱力的物品，如食品、饮料和服装。外在刺激是外界的"触发诱因"。食物的香味、衣服的款式等都可以成为触发诱因，形成刺激，导致对某种需求的确认。但是需求被唤起后可能逐步增强，最终驱使人们采取购买行动，也可能逐步减弱以至消失。

营销人员在这个阶段的任务是：

（1）了解与本企业产品有关的现实的和潜在的需求。在价格和质量等因素既定的条件下，一种产品如果能够满足消费者多种需求或多层次需求就能吸引更多的购买。

（2）了解消费者需求随时间推移以及外界刺激强弱而波动的规律性，设计诱因，增强刺激，唤起需求，最终唤起人们采取购买行动。

2. 信息收集

（1）了解消费者信息来源。一是经验来源，指直接使用产品得到的信息。二是个人来源，指家庭成员、朋友、邻居、同事和其他熟人提供的信息。三是公共来源，指社会公众传播的信息，如消费者权益组织、政府部门、新闻媒介、消费者和大众传播的信息等。四是商业来源，指营销企业提供的信息，如广告、推销员介绍、商品包装的说明、商品展销会等。

线上导学：
明明白白
去消费

（2）了解不同信息来源对消费者的影响程度。一般来说，消费者经由商业来源获得的信息最多，其次为公共来源和个人来源，最后是经验来源。但是从消费者对信息的信任程度看，经验来源和个人来源最高，其次是公共来源，最后是商业来源。研究认为，商业来源的信息在影响消费者购买决定时只起告知作用，而个人来源则起评价作用。

（3）设计信息传播策略。除利用商业来源传播信息外，还要设法利用和刺激公共来源、个人来源和经验来源，也可多种渠道同时使用，以加强信息的影响力或有效性。

3. 备选产品评估

消费者在获得全面的信息后就会根据这些信息和一定的评价方法对同类产品的不同品牌加以评价并决定选择。一般而言，消费者的评价行为涉及四个方面。

（1）产品属性。产品属性指产品所具有的能够满足消费者需要的特性。产品在消费者心中表现为一系列基本属性的集合。例如，下列产品应具备的属性是：

冰箱：制冷效率高，耗电少，噪音低，经久耐用。

电脑：信息储存量大，运行速度快，图像清晰，软件适用性强。

药品：迅速消除病痛，安全可靠，无副作用，价格低。

宾馆：洁净，舒适，用品齐全，服务周到，交通方便，收费合理。

在价格不变的条件下，一个产品有更多的属性将更能吸引顾客购买。

（2）品牌信念。品牌信念指消费者对某品牌优劣程度的总的看法。

（3）效用要求。效用要求指消费者对该品牌每一属性的效用功能应当达到何种水准的要求。或者说，该品牌每一属性的效用功能必须达到何种水准他才会接受。

（4）评价模式。明确了上述三个问题以后，消费者会有意或无意地运用一些评价方法对不同的品牌进行评价和选择。比如，某人打算购买电视机，收集了A、B、C……I共9种品牌的资料，他要求价格不超过5000元，则A、C、E这3种超过此价格的品牌被淘汰；他要求画面清晰度要超过9分（按主观标准打分），B、D、F、G这4种未达到9分的品牌被淘汰，还剩下2种品牌供选择。

4. 购买决策

消费者经过产品评估后会形成一种购买意向，但是不一定导致实际购买，从购买意向到实际购买还有一些因素介入，一般包括他人态度和意外因素等。

（1）他人态度。他人态度的影响力取决于三个因素：一是他人否定态度的强度，否定态度越强烈，影响力越大；二是他人与消费者的关系，关系越密切，影响力越大；三是他人的权威性，他人对此类产品的专业水准越高，则影响力越大。比如，某人想买一辆摩托车，但是家人不同意，他的购买意向就会降低。

（2）意外因素。消费者购买意向是以一些预期条件为基础形成的，如预期收入、预期价格、预期质量、预期服务等，如果这些预期条件受到一些意外因素的影响而发生变化，购买意向就可能改变。比如，预期的奖金收入没有得到，原定的商品价格突然提高，购买时销售人员态度恶劣等都可能导致顾客购买意向改变。

5. 购后行为

消费者购买了商品并不意味着购买行为过程的结束，消费者的购后行为将影响消费者今后的行动，也会对相关的群体产生影响。因此，现代的企业应该高度重视消费者购买后的行为。消费者购买后的行为一般包括购买后评价和购买后对商品的使用和处置。

（1）购后评价。消费者购买商品以后会通过商品使用过程检验自己购买决策的正确性，确认满意程度，作为以后类似购买活动的参考。

企业应当采取有效措施减少或消除消费者的购后失调感。比如，有的电脑销售部门在产品售出以后，请顾客留下姓名、地址、电话等，定期与顾客联系，寄贺信，祝贺他们买了一台理想的电脑，通报本企业电脑的质量、服务和获奖情况，提供适用软件，指导顾客正确使用产品，征询改进意见等，还建立良好的沟通渠道处理消费者意见并迅速赔偿消费者所遭受的不公平损失。事实证明，与消费者进行购后沟通可减少退货和取消订货的情况，如果让消费者的不满发展到向有关部门投诉或抵制产品的程度，企业将遭受更大的损失。

（2）购后使用和处置。消费者购买以后如何使用和处置该产品也应引起营销者注意。如果消费者经常使用甚至为产品找到新用途，则对企业有利。如果消费者将产品闲置不用甚至丢弃，则说明产品无用或不能令人满意。如果消费者把产品转卖他人或用于交换其他物品，将会影响企业产品的销售量。

第三节　影响消费者购买行为的因素

消费者生活在纷繁复杂的社会之中，购买行为受到诸多因素的影响。要透彻地把握消费者购买行为，有效地开展市场营销活动，必须分析影响消费者购买行为的有关因素。

消费者的购买行为深受社会、文化、个人和心理因素的影响（如图5－3所示），且每种因素对消费者购买行为的影响程度都有所不同。

下面分别阐述这四个方面因素的具体内容及其对消费者购买行为的影响。

文化因素				
	社会因素			
		个人因素		
		经济因素	心理因素	
文化	相关群体	生理因素	动机	
亚文化	家庭	生活方式	知觉	购买者
社会阶层	身份与地位	个性	学习	
			信念与态度	

图5－3　影响消费者行为的因素

一、文化因素

（一）文化

文化是指人类从生活实践中建立起来的价值观念、道德、理想和其他有意义的象征的综合体。每一个人都在一定的社会文化环境中成长，通过家庭和其他主要机构的社会化过程学到和形成了基本的文化观念。文化是决定人类欲望和行为的基本因素，文化的差异引起消费行为的差异，表现为婚丧、服饰、饮食起居、建筑风格、节日、礼仪等物质和文化生活等各个方面的不同特点，比如中国的文化传统是仁爱、礼貌、智慧、诚实、上进、敬老爱幼、尊师重教等。

（二）亚文化

每一个国家的文化中又包含若干不同的亚文化群，主要有：

1. 民族亚文化群

每个国家都存在不同的民族，每个民族都在漫长的历史发展过程中形成了独特的风俗习惯和文化传统。

2. 宗教亚文化群

大多数国家都存在不同的宗教，每种宗教都有自己的教规或戒律。

3. 种族亚文化群

一个国家可能有不同的种族，不同的种族有不同的生活习惯和文化传统。比如，美国的黑人与白人相比，购买的衣服、个人用品、家具和香水较多，食品、运输工具和娱乐较少。虽然他们更重视价格，但是也会被商品的质量所吸引并进行挑选，不会随便购买。他们更重视商品的品牌，更具有品牌忠诚性。美国的许多大公司如西尔斯公司、麦当劳公司、宝洁公司和可口可乐公司等非常重视通过多种途径开发黑人市场。还有的公司专门为黑人开发特殊的产品和包装。

4. 地理亚文化群

世界上处于不同地理位置的各个国家，同一国家内处于不同地理位置的各个省份和市县都有着不同的文化和生活习惯。

（三）社会阶层

社会阶层是社会学家根据职业、收入来源、教育水平、价值观和居住区域对人们进行的一种社会分类，是按层次排列的、具有同质性和持久性的社会群体。社会阶层具有以下特点：

1. 同一阶层的成员具有类似的价值观、兴趣和行为，在消费行为上相互影响并趋于一致。

2. 人们以自己所处的社会阶层来判断各自在社会中的高低地位。

3. 一个人的社会阶层归属不仅仅由某一变量决定，而是受到职业、收入、教育、价值观和居住区域等多种因素的制约。

4. 人们能够在一生中改变自己的社会阶层归属，既可以迈向高阶层，也可以跌至低阶层，这种升降变化的程度随着所处社会的社会层次森严程度的不同而不同。

二、社会因素

（一）相关群体

相关群体指能够影响消费者购买行为的个人或集体。换言之，只要某一群体在消费行为上存在相互影响，就构成一个相关群体，不论他们是否相识或有无组织。某种相关群体的有影响力的人物称为"意见领袖"或"意见领导者"，他们的行为会引起群体内追随者、崇拜者的仿效。

线上导学：
影片《泰坦尼克号》新解

1. 按照对消费者的影响强度分类

按照对消费者的影响强度分类，相关群体可分为基本群体、次要群体和其他群体。

（1）基本群体。基本群体也称为主要群体，指那些关系密切、经常发生相互作用的非正式群体，如家庭成员、亲朋好友、邻居和同事等。这类群体对消费者影响最强。

（2）次要群体。次要群体指较为正式但日常接触较少的群体，如宗教团体、专业协会和同业组织等。这类群体对消费者的影响强度次于主要群体。

（3）其他群体。其他群体也称为渴望群体，指有共同志趣的群体，即由各界名人如文艺明星、体育明星、影视明星和政府要员及其追随者构成的群体。这类群体影响面广，但对每个人的影响强度逊于基本群体和次要群体。

2. 按照对消费者影响的性质分类

按照对消费者影响的性质分类，相关群体可分为准则群体、比较群体和否定群体。

（1）准则群体。准则群体是指人们同意和赞赏其行为并乐意加以仿效的群体。

（2）比较群体。比较群体指的是人们以其行为作为判断自己身份和行为的依据，而且他们并不加以仿效的群体。

（3）否定群体。否定群体指的是那些行为被人们厌恶的群体。消费者通常不会买那些与否定群体有关的产品。

（二）家庭

消费者以个人或家庭为单位购买产品，家庭成员和其他有关人员在购买活动中往往起着不同作用并且相互影响，构成了消费者的"购买组织"。分析这个问题，有助于企业抓住关键人物开展营销活动，提高营销效率。家庭不同成员对购买决策的影响往往由家庭特点决定，家庭特点可以从家庭权威中心点、家庭成员的文化与社会阶层等方面分析。

1. 家庭权威中心点

社会学家根据家庭权威中心点不同，把所有家庭分为四种类型：一是各自作主型，亦称自治型，指每个家庭成员对自己所需的商品可独立作出购买决策，其他人不加干涉。二是丈夫支配型，指家庭购买决策权掌握在丈夫手中。三是妻子支配型，指家庭购买决策权掌握在妻子手中。四是共同支配型，指大部分购买决策由家庭成员共同协商作出。"家庭权威中心点"会随着社会政治经济状况的变化而变化。由于社会教育水平增高和妇女就业增多，妻子在购买决策中的作用越来越大，许多家庭由"丈夫支配型"转变为"妻子支配型"或"共同支配型"。

2. 家庭成员的文化与社会阶层

家庭主要成员的职业、文化及家庭分工不同，在购买决策中的作用也不同。根据国外学者的调查，在教育程度较低的"蓝领"家庭，日用品的购买决策一般由妻子作出，耐用消费品的购买决策由丈夫作出。在科学家和教授的家庭里，贵重商品的购买决策由妻子作出，日用品的购买普通家庭成员就能决定。

3. 家庭生命周期

家庭生命周期指一个家庭诞生、发展直至消亡的运动过程，它反映了家庭从形成到解体呈循环运动的变化规律。一般会分为以下几个阶段。

线上导学：
新嫁娘与
新家庭

单身期。经济独立到结婚前。单身期的青年男女追求时尚、崇尚娱乐，收入一部分用于自己的穿着、娱乐、交往、发展等方面的需要，大部分用于储蓄，因储蓄而紧缩日常消费的情况也很普遍。

新婚期。结婚到第一个孩子出生前。由于刚组建新家庭，几乎所有消费品都需要购买，这一时期也是营销重点关注时期。

满巢期。第一个孩子出生到所有孩子长大成人离开父母。购买心理随孩子的成长而发生变化，家庭收入逐渐达到高峰，家庭支出开始稳定。

空巢期。子女已经成人可以独立生活，夫妇已到老年。购买活动开始更多地投向满足自己需要的商品，如营养、保健用品，当然一些补偿性消费也会出现。

鳏寡期。夫妇二人中有一方离世。家庭收入明显减少。渴望健康长寿，其消费支出大部分用于食品和医疗保健方面，穿用部分的比重逐渐下降，尤其是娱乐费、交通费及耐用家电支出下降。

（三）身份和地位

每个人的一生会参加许多群体，如家庭、公司、俱乐部及各类组织。一个人在群体中的位置可用身份和地位来确定。身份是周围的人对一个人的要求或一个人在各种不同场合应起的作用。比如，某人在女儿面前是父亲，在妻子面前是丈夫，在公司是经理。每种身份都伴随着一种地位，反映了社会对他的总评价。消费者作出购买选择时会考虑自己的身份和地位，企业把自己的产品或品牌变成某种身份或地位的标志或象征，将会吸引特定目标市场的顾客。当然，人们以何种产品或品牌来表明身份和地位会因社会阶层和地理区域的不同而不同。

三、个人因素

个人因素指消费者的经济条件、生理、个性、生活方式等对购买行为的影响。

（一）经济因素

经济因素指消费者可支配收入、储蓄、资产和借贷的能力。经济因素是决定购买行为的首要因素，决定着能否发生购买行为以及发生何种规模的购买行为，决定着购买商品的种类和档次。比如，我国低收入的家庭不会选择购买汽车，只能购买基本生活必需品以维持温饱。

（二）生理因素

生理因素指年龄、性别、体征（高矮胖瘦）、健康状况和嗜好（比如饮食口味）等生理特征的差别。生理因素决定着对产品款式、构造和细微功能有不同需求。比如，儿童和老人的服装要宽松，穿脱方便；身材高大的人要穿特大号鞋；江浙人嗜甜食，四川人嗜麻辣；病人需要药品和易于吸收的食物。

（三）个性

个性指一个人的心理特征，包括能力、气质和性格。个性导致对自身所处环境相对一致和连续不断的反应。个性特征有若干类型，如外向与内向、细腻与粗犷、谨慎与急躁、乐观与悲观、领导与追随、独立性与依赖性等。一个人的个性影响着消费需求和对市场营销因素的反应。比如，外向的人爱穿浅色衣服和时髦的衣服，内向的人爱穿深色衣服和庄重的衣服；追随性或依赖性强的人对市场营销因素敏感度高，易于相信广告宣传，易于建立品牌信赖和渠道忠诚，独立性强的人对市场营销因素敏感度低，不轻信广告宣传；家用电器的早期购买者大都具有极强的自信心、控制欲和自主意识。

（四）生活方式

生活方式指一个人在生活中表现出来的活动、兴趣和看法的模式。不同的生活方式群体对产品和品牌有不同的需求。营销人员应设法从多种角度区分不同生活方式的群体，如节俭者、奢华者、守旧者、革新者、高成就者、自我主义者、有社会意识者等。比如，保龄球馆不会向节俭者群体推广保龄球运动，名贵手表制造商应研究高成就者群体的特点以及如何开展有效的营销活动，环保产品的目标市场是社会意识强的消费者。

知识链接

气质和性格对购物的影响

巴甫洛夫认为，多血质的人好动、灵敏，对某一事物的注意和兴趣容易产生，但也容易消失，一般喜欢时兴商品，且易受宣传影响；胆汁质的人直率、热情、精力充沛，购买商品时愿意花时间选择比较；粘液质的人冷静，善于思考，自制力强，讲究实用，不易受宣传影响；抑郁质消费者多虑谨慎，对新兴的商品反应迟钝，购买决策迟缓。

据考证，在购物中，理智型的消费者善于思考，做决策时要反复权衡各种因素；情绪型的消费者反应比较强烈，容易冲动，购买商品时往往带有浓厚的感情色彩；意志型的消费者购买目的明确，行为积极主动，决策坚决果断。

四、心理因素

消费者的购买行为受到动机、知觉、学习以及信念和态度等主要心理因素的影响。

（一）动机

消费者购买某种商品的原因十分复杂，难以一一分析，应着重了解关于人们行为和动机的一些基本理论。

1. 需要层次论

马斯洛的需要层次论是把人的需要分为五个层次，由低到高分别为生理需要、安全需要、爱与归属的需要、尊重需要、自我实现需要，最初应用于美国的企业管理中，分析如何满足企业员工的多层次需要以调动其工作积极性，以后被用于市场营销中分析多层次的消费需要并提供相应的产品来予以满足。例如，对于满足低层次需要的购买者要提供经济实惠的商品，对于满足高层次需要的购买者应提供能显示其身份地位的高档消费品，还要注意需要层次随着经济发展而由低级向高级的发展变化。

2. 精神分析论

精神分析论的创立者为弗洛伊德，他把人的心理比作冰山，露在水面上的小部分为意识领域，水下的大部分为无意识领域，造成人类行为的真正心理力量大部分是无意识的，这个无意识由冲动、热情、被压抑的愿望和情感构成。

把弗洛伊德精神分析学说用于购买行为研究的主要代表人物是恩纳斯特·狄希特（Ernest Dichter），他认为研究消费者购买行为必须深入到无意识水平，并设计了多种投射调查法如语言联想法、语句完成法、图画故事法和角色扮演法等调查无意识动机与购买情景和产品选择的关系。狄希特认为，消费者把自己投射在各个商品上，购买商品实际是买进自己人格的延伸部分。比如，皮大衣是地位的象征，树木是生命的象征等。根据无意识动机理论，人们并不完全了解自己的动机。比如，某人要购买一台家用电脑，自述其动机为爱好或扩展事业，若深究一步，可能是用购买电脑来加深他人印象；再深究下去，可能是电脑有助于显示他的社会归属。消费者购买产品时，不仅会对产品功能和质量有所反应，对于与产品有关的其他事项也都有反应，如产品的大小、形态、重量、材料、颜色和购物环境都能引发某些情绪。生产企业设计产品时应了解视觉、听觉和触觉对激发消费者情绪的影响，以刺激或抑制消费者购买行为。

3. 双因素理论

弗雷德里克·赫茨伯格（F. Herzberg）于1959年创立了这个理论，也称为动机保健理论，首先应用于行为科学。其要点是把动机与工作满足联系起来。提出工作满足与不满足两类因素，前者称为动机需要，后者称为保健需要。动机需要包括成绩、承认、工作本身、个人发展和提升，这些可推动职工努力工作，从工作中获得满足。保健需要包括与工作性质无关的一些因素，如工作条件、福利待遇、管理条例、公司的经营和政策等。二者的区别在于：如果保健需要得不到满足，就会导致工作不满足，但是仅仅满足保健需要却不能产生工作满足，只有动机需要得到满足时才能产生工作满足。

赫茨伯格双因素理论也可用于分析消费者行为。企业用于吸引消费者购买商品的市场营销的因素可分为保健因素和动机因素两类，保健因素是消费者购买的必要条件，动机因素是魅力条件，在有选择余地的情况下，如果消费者对保健因素不满意，就肯定不会购买；但是仅仅对保健因素满意，也不一定购买，只有对动机因素也满意才会购买。必要条件和魅力条件随着时代、消费动向和产品寿命周期的不同而变化。在电冰箱问世的初期，制冷功能和耐用性是必要条件，而耗电少是魅力条件。随着产品的普及和更新，耗电少成为必要条件，款式成为魅力条件。分析消费者购买动机必须注意分析特定时期的保健因素和动机因素，一般而言，质量、性能和价格等属于保健因素，情感和设计等大多属于动机因素。

（二）知觉

营销实践中往往有这种情况：企业的产品质量和性能优于同类品牌却未受到消费者注意，企业花费大量广告资金传达的品牌信息却被消费者曲解，令营销人员十分困惑。剖析这种现象产生的原因必须了解知觉与知觉的选择性。

线上导学：
我的眼里
只有你

知觉指个人选择、组织并解释信息的投入，以便创造一个有意义的外界事物图像的过程。不同的人对同一刺激物会产生不同的知觉，是因为知觉会经历三种过程，即选择性注意、选择性扭曲和选择性保留。

1. 选择性注意

选择性注意指在众多信息中，人们易于接受对自己有意义的信息以及与其他信息相比有明显差别的信息。比如，一个打算购买摩托车的人会十分留意摩托车信息而对电视机信息并不在意，消费者会注意构思新奇的广告而忽视那些平淡的广告。

2. 选择性扭曲

选择性扭曲是指人们将信息加以扭曲使之符合自己原有的认识，然后加以接受。由于存在选择性扭曲，消费者所接受的信息不一定与信息的本来面貌相一致。比如，某人偏爱长虹电视机，当别人向他介绍其他品牌电视机的优点时，他总是设法挑出毛病或加以贬低，以维持自己固有的"长虹电视机最好"这种认识。

3. 选择性保留

选择性保留是指人们易于记住与自己的态度和信念一致的信息，忘记与自己的态度和信念不一致的信息。比如，某人对自己家中使用的荣事达洗衣机非常欣赏，听到别人谈论荣事达洗衣机的优点时会记得非常清楚，而当别人谈论他不欣赏的其他品牌洗衣机的优点时则容易忘记。

（三）学习

学习是指人们经过实践和经历而获得的，能够对行为产生相对永久性改变的过程。学习论者认为，消费者的学习是通过驱动力、刺激物、提示物（诱因）、反应和强化的相互影响而产生的。消费者的学习模式如图 5-4 所示。

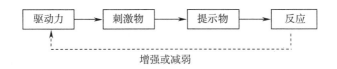

图 5-4　学习模式

（四）信念和态度

1. 信念

信念是指一个人对某些事物所持有的描述性思想。例如，某顾客可能认为当地百货公司信誉卓著，商品货真价实，服务热情周到。信念的形成可以基于知识，也可以基于信仰或情感等。顾客的信念决定了企业和产品在顾客心目中的形象，决定了顾客的购买行为。营销人员应当高度重视顾客对本企业或本品牌的信念，如果发现顾客的信念是错误的并阻碍了他的购买行为，就应运用有效的促销活动去予以纠正以促进产品销售。

2. 态度

态度是指一个人对某些事物或观念长期持有的好与坏的认识评价、情感感受和行动倾向。态度导致人们对某一事物产生或好或坏、或亲近或疏远的感情。态度使人对相似的事物产生相当一致的行为，因为人们通常不会对每一事物都建立新的态度或作出新的解释和反应，按照已有态度对所接触到的事物作出反应和解释能够节省时间和精力。

第四节　组织市场购买行为研究

一、组织市场的特点及类型

（一）组织市场的含义

同消费者市场相对应的是生产者市场。生产者市场亦称产业市场或工业市场，原指除商业以外的一切生产性行业。近年来以菲利普·科特勒为代表的市场营销学者认为，一切商业转售者市场及其购买行为和生产者市场及其购买行为具有相同的特点，所以在分析时，应该把它们视为同一种类型。另外还包括一些非营利性组织和政府市场。我们把这些市场的集合总称为组织市场。组织市场由于其主体的性质和购买的目的与消费者市场有很大的不同，所以对其购买行为有必要进行特定的分析和研究。

（二）组织市场的特点

组织市场与消费者市场相比，具有一些鲜明的特征。

1. 购买者少而购买规模大

组织市场上的购买者比消费者市场上的购买者要少得多。例如美国固特异轮胎公司的订单主要来自通用、福特、克莱斯勒三大汽车制造商，但当固特异公司出售更新的轮胎给消费者时，它就要面对全美1.71亿汽车用户组成的巨大市场了。组织市场不仅买主人数少而且其购买次数也少。一家生产企业的主要设备要若干年才购买一次，原材料与零配件也大都只签订长期合同，而文具纸张等日用品也常常是八个月集中购买一次。购买次数少就决定了每次采购量将十分巨大。特别在生产比较集中的行业里更为明显，通常少数几家大企业的采购量就占该产品总销售量的大部分。

2. 购买者在地域上相对集中

由于资源和区位条件等原因，各种产业在地理位置的分布上都是有相对的集聚性，所以组织市场的购买者往往在地域上也是相对集中的。例如中国的重工产业大多集中在东北地区，石油化工企业云集在东北、华北以及西北的一些油田附近，金融保险业在上海相对集中，而广东、江苏、浙江等沿海地区集聚着大量轻纺和电子产品的加工业。这种地理区域集中有助于降低产品的销售成本，这也使得组织市场在地域上形成了相对的集中。

3. 注重人员销售

由于仅存在少数大批量购买的客户，企业营销部门往往倾向于通过人员销售，宣传其优惠政策而不是通过广告。一个好的销售代理可以演示并说明不同产品的特性、用途以吸引买方的注意力。根据及时得到的反馈，立即调整原有的政策。当然这种快速反馈是不可能通过广告获得的。

4. 进行直接销售

消费品的销售通常都经过中间商，但组织材料的购买者大多直接向生产者购买。这是因为购买者数量有限，而且大多属于大规模购买，直接购买的成本显然低得多。同时组织市场的购买活动在售前售后都需要由生产者提供技术服务，因此，直接销售是组织市场常见的销售方式。

5. 实行专业购买

组织机构通常比个人消费者更加系统地购买所需要的商品，其采购过程往往是由具有专门知识的专业人员负责。例如采购代理商，这些代理商将其一生的工作时间都花在学习如何更好地采购方面。他们的专业方法和对技术信息评估能力导致他们的购买建立在对商品价格质量比、售后服务及交货期的逻辑分析基础之上。这意味着组织营销者必须具有完备的技术知识，并能提供大量的有关自身及竞争者的数据。

6. 衍生需求波动大

对组织市场上的购买需求最终来源于对消费品的需求，企业之所以需要购买生产资料，归根到底是为了用来作为劳动对象和劳动资料以生产出消费资料。例如，由于消费者购买皮包、皮鞋才导致生产企业需要购买皮革、钉子、切割刀具、缝纫机等生产资料。因此消费者市场需求的变化将直接影响组织市场的需求。有时消费品需求仅上升10%，就可导致生产这些消费品的企业对有关生产资料的需求增长200%。而若需求下降10%，则可导致有关生产资料需求的全面暴跌。这种现象在经济学上被称为"加速原理"，这导致许多企业营销人员促使其产品线和市场多样化，以便在商业波动周期中实现某种平衡。

7. 需求缺乏弹性

组织市场的需求受价格变化的影响不大。皮鞋制造商在皮革价格下降时，不会打算采购大量皮革，同样，皮革价格上升时，他们也不会因此而大量减少对皮革的采购，除非他们发现了某些稳定的皮革替代品。需求在短期内特别无弹性，因为厂商不能对其生产方式做许多变动。对占项目总成本比例很小的业务用品来说，其需求也是无弹性的。例如，皮鞋上的金属鞋孔价格上涨，几乎不会影响其需求水平。

8. 互惠购买原则

另外一种在消费营销过程中不会发生但在组织营销过程中常见的现象是互惠现象。也就是"你买我的产品，那么我也就买你的产品"。更通俗地讲，叫互相帮忙。生产资料的购买者本身总是某种产品的出售者，因此，当企业在采购时就会考虑为其自身产品的销售创造条件。但这种互惠购买的适用范围是比较狭窄的，一旦出现甲企业需要乙企业的产品，而乙企业并不想购买甲企业的产品时，就无法实现互惠购买了。这样互惠购买会演进为三角互惠或多角互惠。例如，甲企业向乙企业提出，如果乙企业购买丙企业的产品，则甲企业就购买乙企业的产品，因为丙企业以甲企业推销其产品作为购买甲企业的产品的条件。这就是三角互惠。虽然这类现象极为常见，但大多数经营者和代理商却反对互惠原则，并视其为不良习俗。

9. 租售现象

一些组织购买者乐于租借大型设备，并不愿意全盘购买。租借对于承租方和出租方有诸多好处。对出租方来说，当客户不能支付购买其产品的费用时，他们的优惠出租制度为其产品找到了用武之地。对承租方来说，租借为他们省下了大量资金，又获得了最新型的设备，租期满后可以购买折价的设备。这种方式特别适用于重型工程机械、运货卡车、机械工具等价格昂贵或并不经常使用的设备。目前，租赁方式已扩大到小型次要设备，甚至连办公室家具、设备也都可以租赁。

10. 谈判和投标

组织机构在购买或出售商品时，往往会在价格和技术性能指标上斤斤计较，如果营销人员能预先获知客户正在研究之中的新产品的有关信息，他们就可在谈判开始之前修改某些技术参数。卖方得知买方愿意接受耐用性较差和服务亦一般的商品时，就会提出一个较低的价格。当双方在价格上都有较大的回旋余地时，而且此次交易对双方都是至关重要，谈判就成为双方交涉中最重要的部分。谈判的风格或对抗或合作，但绝大多数买方倾向于后者。

有远见的买方通常在诸多投标卖方间进行精挑细选。在公开投标的基础上，可以参阅其他投标商的标书。然而在保密投标的情况下，标书的条款是不公开的，所以供方会尽量提供好的设备和较低的价格。政府购买设备往往用保密投标的方式。

在研究组织市场购买行为一般特征的基础上，在具体的营销活动中还应当注意对特定时点上特定购买者行为特点的研究和分析。这是由于相对数量众多的个人消费者而言，数量有限的组织购买者行为特征的个性更为明显。

（三）组织市场的类型

正因为我们把众多的不同购买者集合在一起统称为"组织市场"，所以有必要对其进行分类（见图5-5），以做进一步的分析与比较。

1. 生产者市场

在某些场合，它又可称作产业市场或工业市场，生产者市场主要由这样的一些个体和组织构成：它们采购商品和劳务的目的是为了加工生产出其他产品以供出售、出租，以从中谋利，而不是为了个人消费，这部分市场是组织市场的主要组成部分。它主要由以下产业构成：农、林、牧、渔业；采矿业；制造业；建筑业；运输业；通讯业；银行、金融、保险业；服务业。以生产者市场为服务目标的企业，必须深入研究这个市场的特点，并分析其购买行为，从而才能取得营销成功。

图5-5　组织市场的主要构成

2. 中间商市场

中间商市场又称转卖者市场，它是由所有以营利为目的而从事转卖或租赁业务的个体和组织构成，包括批发和零售两大部分。在比较发达的商品经济条件下，大多数商品是由中间商经营的，只有少数商品采取直销形式。

3. 非营利性组织

非营利性组织也称机构市场，主要是指一些由学校、医院、疗养院、监狱和其他为公众提供商品和服务的部门所组成的市场，它们往往是以低预算和受到一定的控制为特征的，而且一般都是非营利性的。

4. 政府采购市场

在大多数国家里，政府也是产品和劳务的主要购买者。政府的采购决策要受到公众的监督，因此它们经常会要求供应商准备大量的书面材料，此外，政府市场还有一些如以竞价投标为主，喜欢向国内供应商采购等特点。但这些特点都不会影响把它也纳入组织市场这个大概念里来分析，事实上，把它纳入之后将会使我们的分析研究更有意义。

以上，就是我们在平常可能会接触到的一些构成组织市场的不同类型，在大多数场合里，它们被分开阐述，各自说明特点或进行购买行为分析。但实际上我们不难看出，在各自不同类型的市场特征背后，却有着很多的共性特征。

二、组织市场的购买行为与决策过程

（一）组织市场的购买行为

1. 组织市场购买对象的分类

组织市场购买对象一般分为进入成品的物品、间接进入成品的物品和服务三种。

（1）进入成品的物品。进入成品的物品包括原材料，如农产品、矿产品等；加工过的材料，如水泥、钢板等；零部件，如轮胎、集成电路等。

（2）间接进入成品的物品。间接进入成品的物品包括建筑物及土地权，如厂房、办公室、土地使用权等；重型设备，如机床、发动机等；轻型设备，如模具、小工具等；维修和经营用品，如润滑油、办公用品等。

（3）服务。服务包括售前、售中和售后服务。技术含量高的产品对服务需求高，需要制造企业为购买者提供培训操作、维修工人的服务，因此加强服务人员技术能力培养，强化责任，是制造业营销的一个关键环节。

2. 组织市场购买行为的类型

组织购买者行为的复杂程度和采购决策项目的多少取决于采购业务的类型。我们把它分为三种类型：直接再采购、修正再采购和新购。

（1）直接再采购。直接再采购指的是采购方按既定方案不做任何修订直接进行的采购业务。这是一种重复性的采购活动，按一定程序办理即可，基本上不用做新的决策。在这种情况下，采购人员的工作只是从以前有过购销关系的供应商中，选取那些供货能满足本企业的需要和能使本企业满意的供应商，向他们继续订货。入选的供应商应该尽最大的努力，保持产品和服务的质量，以巩固和老客户的关系，落选的供应商则应努力做一些新的工作，消除买方的不满，设法争取新的订单。

（2）修正再购买。修正再购买指的是组织购买者对以前已采购过的产品通过修订其规格、价格、交货条件或其他事项之后的购买。这类购买较直接再购买要复杂，购销双方需重新谈判，因而双方会有更多的人参与决策。在被选掉的"名单"中的供应商压力会很大，为了保持交易将加倍努力。而对"名单"之外的供应商来说是一次机会，他们将会提供更好的条件以争取新的业务。

（3）新购。新购指的是组织购买者第一次购买货品的购买行为。新购的成本费用越高，风险越大，参加决策的人数就越多，所需信息量也越多，制定决策的时间也越长。

新购对一切供货方来说都是好的机会。他们应设法接触主要的采购影响者，并向他们提供有用的信息和协助。许多公司设立专门的机构负责对新客户的营销，它们称其为"访问使用推销队伍"，它由最好的推销人员组成。

在直接再采购的情况下，组织购买者所做的决策数量最少。而在新购条件下，他们所做的决策数量最多。购买者必须决定产品规格、价格限度、交货条件与时间、服务条件、支付条件、订购数量、可接受的供应商以及可供选择的供应商。

（二）组织购买的决策过程

正如个人消费者一样，组织消费者在作出购买决策之前，也经历几个步骤，心理过程在这之中也充当了一个重要的角色。两者不同的是，组织购买更正规化、专业化、系统化。

1. 组织购买决策的主要参与者

谁在从事为组织市场所需要的价值达数千亿美元的商品和服务的采购呢？在直接再采购时，采购代理人起的作用较大；而在新任务采购时，其他组织人员所起作用较大。我们把采购组织的决策单位叫作采购中心（Buying Center），并定义为：所有参与购买决策过程的个人和集体。他们具有某种共同目标并一起承担由决策引发的各种风险。采购中心包括购买组织中的全体成员，他们在购买决策过程中可能会形成五种不同的角色（见图5－6）。

图5－6　组织购买决策的主要参与者

（1）使用者（Users）。使用者指的是组织中将使用产品或服务的成员。在许多场合中，使用者首先提出购买建议，并协助确定产品规格。

（2）影响者（Influencers）。影响者指的是影响购买决策的人，他们协助确定产品规格，并提供方案评价的情报信息，作为影响者，技术人员尤为重要。

（3）决策者（Deciders）。决策者指的是一些有权决定产品需求和供应商的人，在重要的采购活动中，有时还涉及主管部门或上级部门的批准，构成多层决策的状况。

（4）购买者（Buyers）。购买者指的是有权选择供应商并安排购买条件的人，购买者可以帮助制定产品规格，但主要任务是选择卖主和交易谈判。在较复杂的购买过程中，购买者中也包括高层管理人员，他们也会参加交易谈判。

（5）守门者（Gatekeepers）。守门者是有权阻止销售员或信息员与采购中心成员接触的人，主要是为了控制采购组织的一些信息不外露。例如，采购代理人、接待员和电话接线员都可以阻止推销员与用户或决策者接触。

任何组织内，采购中心会随不同类别的产品及其构成发生变化。显然，参与购买一台重要机器设备的决策人数肯定会比参与购买办公文具的人数要多。产品营销人要知道如下内容：谁是主要决策的参与者？其影响决策的程度如何？对哪些决策他们具有影响力？摸清客户的这些情况，然后才能有针对性地采取促销措施。

2. 组织购买决策的过程

组织购买者作出采购决策的过程与消费者有相似之处，但又有其特殊性。当然，不是所有的组织会作出一模一样的选择，正如没有两个消费者作出无差别的选择一样。一般认为，组织购买者的采购决策过程可分为八个购买阶段（见图5-7）。

图5-7　组织购买者采购决策过程

（1）提出需要。当公司中有人认识到了某个问题或某种需要可以通过得到某一产品或服务而解决时，便开始了采购过程。提出需要由内部刺激和外部刺激引起。

内部刺激：如企业决定推出一种新产品，从而需要购置新设备或原材料来生产这种新产品；企业原有的设备发生故障，需要更新或需要购买新的零部件；或者已采购的原材料不能令人满意，企业正在物色新的供应商关系。

外部刺激：主要指采购人员在某个商品展销会引起新的采购主意，或者接受了广告宣传中的推荐，或者接受了某些推销员提出的可以供应质量更好、价格更低的产品的建议。可见，组织市场的供应商应主动推销，经常开展广告宣传，派人访问用户，以发掘潜在需求。

（2）确定总体需要。提出了某种需要之后，采购者便着手确定所需项目的总特征和需要的数量。如果是简单的采购任务，这不是大问题，由采购人员直接决定。而对复杂的任务而言，采购人员要会同其他部门人员，如工程师、使用者等共同来决定所需项目的总特征，并按照产品的可靠性、耐用性、价格及其他属性的重要程度来加以排列。在此阶段，组织营销者可通过向购买者描述产品特征的方式向他们提供某种帮助，协助他们确定其所属公司的需求。

（3）详述产品规格。采购组织按照确定产品的技术规格，可能要专门组建一个产品价值分析技术组来完成这一工作。价值分析的目的在于降低成本，它主要是通过仔细研究一个部件，看是否需要重新设计，是否可以实行标准化，是否存在更廉价的生产方法。该小组还要检查出那些零件寿命比产品本身寿命还长的超标准设计的零部件。最后，该小组要确定最佳产品的特征，并把它写进商品说明书中，它就成为采购人员拒绝那些不合标准的商品的根据。同样，供应商尽早地参与产品价值分析，可以影响采购者所确定的产品规格，以获得中选的机会。

（4）寻找供应商。采购者现在要开始寻找最佳供应商。为此，他们会从多处着手，可以咨询商业指导机构，查询电脑信息，打电话给其他公司，要求推荐好的供应商，或者观看商业广告，参加展览会。供应商此时应大做广告，并到各种商业指导或指南宣传机构中登记自己的公司名字，争取在市场上树立起良好的信誉。组织购买者通常会拒绝那些生产能力不足、声誉不好的供应商，而对合格的供应商，则会登门拜访，查看它们的生产设备，了解其人员配置。最后，采购者会归纳出一份合格供应商的名单。

（5）征求供应信息。此时采购者会邀请合格的供应商提交申请书。有些供应商只寄送一份价目表或只派一名销售代表。但当所需产品复杂而昂贵时，采购者就会要求待选供应商提交内容详尽的申请书。他们会再进行一轮筛选比较，选中其中最佳者，要求其提交正式的协议书。因此组织营销人员必须善于调研、写作、精于申请书的展示内容。它不仅仅是技术文件，而且也是营销文件。在口头表示意见时，要能取信于人，他们必须始终强调公司的生产能力和资源优势，以在竞争中立于不败之地。

（6）选择供应商。采购中心在作出最后选择之前，还可能与选中的供应商就价格或其他条款进行谈判。营销人员可以从好几个方面来抵制对方的压价。如当他们所能提供的服务优于竞争对手时，营销人员可以坚持目前的价格；当他们的价格高于竞争对手的价格时，则可以强调使用其产品的生命周期成本比竞争对手的产品生命周期成本低。此外，还可以列举更多的优势来抵制价格竞争。

此外，采购中心还必须确定供应商的数目。许多采购者喜欢多种渠道进货，这样一方面可以避免自己过分地依赖于一个供应商，另一方面也使自己可以对各供应商的价格和业绩进行比较。当然，在一般情况下，采购者会把大部分订单集中在一家供应商身上，而把少量订单安排给其他供应商。这样，主供应商会全力以赴保证自己的地位，而次要供应商会通过多种途径来争得立足之地，以图自身的发展。

（7）发出正式订单。采购者选定供应商之后，就会发出正式订货单，写明所需产品的规格、数目、预期交货时间、退货政策、保修条件等项目。通常情况下，如果双方都有着良好信誉的话，一份长期有效合同将建立一种长期的关系，而避免重复签约的麻烦。在这种合同关系下，供应商答应在一特定的时间之内，根据需要按协议的价格条件继续供应产品给买方，存货由卖方保存，因此，它也被称作无存货采购计划。这种长期有效合同是导致买方更多地向一个来源采购，并从该来源购买更多的项目，这就使得供应商和采购者的关系十分紧密，外界的供应商就很难加入。

（8）绩效评估。在此阶段，采购者对各供应商的绩效进行评估。他们可以通过三种途径：一是直接接触最终用户，征求他们意见；二是应用不同的标准加权计算来评价供应商；三是把绩效不理想的开支加总，以修正包括价格在内的采购成本。通过绩效评价，采购者将决定延续、修正或停止向该供应商采购。供应商则应该密切关注采购者使用的相同变量，以便确信为买主提供了预期的满足。

购买阶段指的是一个组织在购买前所进行的、从组织产生需要到对即将购买的商品进行评估的一系列过程。但并非每次采购都要经过这八个阶段，这要依据采购业务的不同类型而定。表5－2说明了各阶段对各类采购业务是否有必要。

表5－2 不同采购任务采购决策过程的比较

购买类型\\购买阶段	新购	修订再采购	直接再采购
1. 提出需要	是	可能	否
2. 确定总体需要	是	可能	否
3. 详述产品规格	是	是	是
4. 寻找供应商	是	可能	否
5. 征求供应信息	是	可能	否
6. 选择供应商	是	可能	否
7. 发出正式订单	是	可能	否
8. 绩效评估	是	是	是

从表5－2中可以看出，新购最为复杂，需要经过所有八个阶段；直接再采购最简单，只需经过两个阶段；而在修正再采购或直接再采购的情况下，其中有些阶段可能被简化、浓缩或省略。例如在直接再采购的情况下，采购者可能会有一个或一批固定的供应商而很少会考虑其他供应商，而在实际购买情况中，也有可能发现这八个阶段以外的其他情况，这要求组织营销者对每一情况分别建立模型，而每一情况都包含一个具体的工作流程。

总之，组织市场是一个富有挑战性的领域，其中最关键的问题就是要了解采购者的需要、购买参与者、购买标准以及购买步骤。了解以上内容，组织营销人员就能够因势而动，为不同的顾客设计不同的营销计划。

✎ 探讨与应用

怎样成为跨国零售巨头的供应商

据《北京青年报》报道，家乐福2001年在中国的采购额是上年的5倍，从3亿美元增加到15亿美元。沃尔玛1996年以深圳作为起点进入中国市场，虽然其在中国铺店的速度显得有点慢，但却源源不断地采购中国的商品，并输出到其全球连锁店中。据业内人士透露，沃尔玛在广东仅一年的采购额就达80亿美元，占其在中国采购商品总额的80%，并且这个采购量还将以每年20%的速度递增。对于中国企业来说，如果能成为跨国零售商的供应商，就意味着自己的产品能够通过它们的供货渠道，走出国门，得到在世界各国的舞台上展示的机会。

国内企业如何成为跨国零售企业的供应商呢？家乐福（中国）公司有关人士表示，它们主要是采取一种"政府搭台，企业唱戏"的方式，即通过政府推荐可选择的企业，在家乐福举办的大型订货会上达成交易意向。

家乐福选择供应商又有哪些标准呢？家乐福的有关人士表示，家乐福选择供应商不只看规模，更注重产品质量。如果企业规模小，但是产品具有不可替代性，那么家乐福也会把它们考虑在内。要成为家乐福全球采购供应商，必须具备以下条件：有出口权的直接生产厂商或出口公司，有价格竞争优势，有良好的质量，有大批生产的能力，有迅速的市场反应能力，有不断学习的精神，能够准时交货。企业通过家乐福公司的审核，即能加入家乐福的全球采购系统，把产品出口到全球的30多个国家。

在以上条件中，家乐福尤其看中产品的质量。同时，随着人们对环保的要求越来越高，家乐福在产品品质方面也对供应商有着更详细的要求。沃尔玛新成立的全球采购办事处列举了成为沃尔玛供应商的条件。例如，提供有竞争力的价格和高质量的产品、供货及时、理解沃尔玛的诚实政策、评估自己的生产和配额能力是否能接受沃尔玛的订单（因为通常沃尔玛订单的数量都比较大）等。此外，沃尔玛需要供货商提供其公司的概况，其中包含完整的公司背景和组织材料，以及供应商工厂的资料。

零售业的采购环节都有一个不可避免的问题，即有些供应商会想方设法通过一些"灰色手段"贿赂采购员。对此，家乐福（中国）公司的人士表示，即使产品通过灰色手段进入了家乐福全球采购系统，如果没有价格上的优势，也会被自然淘汰。家乐福会尽量与供应商建立健康的联系。而沃尔玛打算引进到中国来的技术中包括一套"零售商联系"系统，这个系统使沃尔玛能够和主要的供应商实现业务信息的共享。

（资料来源：http：//hi. baidu. com/yd5231/blog/item/7467163c4b8555e93d6d97dc. html。）

试分析：

1. 跨国零售巨头的采购方式有哪几种？

2. 跨国零售巨头根据哪些变量或属性来评价和选择它们的供应商？

3. 进入跨国零售巨头的全球采购系统对组织有何重要意义？

三、影响组织市场购买决策的因素

组织采购人员在作出购买决策时受到许多因素影响。我们可以把影响组织购买者的因素归为四类：环境因素、组织因素、人际因素和个人因素（如图5-8所示）。

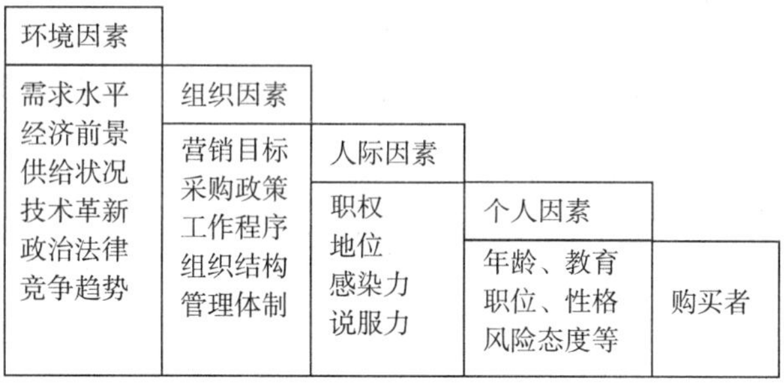

图5-8　影响组织采购行为的主要因素

（一）环境因素

市场营销环境和经济前景对企业的发展影响甚大，也必然影响到其采购计划。这些环境因素包括经济前景、需求水平、供给状况、技术革新、政治法律情况和市场竞争的趋势等。例如，在经济衰退时期组织购买者会减少对厂房设备的投资，并设法减少存货。组织营销人员在这种环境下刺激采购是无能为力的，他们只能在增加或维护其需求份额上做艰苦的努力。原材料的供给状况是否紧张，也是影响组织用户采购的一个重要环境因素。一般企业都愿购买并储存较多的紧缺物资，因为保证供应不中断是采购部门的主要职责。同样，采购者也受到技术因素、政治因素以及经济环境中各种发展因素的影响。他们必须密切注视所有这些环境作用力，测定这些力量将如何影响采购的有效性和经济性，并设法使问题转化为机会。

（二）组织因素

每一采购组织都有其具体目标、政策、程序、组织结构及系统。营销人员必须尽量了解这些问题。例如，有的地方规定只许采购本地区的原材料；有的国家规定只许买本国货，不许买进口货，或者相反；有的购买金额超过一定限度就需要上级主管部门审批等。组织内部采购制度的变化也会对采购决策带来很大影响。如对于大型百货商厦来说，是采用集中采购的进货方式还是将进货权下放给各商品部或柜组，采购行为就会有很大差别；一些组织会用长期合同的方式来确定供应渠道，另一些组织则会采用临时招标的方式来选择其供应商。

（三）人际因素

采购中心通常包括一些具有不同地位、职权、兴趣和说服诱导力的参与者。一些决策行为会在这些参与者中产生不同的反应，意见是否容易取得一致，参与者之间的关系是否融洽，是否会在某些决策中形成对抗，这些人际因素会对组织市场的营销活动产生很大影响。组织市场营销人员若能掌握这些情况并有的放矢地施加影响，将有助于消除各种不利因素，获得订单。

（四）个人因素

购买决策过程中每一个参与者都带有个人动机、直觉和偏好，这些因素取决于参与者的年龄、收入、教育、专业文化、个性以及对风险意识的态度等。执行组织采购任务的具体人员的个性与情感对于其作出相应的采购决策同样发挥着重要的影响。营销人员应注意研究组织购买行为中的个人因素，并有的放矢地开展相关的营销活动是十分重要的。供应商应了解客户采购决策人的个人特点，并处理好个人之间的关系，这将有利于营销业务的开展。

☆ 同步测试

◇ 单项选择题

1. （　　）是人类欲望和行为最基本的决定因素。

A. 文化　　　　　　B. 家庭　　　　　　C. 社会阶层　　　　D. 参照群体

2. 体育明星、歌星等一般属于（　　）。

A. 首要群体　　　　B. 次要群体　　　　C. 成员群体　　　　D. 向往群体

3. 马斯洛认为人类最低层次的需要是（　　）。

A. 生理需要　　　　B. 安全需要　　　　C. 自尊需要　　　　D. 社会需要

4. 参与者的介入程度高、品牌差异大的购买行为属于（　　）。

A. 习惯性购买行为　　　　　　　　　　B. 多样性购买行为

C. 复杂购买行为　　　　　　　　　　　D. 协调购买行为

5. 参与者的介入程度低、品牌差异不大的购买行为属于（　　　）。

A. 习惯性购买行为　　　　　　　　　　B. 变换购买行为

C. 复杂购买行为　　　　　　　　　　　D. 协调购买行为

6. 在复杂购买行为中，购买者的决策过程一般由（　　　）开始。

A. 收集信息　　　B. 引起需要　　　C. 评价方案　　　D. 决定方案

7. 产业市场上对水电气一般办公用品的购买采用（　　　）。

A. 修正重购　　　B. 新购　　　　　C. 直接重购　　　D. 以上都不对

8. 在（　　　）情况下，购买过程的阶段最少。

A. 修正重购　　　B. 直接重购　　　C. 新购　　　　　D. 其他

9. 消费者的购买决策会受到社会角色和地位的影响，社会角色和地位属于（　　　）。

A. 文化因素　　　B. 社会因素　　　C. 个人因素　　　D. 心理因素

10. 消费者对其购买的产品是否满意，将影响到以后的（　　　）。

A. 购买动机　　　B. 购买层次　　　C. 购买频率　　　D. 购买行为

◇多项选择题

1. 组织市场由（　　　）构成。

A. 消费者市场　　B. 生产者市场　　C. 中间商市场　　D. 政府市场

E. 国外市场

2. 影响消费者购买行为的主要因素有（　　　）。

A. 环境因素　　　B. 文化因素　　　C. 社会因素　　　D. 个人因素

E. 心理因素

3. 参与消费者购买决策过程的角色有（　　　）。

A. 生产者　　　　B. 发起者　　　　C. 影响者　　　　D. 购买者

E. 决策者

4. 根据参与者介入程度和品牌差异大小，可将消费者购买行为分为（　　　）。

A. 习惯性购买行为　　　　　　　　　　B. 复杂购买行为

C. 多样性购买行为　　　　　　　　　　D. 协调购买行为

E. 不确定型购买行为

5. 消费者的信息来源主要有（　　　）。

A. 家庭来源　　　B. 个人来源　　　C. 商业来源　　　D. 经验来源

E. 公共来源

◇判断题

1. 生理需要是人类最高层次的需要。　　　　　　　　　　　　　　（　　　）

2. 次要群体是对其成员影响不频繁的非正式群体。　　　　　　　　（　　　）

3. 在直接购买情况下，企业要做的购买决策最多。　　　　　　　　（　　　）

4. 产业市场需求受价格影响比较大。　　　　　　　　　　　　　　（　　　）

5. 组织市场又叫做产业市场。 （　　）

◇简答题

1. 简述产业市场与消费者市场相比存在的差异。

2. 简述消费者购买行为类型及企业可以采取的对策。

3. 影响消费者购买行为的因素主要有哪些？

4. 新购主要包括哪些购买阶段？

5. 产业购买者的购买行为类型有哪些？

☆创业营销技能实训项目

目标客户的购买心理及行为分析

[训练目标] 通过对消费者购买心理的分析，充分了解消费者的购买行为特点，进一步理解并掌握分析顾客心理的理论、技巧和方法。

[训练组织] 将一个班的同学分成小组，每组成员3~5人。

[创业思考] 针对经营中遇到的各种类型的顾客，你如何采取相应的营销策略。

[训练提示] 教师提出活动前准备及注意事项，并组织学生组成各个模拟公司，各模拟公司对消费者需求开展调查，对消费者的购买行为进行深入研究。

[训练成果] 各组拿出自己的购买心理与行为特点研究方案，并在全班面前展示，由师生共同评估。

☆案例分析

阿雯选车的故事

阿雯是上海购车潮中的一位普通的上班族，35岁，月收入万元。以下真实地记录了在2004年4月至7月间，她在购车决策过程中如何受到各种信息的影响。

阿雯周边的朋友与同事纷纷加入了购车者的队伍，看他们在私家车里享受音乐而不必用力抗拒公车的拥挤与嘈杂，阿雯不觉开始动心。另外，她工作地点离家较远，加上交通拥堵，来回花在路上的时间要近三小时，她的购车动机越来越强烈。只是这时候的阿雯对车一无所知，除了坐车的体验，除了直觉上喜欢漂亮的白色、流畅的车型和几盏大而亮的灯。

阿雯是在上司的鼓动下上驾校学车的。

"我拿到驾照，就去买一部1.4自排的波罗。"一位MBA同学对波罗情有独钟。虽然阿雯也蛮喜欢这一款小车的外形，但她还是想咨询驾校的师傅。师傅总归是驾车方面的专家，"宝来，是不错的车"，问周边人的用车体会，包括朋友的朋友，都反馈过来这样的信息：但也有人认为后排的拥挤却已先入为主了。如果有别的合适的车，宝来仅会成为候选吧。

阿雯回家征求先生的意见。先生说，选品牌还要看在上海的维修和服务网点是否完善。

阿雯有无所适从的感觉。阿雯关心起了精致的汽车杂志，随着阅读的试车报告越来越多，阿雯开始明确自己的目标了，8万元至15万元的价位，众多品牌的车都开始进入阿雯的视野。

阿雯的梦中有一辆车，漂亮的白色，流畅的车型，大而亮的灯，安静地立在阿雯的面前，等着阿雯坐进去。但究竟花落谁家呢？阿雯自己的心里知道，她已有了一个缩小了的备选品牌范围。但究竟要买哪一辆车，这个"谜底"不再遥远……

（资料来源：杨明刚. 市场营销100个案与点析［M］. 上海：华东理工大学出版社，2004.）

阅读以上材料，回答问题：

1. 根据消费者介入度与购买决策分类理论，阿雯选车是属于哪一类购买决策，为什么？

2. 试运用消费者决策过程模型分析阿雯选车所经历的相关阶段。

第六章
目标市场战略

◆本章学习目标

☞ 应用知识目标

1. 掌握市场细分战略的产生与发展、市场细分的原理与理论依据；

2. 明确市场细分的标准、市场细分的层次和基本程序以及市场细分的原则；

3. 熟悉目标市场的概念、细分市场的评价和目标市场的选择、目标市场战略选择及条件，市场定位的含义、步骤和基本要求，以及市场定位战略。

☞ 应用技能目标

1. 掌握市场细分的方法，选择目标市场。

2. 分析企业市场定位战略。

☞ 创业必知知识点

1. 市场细分方法；

2. 目标市场的选择；

3. 如何进行市场定位。

📖 中国传统文化与营销启示

鲁人徙越

鲁人身善织屦（jù），妻善织缟（gǎo），而欲徙于越。或谓之曰："子必穷矣。"鲁人曰："何也?"曰："屦为履之也，而越人跣（xiǎn）行；缟为冠之也，而越人被（pī）发。以子之所长，游于不用之国，欲使无穷，其可得乎?"鲁人对曰："夫不用之国，可引而用之，其用益广，奈何穷也?"①

——《韩非子·说林上》

启示： 针对所关注的消费群体，以不同的视角就会开发出目标市场不同的需求，美国的米勒布鲁宁公司生产的啤酒原以摩托车赛手、放牧者和重体力劳动者为市场，突出饮用它后"精力充沛"的功效。20世纪70年代，该公司发现美国人为自己越来

---

① 鲁国有个人自己擅长编织麻鞋，妻子擅长编织白绢，但是想搬到越国去。有人对他说："你搬到越国去必定会没有出路。"鲁国人问："为什么呢?"这个人回答说："麻鞋是为了（人们）穿它（来走路的），但是越国人光脚走路；白绢（做成帽子）是为了（人们）戴它，但是越国人披散着头发。凭借你们的专长，跑到用不着你的国家里去，要想不穷困，怎么可能?"鲁国人就反问他说："到了不用我们专长的地方，我们可以引导他们穿鞋戴帽，随着用途的不断推广，我们怎么会受穷呢?"

越高的心血管病发病率所困扰，故担心饮啤酒多了会发胖。米勒公司针对这一市场变化，及时推出低糖度、低热量的淡色啤酒，并生产出"小马力"的 7 盎司罐装啤酒，取代过去分量过重的 12 盎司罐装啤酒。市场经营方向的这一转变大受消费者欢迎，米勒公司的啤酒销量在 5 年里增加了 5 倍，市场占有率上升到 21%，成为美国第二大啤酒公司。

从市场营销观念的角度来看，市场是潜在购买者对产品或劳务的整体需求。而购买者是一个庞大而复杂的整体，由于消费心理、购买习惯、收入水平、资源条件和地理位置等差别，不同消费者对同类产品的消费需求和消费行为具有很大的差异性。对于某一企业来说，没有能力也没有必要全都予以满足，只能通过市场调研，将购买者细分为需求不同的若干群体，结合特定的市场营销环境和自身资源条件选择某些群体作为目标市场，并制定周密的市场营销战略满足目标市场的需求。

第一节 市场细分

一、市场细分概述

（一）市场细分的概念

市场细分是指根据消费者需求和购买行为的差异性，把具有异质性需求的整体市场划分为若干需求大体相同的消费者群的小市场，它是一个辨别具有不同行为的消费者，并加以分类组合的过程。

细分后所形成的具有相同需求的顾客群体称为细分市场或分市场。每一个顾客群体就是一个细分市场；每一个细分市场都是由需求倾向类似的消费者构成的群体；所有细分市场的总和便是整体市场。由于在顾客群体内，大家的需求、欲望大致相同，企业可以用一种商品和营销组合策略加以满足。但在不同的顾客群体之间，其需求、欲望则各有差异，企业要以不同的商品，采取不同的营销策略加以满足。因此，市场细分实际上是一种求大同、存小异的市场分类方法，它不是对商品进行分类，而是对需求各异的消费者进行分类，是识别具有不同需求和欲望的顾客群体或用户群的活动过程。在同类产品市场上，同一细分市场的顾客需求具有较多的共同性，不同细分市场之间的需求具有较多的差异性，企业应明确有多少细分市场及各细分市场的主要特征。

（二）市场细分战略的产生与发展

市场细分是 20 世纪 50 年代中期美国市场营销学家温德尔·斯密提出的，其产生与发展经历了以下几个主要阶段。

1. 大量营销阶段

早在 19 世纪末 20 世纪初，西方经济发展的中心是速度和规模，企业市场营销的基本方式是大量营销，即大批量生产品种规格单一的产品和通过大众化的渠道推销。在当时的市场环境下，大量营销方式降低了成本和价格，获得了较丰厚的利润，企业没有必要也不可能重视市场需求的研究，市场细分战略不可能产生。

2. 产品差异化营销阶段

在 20 世纪 30 年代，发生了震撼世界的资本主义经济危机，西方企业面临产品严重过剩，市场迫使企业转变经营观念，营销方式从大量营销向产品差异化营销转变，即向市场推出许多与竞争者产品不同的、具有不同质量、外观、性能的品种各异的产品。产品差异化营销较大量营销是一种进步，但由于企业仅仅考虑自己现有的设计、技术能力而未研究顾客需求，缺乏明确的目标市场，产品试销的成功率仍然很低。

3. 目标营销阶段

20 世纪 50 年代以后，在科学技术革命的推动下，生产力水平大幅度提高，产品日新月异，生产与消费的矛盾日益尖锐，以产品差异化为中心的推销体制远远不能解决西方企业面临的市场问题。于是，市场迫使企业再次转变经营观念和经营方式，由产品差异化营销转向以市场需求为导向的目标营销，即企业在研究市场和细分市场的基础上，结合自身的资源与优势，选择其中最有吸引力和最能有效为之提供产品和服务的细分市场作为目标市场，设计与目标市场需求特点相互匹配的营销组合等。于是，市场细分战略应运而生。

市场细分理论的产生，使传统营销观念发生根本的变革，在理论和实践中都产生极大影响，被西方理论家称为"市场营销革命"。

市场细分化理论产生之后经过了一个不断完善的过程。最初人们认为把市场划分得越细越好，越能适应顾客需求，从而取得更大收益。但是，自 20 世纪 70 年代以来，由于能源危机和整个资本主义市场不景气，营销管理者深感过分地细分市场必然导致企业总成本上升过快，从而减少总收益。因此，西方企业界又出现了一种"市场同合化"的理论，主张从成本和收益的比较出发适度细分。这是对过度细分的反思和矫正，使市场细分理论又有了新的内涵，适应了 20 世纪 90 年代全球化营销的发展趋势。

二、市场细分的作用

（一）有利于分析、发现、挖掘市场机会

在买方市场条件下，企业营销决策的起点在于发现有吸引力的市场环境机会，这种环境机会能否发展成为市场机会，取决于两点：与企业战略目标是否一致，利用这种环境机会能否比竞争者具有优势并获取显著收益。显然，这些必须以市场细分为起点。通过市场细分可以发现哪些需求已得到满足，哪些只满足了一部分，哪些仍是潜在需求。相应地，可以发现哪些产品竞争激烈，哪些产品较少竞争，哪些产品亟待开发。

市场细分对中小企业尤为重要。与实力雄厚的大企业相比，中小企业通常资源能力有限，技术水平相对较低，缺乏竞争能力。通过市场细分，可以根据自身的经营优势，选择一些大企业不愿顾及、相对市场需求量较小的细分市场，集中力量满足该特定市场的需求，在整体竞争剧烈的市场条件下，在某一局部市场取得较好的经济效益，求得生存和发展。

（二）有利于确定目标市场并掌握目标市场的特点

不进行市场细分，企业选择目标市场必定是盲目的，不认真地鉴别各个细分市场的需求特点，就不能进行有针对性的市场营销。例如，某公司出口日本的冻鸡原先主要面向消费者市场，以超级市场、专业食品商店为主要销售渠道。随着市场竞争的加剧，销售量呈下降趋势。为此，该公司对日本冻鸡市场做了进一步的调查分析，以掌握不同细分市场的需求特点。从购买者区分有三种类型：一是饮食业用户，二是团体用户，三是家庭主妇。这三个细分市场对冻鸡的品种、规格、包装和价格等要求不尽相同。饮食业对鸡的品质要求较高，但对价格的敏感度低于零售市场的家庭主妇；家庭主妇对冻鸡的品质、外观、包装均有较高的要求，同时要求价格合理，购买时挑选性较强。根据这些特点，该公司重新选择了目标市场，以饮食业和团体用户为主要顾客，并据此调整了产品、渠道等营销组合策略，出口量大幅度增长。

（三）有利于制定市场营销组合策略、规划营销方案

市场营销组合是企业综合考虑产品、价格、促销形式和销售渠道等各种因素而制定的市场营销方案，就每一特定市场而言，只有一种最佳组合形式，这种最佳组合只能是市场细分的结果。早些年我国曾向欧美市场出口真丝花绸，消费者是上流社会的女性。由于我国外贸出口部门没有认真进行市场细分，没有掌握目标市场的需求特点，因此营销策略发生了较大失误：产品配色不谐调、不柔和，未能赢得消费者的喜爱；低价策略与目标顾客的社会地位不相适应；销售渠道又选择了街角商店、杂货店，甚至跳蚤市场，大大降低了真丝花绸产品的"华贵"地位；广告宣传也流于一般。这个失败的营销个案，从反面说明了市场细分对于制定营销组合策略具有多么重要的作用。

（四）有利于提高企业的竞争能力

企业的竞争能力受客观因素的影响而存在差别，但通过有效的市场细分战略可以改变这种差别。市场细分以后，每一细分市场上竞争者的优势和劣势就明显地暴露出来，企业只要看准市场机会，利用竞争者的弱点，同时有效地开发本企业的资源优势，就能用较少的资源把竞争者的顾客和潜在顾客变为本企业的顾客，提高市场占有率，增强竞争能力。

三、市场细分的依据

（一）消费者市场细分的依据

一种产品的整体市场之所以能够细分，是由于用户的需求存在着明显的差异性。经过研究发现，用户需求的差异性是由多种因素造成的，这些影响因素大致包括以下几个方面。

1. 地理细分

即按照消费者所处的地理位置、自然环境来细分市场。具体变量包括国家、地区、地理方位、城市规模、不同地区的气候及人口密度等。处于不同地理位置的消费者，对同一类产品往往呈现出差别较大的需求特征，对企业营销组合的反应也存在较大的差别。例如，防暑降温、御寒保暖之类的消费品按照不同气候带细分市场是很有意义的。但是，地理因素是一种相对静态的变量，处于同一地理位置的消费者对某类产品的需求仍然会存在较大的差异，因此，还必须同时依据其他因素进行市场细分。

2. 人口细分

人口因素指各种人口统计变量，包括性别、年龄、国籍、民族、婚姻、职业、收入、教育程度、宗教信仰、家庭规模、家庭构成和家庭生

线上导学：
男女有别

命周期等。比如，不同年龄、受教育程度不同的消费者在价值观念、生活情趣、审美观念和消费方式等方面会有很大的差异。

 探讨与应用

市场细分催生了海尔"小小神童"

据统计2018年洗衣机市场下滑趋势显著，但海尔洗衣机却同比增长11%。从洗衣机网络零售情况来看，海尔以市场占有率24.7%位列榜首。海尔旗下的海尔"小小神童"被评为中国"十大成功产品之首"，成为世界家电行业的一大奇迹，海尔在全世界为"小小神童"注册了技术专利，就连号称"家电王国"的日本也要从中国的海尔引进"小小神童"洗衣机。据统计，目前海尔"小小神童"洗衣机已出口到68个国家和地区，备受各国消费者的青睐。

海尔集团早在1996年就决定上马洗衣机项目，但开发什么样的洗衣机呢？海尔集团决策者们一时犯难了。因为当时中国洗衣机市场已是严重的供大于求。于是海尔集团从市场调查入手进行市场细分。

在上海，海尔集团发现一位中年女顾客的来信很有代表性。这位顾客在信中对当时市场并不缺少的洗衣机大发了一通牢骚。她抱怨说，现有市场上的众多品牌洗衣机，几乎千篇一律都是4~6千克的大容量洗衣机。而一般城市家庭大都是三口之家，平时一家人换下来的衣物特别是在夏季，每天就只那么几件单衣，用这种大容量洗衣机洗吧，耗水、耗电、费时，总觉得不太划算；而用手搓吧，一是城市生活节奏越来越快，工作压力越来越大，时间和精力顾不上；二是明明家里摆着一台大洗衣机，用手搓总觉得于心不甘。这位顾客说，顾客总不能把一家人的换洗衣物攒上一个星期，聚到五六千克再一次洗了吧。她希望海尔这样实力和技术都雄厚的企业能开发一种适合现代人洗衣量不大但频率高，易搬动，占地少以及省水省电节约时间的小洗衣机。

这是一个难得的信号。海尔人敏锐地抓住这一信号，围绕顾客的想法进行市场调研。通过大量的调查分析，他们发现城市家庭普遍存在着对现有洗衣机的不满意，有小型即时洗洗衣机的共同需求。在对洗衣机市场进行总体细分的基础上，他们明确认识到这是洗衣机市场的一个空白点，是一个很有发展潜力的潜在市场。

为此，他们确定这种洗衣机的定位是小容量，即时洗，方便搬动，功能先进。这种洗衣机将天天洗与一周洗分开，成为城市居民家庭不可或缺的第二台洗衣机，几件单衣，一双袜子，随时洗随手晾。

通过市场细分发现新的洗衣机市场，海尔集团投入千万元开发费用，开始了迷你型洗衣机的研制开发。这种填补市场空白的新型产品一问世，即在市场上形成了多年来家电市场少有的热销现象，被国内工商界和理论界人士称为"小小神童现象"。

（资料来源：网页新闻，经过加工整理。）

试分析：

海尔对洗衣机市场进行细分的依据是什么？

3. 心理因素

因购买者所处的社会阶层、生活方式、受教育程度和职业等的不同，形成个体生活格调、个性、购买动机、价值取向以及对商品销售方式的敏感程度各异。按照买主的心理特征因素来进行市场细分，简称为心理细分，即按照消费者的心理特征细分市场。按照上述几种标准划分的处于同一群体中的消费者对同类产品的需求仍会显示出差异性，可能原因之一是心理因素发挥作用。心理因素包括个性、购买动机、价值观念、生活方式、生活格调、社会阶层等变量。比如，生活格调是指人们对消费、娱乐等特定习惯和方式的倾向性，追求不同生活格调的消费者对商品的爱好和需求有很大差异。越来越多的企业，尤其是服装、化妆品、家具、餐饮、旅游等行业的企业越来越重视按照人们的生活格调来细分市场。消费者的个性、价值观念等心理因素对需求也有一定的影响，企业可以把具有类同的个性、爱好、兴趣和价值取向相近似的消费者集合成群，有针对性地制定营销策略。在有关心理因素的作用下，按人们的生活方式可以将消费群分为"传统型""新潮型""奢靡型""活泼型""社交型"等群体。

4. 行为因素

即按照消费者的购买行为细分市场，包括消费者进入市场的程度、追求的利益、对产品的态度、对品牌的忠诚度、购买动机、购买准备阶段、使用率、支付方式等变量。按消费者进入市场程度，通常可以划分为常规消费者、初次消费者和潜在消费者。一般而言，资力雄厚、市场占有率较高的企业，特别注重吸引潜在购买者，争取通过营销战略，把潜在消费者变为初次消费者，进而再变为常规消费者。而一些中小企业，特别是无力开展大规模促销活动的企业，主要注重吸引常规消费者。在常规消费者中，不同消费者对产品的使用频率也很悬殊，可以进一步细分为"大量使用户"和"少量使用户"。根据美国某啤酒公司的调查，某一区域有32%的人消费啤酒，其中，大量使用户与少量使用户各为16%，但前者购买了该公司啤酒销售总量的55%。因此，许多企业把大量使用者作为自己的销售对象。追求的利益是指消费者在购买过程中对产品不同效用的重视程度。消费者对品牌的忠诚度是指消费者对某品牌的喜爱程度，据此可以把消费者市场划分为四个群体：绝对品牌忠诚者、多种品牌忠诚者、变换型忠诚者和非忠诚者。在"绝对品牌忠诚者"占很高比重的市场上，其他品牌难以进入；在变换型忠诚者占比重较高的市场上，企业应努力分析消费者品牌忠诚转移的原因，以调整营销组合，加强品牌忠诚程度；而对于那些非品牌忠诚者占较大比重的市场，企业应审查原来的品牌定位和目标市场的确立等是否准确，随市场环境和竞争环境变化重新加以调整和定位。

5. 受益细分

根据消费者在购买产品时所追求的利益不同来进行市场细分，称为受益细分。任何产品都有消费者所追求的基本核心功能，同时又具有许多种辅助功能。几乎所有消费者在购买同种产品时，追求的核心功能都是一致的，而对辅助功能受益追求的方面则相差很大。受益细分就是抓住消费者对产品功能需求的差异而进行市场细分的。

（二）组织市场细分的依据

由于组织市场的买主及其购买目的与消费者市场不同，所以组织市场细分的依据也与消费者市场有所区别。

1. 受益细分

把具有共同受益要求的同行业同用途要求的用户群，称为一个受益细分市场。显然，这样来细分市场，便于企业针对不同的子市场去开发生产适销对路的产品。

2. 数量细分

数量细分对于组织市场尤为重要。因为在组织市场上，大量用户、中量用户、小量用户的区别要比消费者市场更明显，而且他们之间用量相差更大。例如，我国的一汽集团、东风汽车集团的钢铁用量，是县城小型机械厂根本无法相比的。企业对于自己的大用户，宜直接联系，直接供货，最好建立长期互惠业务关系；而对于众多小用户，则适于使产品进入商业渠道，由批发商或零售商去组织供货。因此，数量细分对于组织市场上的企业选择目标市场和构建营销组合具有重要意义。

3. 地理细分

每个国家或地区的特产、气候、地形、风俗和历史不同，导致形成了各具特色的生产力和产品特色。例如，我国江浙沪地区轻纺工业发达，两广制糖业发达，东北的钢铁、机械、森林等集中，山西的煤炭、中原的粮棉、西部的石油、天然气丰富。地理细分市场的目的是使企业把注意力放在用户集中的地区，便于集中销售力量和组织商品运输，节约营销费用，提高企业效益。

四、市场细分原则和步骤

（一）市场细分原则

市场细分是企业选择目标市场和设计营销组合的基础与前提。长期实践经验告诉我们，要想成功、有效、实用地进行市场细分，必须遵循下列四条基本准则：

1. 可识别性和可衡量性

要求细分出来的市场边界明晰，子市场内部同质而之间有明显差异，市场的大小能够通过一定的调研易于得出一个数量的概念，并与其他细分市场有明显的区别。

2. 实用性和经济性

市场细分的结果要使被细分出来的子市场，不仅边界明晰可辨，而且子市场的顾客群要足够大。一般来讲，市场细分不是越细越好，细分市场的大小取决于该市场的用户人数与购买力。一个子市场到底有多大的需求量，它是否值得企业采取有区别的营销活动，是否能为企业带来效益，这是企业最关心的。

3. 可进入性

市场细分的各子市场，尤其是被企业选定作为目标市场的子市场，应是企业营销活动能够到达的市场，即市场应是企业能够对顾客产生影响，产品能够展现在顾客面前的市场。这主要表现在两个方面：一是企业能够通过广告媒体把产品的信息传递到该市场的消费者中去。二是产品能经过一定的销售渠道进入该市场。考虑细分市场的可进入性，实际上就是考虑企业营销活动的可行性。

4. 可持续性（稳定性）

在市场细分时，对不稳定的同类消费者群不能认作是一个子市场。若被分出来的子市场时有时无，需求波动性很大，企业很难对之进行营销活动。所以，在进行市场细分时，要认真选择好细分变量，使细分出来的子市场不仅边界明晰、经济实用，具有可进入性，并且在相当长的一段时期内稳定性强。一旦企业选择这种子市场作为自己的目标市场，企业才能较长时间内在这种市场上开展经济活动，以达到企业目标。

（二）市场细分的步骤

办任何事情，特别是复杂、工作量巨大的事情，其工作程序是否科学合理事关重大。进行市场细分对于企业开展成功的营销活动具有重要意义。因此市场细分的程序一定要科学合理。一般情况下，市场细分通常经过如下步骤：

1. 决定构成市场细分的基础

可以作为市场细分的基础很多，从广义上看，有消费市场的基础和工业市场的基础，我们通常可以通过地理、人口、心理与行为、用户性质与规模等变数对市场进行细分，以此确定若干细分市场。

2. 根据需求选定产品市场范围

企业一旦选择了细分基础后，接着便要考虑选定可能的产品市场范围。每个企业都有自己的任务和目标，作为制定发展战略的基础。产品或服务的市场范围主要取决于市场需求。比如，房地产开发商打算建造一批适合低收入家庭的住房出售，但将买房作为投资方式的许多中、高收入的家庭也是潜在买主，需求是选定产品市场范围的重要因素。

3. 列举潜在顾客的基本需求

选择产品市场范围以后，企业可以从地理、人口、行为和心理等变量出发，大致估算一下潜在顾客有哪些需求。例如，房地产开发商可能发现，人们花钱买房除了满足基本需求外，如遮风避雨、安全、方便等，还要满足投资需求，包括投资的保值、增值，以及转让的有关手续、费用等。

4. 分析潜在顾客的不同需求

企业可以根据人口变数做抽样调查，向不同的潜在顾客了解哪些需求对他们来说更为重要；哪些需求更为迫切？比如，60%的人买房是为了自己居住，20%的人买房是为了投资，20%的人买房是两者兼而有之。如果进一步分析，发现为居住而买房的人大多是低收入者，这样进一步细分，对于选择企业的目标市场是很重要的。

5. 省略潜在顾客的共同需求

企业需要省略各分市场或各顾客群的共同需求。尽管这些共同需求很重要，但只能作为设计市场营销组合的参考，不能作为细分市场的基础。比如说遮风避雨、安全、方便等，几乎是每一个潜在的商品房顾客都希望的。作为房地产开发商可以把它看作是出售商品房决策的重要依据，但在细分市场时则要省略。

6. 为细分市场暂时取名

企业对各分市场剩下的需求，还要进一步分析，并结合分市场买主的特点，暂时安排一个名称。如高收入买主、中收入买主、低收入买主等，也可以用其他方法来给细分市场取名，如家庭住户、度假者、新婚者、投资者等。通过这种细分，可以掌握买主的偏好，促进市场营销。

7. 进一步认识各分市场的特点

在以上步骤的基础上，企业还要对每一个细分市场的买主需求及行为做进一步的考察，看看各细分市场的特点已被掌握了哪些，还有哪些需要深入了解，以便明确有没有必要再作细分或重新合并。例如，购买房产者中安居者和投资者的需求差异很大，应当作为两个分市场，同样的建筑设计也许能同时适合这两类顾客，但对他们的广告宣传和人员销售方式却不应相同。企业必须善于发现买主的这些差异。

8. 测量各细分市场的大小

现在各细分市场的类型已经基本确定，紧接着就应该把每个细分市场同人口变数结合起来分析，以测量各细分市场潜在顾客的数量。进行市场细分是为了寻找获利机会，而这又取决于各细分市场的销售潜力。

五、细分市场时的注意事项

一要认真观察、了解，准确把握消费者挑选产品时选择有关变数的顺序。例如在20世纪60年代，美国大多数购买汽车的顾客选择汽车时的顺序是生产商，然后是其某个品牌，如有个购买者喜欢通用汽车公司的汽车，对此他特别看中了其产品系列中的庞蒂亚克牌（Pontiac）汽车。而现在的购买者则首先选择国家，然后再选择品牌。如首先决定买德国汽车，然后再选择德国的奥迪车等。

二要密切注意消费者选购商品属性的层次中的变化，并适应这种变化。社会是不断发展着的，市场也是处在不断变化之中。因此，消费者对商品各种属性的重要程度的排序也是不断变化的。企业如果看不到或忽视这种变化，仍然用原来的变数细分市场，会失去发展机会而造成损失。我国市场上许多商品的这种变化是十分明显的。20世纪60年代至70年代，居民收入水平低，购买衣服、日用品讲求的是价廉、结实、耐用（重视价格/质量型）。随着人们收入水平的提高，消费观念发生了很大转变。过去穿衣服是"新三年，旧三年，缝缝补补又三年"，而现在买衣服的标准是式样新、有个性、注重名牌等（重视式样/个性/品牌型），不少消费者随时都在添置新衣新鞋，衣服稍一过时就被淘汰，显然注重的是其个性和时代特色。因此，企业必须善于把握时代脉搏，用动态的眼光看市场，及时发现消费者偏好的变化，甚至去引导这种变化，为企业发展开辟新路。

市场细分的程序也不是执行一次就完事大吉，而必须定期反复地进行，重新确定细分标准，重新对市场进行细分。

第二节　目标市场战略

一、目标市场的含义

目标市场是企业打算进入的细分市场，或打算满足的具有某一需求的顾客群体。也就是企业投其所好、为之提供有效产品和服务的某一个或某几个顾客群体。

市场细分与确定目标市场既有联系又有区别。市场细分是按照消费需求与购买行为的差异划分顾客群体的过程。确定目标市场则是企业选择某一个或某几个细分市场作为营销对象的决策。选择目标市场有赖于市场细分，市场细分的目的就是为了选择目标市场。市场细分又为企业选择目标市场提供了条件。

在市场营销活动中，任何企业都应选定目标市场。因为就企业来说，并非所有的环境机会都具有同等的吸引力，或者说，并不是每一个细分市场都是企业愿意进入和能够进入的。同时，对一个企业来说，总是无法提供市场内所有买主所需要的商品与劳务。由于资源有限，也为了提高效率，企业的营销活动必然局限在一定范围内。在制定市场营销策略时，企业必须在纷繁复杂的市场中发现何处最适于销售它的产品，购买者是哪些人，购买者的地域分布、需要、爱好以及其他购买行为的特征是什么。这就是说，企业在营销决策之前，要确定具体的服务对象，即选定目标市场。企业在市场细分的基础之上，通过分析、评估各个细分市场，并根据企业的主观、客观条件来选择目标市场，以便最终实现市场细分而给企业带来利益。

二、目标市场的选择

（一）目标市场选择的条件

一旦确定了市场细分机会，企业就必须依次评价各种细分市场和决定为多少个细分市场服务。然后，对各个细分市场进行价值评价，选择一个或几个最有价值的市场作为目标市场。为了选择适当的目标市场，企业必须对有关细分市场进行三个因素的考量：细分市场的吸引力、细分市场的规模和增长潜力、企业的目标和资源。

1. 细分市场的吸引力

细分市场的吸引力主要指它的长期盈利率、成长性等。决定一个市场是否具有长期吸引力有五种力量：现实的竞争者、潜在的竞争者、替代产品、购买者和供应者。企业必须充分估计这五种力量对长期盈利率、成长性等造成的威胁和机会。

如果某个市场上已有为数众多、实力强大或者竞争意识强烈的竞争者，该市场就失去了吸引力；如果某个市场可能吸引新的竞争者进入，他们将会投入新的生产能力和大量资源，并争夺市场占有率，这个市场也没有吸引力；如果某个市场已存在现实的或潜在的替代产品，这个市场就不具有吸引力；如果某个市场购买者的谈判能力很强或正在加强，他们强求降价，或对产品或服务苛求不已，并强化买方之间的竞争，那么，这个市场就缺乏吸引力；如果企业的供应者——原材料和设备供应商、公用事业、银行等，能够随意提高或降低产品和服务质量，或减少供应数量，该市场就没有吸引力。

2. 细分市场的规模和增长潜力

细分市场的规模和增长潜力主要指它的人口数量、现实及潜在购买力的大小等。如果市场规模狭小或者趋于萎缩状态，企业进入后难以获得发展，此时，应审慎考虑，不宜轻易进入。另外，细分市场的规模和增长潜力是相对于企业的规模与实力而言的。较小的市场对于大企业而言，不值得涉足；而较大的市场对于小企业而言，又缺乏足够的资源来进入，并且小企业在大市场上也无力与大企业竞争。

细分市场的增长潜力的大小，关系到企业销售和利润的增长，但有发展潜力的市场也常常是竞争者激烈争夺的目标，这又减少了它的获利机会。

3. 企业的目标和资源

在对细分市场进行评价时，企业还必须考虑对细分市场的投资与企业的目标和资源是否一致。有些细分市场虽然具有较大吸引力，也具有适合的规模和增长潜力，但要看是否符合企业的长远目标，如果不符合，就不得不放弃；另外，也要看企业是否具备在某个细分市场获得所必要的能力和资源，如果企业在该细分市场缺乏一个或更多的提供优势价值的竞争能力和资源，该细分市场就应放弃。

此外，企业还应当注意以下问题：一是要有效地解决好个性化服务与规模经营在成本与效益方面存在的矛盾；二是在实际操作中并非将整体市场分割得越细小越好，而是要适度，且以企业能够有效组织生产经营活动并有利可图为度；三是可以将那些市场需求差异性小或者在生产技术和原材料等方面关联性高的微小细分市场合并为规模较大的细分市场，以扩大经营规模，增加产品的批量，降低成本，提高效益。

✍ 探讨与应用

反细分策略

在强调市场细分化的过程中，有些公司认为把市场划分得越细越好，越能适应顾客需求，从而取得更大收益，因此实行了超细分策略。这种策略将市场过度地细分，因而导致企业总成本上升过快，从而减少总收益。于是一种被称为反细分策略应运而生。

反细分策略并不是反对市场细分，而是将许多过于狭小的细分市场组合起来，以便能以较低的价格去满足这一市场的需求。实行这种策略的出发点，是基于许多消费者的价值观和态度的变化，某些产品虽不能适合消费者的某些特殊需要，或者在经济增长、物价稳定时期不可能被接受，但经济萧条与通货膨胀已使得消费者对购买所获得的满足与价格之间的关系更为敏感，为了获得较低的价格，他们宁愿购买稍低于他们期望的产品。而反细分策略能有效地降低生产与营销成本，如较低的购买成本及较低的材料处理成本能够降低制造费用；较少的销售通路及较少的推销等费用支出能够降低促销成本；较低的分配路线投资能够降低资金支出等。

反细分策略实施可采用两种方法：一是由缩减产品线来减少细分市场，较适合于拥有广大产品线的企业。减少产品线，放弃较小或无利的细分市场，仍能以不同品质、不同特色的产品来吸引不同的目标顾客，并不会影响市场占有率。二是将若干个较小的细分市场集合起来，实行市场同合化，用提供较低价格和较普遍的产品来吸引消费者，形成较大的细分市场。

（资料来源：http://wenku.baidu.com。）

试分析：

你对反细分策略的理解。

（二）选择目标市场

企业在对不同细分市场评估后，可酌情选择一个或若干个甚至所有的细分市场，确定为企业的目标市场。企业在选择目标市场时有五种可供考虑的市场覆盖模式。

1. 市场集中化

这是一种最简单的目标市场模式。即企业只选取一个细分市场，只生产一类产品，供应某一单一的顾客群，进行集中营销。例如，某服装厂商只生产儿童服装。选择市场集中化模式一般基于以下考虑：企业具备在该细分市场从事专业化经营或取胜的优势条件；限于资金能力，只能经营一个细分市场；该细分市场中没有竞争对手；准备以此为出发点，取得成功后向更多的细分市场扩展。

2. 产品专业化

产品专业化是企业集中生产一种产品，并向各类顾客销售这种产品。如饮水器厂只生产一个品种，同时向家庭、机关、学校、银行、餐厅、招待所等各类用户销售。产品专业化模式实际上是实施非市场细分化战略，即不分割整体市场。其优点是企业专注于某一种或一类产品的生产，有利于形成和发展生产和技术上的优势，在该领域树立形象。其局限性是当该领域出现全新的技术与产品时，原有产品销售量有大幅度下降的危险。

3. 市场专业化

市场专业化是企业专门经营满足某一顾客群体需要的各种产品。比如某工程机械公司专门向建筑业用户供应推土机、打桩机、起重机、水泥搅拌机等建筑工程中需要的机械设备。市场专业化经营的产品类型众多，能有效地分散经营风险。但由于集中于某一类顾客，当这类顾客的需求下降时，企业也会遇到收益下降的风险。

4. 选择专业化

选择专业化是企业选取若干个具有良好的盈利潜力和结构吸引力，且符合企业的目标和资源的细分市场作为目标市场，其中每个细分市场与其他细分市场之间较少联系。其优点是可以有效地分散经营风险，即使某个细分市场盈利不佳，仍可在其他细分市场取得盈利。采用选择专业化模式的企业应具有较强的资源和营销实力。

5. 市场全面化

市场全面化是企业生产多种产品去满足各种顾客群体的需要。实力雄厚的大型企业选用这种模式才能收到良好的效果。

✍ 探讨与应用

跟屈臣氏学习如何锁定目标客户群

屈臣氏是现阶段亚洲地区最具规模的个人护理用品连锁店，是目前全球最大的保健及美容产品零售商和香水及化妆品零售商之一。

屈臣氏在"个人立体养护和护理用品"领域，不仅聚集了众多世界顶级品牌，而且还自己开发生产了600余种自有品牌。在中国的门店总数已经突破200家了。在客户关系管理中，屈臣氏发现在日益同质化竞争的零售行业，如何锁定目标客户群是至关重要的。

屈臣氏纵向截取目标消费群中的一部分优质客户，横向做精、做细、做全目标客户市场，倡导"健康、美态、欢乐"经营理念，锁定 18~35 岁的年轻女性消费群，专注于个人护理与保健品的经营。屈臣氏认为这个年龄段的女性消费者是最富有挑战精神的。她们喜欢用最好的产品，寻求新奇体验，追求时尚，愿意在朋友面前展示自我。

她们更愿意用金钱为自己带来大的变革，愿意进行各种新的尝试。而之所以更关注 35 岁以下的消费者，是因为年龄更长一些的女性大多早已经有了自己固定的品牌和生活方式了。深度研究目标消费群体心理与消费趋势，自有品牌产品从品质到包装全方位考虑顾客需求，同时降低了产品开发成本，也创造了价格优势。

屈臣氏靠自有品牌产品掌握了雄厚的上游生产资源，"屈臣氏"就可以将终端消费市场的信息第一时间反馈给上游生产企业，进而不断调整商品。从商品的原料选择到包装、容量直至定价，每个环节几乎都是从消费者的需求出发，因而所提供的货品就像是为目标顾客量身定制一般。

哪怕是一瓶蒸馏水，不论是造型还是颜色，都可以看出"屈臣氏"与其他产品的不同。

自有品牌在屈臣氏店内是一个独特的类别，消费者光顾屈臣氏不但选购其他品牌的产品，也购买屈臣氏的自有品牌产品。自有品牌产品每次推出都以消费者的需求为导向和根本出发点，不断带给消费者新鲜的理念。

通过自有品牌，屈臣氏时刻都在直接与消费者打交道，能及时、准确地了解消费者对商品的各种需求信息，又能及时分析掌握各类商品的适销状况。在实施自有品牌策略的过程中，由零售商提出新产品的开发设计要求，与制造商相比，具有产品项目开发周期短、产销不易脱节等特征，降低风险的同时降低了产品开发成本，也创造了价格优势。

（资料来源：http://chuangye.aifu360.com/672.html。）

试分析：

屈臣氏是如何进行目标市场选择的？

企业在研究进入细分市场方案时，除必须考虑评价进入细分市场时应考虑的诸因素之外，还应认真研究下述问题。

第一，企业的产品能否与所进入细分市场的需求有效匹配。即企业为所选择的目标市场提供的产品必须适销对路，富有特色，具有竞争力，且要有利可图。

第二，产品的市场涵盖面要适度。即要恰当地界定目标市场的界面，研究企业的产品适应多大范围顾客群体的需求为佳。若产品的市场涵盖面过于狭窄，因产品的特别设计即小批量经营可能会导致成本的上升，从而降低盈利水平。若产品的市场涵盖面过宽，为满足更大顾客群体的共同需求，势必要淡化产品的特色。

三、目标市场战略

（一）无差异性营销战略

实行无差异性营销战略的企业把整体市场看作一个大的目标市场，不进行细分，用一种产品、统一的市场营销组合对待整体市场。实行此战略的企业基于两种不同的指导思想，第一种是从传统的产品观念出发，强调需求的共性，漠视需求的差异。因此，企业为整体市场生产标准化产品，并实行无差异的市场营销战略。在 20 世纪 60 年代前，美国可口可乐公司一直奉行典型的无差异战略，以单一的品种、标准的瓶装和统一的广告宣传内容，长期占领世界非酒类饮料市场最大份额。在大量生产、大量销售的产品导向时代，企业多数采用无差异性营销战略。实行无差异战略的另一种思想是：企业经过市场调查之后，认为某些特定产品的消费者需求大致相同或较少差异，比如食盐，因此可以采用大致相同的市场营销策略。从这个意义上讲，它符合现代市场营销理念。

采用无差异性营销战略的最大的优点是成本的经济性。大批量的生产销售，必然降低单位产品成本；无差异的广告宣传可以减少促销费用；不进行市场细分，也相应减少了市场调研、产品研制与开发，以及制定多种市场营销战略、战术方案等带来的成本开支。

但无差异性营销战略对市场上绝大多数产品都是不适宜的，因为消费者的需求偏好具有极其复杂的层次，某种产品或品牌受到市场的普遍欢迎是很少的。即便一时能赢得某一市场，如果竞争企业都如此仿照，就会造成市场上某个部分竞争非常激烈，而其他市场部分的需求却未得到满足。例如，20 世纪 70 年代以前，美国三大汽车公司都坚信美国人喜欢大型豪华的小汽车，共同追求这一大的目标市场，采用无差异性市场营销战略。但是 70 年代能源危机发生之后，美国小轿车消费需求已经变化，消费者越来越喜欢小型、轻便、省油的小型轿车，而美国三大汽车公司都没有意识到这种变化，更没有适当地调整他们的无差异性营销战略，致使大轿车市场竞争"白热化"，而小型轿车市场却被忽略。日本汽车公司正是在这种情况下乘虚而入的。

（二）差异性营销战略

差异性市场营销是把整体市场划分为若干需求与愿望大致相同的细分市场，然后根据企业的资源及营销实力选择部分细分市场作为目标市场，并为各目标市场定制不同的市场营销组合策略。

采用差异性市场营销战略的最大长处是可以有针对性地满足具有不同特征的顾客群的需求，提高产品竞争力。但由于产品品种、销售渠道、广告宣传的扩大化与多样化，市场营销费用大幅度增加。所以，无差异性营销战略的优势基本上成为差异性市场战略的劣势。其他问题还在于：该战略在推动成本和销售额上升的同时，市场效益并不具有保证。因此，企业在市场营销中有时需要进行"反细分"或"扩大顾客的基数"。

（三）集中性市场战略

集中性市场战略是在将整体市场分割为若干细分市场后，只选择其中某一细分市场作为目标市场。其指导思想是把企业的人、财、物集中用于某一个或几个小型市场，不求在较多的细分市场上都获得较小的市场份额，而要求在少数较小的市场上得到较大的市场份额。

这一战略的不足是经营者承担风险较大，如果目标市场的需求情况突然发生变化，目标消费者的兴趣突然转移（这种情况多发生于时髦商品）或是市场上出现了更强有力的竞争对手，企业就可能陷入困境。

✍ 探讨与应用

只有一个产品，日本第一的外卖企业是怎样炼成的？

玉子屋——这家每天只卖一个单品，年收入却达到90亿日元（约合人民币5.4亿元），坐上了日本"外卖大王"的宝座。"玉子"在日语中是"鸡蛋"的意思，玉子屋的起源也确实和鸡蛋有关。

创始人菅原勇一郎出生于1939年，其父亲经营过一家养鸡场，搬家至东京后，经营创办一家卖鸡蛋、蔬菜的食材店。在创立玉子屋之前，菅原勇一郎在日本富士银行（现瑞穗银行）工作。父亲的经历加上对白领午餐吃得不好这一痛点的深刻体会，菅原勇一郎产生了做一家专门提供白领午餐的外卖公司的想法，生产和销售"好吃又便宜"的便当。

这就是玉子屋的起源。而菅原勇一郎也确实做到了。自1965年成立以来，凭借独特的商业模式，在众多的餐饮企业里突围而出，成为日本的外卖大王，每天卖出外卖便当13万份，让人刮目相看。

玉子屋围绕"只卖一个单品"的定位，将各个环节都做到了极致。聚焦能够简化顾客对品牌的认知，产生专家效应：只做一件事，顾客就会认为你做得最好。

而从经济学角度来讲，聚焦意味着达到专业化分工，就会有规模经济效应。

通常餐饮企业为了迎合客户的不同口味，会制作多种不同的菜单。而玉子屋却反其道而行之，每天只提供一个单品，但每天的菜都不同，周一到周五每天不重样。玉子屋的便当非常便宜，仅需450日元（相当于人民币27元左右），比同行的主力便当便宜20~30日元。而这个便当价格，在日本相当于3瓶550毫升可口可乐的价格。

菅原勇一郎认为，单一菜品的方式，既提高了食材品质，又保持了便宜的价格，还能在无形中降低顾客纠结于"吃什么"的决策成本。因此，玉子屋可以在同一价格区间，以优质食材取胜，满足顾客"好吃又便宜"的需求。而正是这种独特而精准的定位，让玉子屋能在餐饮行业的红海里脱颖而出。菅原勇一郎接受采访时说："每盒1000日元的价格，会有无数竞争对手，但每盒450日元的价格，并没有明显的仿效者。"

正是有了"单一菜品"对成本和效率的把控，玉子屋才有可能去追求规模经济。玉子屋的客户是各个公司，并不接受10份以下的订单，随着订单规模不断增加，单个产品的成本就自然会降低，因此玉子屋拥有了非常强的成本竞争力。

玉子屋一天所有的便当，是当天早上9：00到10：00接受预定。当天的最终数量，要在预定截止时才能知道。但便当食材却需要提前一天准备，而且便当的制作是在下单前就开始了的。那么，既要保证数量足够又不能有太多浪费。这个问题是怎么解决的呢？

玉子屋是通过与订餐单位的长期联络、回收饭盒时的跟踪调查等，结合历史数据分析来精准预判的。玉子屋不用一次性的便当盒，而是制作了可回收的便当盒，这其中另有深意。

一是为了降低成本，也为顾客省去扔垃圾的麻烦（日本垃圾分类要求极严）；

二是回收便当盒还有一个战略性的作用——"了解吃剩的饭菜"。

司机每天下午再次前往客户单位回收便当盒时，会打开盖子，认真记录剩菜情况并反馈给总部。这样既可以用来改进菜单，也通过与顾客再次见面，了解第二天的可能订单数量。

玉子屋的工作人员在回收便当盒时的经典"四问"是："您觉得便当的味道与菜量怎么样？""您希望菜单里增加什么菜品？""附近有比我们好吃和便宜的餐馆与便当店吗？""您公司最近有没有大型活动，您周末要加班吗？"

记录回答后，工作人员会将便当盒带回公司，这些信息会通过每日的工作报告实现共享，作为预测订餐量、改善菜品的重要依据。玉子屋没有销售人员，也没有花钱做营销。所有的营销活动都由配送司机完成，因为每天他们都和顾客见两次面，一次送便当，一次回收便当盒。

玉子屋认为：没有比每周见10次顾客更棒的营销了！

玉子屋的宣传方式非常直接，当司机给客户送便当的时候，会给客人送上一份菜单，这份菜单上是下周一至周日的菜谱，每天的便当菜式都不一样。而且司机在配送便当或者回收便当盒时，会拜访现有客户附近的办公室，并介绍公司及其产品。

（资料来源：世界经理人。）

试分析：

玉子屋成功的秘诀在哪里？

四、目标市场选择应考虑的因素

（一）企业能力

企业能力是指企业在生产、技术、销售、管理和资金等方面力量的总和。如果企业力量雄厚，且市场营销管理能力较强，即可选择差异性营销战略或无差异性营销战略。如果企业能力有限，则宜选择集中性营销战略。

（二）产品同质性

同质性产品主要表现在一些未经加工的初级产品上，如水力、电力、石油等，虽然产品在品质上或多或少存在差异，但用户一般不加区分或难以区分。因此，同质性产品竞争主要表现在价格和提供的服务条件上。该类产品适于采用无差异战略。而对服装、家用电器、食品等异质性需求产品，可根据企业资源力量，采用差异性营销战略或集中性营销战略。

（三）产品所处的寿命周期阶段

新产品上市往往以较单一的产品探测市场需求，产品价格和销售渠道基本上单一化。因此，新产品在引入阶段可采用无差异性营销战略。而待产品进入成长或成熟阶段，市场竞争加剧，同类产品增加，再采用无差异性营销战略就难以奏效，所以成长阶段改为差异性或集中性营销战略效果更好。

（四）市场的类同性

如果顾客的需求、偏好较为接近，对市场营销刺激的反应差异不大，可采用无差异性营销战略；否则，应采用差异性或集中性营销战略。

（五）竞争者战略

如果竞争对手采用无差异性营销战略，则企业选择差异性或集中性营销战略有利于开拓市场，提高产品竞争能力。如果竞争者已采用差异性战略，则不应以无差异战略与其竞争，可以选择对等的或更深层次的细分或集中化营销战略。

第三节　市场定位战略

一、市场定位的概念

"定位"一词是在两个广告经理艾尔·里斯和杰克·屈劳特于1972年在《广告时代》杂志发表了名为"定位时代"的系列文章之后开始流行的。他们对定位下的定义是：定位起始于一件产品、一种商品、一次服务、一家公司、一个机构或者甚至一个人……然而，定位并不是你对一件产品本身做些什么，而是你在有可能成为顾客的人的心目中做些什么，这也就是说，你得给产品在有可能成为顾客的人的心目中定一个适当的位置。

市场定位就是企业根据目标市场上需求和竞争者状况，为企业或其产品培养一定特色、树立一定的市场形象，并通过一系列的营销努力把这种个性或形象强有力地传达给顾客，从而确定该产品在市场上的位置。市场定位是由顾客对市场的认知决定的，顾客一旦对产品产生先入为主的印象，任何人也无法改变他们的决定。然而可以影响市场定位的过程，只要了解市场的运作，营销便可设法影响顾客对产品的认知，创造更强烈的产品形象。市场定位是指塑造一种产品在细分市场的位置，产品的特色或个性可以从产品实体上表现出来，如形状、成分、构造、性能等；也可以从消费者心理上反映出来，如豪华、朴素、时髦、典雅等；还可以表现为价格水平、质量水准等。

在现代市场营销学中，市场定位、产品定位、竞争性定位这三个术语往往交替使用，其实质是相同的，都属同一概念。

（1）市场定位是指（企业管理层决定）在关于市场需要（或产品属性）上，本企业和竞争者在目标市场上各处于何种位置。

（2）产品定位是指（企业管理层决定）就产品属性而言，本企业和竞争者的现有产品在目标市场上各处于何种位置。

（3）竞争性定位是指（企业管理层决定）在目标市场上，和竞争者的产品相比较，本企业应当提供何种产品。

企业在市场细分化的基础上，一旦选定自己的目标市场，紧接着的工作就是进行市场定位。企业在市场定位过程中，一方面要了解竞争者的产品的市场地位，另一方面要研究目标顾客对该产品的各种属性的重视程度，然后选定本企业产品的特色和独特形象，从而完成产品的市场定位。

二、市场定位的方法、程序和基本要求

（一）市场定位的方法

各个企业经营的产品不同，面对的顾客也不同，所处的竞争环境也不同，因此市场定位所依据的原则也不同。总的来讲，市场定位所依据的原则有以下四点。

1. 根据产品差异化定位

构成产品内在特色的许多因素都可以作为市场定位所依据的原则。比如所含成分、材料、质量、价格等。"七喜"汽水的定位是"非可乐",强调它是不含咖啡因的饮料,与可乐类饮料不同。"泰宁诺"止痛药的定位是"非阿司匹林的止痛药",显示药物成分与以往的止痛药有本质的差异。

产品差别化战略是从产品质量、产品款式等方面实现差别。寻求产品特征是产品差别化战略经常使用的手段。在全球通信产品市场上,苹果、华为、三星等全球化竞争对手,通过实行强有力的技术领先战略,在手机等通讯领域不断地为自己的产品注入新的特性,走在市场的前列,吸引顾客,赢得竞争优势。实践证明,某些产业特别是高新技术产业,哪一个企业掌握了最尖端的技术,率先推出具有较高价值的产品创新特征,就能够发展成为一种十分有效的竞争优势。

产品质量是指产品的有效性、耐用性和可靠程度等。比如,A 品牌的止痛片比 B 品牌疗效更高,副作用更小,顾客通常会选择 A 品牌。但是,这里又带来新的问题。是否质量、价格、利润三者完全成正比例关系呢?一项研究表明:产品质量与投资报酬之间存在着高度相关的关系,即高质量产品的盈利率高于低质量和一般质量的产品,但质量超过一定的限度时,顾客需求开始递减。显然,顾客认为过高的质量需要支付超出其质量需求的额外的价值(即使在没有让顾客付出相应价格的情况下可能也是如此)。

产品款式是产品差别化的一个有效工具,对汽车、服装、房屋等产品尤为重要。日本汽车行业中流传着这样一句话:"丰田的安装,本田的外形,日产的价格,三菱的发动机。"这句话道出了日本四家主要汽车公司的核心专长。说明"本田"外形设计优美入时,颇受年轻消费者的喜欢。

✍ 探讨与应用

江小白:小众市场的大成功

重庆江小白酒业有限公司是一家集高粱酒研发、酿造、分装和销售于一体的专业酒业公司。江小白:新生代青春小酒,公司自成立后迅速成长。江小白的产品是小曲清香型纯高粱酒,市场定位是针对年轻一代的"青春小酒","我是江小白,生活很简单",是其品牌内涵,主张简单,纯粹的生活态度,坚持小众而独特的企业经营价值。主打青春品牌时尚小酒,其品牌营销互联网化程度较高,在全国范围内铺货,主销市场仍在川渝,核心单品为"表达瓶"。江小白酒业致力于传统高粱酒的老味新生,提倡在传承传统工艺的基础上,进行面对新生代人群的白酒利口化和时尚化实践。

江小白品牌 2012 年首次亮相,在 2013 年整个白酒行业处于寒冬的背景下,江小白却脱颖而出、逆市增长,实现千万元级收入,之后呈快速增长趋势,2017 年实现约 7 亿元销售收入。

江小白抓住了行业变革的风口,将产品准确定位在"80、90后"年轻一代。同时江小白选了口味没有被充分挖掘的重庆高粱酒,加入新的元素,为年轻人量身打造小曲清香型纯高粱酒，老味新生，为老品类赋予新的灵魂。江小白运用互联网社区、微博等社会化营销工具，采取线上线下结合的方式，即"O2O营销"，让消费者主动分享传播，更大程度上提高营销效率和价值，打破原有白酒"渠道为王"的销售逻辑，和用户做朋友，自带流量，从用户端倒逼渠道。江小白线下渠道去中间化，各省只有一级经销商，平台直营深度分销，从餐饮渠道切入，人海战术精耕细作，一个个餐饮网点去攻破，每天一个小组可以抢下200~300个有效餐饮网点，这种快消式打法使得江小白快速高效地抢占终端。由于线上社交媒体已经积攒了一定的用户数，所以当江小白进驻天猫、京东时，可以实现一定的导流。同时江小白布局了一些可以为其线上导流的资源（如影视剧），效果很好，巨大的品牌关注度产生了巨大的流量，带动线上销售高速增长。

（资料来源：中国酒业论坛网，2018-08-30。）

试分析：

江小白面对小众目标市场是如何精准定位并获得成功的？

2. 根据服务差别化定位

服务差别化是指向目标市场提供与竞争者不同的服务。企业的竞争力越能体现在顾客服务水平上，市场差别化就越容易实现。如果企业把服务要素融入产品的支撑体系，就可以在许多领域建立"进入障碍"。因为服务差别化能够提高顾客总价值，保持牢固的顾客关系，从而击败竞争对手。对于技术精密产品，如汽车、计算机等更为有效。

如果产品或服务中的技术占据了价值的主要部分，则技术质量战略是行之有效的。但竞争者之间技术差别越小，这种战略作用的空间也越小。一旦众多的厂商掌握了相似的技术，技术领先就难在市场上有所作为。

除了实际产品区别外，企业还可以使其与产品有关的服务不同于其他企业。一些企业靠速度、便利或及时、安全的运输来取得竞争优势，安装服务也能使企业区别于其他企业。例如，美国第一银行在超级市场开设了服务周全的分支机构，并且在假日和晚上为顾客提供便利的服务；IBM以高质量的安装服务闻名于世，它总是把所有购买的零件及时送到。并且，当要求把IBM设备搬走和安装到别处时，IBM公司也经常把竞争者的设备也帮忙搬走。企业还可以根据维修服务进一步区分，许多汽车购买者宁愿多付一点钱，多跑一段路，到提供第一流服务的汽车经销商那儿买车。一些企业靠提供培训服务或咨询服务来区别于其他企业。企业还可以找到许多其他方法来通过差异化服务增加自己产品的价值。

3. 根据顾客得到的利益定位

产品提供给顾客的利益是顾客最能切实体验到的，也可以用作定位的依据。1975年，美国米勒（Miller）推出了一种低热量的"Lite"牌啤酒，将其定位为喝了不会发胖的啤酒，迎合了那些经常饮用啤酒而又担心发胖的人的需要。世界上各大汽车巨头的定位也各有特色，劳斯莱斯车豪华气派、丰田车物美价廉、沃尔沃则结实耐用。

4. 根据使用者类型定位

企业常常试图将其产品指向某一类特定的使用者，以便根据这些顾客的看法塑造恰当的形象。美国米勒啤酒公司曾将其原来唯一的品牌"高生"啤酒定位于"啤酒中的香槟"，吸引了许多不常饮用啤酒的高收入妇女。后来发现，占30%的狂饮者大约消费了啤酒销量的80%，于是，该公司在广告中展示石油工人钻井成功后狂欢的镜头，还有年轻人在沙滩上冲刺后开怀畅饮的镜头，塑造了一个"精力充沛的形象"。在广告中提出"有空就喝米勒"，从而成功占领啤酒狂饮者市场达10年之久。

事实上，许多企业进行市场定位的依据往往不止一个，而是多个依据同时使用。因为要体现企业及其产品的形象，市场定位必须是多维度的、多侧面的。

（二）市场定位的程序

市场定位通过识别潜在竞争优势、企业核心竞争优势定位和制定发挥核心竞争优势的战略三个程序实现。

1. 识别潜在竞争优势

识别潜在竞争优势是市场定位的基础。通常企业的竞争优势表现在两方面：成本优势和产品差别化优势。成本优势是企业能够以比竞争者低廉的价格销售相同质量的产品，或以相同的价格水平销售更高一级质量水平的产品。产品差别化优势是指产品独具特色的功能和利益与顾客需求相适应的优势，即企业能向市场提供在质量、功能、品种、规格、外观等方面比竞争者更好的产品。为实现此目标，首先必须进行规范的市场研究，切实了解目标市场需求特点以及这些需求被满足的程度。这是能否取得竞争优势，实现产品差别化的关键。其次，要研究主要竞争者的优势和劣势，知己知彼，方能战而胜之。可以从三个方面评估竞争者：一是竞争者的业务经营情况，如近三年的销售额、利润率、市场份额、投资收益率等；二是竞争者核心营销能力，主要包括产品质量和服务质量的水平等；三是竞争者的财务能力，包括获利能力、资金周转能力和偿还债务能力等。

2. 企业核心竞争优势定位

核心竞争优势是与主要竞争对手相比，企业在产品开发、服务质量、销售渠道和品牌知名度等方面所具有的可获取明显差别利益的优势。应把企业的全部营销活动加以分类，并将主要环节与竞争者相应环节进行比较分析。以识别和形成核心竞争优势。

3. 制定发挥核心竞争优势的战略

企业在市场营销方面的核心能力与优势，不会自动地在市场上得到充分的表现，必须制定明确的市场战略来加以体现。比如，通过广告传导核心优势战略定位，逐渐形成一种鲜明的市场概念，这种市场概念能否成功，取决于它是否与顾客的需求和追求的利益相吻合。

✍ 探讨与应用

信用卡3.0时代：浦发银行信用卡贴着消费者心思的新布局

信用卡业务"金融服务实体"的落脚点，其实是服务于万千消费者、持卡人。与之一脉相承的是，"服务于居民消费本源"，这是当前浦发银行信用卡的市场定位也是其经营思路中的第一条。

以持卡人小莫为例。小莫最初以为，自己与浦发银行的交集只是一张信用卡，但现在看来，交集已经是她的一部分生活。用她自己的话说，衣食住行、本地生活以及由此自然应运而生的存、贷、汇、理财，都越来越被浦发银行信用卡和"浦大喜奔"APP给"圈粉"了。

信用卡服务实体之：陪伴消费者生活

"周一买衣服能找半价、周二吃饭能找半价、周三买零食能找半价、周四做美甲能找半价、周五逛超市能找半价；不管是下馆子还是点外卖，都能找到附近优惠力度最大的店；出门玩的话，酒店要找划算的、Wi–Fi要找免费的、门票要找联票的；还有健身、观影、养车、读书、亲子活动……我的生活，都得是品质又好又实惠的。"小莫如数家珍。

要满足诸如小莫提出的多场景需求，如果在十年前，或许需要一家一家门店打听、比价；即使在当前，也需要花时间网上搜索或多个APP切换查询。但在小莫这儿，她只需要一张浦发银行信用卡、连接着一个浦发银行APP，即能办到。

正是为了提升万千用户的体验，"浦大喜奔"APP经过数十次升级，逐渐成为一个集消费、金融、生活于一体的消费生态平台，是涵盖优惠信息导航、境外消费权益等吃喝玩乐娱一站式服务的高频入口，让用户打开APP就能随时随地享受到身边的权益及实惠。

其中被小莫评价为"带来切实优惠"的"小浦惠花"，是浦发银行信用卡基于客户的消费场景全新打造的品质商户联盟优惠平台，并依托"浦大喜奔"APP智能地图实时定位功能推荐附近的"惠花联盟"商户，给客户更好的消费选择和体验，也以此助推消费升级。

同样吸引小莫的还有"浦大喜奔"APP上为用户设计的"一站式境外服务"体验。进入APP后，身处不同国家和地区的用户只需点击屏幕一键切换，就能将首页改为境外界面，所有相关功能一目了然；此外，"小浦惠花"的智能生活地图功能也已经拓展到了境外主要的信用卡消费国家和地区：一旦对用户所在国家或地区进行精准定位后，就将优先推荐附近的优惠商户。

也正是因为对浦发银行信用卡的长期信赖，自然而然地，当小莫在成长成熟的人生道路上有更多的金融需求时，也会选择浦发银行的各类金融产品。

对此，浦发银行相关负责人曾表示过对客户整体服务方面的期冀：当客户使用了浦发银行信用卡后，浦发银行还有一整套金融协同的服务方案能提供给客户；浦发银行用产品和服务为客户创造价值，也希望成为客户未来全方位金融需求的"主办行"。

（资料来源：21世纪经济报道，2019–09–27。）

试分析：

浦发银行信用卡是如何定位的？

（三）市场定位的基本要求

市场定位的要求如下：

（1）研究、分析消费者对于某种产品属性的重视程度（包括对实物属性的要求和心理上的要求）。

（2）研究、分析目标市场上竞争对手在产品空间中的分布状况。

（3）研究、分析消费者心目中对该类产品"理想点"的位置。

（4）研究、分析本企业为目标市场提供的产品应确定的产品空间位置。

假设某企业选定了消费者家庭用250升冰箱市场为目标市场。该企业最高管理层要研究：在这个目标市场上，自己的产品与竞争对手的产品在消费者心目中处于何种位置？怎样才能最有效地适应消费者的需要？竞争对手在产品空间中的分布状况如何？

这家企业经过调查研究，了解到消费者关心的主要是产品质量和价格。目标市场上有4个竞争者，要了解这些对手的销售额大小及它们的产品。它们分别为消费者提供不同质量和价格的冰箱：竞争者A生产和出售高质量和高价格的250升冰箱，竞争者B生产和出售中等质量和中等价格的250升冰箱，竞争者C生产和出售低质量和低价格的250升冰箱，竞争者D生产和出售低质量和高价格的250升冰箱。

当竞争者的产品定位处于上述情况的时候，这家企业的产品应当定在什么位置上呢？一般可以有两种选择：第一种是选择在某一个竞争者的同样位置上，也就是说，争夺这个竞争者的现有消费者；第二种选择是把产品定位于竞争对手未开发的空白处，例如决定生产和出售高质量和低价格的250升冰箱。企业最高管理层通过进一步分析发现消费者对该类产品的"理想点"就是高质量、低价格。而本企业又具备为消费者提供这一"理想点"产品的条件，所以决定采取第二种选择。

三、市场定位战略

市场定位作为一种竞争战略，显示了一种产品或一家企业同类似的产品或企业之间的竞争关系。定位方式不同，竞争态势也不同，下面分析三种主要定位方式。

（一）避强定位

这是一种避开强有力的竞争对手的市场定位。其优点是：能够迅速地在市场上站稳脚跟，并能在消费者或用户心目中迅速树立起一种形象。由于这种定位方式市场风险较小，成功率较高，为多数企业所采用。

✍ 探讨与应用

聚焦儿童市场，蒙牛未来星再推新

中国的儿童和家长消费者对"未来星"这个名字可谓耳熟能详，早在2005年初，乳业巨头蒙牛便推出了蒙牛"未来星"品牌，旗下包含纯牛奶和乳饮料两个细分品类。2008年，经历过重新定位的蒙牛再次携未来星亮相，将产品定位为"儿童专属牛奶"，一经上市，月销售额便迅速破亿元。

近日，蒙牛再次推出了一款未来星妙点点乳酸菌饮品，这款产品中含有5种进口乳酸菌，同时加入了生牛乳配方发酵，为水蜜桃口味，包含清甜滋味和丝滑口感。

未来星妙点点系列和大热IP"熊出没"达成了合作，在这款新品的瓶身上印有5种"熊熊乐园"图案，100ml的轻巧规格更便于儿童手拿、携带，冷藏之后口味更佳。

其实，早在2019年5月23日，这款未来星妙点点乳酸菌饮品便已经顺利试产下线，

6 月 17 日，蒙牛集团常温事业部新品工作坊在蒙牛北京通州工厂顺利建成，这款产品亮相后，备受现场众人欢迎，并将开始在全国范围内陆续上市。

有数据显示，我国现有儿童人口近 3 亿人，此外每年新增出生人口为 1600 万人，按每个孩子年消费 6000 元至 7000 元计算，儿童消费市场已经达到 2 万亿元。其中，儿童饮品消费需求潜力巨大，也蕴藏着越来越多的商机。此次，蒙牛未来星再推妙点点乳酸菌饮料新品，希望凭借强有力的品牌实力和产品力，在这一市场上抢占更多的消费份额，发展之路再上新台阶。

（资料来源：http：//www.foodaily.com/market/show.php？itemid＝19829，有改动。）

试分析：

蒙牛的未来星妙点点乳酸菌是如何定位的？

（二）对抗性定位

这是一种与在市场上占据支配地位的、亦即最强的竞争对手"对着干"的定位方式。显然，这种定位有时会产生危险，但不少企业认为能够激励自己奋发上进，一旦成功就会取得巨大的市场优势。例如，可口可乐与百事可乐之间持续不断地争斗，肯德基与麦当劳对着干等。实行对抗性定位，必须知己知彼，尤其应清醒估计自己的实力，不一定试图压垮对方，只要能够平分秋色就是巨大的成功。

（三）重新定位

重新定位是对销路少、市场反应差的产品进行二次定位。这种重新定位旨在摆脱困境，重新获得增长与活力。这种困境可能是企业决策失误引起的，也可能是对手有力反击或出现新的强有力竞争对手而造成的。不过，也有重新定位并非因为已经陷入困境，而是因为产品意外地扩大了销售范围引起的。例如，专为青年人设计的某种款式的服装在中老年消费者中也流行开来，该服饰就会因此而重新定位。

实行市场定位应与产品差异化结合起来。如上所述，定位更多地表现在心理特征方面，它产生的结果是潜在的消费者或用户怎样认识一种产品，对一种产品形成的观念和态度；产品差异化是在类似产品之间造成区别的一种战略，因此，产品差异化是实现市场定位目标的一种手段。

✍ **探讨与应用**

王老吉凉茶的重新定位

凉茶在广东、广西地区由"三花三草"熬制，在众多老字号凉茶中，以王老吉最为著名，王老吉凉茶发明于清道光年间，至今已有近 200 年的历史，被公认为凉茶始祖。到了近代，王老吉凉茶便随着华人的足迹遍及世界各地。

早期的王老吉凉茶是当茶卖，85% 的市场来自两广地区，企业迫切意识到要打开全国市场。王老吉到底是什么？不解决这个问题，就等于没有找到目标消费群，就打不开全国市场，所以要想打开全国市场就必须给王老吉凉茶这个产品进行重新定位。经过重新将其定位为预防上火的功能型饮料，并帮其确立了"怕上火，认准正宗王老吉"的广告语。从今天来看，这条广告语成为红罐王老吉腾飞的关键因素。

由于给出"预防上火"的饮料品牌定位，之后分析出它的独特价值在于喝红罐王老吉能预防上火，让消费者能无忧无虑尽情享受生活。所以红罐王老吉把市场瞄准在吃煎炸、烧烤、火锅、通宵达旦看足球、夏日晒阳光浴一类人及活动上。

这样的市场定位，有利于王老吉走出去，面对更多的消费者。不再局限于两广地区，这样真的为王老吉打通了道路，也同时避免了王老吉直接与国内知名品牌的直接较量和竞争。在这个事情上王老吉形成了独立的个体，很好地与他人区分。

市场定位的确定，明确了营销推广方向，从而确立了广告的标准——"怕上火，认准正宗王老吉"。广告恰当地选用了消费者认为日常最易上火的五个场景：吃火锅、通宵看足球、吃油炸食品薯条、烧烤和夏日阳光浴。画面中人们在开心享受上述活动的同时纷纷畅饮王老吉，再结合时尚元素，动感十足的广告歌反复吟唱"不用怕什么，尽情享受生活，怕上火，认准正宗王老吉"，促进消费者在吃火锅、烧烤时自然联想到红罐王老吉，从而促成购买。

（资料来源：http：//blog. sina. com. cn/s/blog＿964514210102wcvy. html。）

试分析：

结合案例分析市场重新定位要注意什么？

四、定位常见错误

市场定位，对一个企业、一个品牌、一个产品来说举足轻重。许多企业都因为定位策略的失误导致损失。最常见的市场定位错误是定位模糊和定位过宽。

定位模糊。消费者无法了解企业真正的意图。

定位过宽。企业进行市场细分后，如果无法挖掘自身的真正卖点，在未完成自身定位时将产品投入所有的细分市场，会使消费者无法留有清晰的印象。

✍ **探讨与应用**

曾经风光无限的路虎为何现在卖不动了？

在国内消费者的心目中，路虎是比奔驰、宝马、奥迪"BBA"要高半个档次的豪车，可谓是超豪华品牌。而路虎本身的英国皇室"血统"、专业的越野性能、硬朗的车身等，都给国内消费者留下了深刻的印象。

在2009年的经典电视剧《蜗居》中，宋思明就说了一番关于路虎很经典的话，"我说海藻啊，这可不是一般的吉普车，这是路虎！英国皇室的专用座驾，你觉得它难看，可我觉得它是车里面最好看的一款。这开车的男人，有血性的，都希望拥有一款路虎……"。可以说，当时路虎在国内就是身份的象征，要想购买得花费巨资。比如路虎极光刚上市的那几年，还得加价十几万元才能买到！

可惜的是，随着消费者购车逐渐理性，终于发现路虎并不是那么好。所谓的英国皇室"血统"，早在被兜兜转转的甩卖之中荡然无存。从宝马到福特，最终路虎落到了印度塔塔公司手中。而在国人的印象中，印度的工业水平并不先进。这样一来，国内消费者对路虎的印象就大打折扣。

最关键的是，在2015年央视"3·15"晚会上，央视曝光了路虎极光的变速箱存在倒挡失灵、行驶中失速等诸多质量问题。在众多车主的反馈中，路虎的小毛病更是多到没法数——异响、车门损坏、漏刹车油等，完全与其高昂售价和豪华定位不符。因此，还有众多网友传出了"修不好的路虎、开不坏的丰田"等顺口溜。

此外，路虎在国产化的进程中选择了奇瑞作为合作伙伴。"奇瑞捷豹路虎"这么长的铭牌印在车尾，似乎看起来就有一种廉价感。

综合种种因素，虽然路虎如今仍然是高端品牌，但由于市场定位以及自身的问题，路虎现在在国内销售惨淡，像路虎极光、路虎神行、路虎揽胜星脉动辄优惠十几万元。2018年9月销售数据显示，捷豹路虎在中国仅售出7439辆，同比下跌46.2%。

（资料来源：世界经理人网，2018-10-28，作者：康斯坦丁。）

试分析：

路虎的市场定位失败的原因？

☆ 同步测试

◇ 单项选择题

1. 同一细分市场的顾客需求具有（　　）。

A. 绝对的共同性　　B. 较多的共同性　　C. 较少的共同性　　D. 较多的差异性

2. 当市场上出现下列（　　）情况时，客观上就出现了不同的细分市场。

A. 集群偏好　　　　B. 同质偏好　　　　C. 分散偏好　　　　D. 需求偏好

3. 下列哪项不是市场细分的原则？（　　）

A. 可衡量性　　　　B. 可区分性　　　　C. 可对比性　　　　D. 可盈利性

4. 就每一特定市场而言，最佳市场营销组合只能是（　　）的结果。

A. 市场细分　　　　B. 精心策划　　　　C. 综合平衡　　　　D. 统筹兼顾

5. 采用（　　）的模式的企业应具有较强的资源和营销实力。

A. 市场集中化　　　B. 市场专业化　　　C. 产品专业化　　　D. 市场的全面覆盖

◇ 多项选择题

1. 属于产业市场细分变量的有（　　）。

A. 社会阶层　　　　B. 行业　　　　　　C. 价值观念　　　　D. 地理位置

E. 购买标准

2. 产品专业化意味着（　　）。

A. 企业只生产一种产品供应给各类顾客

B. 有助于企业形成和发展其生产和技术上的优势

C. 可有效地分散经营风险

D. 可有效发挥大型企业的实力优势

E. 进行集中营销

3. 市场定位的主要方式有（　　　）。

A. CIS　　　　　　　B. POP　　　　　　　C. 避强定位　　　D. 对抗性定位

E. 重新定位

4. 企业通常根据（　　）情况来决定对不同竞争者的对策。

A. 竞争者的强弱　　　　　　　　　　B. 竞争者与本企业的相似程度

C. 竞争环境的变化　　　　　　　　　D. 竞争者的数目

E. 竞争者表现的好坏

5. 现代市场营销理论根据企业在市场上的竞争地位把企业分为（　　　）。

A. 市场主导者　　　B. 市场挑战者　　　C. 市场开拓者　　　D. 市场补缺者

E. 市场跟随者

◇**判断题**

1. 产品差异化营销以市场需求为导向。　　　　　　　　　　　　　　（　　）

2. 市场细分只是一个理论抽象，不具有实践性。　　　　　　　　　　（　　）

3. 无差异性市场营销战略完全不符合现代市场营销理论。　　　　　　（　　）

4. 与产品市场生命周期阶段相适应，新产品在引入阶段可采用无差异性营销战略。

（　　）

5. 企业的竞争力越是体现在对顾客服务的水平上，市场差别化就越容易实现。（　　）

◇**简答题**

1. 细分消费者市场主要依据哪些变量？

2. 简述企业如何选择目标市场战略。

☆创业营销技能实训项目

列举熟悉的十种产品，分析产品定位的方法及定位策略

［训练目标］通过对知名产品定位的比较，加深对本任务内容的理解。

［训练组织］学生每 10 人分为一组，每人负责一种产品的资料收集。

［创业思考］试着用一句话来概括你身边所见产品的市场定位。

［训练提示］教师提出活动前要求，保证产品种类多样，同时随组指导。

［训练成果］各组汇总，教师讲评。

☆案例分析

"三只松鼠"的定位营销

　　"三只松鼠"是在 2012 年推出的第一个互联网森林食品品牌，产品很小清新，代表着天然、新鲜以及非过度加工。上线仅仅 65 天，"三只松鼠"的销售就跃居淘宝天猫坚

果行业的第一名。在品牌的发展模式上，"三只松鼠"以互联网为依托，利用 B2C 平台进行线上销售，迅速开创了一个新型食品零售模式。这种特有的商业模式缩短了商家与客户的距离，确保带给顾客新鲜、美味的食品。

而在 2017 年和 2018 年天猫"双十一"的促销中，"三只松鼠"都夺得了坚果类目的冠军，创造了中国互联网食品的一个奇迹，成为农产品行业中的翘楚。是什么促成了"三只松鼠"今日的成就？与传统农产品的营销相比，"三只松鼠"有哪些特别之处？

做营销，首先就要确定目标消费者，紧接着投其所好。三只松鼠的目标人群定位非常明确，它的客户群体定位是"80、90 后"互联网用户群体。"80、90 后"个性张扬，有自己的主见和行为准则，他们追求时尚、享受生活、善待自己，对细节挑剔，习惯网购，注重全方位的消费体验。"三只松鼠"从命名开始，就很注重契合目标消费者的特点。"三只松鼠"的 CEO 章燎原介绍，互联网的主流群体是"85 后"，非常年轻，所以互联网化的品牌名称，除了要能很好记忆，也要好玩些。而当这两者合为一体，就很容易联想到动物，于是得到了"三只松鼠"这一名称。

此外，"三只松鼠"的形象和包装也是根据消费者的需求定位出来的。三只小松鼠色彩鲜丽、活泼可爱。如今，这三只松鼠正逐步笼络"80、90 后"互联网用户群体，尤其是针对女性，在线上设有品茶、赏花、看书、写作等专区，极大地吸引了年轻一代女性的注意力，拉动产品消费。

不仅如此，"三只松鼠"还基于"80、90 后"互联网用户群体的定位，适应顾客的各种口味，特意将位于销售链前端的售前客服进行分组，分组的标准则是根据客服的性格与个人偏好决定。这些定位于目标消费群体的营销方式，极大地满足了顾客的消费体验。如此一来，增加了很多回头客，二次购买率不断提升。

线下的三只松鼠投食店，带给顾客不一样的零食新体验。整个店面营造出一种森林的感觉，松树林立，三只松鼠的玩偶随处可见。灯光被做成了输液的形状，座椅就是树墩，买零食就像在森林里摘果子。收银台叫打赏处，标签价格叫投食价，总而言之，三只松鼠巧妙地把 IP 融合到了店铺的每一个角落。

不光光是布景上有新意，进店后的购买过程也充满乐趣。顾客进入投食店就能感受到来自三只松鼠的零食文化。同时，线下的体验也加深了用户的品牌印象和认知，逐步为品牌构筑了差异化竞争力。

精心的布景，贴心的服务，使得三只松鼠的线下店也颇受欢迎，无疑为品牌带来销量的同时，也促进了品牌的传播，相信在线下线上的共同努力下，三只松鼠一定会发展得越来越好。而线上线下相结合，也必定成为未来零售的主流趋势，同时，不管线上还是线下注重用户体验，做好服务始终是获取消费者的关键所在，获取了消费者，才能赢得市场。

（资料来源：搜狐新闻，经过整理和加工。）

阅读以上材料，回答问题：

1. "三只松鼠"是如何对目标市场进行精准定位的？采取的相应营销策略包括哪些？

2. "三只松鼠"的定位营销值得借鉴之处有哪些？

第七章
市场竞争战略

◆ **本章学习目标**

☞ 应用知识目标

1. 了解竞争者分析的一般方法；

2. 掌握市场领导者、市场挑战者、市场跟随者和市场利基者的基本含义及市场竞争战略。

☞ 应用技能目标

1. 应用所学分析竞争者的目标；

2. 判断竞争者战略，评估竞争者的优势与劣势。

☞ 创业必知知识点

1. 识别竞争者；

2. 判断竞争者战略。

📖 中国传统文化与营销启示

知己知彼，百战不殆；不知彼而知己，一胜一负；不知彼，不知己，每战必败。

——《孙子兵法·谋攻篇》

全师避敌。左次无咎，未失常也。

——《三十六计·走为上计》

启示：在竞争中，要分析竞争对手并了解竞争对手进而确定应采取的策略。李嘉诚能从一个小学徒成为连续21年的香港首富，其竞争能力应当非比寻常。在他众多的成功商战中，九龙仓一战非常知名。20世纪，英资怡和财团一直雄踞香港，当时的华商都希望能够改变香港英国资本统治的经济格局，所以李嘉诚及当时的香港船王包玉刚都在找机会出击。此时两位商界巨头都看重了怡和财团手中的风水宝地"九龙仓"，三方角逐，局势一片混乱。当时的李嘉诚面对竞争对手，分析形势，认为自己与包玉刚的目标都是为华商争得在香港的经济地位，他及时在乱局中以"走为上计"，抽身而出，将自己暗中收纳的九龙仓股份卖给包玉刚，成为包玉刚战胜怡和集团的关键所在。无数华资企业扬眉吐气的同时，李嘉诚获利5000多万港元，更让包玉刚感激之余投桃报李，将和记黄埔股票转让给李嘉诚，为其日后争夺和记黄埔奠定了基础。李嘉诚在极其混乱的局势中，措施得当，进退适宜，既避免了与怡和财团的正面交锋带来的极大风险，又赢得了包玉刚和香港市民的广泛赞誉，成为其经典之战。这取决于李嘉诚在分析竞争对手时"知己知彼"，并能采取绝佳的"上计"竞争策略。

第一节　竞争者分析

"知己知彼，百战不殆"。企业要制定正确的竞争战略和策略，就要深入了解竞争者，主要方面有：谁是我们的竞争者，他们的战略和目标是什么，他们的优势与劣势是什么，他们的反应模式是什么，我们应当攻击谁、回避谁。

一、识别竞争者

识别竞争者似乎是一件很容易的事，但是，公司的现实和潜在竞争者的范围是极其广泛的，如果不能正确地识别，就会患上"竞争者近视症"。公司被潜在竞争者击败的可能性往往大于现实的竞争者。"白猫"洗衣粉的最大威胁不是来自联合利华或宝洁公司，而是正在研制的不需要洗衣粉的超声波洗衣机。公司应当有长远的眼光，从行业结构和业务范围的角度识别竞争者。

（一）行业竞争观念

行业是一组提供一种或一类密切替代产品的相互竞争的公司。密切替代产品指具有高度需求交叉弹性的产品。比如，长虹电视机价格降低会引起康佳电视机需求减少，戴尔电脑价格上升会引起联想电脑需求增加，二者互为密切替代品。

经济学家认为，行业动态首先决定于需求与供应的基本状况，供求会影响行业结构，行业结构又影响行业的行为，如产品开发、定价和广告战略等，行业的行为决定着行业的绩效，如行业的效率、成长和就业。这里主要讨论决定行业结构的主要因素。

1. 销售商数量和产品差异程度

基于销售商数量和产品差异程度产生了五种行业结构类型。

（1）完全垄断。完全垄断指在一定地理范围内某一行业只有一家公司供应产品或服务。完全垄断可能由规章法令、专利权、许可证、规模经济或其他因素造成。通常情况下，完全垄断可分为"政府垄断"和"私人垄断"两种。在私人垄断条件下，追求最大利润的垄断者会抬高商品价格，少做或不做广告，并提供最低限度的服务。如果该行业内出现了替代品或紧急竞争危机，垄断者会改善产品和服务，以此作为阻止新竞争者进入的障碍。

（2）完全寡头垄断。完全寡头垄断是寡头垄断的一种类型。寡头垄断指某一行业内少数几家大公司提供的产品或服务占据绝大部分市场并相互竞争，分为完全寡头垄断和不完全寡头垄断。完全寡头垄断也称为无差别寡头垄断，指某一行业内少数几家大公司提供的产品或服务占据绝大部分市场，并且顾客认为各公司产品没有差别，对不同品牌无特殊偏好。在一些国家中，钢铁、铝、轮胎、石油等行业多为完全寡头垄断。寡头企业之间的相互牵制导致每一企业只能按照行业的现行价格水平定价，不能随意变动，竞争的主要手段是改进管理、降低成本、增加服务。

（3）不完全寡头垄断。不完全寡头垄断也称为差别寡头垄断，指某一行业内少数几家大公司提供的产品或服务占据绝大部分市场，并且顾客认为各公司的产品存在差异，对某些品牌形成特殊偏好，其他品牌不能替代。汽车、飞机、电脑等行业多为差别寡头垄断。顾客愿意以高于同类产品的价格购买自己喜爱的品牌，寡头垄断企业对自己经营的受顾客喜爱的名牌产品具有垄断性，可以制定较高价格以增加盈利。竞争的焦点不是价格，而是产品特色。

（4）垄断竞争。垄断竞争指某一行业内有许多卖主且相互之间的产品有差别，顾客对某些品牌有特殊偏好，不同的卖主以产品的差异性吸引顾客，开展竞争。企业竞争的焦点是扩大本企业品牌与竞争品牌的差异，突出特色。应当注意，产品的差异性有些是客观上存在的，易于用客观手段检测或直观感觉证实；有些则是购买者主观心理上存在的，不易用客观或主观方法加以检测。比如，汽车的速度、油耗和部件易损程度可用客观手段检测，减震性、舒适性、噪音大小和喷漆光亮度可用眼、耳、身等感官加以感觉；而不同品牌化妆品的营养皮肤功能和抗衰老功能，不同品牌服装的"档次"等都不易用客观或主观手段检测。对于客观上不易造成差别的同质产品或不易用客观和主观手段检测的产品，企业可以运用有效的营销手段如款式、商标、包装、价格和广告等在购买者中造成本品牌与竞争品牌的心理差别，强化特色，夺取竞争优势。

（5）完全竞争。完全竞争指某一行业内有许多卖主且相互之间的产品没有差别。完全竞争大多存在于均质产品市场，如食盐、农产品、水泥等。买卖双方都只能按照供求关系确定的现行市场价格，都是"价格的接受者"而不是"价格的决定者"。企业竞争战略的焦点是降低成本、增加服务并争取扩大与竞争品牌的差别。

2. 进入与流动障碍

一般而言，如果某个行业具有高度的利润吸引力，其他企业会设法进入。但是，进入一个行业会遇到许多的障碍，这主要包括缺乏足够的资本、未实现规模经济、无专利和许可证、无场地、原料供应不充分、难以找到愿意合作的分销商、产品的市场信誉不易建立等。其中一些障碍是行业本身固有的，另外一些障碍是先期进入垄断市场的企业单独或联合设置的，以维护其市场地位和利益。即使企业进入了某一行业，在向更有吸引力的细分市场流动时，也会遇到流动障碍。各个行业的进入与流动障碍不同，比如，进入粉笔制造业十分容易，进入飞机制造业则极其困难。某个行业的进入与流动障碍高，先期进入的企业就能够获取高于正常水平的利润率，其他企业只能望洋兴叹；某个行业的进入与流动障碍低，其他企业就会纷纷进入，使该行业的平均利润率降低。

3. 退出与收缩障碍

如果某个行业利润水平低下甚至亏损，已进入的企业会主动退出，并将人力、物力和财力转向更有吸引力的行业。但是退出一个行业也会遇到退出障碍，主要包括：对顾客、债权人或雇员的法律和道义上的义务，政府限制，过分专业化或设备陈旧造成的资产利用价值低，未发现更有利的市场机会，高度的纵向一体化，感情障碍等。即使不完全退出该行业，仅仅是缩小经营规模，也会遇到收缩障碍。由于存在退出与收缩障碍，许多企业在已经无利可图的时候，只要能够收回可变成本和部分收回固定成本，就会在一个行业内维持经营。它们的存在降低了行业的平均利润率，打算在该行业内继续经营的企业出于自身的利益考虑应设法减少它们的退出障碍，如买下退出者的资产、帮助承担顾客义务等。

4. 成本结构

在每个行业里从事业务经营所需的成本及成本结构不同。比如，轧钢业所需成本大而化妆品业所需成本小，轧钢业所需的制造和原材料成本大而化妆品业所需分销和促销成本大。公司应把注意力放在最大成本上，在不影响业务发展的前提下减少这些成本。轧钢厂将主要成本用于建立最现代化的工厂比用于广告宣传更有利，化妆品制造商将主要成本用于建立广泛分销渠道和广告宣传可能比投入生产更有利。

5. 纵向一体化

在许多行业中，实行前向或后向一体化有利于取得竞争优势。农工商联合体从事农产品的生产、加工和销售业务，可以降低成本，控制增值流，还能在各个细分市场中控制价格和成本，使无法实现纵向一体化的企业处于劣势。

6. 全球经营

有些行业局限于地方经营，如理发店、浴室、影院、歌舞厅等；有些行业则适宜发展全球经营，如飞机、电脑、电视机、石油等，可称为全球性行业。在全球性行业从事业务经营，必须开展以全球为基础的竞争，以实现规模经济和赶上最先进的技术。

（二）业务范围导向与竞争者识别

每个企业都要根据内部和外部条件确定自身的业务范围并随着实力的增加而扩大业务范围。企业在确定和扩大业务范围时都自觉或不自觉地受一定导向支配，导向不同，竞争者识别和竞争战略就不同。

1. 产品导向与竞争者识别

产品导向指企业业务范围限定为经营某种定型产品，在不从事或很少从事产品更新的前提下设法寻找和扩大该产品的市场。

企业的每项业务包括四个方面的内容：一是要服务的顾客群，二是要迎合的顾客需求，三是满足这些需求的技术，四是运用这些技术生产出的产品。根据这些内容可知，产品导向指企业的产品和技术都是既定的，而购买这种产品的顾客群体和所要迎合的顾客需求却是未定的，有待于寻找和发掘。在产品导向下，企业业务范围扩大指市场扩大，即顾客增多和所迎合需求增多，而不是指产品种类或花色品种增多。

实行产品导向的企业仅仅把生产同一品种或规格产品的企业视为竞争对手。产品导向的适用条件是：市场产品供不应求，现有产品不愁销路；企业实力薄弱，无力从事产品更新。当原有产品供过于求而企业又无力开发新产品时，主要营销战略是市场渗透和市场开发。市场渗透是设法增加现有产品在现有市场的销售量，提高市场占有率。市场开发是寻找新的目标市场，用现有产品满足新市场的需求。

2. 技术导向与竞争者识别

技术导向指企业业务范围限定为经营用现有设备或技术生产出来的产品。业务范围扩大指运用现有设备和技术或对现有设备和技术加以改进而生产出新的花色品种。对照企业业务的四项内容看，技术导向指企业的生产技术类型是确定的，而用这种技术生产出何种产品、服务于哪些顾客群体、满足顾客的何种需求却是未定的，有待于根据市场变化去寻找和发掘。

技术导向把所有使用同一技术、生产同类产品的企业视为竞争对手。适用条件是某具体品种已供过于求，但不同花色品种的同类产品仍然有良好前景。与技术导向相适应的营销战略是产品改革和一体化发展，即对产品的质量、样式、功能和用途加以改革，并利用原有技术生产与原产品处于同一领域的不同阶段的产品。

技术导向未把满足同一需要的其他大类产品的生产企业视为竞争对手，易于发生"竞争者近视症"。例如，钢笔的竞争者包括圆珠笔、铅笔、签字笔和智能手机等；数码相机生产企业的主要威胁不是来自其他同类企业，而是照相功能日益强大的手机。当满足同一需要的其他行业迅猛发展时，本行业产品就会被淘汰或严重供过于求，继续实行技术导向就难以维持企业生存。

3. 需要导向与竞争者识别

需要导向指企业业务范围确定为满足顾客的某一需求，并运用可能互不相关的多种技术生产出分属不同大类的产品去满足这一需求。对照业务范围的四项内容来看，需要导向指所迎合的需要是既定的，而满足这种需要的技术、产品和所服务的顾客群体却随着技术的发展和市场的变化而变化。

实行需要导向的企业把满足顾客同一需要的企业都视为竞争者，而不论他们采用何种技术、提供何种产品。适用条件是市场商品供过于求，企业具有强大的投资能力，运用多种不同技术的能力和经营促销各类产品的能力。如果企业受到自身实力的限制而无法按照需要导向确定业务范围，也要在需要导向指导下密切重视需求变化和来自其他行业的可能的竞争者，在更高的视野上发现机会和避免危险。

需要导向的竞争战略是新产业开发，进入与现有产品和技术无关但满足顾客同一需要的行业。

4. 顾客导向和多元导向

顾客导向指企业业务范围确定为满足某一群体的需要。业务范围扩大则指发展与原顾客群体有关但与原有产品、技术和需要可能无关的新业务。对照企业业务的四项内容看，顾客导向指企业要服务的顾客群体是既定的，但此群体的需要有哪些，满足这些需要的技术和产品是什么，则要根据内部和外部条件加以确定。

顾客导向的适用条件是企业在某类顾客群体中享有声誉和销售网络等优势并能够转移到公司的新增业务上。换句话说，该顾客群体出于对公司的信任和好感而乐于购买公司增加经营的与原产品生产技术上有关或无关的其他产品，公司也能利用原有的销售渠道促销新产品。顾客导向的优点是能充分利用企业在原顾客群体的信誉、业务关系或渠道销售其他类型产品，减少进入市场的障碍，增加企业销售和利润总量。缺点是企业要有丰厚的资金和运用多种技术的能力，并且新增业务若未能获得顾客信任和满意将损害原有产品的声誉和销售。

多元导向指企业通过对各类产品市场需求趋势和获利状况的动态分析确定业务范围，新发展业务可能与原有产品、技术、需要和顾客群体都没有关系。如海尔集团经营制药厂，宝洁公司经营幼儿食品，菲利普·莫里斯公司经营啤酒、饮料和冷冻食品等。适用条件是企业有雄厚的实力、敏锐的市场洞察力和强大的跨行业经营的能力。多元导向的优点是可以最大限度地发掘和抓住市场机会，搬开原有产品、技术、需要和顾客群体对企业业务发展的束缚；缺点是新增业务若未能获得市场承认将损害原成名产品的声誉。

二、判定竞争者的战略和目标

（一）判定竞争者的战略

公司最直接的竞争者是那些处于同一行业同一战略群体的公司。战略群体指在某特定行业内推行相同战略的一组公司。战略的差别表现在目标市场、产品档次、性能、技术水平、价格、销售范围等方面。区分战略群体有助于认识以下三个问题：

1. 不同战略群体的进入与流动障碍不同

比如，某公司在产品质量、声誉和纵向一体化方面缺乏优势，则进入低价格、中等成本的战略群体较为容易，而进入高价格、高质量、低成本的战略群体较为困难。

2. 同一战略群体内的竞争最为激烈

处于同一战略群体的公司在目标市场、产品类型、质量、功能、价格、分销渠道和促销战略等方面几乎无差别，任一公司的竞争战略都会受到其他公司的高度关注并在必要时作出强烈反应。

3. 不同战略群体之间存在现实或潜在的竞争

不同战略群体的顾客会有交叉。比如，实行不同营销战略的复读机制造商都会向学习英语的中学生和大学生销售产品。

每个战略群体都试图扩大自己的市场，涉足其他战略群体的领地，在企业实力相当和流动障碍小的情况下尤其如此。

（二）判定竞争者的目标

竞争者的最终目标当然是追逐利润，但是每个公司对长期利润和短期利润的重视程度不同，对利润满意水平的看法不同。有的企业追求利润"最大化"目标，不达最大，绝不罢休；有的企业追求利润"满足"目标，达到预期水平就不会再付出更多努力。具体的战略目标多种多样，如获利能力、市场占有率、现金流量、成本降低、技术领先、服务领先等，每个企业有不同的侧重点和目标组合。了解竞争者的战略目标及其组合可以判断他们对不同竞争行为的反应。比如，一个以低成本领先为目标的企业对竞争企业在制造过程中的技术突破会作出强烈反应，而对竞争企业增加广告投入则不太在意。美国企业多数按照最大限度扩大短期利润的模式经营，因为当前经营绩效决定着股东满意度和股票价值。日本公司则主要按照最大限度扩大市场占有率的模式经营，由于贷款利率低，资金成本低，所以对利润的要求也较低，在市场渗透方面显示出更大的耐心。竞争者的目标由多种因素确定，包括企业的规模、历史、经营管理状况、经济状况等。

知识链接

蓝海战略与红海战略

我们把整个市场想象成海洋，这个海洋由红色海洋和蓝色海洋组成，红海代表现今存在的所有产业，这是我们已知的市场空间；蓝海则代表当今还不存在的产业，这就是未知的市场空间。那么所谓的蓝海战略就不难理解了，蓝海战略其实就是企业超越传统产业竞争、开创全新的市场的企业战略。

红海战略属于竞争，面对竞争随需应变；蓝海战略更加注重价值创新，创造需求。红海是成熟市场，风险低，但竞争激烈；蓝海是待开发的新市场，潜力大，但风险也高。红海战略是指在现有的市场空间中竞争，是在价格中或者在推销中做降价竞争，是在争取效率，然而增加了销售成本或是减少了利润；蓝海战略是开创无人争抢的市场空间，超越竞争的思想范围，开创新的市场需求，开创新的市场空间，经由价值创新来获得新的空间。"红海"是竞争极端激烈的市场，但"蓝海"也不是一个没有竞争的领域，而是一个通过差异化手段得到的崭新的市场领域，在这里，企业凭借其创新能力获得更快的增长和更高的利润。

三、评估竞争者的实力和反应

（一）评估竞争者的优势与劣势

竞争者能否执行和实现战略目标，取决于资源和能力。评估竞争者可分为以下三步。

1. 收集信息

收集竞争者业务上最新的关键数据，主要包括销售量、市场份额、心理份额、情感份额、毛利、投资报酬率、现金流量、新投资、设备能力利用等。其中，"心理份额"指回答"举出这个行业中你首先想到的一家公司"这个问题时，提名竞争者的顾客在全部顾客中的比例。"情感份额"指回答"举出你最喜欢购买其产品的一家公司"这一问题时，提名竞争者的顾客在全部顾客中的比例。收集信息的方法是查找第二手资料和向顾客、供应商及中间商调研得到第一手资料。

2. 分析评价

根据所得资料综合分析竞争者的优势与劣势（如表 7 - 1 所示）。

表 7 - 1　　　　　　　　　　　竞争者的优势与劣势分析

品牌	顾客对竞争者的评价				
	品牌知名度	产品质量	销售渠道	技术	市场推广
A	优秀	优秀	差	差	良好
B	良好	良好	优秀	良好	优秀
C	中等	差	良好	中等	中等

在表 7 - 1 中，列出了对树立和维持竞争优势起关键性作用的五大因素：品牌知名度、产品质量、销售渠道、技术和市场推广。每一个评价因素的评价结果有四档：优秀、良好、中等和差。从表中可以清楚地看到三个竞争对手的优势与劣势情况：竞争对手 A 闻名遐迩，产品质量深受顾客的青睐，市场推广活动做得有声有色，最大的弱点是销售渠道不畅，影响了产品向周围地区的扩散，同时技术力量薄弱，产品的开发能力差；竞争对手 B 总的经营情况不错，特别是覆盖能力强、辐射力大的销售渠道是企业未来持续发展的保证，品牌知名度和产品质量方面还有提高的空间；竞争对手 C 的大多数关键因素处于中下水平，劣势明显。

3. 优胜基准

优胜基准指找出竞争者在管理和营销方面的最好做法，并以此为基准，然后加以模仿、组合和改进，力争超过竞争者。福特汽车公司总裁曾指示属下的设计师根据顾客认为最重要的 400 个特征组合新汽车，模仿和改进竞争者的最佳特征，如座位、外形、发动机、操作系统等，造出了当时最先进的、最受顾客欢迎的新汽车。优胜基准的步骤为：

（1）确定优胜基准项目；

（2）确定衡量关键绩效的变量；

（3）确定最佳级别的竞争者；

（4）衡量最佳级别竞争者的绩效；

（5）衡量公司绩效；

（6）制定缩小差距的计划和行动；

（7）执行和监测结果。

（二）评估竞争者的反应模式

了解竞争者的经营哲学、内在文化、主导信念和心理状态可以预测它对各种竞争行为的反应。竞争中常见的反应类型有以下四种。

1. 从容型竞争者

从容型竞争者指对某些特定的攻击行为没有迅速反应或强烈反应。可能的原因是：认为顾客忠诚度高，不会转移购买；认为该行为不会产生大的效果；缺乏作出反应所必需的资金条件等。

2. 选择型竞争者

选择型竞争者指只对某些类型的攻击作出反应，而对其他类型的攻击无动于衷。比如，对降价行为作出针锋相对的回击，而对增加广告费用则不做反应。了解竞争者会在哪些方面作出反应，有利于企业选择最为可行的攻击类型。

3. 凶狠型竞争者

凶狠型竞争者指对所有的攻击行为都作出迅速而强烈的反应。这类竞争者意在警告其他企业最好停止任何攻击。

4. 随机型竞争者

随机型竞争者指对竞争攻击的反应具有随机性，有无反应和反应强弱无法根据其以往的情况加以预测。

四、确定竞争对象与战略原则

（一）确定攻击对象和回避对象

在了解竞争者以后，企业要确定与谁展开最有力的竞争，竞争者不外乎以下三类。

1. 强竞争者与弱竞争者

攻击弱竞争者在提高市场占有率的每个百分点方面所耗费的资金和时间较少，但能力提高和利润增加也较少。攻击强竞争者可以提高自己的生产、管理和促销能力，更大幅度地扩大市场占有率和利润水平。

2. 近竞争者和远竞争者

多数公司重视同近竞争者对抗并力图摧毁对方，但是竞争胜利可能招来更难对付的竞争者。

3. "好"竞争者与"坏"竞争者

"好"竞争者的特点是：遵守行业规则；对行业增长潜力提出切合实际的设想；按照成本合理定价；喜爱健全的行业，把自己限制在行业的某一部分或某一细分市场中；推动他人降低成本，提高差异化；接受为他们的市场份额和利润规定的大致界限。"坏"竞争者的特点是：违反行业规则，企图靠花钱而不是靠努力去扩大市场份额，敢于冒大风险，生产能力过剩仍然继续投资。总之，他们打破了行业平衡。公司应支持好的竞争者，攻击坏的竞争者。

更重要的是，竞争者的存在会给公司带来一些战略利益，如增加总需求，导致产品更多的差别，为效率较低的生产者提供了成本保护伞，分摊市场开发成本，服务于吸引力不大的细分市场，降低了违反反垄断法的风险等。

（二）企业市场竞争的战略原则

企业的市场竞争战略会随着时间、地点、竞争者状况、自身条件和市场环境等因素的变化而变化，然而，万变不离其宗，某些基本战略是不会改变的，企业领导者必须把握这些不变的战略去适应变化的环境。

1. 创新制胜

创新制胜即企业应根据市场需求不断开发出适销对路的新产品，以赢得市场竞争的胜利。现代社会的生产能力大于市场需求，众多企业为了维持生存，争先恐后地开发出不胜枚举的新花色、新品种、新款式投放市场，力图得到顾客青睐。顾客需求则随着收入增加和可挑选商品的增多而水涨船高，可谓日新月异，变化万千。创新是活力的源泉，企业应当加强市场调查和预测，争取最先洞察消费需求的变化，领先研制出适合消费需求的新产品，掌握市场竞争的主动权。

2. 优质制胜

优质制胜即企业向市场提供的产品在质量上应当优于竞争对手，以赢得市场竞争的胜利。质量是产品或服务的特色和品质的总和，决定着顾客需求的满足程度。质量优劣表现为同类产品在价格和其他销售条件相同时被顾客选中的概率，选中的概率大，质量就好，反之则差。产品质量是企业竞争力的核心，企业应从自身利益和顾客利益出发，千方百计地创优质产品，创名牌产品。

3. 廉价制胜

廉价制胜即企业的同类同档次产品的价格应当比竞争对手更低，以赢得市场竞争的胜利。市场需求是有支付能力的需求，价格是市场需求的调节器，在质量和其他条件相同或相近时，价格低廉的商品会受到顾客欢迎。价格降低虽然使单位产品的利润降低，但是会增加总销售量，扩大总利润。企业应在保证产品质量的前提下提高生产效率，降低生产成本和营销成本，为低价竞争奠定基础。

4. 技术制胜

技术制胜即企业应致力于发展高新技术，实现技术领先，以赢得市场竞争的胜利。科学技术决定着企业的生产效率、产品成本、管理水平、经济效益和顾客需求的满足程度。现代科学技术的发展一日千里，谁落在后面，谁就将被市场淘汰。有能力的企业和有远见的企业家都不惜代价地研制或引进高新技术和先进设备，力争走在技术进步的前列，开发科技含量高、附加价值高的新产品，在市场竞争中占领制高点。

5. 服务制胜

服务制胜即企业提供比竞争者更完善的售前、售中和售后服务，以赢得市场竞争的胜利。销售服务决定着产品的性能能否良好发挥和顾客需求能否充分满足。在其他条件相同时，谁能提供更周到的服务，谁就能赢得顾客。

6. 速度制胜

速度制胜即企业应当以比竞争对手更快的速度推出新产品和新的营销战略，抢先占领市场，赢得市场竞争的胜利。"时间就是金钱"，谁对市场需求的反应快、技术开发快、新产品投放快，谁就能在一段时间内形成独家供应的局面，集中吸纳顾客购买力，迅速扩大市场，不但能壮大企业实力，还能在顾客中形成先入为主的"正宗""正牌"的观念。

7. 宣传制胜

宣传制胜即企业应当运用广告、公共关系、人员推销和销售促进等方式大力宣传企业和产品，提高知名度和美誉度，树立良好形象，以赢得市场竞争的胜利。

✍ 探讨与应用

一山藏二虎

微软的 Surface 看起来是一个非常好的产品，满足了许多用户的需求，与 iPad 相比看起来似乎价格更便宜。但它却在一个非常典型的红海市场中，因为廉价个人计算设备市场里的产品太多了。不要忘记，在我们使用平板电脑之前，我们有上网本这个低成本、减配却非常实用的个人电脑，其采购价低于 Surface 一半。所以，Surface 在功能上超过了上网本，但是价格也要贵很多。

这是经典的红海行为。结果当然是价格暴跌，竞争激烈，供应商增多，利润率下降。

这个市场中的"赢家"无疑会赢得销售额，但他们会获得可观的利润吗？

尽管 iPad 的销售不佳，但苹果公司似乎完全专注于销售这款似乎并非很多人需要的产品。苹果公司已经开发并推出了 Apple Watch。苹果公司表示，它已经展望未来，并认为今天的技术将会移至我们的身体上并变得更加个性化。它不会像平板电脑那样是 PC 的另一种变体，而是全新的电脑体验。

微软关注现有市场，并考虑如何不惜一切代价赢得销售份额。微软是一个红海竞争者。苹果则开创了新的市场。苹果的成功并非建立在保卫历史市场的基础之上，相反，它开创了使现有市场过时的新市场。随着它推出新产品，它甚至会蚕食自己的产品市场。苹果避开红海，更喜欢开发蓝海。

（资料来源：世界经理人。）

试分析：

未来哪家公司会更成功？

五、竞争地位分析

一系列竞争者构成一个竞争者系统。在这个系统中，各个企业的资源情况和经营能力不同，必然形成高低不同的层次，也就是各自的地位不同。分析竞争者的地位，有助于更好地制定竞争的目标和战略，决定是继续投资、维持现状，还是收缩或退出所在的行业。现代市场营销理论根据企业在目标市场上所起的领导、挑战、追随和拾遗补缺的作用，将企业分为市场领导者、市场挑战者、市场追随者和市场利基者四类。

第二节　竞争战略

市场领导者指占有最大的市场份额，在价格变化、新产品开发、分销渠道建设和促销战略等方面对本行业其他公司起着领导作用的公司。

占据着市场领导者地位的公司常常成为众矢之的。要击退其他公司的挑战，保持第一位的优势，必须从三个方面努力：扩大总需求，保护现有市场份额，扩大市场份额。

一、市场领导者竞争战略

（一）扩大总需求

市场领导者占有的市场份额最大，在市场总需求扩大时受益也最多。扩大总需求的途径是开发产品的新用户、寻找产品的新用途和增加顾客使用量。

1. 开发新用户

（1）转变未使用者

转变未使用者就是要说服那些尚未使用本行业产品的人开始使用，把潜在顾客转变为现实顾客。

（2）进入新的细分市场

新的细分市场指该细分市场的顾客使用本行业产品，但是不使用其他细分市场的同类产品和品牌。

（3）地理扩展

地理扩展指寻找尚未使用本产品的地区，开发新的地理市场。例如，轿车在发达国家已经趋于饱和，可向发展中国家和不发达国家转移。

2. 寻找新用途

寻找新用途是指设法找出产品的新用法和新用途以增加销售。比如，食品生产者常常在包装上印制多种食用或烹制方法，有冷食、热食、浸泡、炸炒、干食等。产品的许多新用途往往是顾客在使用中发现的，企业应及时了解和推广这些发现。

3. 增加使用量

（1）提高使用频率。企业应设法使顾客更频繁地使用产品。例如，果汁营销人员应说服人们不仅在待客时才饮用果汁，平时也要饮用果汁以增加维生素。

（2）增加每次使用量。企业应该设法使顾客增加每次使用量。例如，清洁用品营销人员应说服人们在清洁时要达到标准使用量，否则会影响效果。

（3）增加使用场所。电视机生产企业可以宣传在卧室和客厅等不同房间分别摆放电视机的好处，如观看方便、避免家庭成员选择频道的冲突等，宣传这是美好生活的需要，是生活水平提高的表现而不是奢侈或浪费，打破原先只买一台的习惯和节俭思想，使有条件的家庭乐于购买两台以上电视机。

（二）保护市场份额

占据市场领导者地位的公司在力图扩大市场总需求的同时，还必须时刻注意保护自己的现有业务免遭竞争者入侵。最好的防御方法是发动最有效的进攻，不断创新，永不满足，掌握主动，在新产品开发、成本降低、分销渠道建设和顾客服务等方面成为本行业的先驱，持续增加竞争效益和顾客让渡价值。即使不发动主动进攻，至少也要加强防御，堵塞漏洞，不给挑战者可乘之机。市场领导者不可能防守所有的阵地，必须认真地探查哪些阵地应不惜代价严防死守，哪些阵地可以放弃而不会带来太大损失，将资源集中用于关键之处。防守战略的基本目标是减少受到攻击的可能性，或将进攻目标引到威胁较小的区域并设法减弱进攻的强度。主要防御战略有以下六种：

1. 阵地防御

阵地防御指围绕企业目前的主要产品和业务建立牢固的防线，根据竞争者在产品、价格、渠道和促销方面可能采取的进攻战略制定自己的预防性营销战略，并在竞争者发起进攻时坚守原有的产品和业务阵地。阵地防御是防御的基本形式，是静态的防御，在许多情况下是有效的、必要的，但是单纯依赖这种防御则是一种"市场营销近视症"。企业更重要的任务是技术更新、新产品开发和扩展业务领域。当年亨利·福特固守 T 型车的阵地就惨遭失败，使得年盈利 10 亿美元的公司险些破产。海尔集团没有局限于赖以起家的冰箱市场，而是积极从事多元化经营，开发了空调、彩电、洗衣机、电脑、微波炉、干衣机等一系列产品，成为我国电器行业著名品牌。

2. 侧翼防御

侧翼防御指企业在自己主阵地的侧翼建立辅助阵地以保卫自己的周边和前沿，并在必要时作为反攻基地。20 世纪 70 年代美国各大汽车公司的主要产品是豪华型轿车，未注意小型省油车这一侧翼产品，受到日本和欧洲汽车制造商生产的小型省油车的攻击而失去大片市场。超级市场在食品和日用品市场占据统治地位，但是在食品方面受到以快捷、方便为特征的快餐业的蚕食，在日用品方面受到以廉价为特征的折扣商店的攻击。为此，超级市场提供广泛的、货源充足的冷冻食品和速冻食品以抵御快餐业的蚕食，推广廉价的无品牌商品并在城郊和居民区开设新店以击退折扣商店的进攻。

3. 以攻为守

以攻为守指在竞争对手尚未构成严重威胁或在向本企业采取进攻行动前抢先发起攻击以削弱或挫败竞争对手。这是一种先发制人的防御，公司应正确地判断何时发起进攻效果最佳以免贻误战机。有的公司在竞争对手的市场份额接近于某一水平而危及自己市场地位时发起进攻，有的公司在竞争对手推出新产品或推出重大促销活动前抢先发动进攻，如推出自己的新产品、宣布新产品开发计划或开展大张旗鼓的促销活动，压倒竞争者。公司先发制人的方式多种多样：可以运用游击战，这儿打击一个对手，那儿打击一个对手，使各个对手疲于奔命，忙于招架；可以展开全面进攻，覆盖各个细分市场；也可以持续性地打价格战，如长虹电视机曾数次率先降价，使未取得规模效益的竞争者陷入困境；还可以开展心理战，警告对手自己将采取某种打击措施而实际上并未付诸实施。某著名电器公司得知另外一家公司正在研制一种新产品，一旦成功将会对本公司产品造成威胁，就放风说本公司正在研制该产品并即将取得成功，迫使那家公司放弃了研制计划。当然，这种战略只能偶尔为之，不能经常使用。

4. 反击防御

反击防御指市场领导者受到竞争者攻击后采取反击措施。要注意选择反击的时机，可以迅速反击，也可以延迟反击。如果竞争者的攻击行动并未造成本公司市场份额迅速下降，可采取延迟反击，弄清竞争者发动攻击的意图、战略、效果和其薄弱环节后再实施反击，不打无把握之仗。反击战略主要有：

（1）正面反击。正面反击即与对手采取相同的竞争措施，迎击对方的正面进攻。如果对手开展大幅度降价和大规模促销等活动，市场领导者凭借雄厚的资金实力和卓著的品牌声誉以牙还牙地采取降价和促销活动可以有效地击退对手。

（2）攻击侧翼。攻击侧翼即选择对手的薄弱环节加以攻击。某著名电器公司的冰箱受到对手的削价竞争而损失了市场份额，但是洗衣机的质量和价格比竞争者占有更多的优势，于是对洗衣机大幅度降价，使对手忙于应付洗衣机市场而撤销对冰箱市场的进攻。

（3）钳形攻势。钳形攻势即同时实施正面攻击和侧翼攻击。比如，竞争者对冰箱削价竞销，则本公司不仅冰箱降价，洗衣机也降价，同时还推出新产品，从多条战线发动进攻。

（4）退却反击。退却反击是指在竞争者发动进攻时先从市场退却，避免正面交锋的损失，待竞争者放松进攻或麻痹大意时再发动进攻，收复市场，以较小的代价取得较大的战果。比如，某洗涤剂公司在竞争者开展大规模促销活动时偃旗息鼓，使竞争者对促销的效果估计过高。待竞争者结束促销活动后，该公司又强化促销，并在不提价的情况下增加包装内的商品分量，迅速夺回市场，并使竞争者怀疑原先的促销效果，放弃以后的攻击行动。

（5）围魏救赵。围魏救赵是指在对方攻击我方主要市场区域时，我方攻击对方的主要市场区域，迫使对方撤销进攻以保卫自己的大本营。例如，当康佳电视机在四川市场向长虹电视机发动进攻的时候，长虹电视机也进攻广东市场，还以颜色。

5. 机动防御

机动防御指市场领导者不仅要固守现有的产品和业务，还要扩展到一些有潜力的新领域，以作为将来防御和进攻的中心。

6. 收缩防御

收缩防御指企业主动从实力较弱的领域撤出，将力量集中于实力较强的领域。当企业无法坚守所有的市场领域，并且由于力量过于分散而降低资源效益的时候，可采取这种战略。其优点是在关键领域集中优势力量，增强竞争力。

（三）扩大市场份额

一般而言，如果单位产品价格不降低且经营成本不增加，企业利润会随着市场份额的扩大而提高。咖啡市场份额的每个百分点价值为4800万美元，软饮料为12000万美元。但是，切不可认为市场份额提高就会自动增加利润，还应考虑以下三个因素：

1. 经营成本

许多产品往往有这种现象：当市场份额持续增加而未超出某一限度的时候，企业利润会随着市场份额的提高而提高；当市场份额超过某一限度仍然继续增加时，经营成本的增加速度就大于利润的增加速度，企业利润会随着市场份额的提高而降低，主要原因是用于提高市场份额的费用增加了。如果出现这种情况，则市场份额应保持在该限度以内，市场领导者的战略目标应是扩大市场份额而不是提高市场占有率。

2. 营销组合

如果企业实行了错误的营销组合战略，比如过分地降低商品价格，过高地支出公关费、广告费、渠道拓展费、销售员和营业员奖励费等促销费用，承诺过多的服务项目导致服务费大量增加等，则市场份额的提高反而会造成利润下降。

3. 反垄断法

为了保护自由竞争，防止出现市场垄断，许多国家的法律规定，当某一公司的市场份额超出某一限度时，就要强行地分解为若干个相互竞争的小公司。西方国家的许多著名公司都曾经因为触犯这条法律而被分解。如果占据市场领导者地位的公司不想被分解，就要在自己的市场份额接近临界点时主动加以控制。

📝 探讨与应用

太阳马戏团的蓝海战略

蓝海很重要，因为这些市场潜力巨大，竞争较少，所以只要你继续创新，你就有更多的机会成为占统治地位的公司。以下是从蓝海战略角度出发的成长型思维的关键要素。

一是专注于当前客户——专注于非客户，二是在现有市场中竞争——创造一个无竞争的市场以为之提供服务，三是打败竞争对手——跳出竞争对手的赛道，四是利用现有需求——创造并捕捉新需求。

下面我们来看看太阳马戏团的蓝海战略。

太阳马戏团在20世纪80年代为步入衰退的马戏团行业赋予了新的定义。在传统的战略分析中，马戏团行业是一个失败者。因为明星演员对公司具有"供应商权力"；从体育赛事到家庭娱乐系统，其他相对便宜娱乐形式正在兴起；此外，动物权利团体正在对马戏团对待动物的方式增加压力。所以，太阳马戏团淘汰了这些动物并降低了个人明星的重要性。它创造了一种新的娱乐形式，将舞蹈、音乐和运动技能结合起来，吸引了已经放弃传统马戏团的高层次成人观众。

让我们准确回顾一下太阳马戏团对蓝海战略的四个要素所做的反应：

应该取消行业哪些要素？太阳马戏团取消了动物、明星演员和三个独立的表演场地。

应该减少哪些要素，使其低于行业标准？太阳马戏团减少了与传统马戏团相关的许多危险要素。

应该增加哪些要素，使其高于行业标准？太阳马戏团通过开发自己的帐篷增加了演出场地的独特性，而不是在现有场馆内进行表演。

应该增加哪些行业内从未提供过的要素？太阳马戏团引入了戏剧性主题、艺术音乐和舞蹈，以及更高档、精致的环境。

太阳马戏团以高价格吸引新的顾客群体，主要是成年人而非儿童，并重新调整了马戏团的定位。今天，太阳马戏团的估值超过25亿美元。

（资料来源：世界经理人。）

试分析：

太阳马戏团占据市场领导地位的原因是什么？

二、市场挑战者竞争战略

市场挑战者指在行业中占据第二位及以后位次，有能力对市场领导者和其他竞争者采取攻击行动，希望夺取市场领导者地位的公司。

（一）确定战略目标与竞争对手

军事上的"目标原则"主张每次军事行动必须指向一个明确规定的、决定性的和可以达到的目标。大多数市场挑战者的目标是增加自己的市场份额和利润，减少对手的市场份额。战略目标与所要进攻的竞争对手直接相关。

1. 攻击市场领导者

这一战略风险大，潜在利益也大。当市场领导者在其目标市场的服务效果较差而令顾客不满或对某个较大的细分市场未给予足够关注的时候，采用这一战略带来的利益更为显著。

2. 攻击规模相同但经营不佳的公司

公司应当仔细调查竞争者是否满足了消费者的需求，是否具有产品创新的能力，如果在这些方面有缺陷，就可作为攻击对象。

3. 攻击规模较小而且资金缺乏的公司

这种情况在我国改革开放初期比较普遍，许多实力雄厚、管理有方的外国独资和合资企业一进入市场，就击败了当地资金不足、管理混乱的弱小企业。

（二）市场挑战者竞争战略

1. 选择挑战战略

选择挑战战略应遵循"密集原则"，即集中优势兵力，以取得决定性的效果。

（1）正面进攻。正面进攻是相对于强项而不是弱项发起进攻。比如，以更好的产品、更低的价格、更大规模的广告攻击对手的拳头产品。决定正面进攻胜负的是"实力原则"，即享有较大资源（人力、财力和物力）的一方将取得胜利。当进攻者比对手拥有更大的实力和持久力时才能采取这种战略。降低价格是一种有效的正面进攻战略，如果让顾客相信进攻者的产品同竞争对手相同但价格更低，这种进攻就会取得成功。要使降价竞争得以持久并且不损伤自己的元气，必须大量投资于降低生产成本的研究。如果防守者具有某些防守优势，比如在某市场上有较高的声誉、广泛的销售网络、牢固的客户关系等，则实力原则不一定奏效，资源上略占优势的一方不一定取得胜利。军事信条认为，当对方占有防守优势（如高地或防御工事）时，进攻者必须具有3：1的优势才有把握取得胜利。

（2）侧翼进攻。侧翼进攻是寻找和攻击对手的弱点。寻找对手弱点的主要方法是分析对手在各类产品和各个细分市场上的实力和绩效，把对手实力薄弱或绩效不佳或尚未覆盖而又有潜力的产品和市场作为攻击点和突破口。侧翼进攻的具体方法有以下几种。

①分析地理市场，选择对手忽略或绩效较差的产品和区域加以攻击。比如，一些大公司易于忽略中小城市和乡村，进攻者可在那里发展业务。

②分析其余各类细分市场，按照收入水平、年龄、性别、购买动机、产品用途和使用率等因素辨认细分市场并认真研究，选择对手尚未重视或尚未覆盖的细分市场作为攻占的目标。侧翼进攻使各公司的业务更加完整地覆盖了各细分市场，进攻者较易收到成效，并且避免了攻守双方为争夺同一市场而造成的两败俱伤的局面。

③包抄进攻是指在多个领域同时发动进攻以夺取对手的市场。比如向市场提供竞争对手所能提供的一切产品和服务，并且更加质优价廉，配合大规模促销。其适用条件是：一是通过市场细分未能发现对手忽视或尚未覆盖的细分市场，补缺空当不存在，无法采用侧翼进攻。二是与对手相比拥有绝对的资源优势，制定了周密可行的作战方案，相信包抄进攻能够摧毁对手的防线和抵抗意志。

④迂回进攻是指避开对手的现有业务领域和现有市场，进攻对手尚未涉足的业务领域和市场，以壮大自己的实力。实行这种战略的方法主要有三种：一是多元化经营与竞争对手现有业务无关联的产品；二是用现有产品进入新的地区市场；三是用竞争对手尚未涉足的高新技术制造的产品取代现有产品。在高新技术领域实现技术飞跃是最有效的迂回进攻战略，可以避免单纯地模仿竞争者的产品和正面进攻造成的重大损失。公司应致力于开发新一代技术，时机成熟后就向竞争对手发动进攻，把战场转移到自己已经占

据优势的领域中去。

⑤游击进攻是向对手的有关领域发动小规模的、断断续续的进攻，逐渐削弱对手，使自己最终夺取永久性的市场领域。游击进攻适用于小公司打击大公司。主要方法是在某一局部市场上有选择地降价、开展短促的密集促销、向对方采取相应的法律行动等。游击进攻能够有效地骚扰对手、消耗对手、牵制对手、误导对手、瓦解对手的士气、打乱对手的战略部署而己方不冒太大的风险。适用条件是对方的损耗将不成比例地大于己方。采取游击进攻必须在开展少数几次主要进攻还是一连串小型进攻之间作出决策，通常认为，一连串的小型进攻能够形成累积性的冲击，效果更好。

2. 市场挑战者的特殊营销战略

（1）价格折扣策略。挑战者可以用较低的价格提供与领导者品质相当的产品。当然，要使价格折扣策略奏效，必须符合下列三个条件：第一，挑战者必须使购买者相信该企业的产品可以与市场领导者媲美；第二，挑战者必须要考虑产品的品牌忠诚度；第三，挑战者要确定好折扣的时机。

（2）廉价品策略。廉价品策略即提供中等或者质量稍低但价格低得多的产品。这种战略仅在有足够数量的只对价格感兴趣的购买者的细分市场上是可行的。而这种策略只是过渡性的，因为产品质量不够高，通过这一策略所造成的市场营销的优势是不能持久的，企业必须逐渐提高产品质量，这样才可能在长时间内向领袖者挑战。

（3）名牌产品策略。名牌产品策略即努力创造一种名优产品，虽然价格也很高，但更有可能把领袖者的同类产品和市场份额挤掉一部分。

（4）产品扩张策略。产品扩张策略即挑战者紧步领袖者之后尘，创制出许多不同种类的新产品，此即产品创新策略的变相形式。这种策略能否成功取决于新产品市场的预测是否合理，也取决于"领袖企业"和其他势均力敌的企业反应是否迅速和有效，以同样的方法和策略"回敬"该挑战者企业。

（5）产品创新策略。前面的产品扩张策略主要是向广度发展的产品发展策略，而这里的产品创新策略主要是向深度发展的产品策略，即产品创新策略就是为满足需求而推出一个全新的产品以取代旧产品，以及提供一个新方法以满足现有的或潜在的需求。

（6）降低制造成本的策略。这是一种结合定价策略和成本管理以及技术研究等因素的产品发展策略。挑战者可以靠有效的材料采购、较低的人工成本和更加现代化的生产设备，来求得比它的竞争对手更加低的制造成本，企业的成本较低，可制定更具进攻性的价格来获取市场份额。

（7）改善服务的策略。挑战者可以找到一些新的或者更好的服务方法来为顾客服务。

（8）分销渠道创新策略。挑战者可以发现或发展一个新的分销渠道，以增加市场份额。

（9）密集广告促销策略。有些挑战者可以依靠他们的广告和促销手段，向领导者发动进攻，当然这一策略的成功必须基于挑战者的产品或者广告信息有着某些能够胜过竞争对手的优越之处。

✍ 探讨与应用

京东 VS 猫宁，运费或将成为压垮京东的最后一根稻草

京东正面临着"做得越大，亏得越多"的尴尬局面。京东并非没有意识到这种问题，从近两年的情况来看，京东频繁对运费标准进行提升，根本目的就是为了填补巨额亏损，不过，京东在盲目调高运费的这条路上越走越远，已经严重触碰了用户的底线，这或将影响京东的根基。

京东数次调高运费标准无异于饮鸩止渴

近年来京东数次调高运费标准，2016 年 4 月 1 日，京东上调免邮运费标准，钻石会员的包邮门槛将提升到 79 元，钻石以下则提升到 99 元。另外，运费也将从 5 元提升到 6 元，大件物品会加收 5 元/件的配送费，自提方面，不满 99 元的订单需收取 3 元运费。

众所周知，运费标准关乎用户体验，也是电商树立核心竞争力的关键。之前京东能迅速崛起，很大程度上是因为在运费标准的设置上比较人性化。如今，随着京东亏损越来越大，试图通过上调运费来"补窟窿"，这种策略可能会在短期内抑制京东亏损，但从长期看，必然会造成大量的客户流失。

苏宁携手阿里，痛击京东软肋

如果说巨额亏损、盲目调高运费只是京东"内忧"的话，实际上京东还面临着严重的"外患"。除天猫之外，苏宁也是一个不可小觑的对手，在之前，京东与苏宁也曾经有过交锋，而与阿里形成战略合作对苏宁而言无异于如虎添翼，最近接连曝光的"4·18"家电 3C 大促活动，则向外界表明了两大巨头直捣京东 3C 核心业务的决心。针对这次的"4·18"，苏宁云商 COO 侯恩龙放出开战宣言——要再造一个"家电双十一"，那么苏宁为何有底气这样干？这对未来的电商格局将会产生什么影响？

这次的"4·18"家电 3C 大促有几个看点，首先，更多供应商将进驻，与苏宁一起打造"4·18"大促盛宴；其次，消费者购买方式更简单，也更多元了，他们可以上官方旗舰店，或者以扫二维码的方式来购买，也可以到门店去亲自选购。除此之外，基于苏宁与阿里的合作，两者物流、渠道充分融合，在这种情况下，苏宁对供应商议价能力将大幅增强，这部分差价直接反馈于消费者，这将为苏宁树立强大的价格优势。

在这次"4·18"中，除了玩法升级外，苏宁更强调物流服务体验，不仅提升物流配送时效，也为消费者提供多种收货方式，"随心提"可以向全国消费者提供"全门店、全免费、全保障"的包裹自提服务。更重要的是，相比京东来说，苏宁门店自提和急速达都执行免费策略，消费者体验越来越好。

从目前的局面来看，电商行业竞争正日趋白热化，未来拼服务、拼价格、拼体验将成为电商竞争的核心话题。可以肯定的是，如果京东一直任性上涨运费，竞争实力必然越发削弱，换句话讲，运费或将成为压垮京东的最后一根稻草。随着苏宁与天猫在物流、用户体验方面变得越来越好，运费优势越发突出，在竞争实力此消彼长的情况下，恐怕电商行业格局要发生巨变了。

（资料来源：世界经理人。）

试分析：

1. 苏宁和天猫对京东物流的挑战在未来会有什么样的影响？

2. 京东下一步应该如何制定反击策略？

三、市场追随者战略

并非所有的位居第二的公司都会向市场领先者挑战，领先者在一个全面的战役中往往会有更强的持久力，除非挑战者能够发动必胜的攻击，否则最好追随领先者而非攻击领先者。

（一）市场追随者战略的含义和特征

市场追随者指那些在产品、技术、价格、渠道和促销等大多数营销战略上模仿或跟随市场领导者的公司。在很多情况下，追随者可让市场领导者和挑战者承担新产品开发、信息收集和市场开发所需的大量经费，自己坐享其成，减少支出和风险，并避免向市场领导者挑战可能带来的重大损失。许多居第二位及以后位次的公司往往选择追随而不是挑战。在资本密集的同质性产品的行业中，如钢铁、原油和化工行业中，市场跟随者策略是大多数企业的选择。市场跟随者的主要特征是安于次要地位，在"和平共处"的状态下求得尽可能多的收益，这主要是由行业和产品的特点决定的。这些行业的主要特点是：

1. 产品的同质程度高，产品差异化和形象差异化的机会较低；

2. 服务质量和服务标准的趋同；

3. 消费者对价格的敏感程度高；

4. 行业中任何价格挑衅都可能引发价格大战；

5. 大多数企业准备在此行业中长期经营下去。

企业之间保持相对平衡的状态，不采用从对方的目标市场中拉走顾客的做法。在行业中形成这样一种格局，大多数企业跟随市场领先者走，各自的势力范围互不干扰，自觉地维持共处局面。

（二）市场追随者战略选择

一个市场追随者必须知道如何保持现有的和如何争取有新顾客参加的令人满意的市场份额。每一个追随者要努力给它的目标市场——地点、服务、融资——带来有特色的优势。追随者是挑战者攻击的主要目标，因此，市场追随者必须保持它的低制造成本和高产品质量或服务。当新市场开辟时，它也必须进入。追随战略并非是被动的或是领先者的一个翻版。追随者必须确定一条不会引起竞争性报复的成长路线。市场追随者战略可分为以下三类：

1. 紧密跟随

紧密跟随指在各个细分市场和产品、价格、广告等营销组合战略方面模仿市场领导者，完全不进行任何创新的公司。他们利用市场领导者的投资和营销组合策略去开拓市场，故被看作依赖市场领导者而生存的寄生者。

2. 距离跟随

距离跟随指在基本方面模仿领导者，但是在包装、广告和价格上又保持一定差异的公司。如果模仿者不对领导者发起挑战，领导者不会介意。在钢铁、肥料、化工等同质产品行业，不同公司的产品相同，服务相近，不易实行差异化战略，价格几乎是吸引购买的唯一手段，价格敏感性高，随时可能爆发价格大战。正因如此，各公司常常模仿市场领导者，采取较为一致的产品、价格、服务和促销战略，市场份额保持着高度的稳定性。

3. 选择跟随

选择跟随指在某些方面紧跟市场领导者，在某些方面又自行其是的公司。他们会有选择地改进领导者的产品、服务和营销战略，避免与领导者正面交锋，选择其他市场销售产品。这种跟随者通过改进并在别的市场壮大实力后有可能成长为挑战者。

虽然追随战略不冒风险，但是也存在明显缺陷。研究表明，市场份额处于第二、第三和以后位次的公司与第一位的公司在投资报酬率方面有较大的差距。

探讨与应用

OPPO 的 Reno 高端策略

Reno 是谁？OPPO 这是要做什么？

从目前陆续透露出来的信息来看，猜测 Reno 将是集各种顶配于一身的高端机型：芯是当前手机中的豪配，直冲高端市场。去年发布的 Find X，无论是外型设计还是技术内涵，都打破了消费者对 OPPO 的固有印象，不仅使 OPPO 在高端市场一炮打响，也让消费者对 OPPO 的技术实力有了全新的认识。而时隔不足一年发布新系列 Reno，很有可能是 OPPO 的"双旗舰"战略。与 Find X 一同形成 OPPO 在高端市场双旗舰的 Reno，或将进一步提升 OPPO 在高端市场的竞争力，同时也帮助 OPPO 的品牌更加品质化、高端化。换句话说，OPPO 将在高端市场增加一条产品线，对它的定位是集中资源力推的"爆款"。

ViVo 推出子品牌 iQOO。小米更是在去年就将红米品牌独立，并用美图、黑鲨圈定不同细分市场，据悉红米和黑鲨在 3 月都将有新品发布。

总体来看，中国手机厂商头部的华为、小米、OPPO、ViVo 的市场份额进一步聚拢，其他小众品牌逐渐退出市场。

OPPO 选择的时机恰恰最好。

一是从 OPPO 自身来看，技术和品牌积累到今年，作为全球前五的大厂，已经具有向上的势能。去年发布的 Find X 得到消费者普遍认可，可以说是 OPPO 向上圈粉取得了初步的成功。在此基础上，今年再发 Reno 可以借势强化 OPPO 在消费者心中高端的形象，扩大在高端市场的影响力。

二是从外界来看，苹果今年以来连续三次降价，虽然在销量上暂时起到了一定的拉动作用，但在大量调查中发现，苹果的三连降对渠道和消费者造成极大的伤害。本来苹果创新减弱、价格虚高，就让很多果粉开始动摇，三连降更是让消费者对苹果的印象大打折扣。而广大的渠道更是在三连降中利益直接受损，以前做苹果的生意是稳赚，而这次则是大赔，未来苹果的生意变得不确定，渠道也更加谨慎。苹果三连降之后，会有大批高端用户寻找新的替代品。而此时，除了华为已有的优势，就是OPPO紧随其后的Reno恰好可以补位。

根据第一手机界研究院近期数据，在各个价格段位中，OPPO品牌在中国市场4000元以上手机中位列第三，市场份额为6%；在3000～3999元手机中位列第三，市场份额为25%；在2000～2999元手机中位列第三，市场份额为23%。

经过多年的积累，在消费者眼里，OPPO已经从一个"手机大牌"变为一个硬核"手机强牌"。IDC称：2018年，是OPPO品牌形象加速提升的一年。在保持对产品"美"的追求的同时，通过诸多新技术元素融入R、Find系列高端产品，逐渐将自身品牌重心继续向科技创新的方向加速倾斜。在主流价位段中，A、K系列稳定打造"爆款"，保证了OPPO在2018年整体市场份额稳中有升。

（资料来源：http://blog.sina.com.cn/s/blog_5e9e213e0100ejrr.html。）

试分析：

你如何判断OPPO、小米、苹果、华为的市场竞争地位，你是如何看OPPO营销战略的？

四、市场利基者战略

（一）市场利基者的含义与利基市场的特征

市场利基者指专门为规模较小的或大公司不感兴趣的细分市场提供产品和服务的公司。市场利基者的作用是拾遗补缺，见缝插针，虽然在整体市场上仅占有很少的份额，但是比其他公司更充分地了解和满足某一细分市场的需求，能够通过提供高附加值而得到高利润和快速增长。规模较小且大公司不感兴趣的细分市场称为利基市场。

理想的利基市场具备以下特征：

1. 具有一定的规模和购买力，能够盈利。

2. 具备发展潜力。

3. 强大的公司对这一市场不感兴趣。

4. 本公司具备向这一市场提供优质产品和服务的资源和能力。

5. 本公司在顾客中建立了良好的声誉，能够抵御竞争者入侵。

（二）市场利基者竞争战略选择

市场利基者发展的关键是实现专业化，主要途径有：

1. 最终用户专业化

公司可以专门为某一类型的最终用户提供服务。例如，航空食品公司专门为民航公司生产提供给飞机乘客的航空食品。

2. 垂直专业化

公司可以专门为处于生产与分销循环周期的某些垂直层次提供服务。例如，铸件厂专门生产铸件，铝制品厂专门生产铝锭和铝制部件。

3. 顾客规模专业化

公司可以专门为某一规模的顾客群服务，这个顾客群可以是大规模的、中等规模的，也可以是小规模的。市场利基者专门为大公司不重视的小规模顾客群服务。

4. 特殊顾客专业化

公司可以专门向一个或几个大客户销售产品，小公司只向一家大公司提供其全部产品。

5. 地理市场专业化

公司只在某一地点、地区或范围内经营业务。

6. 产品或产品线专业化

公司只经营某一种产品或某一类产品线。比如，某制袜公司专门生产不同花色品种的尼龙丝袜，某造纸厂专门生产水泥包装纸。

7. 产品特色专业化

公司专门经营某一种类型的产品或者特色产品。例如，某书店专门经营"古旧"图书，某公司专门出租儿童玩具。

8. 客户订单专业化

公司专门按客户订单生产特制产品。

9. 质量—价格专业化

公司只在市场的底层或上层经营。例如，惠普公司曾经专门在优质高价的微型电脑市场上经营。

10. 服务专业化

公司向大众提供一种或数种其他公司所没有的服务。例如，某家庭服务公司专门提供上门疏通管道的服务。

11. 销售渠道专业化

公司只为某类销售渠道提供服务。例如，某家软饮料公司决定只生产大容器包装的软饮料，并且只在加油站出售。

市场利基者是弱小者，面临的主要风险是当竞争者入侵或目标市场的消费习惯变化时有可能陷入绝境。因此，它的主要任务有三项：创造利基市场，扩大利基市场，保护利基市场。

企业在密切注意竞争者的同时不应忽视对顾客的关注，不能单纯强调以竞争者为中心而损害更为重要的以顾客为中心。以竞争者为中心指企业行为完全受竞争者行为支配，逐个跟踪竞争者的行动并迅速作出反应。这种模式的优点是使营销人员保持警惕，注意竞争者的动向；缺点是被竞争者牵着走，缺乏事先规划和明确的目标。以顾客为中心指企业以顾客需求为依据制定营销战略。其优点是能够更好地辨别市场机会，确定目标市场，根据自身条件建立具有长远意义的战略规划；缺点是有可能忽视竞争者的动向和对竞争者的分析。在现代市场中，企业在营销战略的制定过程中既要注意竞争者，也要注意顾客。

☆ 同步测试

◇ 单项选择题

1. 下列不是品牌竞争者的一对组合是（　　　）。

A. 可口可乐和百事可乐　　　　　　B. 富士和柯达

C. 康佳电器和长虹电器　　　　　　D. 青岛啤酒和青岛海尔

2. （　　）指企业在自己主阵地的侧翼建立辅助阵地以保卫自己的周边和前沿，并在必要时作为反攻基地。

A. 阵地防御　　　　B. 侧翼防御　　　　C. 反击防御　　　　D. 以攻为守

3. （　　）对所有的攻击行为都作出迅速而强烈的反应。

A. 从容型竞争者　　B. 选择型竞争者　　C. 凶狠型竞争者　　D. 随机型竞争者

4. （　　）是指为使企业产品与竞争对手产品有明显的区别、形成与众不同的独特性而采取的战略。

A. 成本领先战略　　B. 差异化战略　　C. 集中战略　　　　D. 渗透战略

5. 市场利基者的主要战略是（　　）。

A. 专业化营销　　　B. 专业化生产　　C. 资本运营　　　　D. 转让生产

6. 下列不属于市场跟随者可选择的策略是（　　）。

A. 紧密跟随　　　　B. 有距离的跟随　　C. 有选择的跟随　　D. 开发新市场

7. （　　）是相对于强项而不是弱项发起进攻。

A. 正面进攻　　　　B. 侧翼进攻　　　　C. 迂回进攻　　　　D. 游击进攻

8. 市场跟随者追求的是与市场主导者（　　）。

A. 和平共处　　　　B. 取而代之　　　　C. 维持现状　　　　D. 保护自己

9. 一个企业若要识别其竞争者，通常可从（　　）方面进行。

A. 产业和市场　　　B. 分销渠道　　　　C. 目标和战略　　　D. 利润

10. （　　）对某些特定的攻击行为没有迅速反应或强烈反应。

A. 从容型竞争者　　B. 选择型竞争者　　C. 凶狠型竞争者　　D. 随机型竞争者

◇**多项选择题**

1. 企业对竞争对手分析需要明确的问题有（　　）。

A. 谁是竞争对手　　　　　　　　　B. 竞争对手的优势和劣势

C. 竞争对手的战略和策略　　　　　D. 环境分析

2. 上海别克的行业竞争对手有（　　）。

A. 广汽丰田　　　B. 北京现代　　　C. 青岛海尔　　　D. 上海机场

3. 市场领先者应努力从以下几个方面扩大市场总需求（　　）。

A. 寻找新客户　　　　　　　　　　B. 寻找产品的新用途

C. 加强企业内部管理　　　　　　　D. 扩大产品的使用量

4. 市场追随者的战略有（　　）。

A. 紧密跟随　　　B. 距离跟随　　　C. 选择跟随　　　D. 随时跟随

5. 市场领导者的战略有（　　）。

A. 扩大总需求　　　　　　　　　　B. 保护现有市场份额

C. 扩大市场份额　　　　　　　　　D. 开发新市场

◇**判断题**

1. 市场领导者的战略目标应是扩大市场份额而不是提高市场占有率。　　　　　（　　）

2. 选择跟随指在基本方面模仿领导者，但是在包装、广告和价格上又保持一定差异的公司。 （ ）

3. 反击防御指市场领导者受到竞争者攻击后采取反击措施。 （ ）

4. 完全垄断指在一定地理范围内某一行业只有一家公司供应产品或服务。 （ ）

5. 市场利基者指专门为规模较小的或大公司不感兴趣的细分市场提供产品和服务的公司。 （ ）

◇简答题

1. 根据市场竞争地位的不同，可将企业分为哪几种类型？它们各有什么特征？

2. 市场领先者应如何保卫自己的市场阵地？试举例说明。

3. 市场挑战者有哪些可供选择的进攻策略？

4. 有哪几种市场跟随策略？试比较其利弊。

5. 一个好的利基者应具备哪些特征？

☆创业营销技能实训项目

模拟公司对竞争对手战略进行调查与分析

［训练目标］学会对竞争对手进行分析，并制定相应的竞争战略。

［训练组织］把学生分成若干小组，以组为单位进行。资料可以通过上网收集，有条件的学校可以组织学生到企业的营销部门参观访问，听取企业高级管理人员或营销部门主管介绍，并获取相关资料。

［创业思考］刚刚创业的你如何界定市场地位，你会采取什么战略？

［训练提示］学生把自己当作企业的营销人员，根据所收集的资料，完成对竞争对手的分析；同时结合本企业情况，分析自己采用的市场竞争战略。

［训练成果］撰写一份分析报告，教师讲评。

☆案例分析

山姆会员店 VS 盒马鲜生：未来零售的蛇象之争

山姆和盒马鲜生的"蛇象之争"背后，其实本质上是两种未来零售模式的比拼。

未来零售的坪效比拼中出现了两位狠角色，一位是有中国最大电商阿里做靠山的盒马鲜生，其坪效能够达到 5 万元；另一位则是世界最大零售商沃尔玛旗下的山姆会员店，它的坪效更是高达 13 万元，两种业态正在未来零售的舞台上上演"蛇象之争"。

欲知这场争斗的结果是"象踩蛇"还是"蛇吞象"，就得从未来零售的五大要素去寻找蛛丝马迹。

用户层面 PK：高价值 vs 大众化

用户是组成商业活动的最基本单位，用户量与客单价是最能直接反映出商业模式优劣的两大要素，山姆会员店与盒马鲜生在用户这方面都存在较大差异。

山姆会员店：22 年前采用付费会员制的山姆会员店就进入了中国零售市场，时至今日，山姆会员店的付费会员数早就超过了 200 万人，而且还和京东实现了会员数据互通。其会员的客单价在 1000 元左右，并且其会员的月复购率已经超过 50%。

盒马鲜生：盒马鲜生诞生 2 年多来共服务了 1000 万用户，而且其背靠阿里这棵大树，用户基数自然也不在话下。其用户在线上客单价为 75 元，线下更是高达 113 元。虽然盒马鲜生的客单价要少不少，但盒马鲜生一直在努力增加用户黏性。

线上 PK：电商赋能 vs 生态导流

山姆会员店：线上布局不仅快，而且还较为全面。山姆会员店在京东全球购、京东旗舰店上实现了一年内电商销售总额 3 倍增长的目标，而且开设的自营平台——山姆会员网上商城增速也是市场平均的 2 倍。

盒马鲜生：线上战略布局为生态模式，因为是阿里生态中的一员，所以能够享受到阿里的流量扶持，在天猫、饿了么等阿里系平台上有流量入口，而且能享受到阿里丰富的电商运营经验，为其线上的营销保驾护航，因此其线上销售比例能够达到 60%。

线下 PK：全覆盖 vs 圆心式

山姆会员店：山姆会员店在线下主要是依靠"门店 + 云仓"的协调配合布局未来零售。山姆会员店在中国目前有 22 家门店，几乎覆盖了 18 个主要城市，它的门店购物面积较大，普遍在上万平方米左右，并且提供大型停车场等附加服务，在"停车难"的今天对会员购物体验提升明显。

此外，山姆会员店还在目标区域建有云仓，能够进一步拓宽山姆会员店的服务覆盖范围，从而实现门店外覆盖区域通过云仓的配送服务达到相同服务能力的目标，让用户能够享受到与山姆会员实体店同样的优质服务，也能给用户提供更多购物方式的选择。

可见，在线下，山姆的覆盖策略是"门店 + 云仓"，其优势在于覆盖范围的全面化，以及优质服务能力的快速复制。

盒马鲜生：相比山姆，盒马鲜生在线下更为保守一些。盒马鲜生门店的购物空间较小，仅有千余平方米，并且商品的种类较为单一，主要为生鲜，因此顾客大多是为生鲜产品而来。门店数量方面，虽然目前在全国有 87 家门店，并不算少，但从地区的覆盖范围来看，目前盒马鲜生只覆盖了全国 16 个城市的部分地区，在城市覆盖率方面盒马鲜生肯定难以比肩在中国深耕了 22 年的山姆，而且盒马鲜生的单个门店服务半径仅为 3 公里。

但是盒马鲜生单店的覆盖特征是圆心式，其设置三公里的服务半径更多是从服务能力和效率上考虑，因此相应地也会导致盒马鲜生需要通过开店数的增量来弥补覆盖范围的不足。

物流位面 PK：成熟体系 VS 前置仓

山姆会员店：商品配送速度在业内同行中的表现十分出色，基本上实现了服务范围内 1 小时急速送货上门，而且平均每单送货时间为 40 多分钟。山姆的优势在于拥有成熟的物流配送体系，加之配合自己的商品特性升级了物流包装，所以能够保证物流效率始终处于一个高位水平。

盒马鲜生：采用了门店前置仓的模式，再加上自营配送，所以在盒马鲜生覆盖范围内也基本能够实现 1 小时内急速送货。此外，因为其前置仓数量与门店是 1:1 的结构，所以不需要另外新建前置仓，另外其配送时直接从前置仓向配送员的保温箱分发，节省了单独包装商品的高品质冷冻包装成本。

但值得注意的是，盒马鲜生的配送费平均为 7.5 元，而山姆则在 3~5 元的范围内。

商品方面 PK：中高档 vs 高低搭配

山姆会员店：商品丰富全面，品类有 5000 多种，由于山姆的国际化供应链，商品除有大量生鲜食品外，山姆还提供其他生活日用品，其中包括国外稀缺商品和独家商品，因此商品种类会显得较为齐全，并且具有差异化的特征，这也是山姆能俘获中产阶级及以上用户的一大原因。

另外，山姆会员店的商品品质也很出彩，部分商品由全球 30 多个国家直接采购而来，而且山姆会员店特意成立了专门的商品采购团队，分别负责厂商筛选、产品选购和产品质检，层层把关下留下的自然是那些满足用户品质需求的商品。

盒马鲜生：据了解，盒马鲜生店内商品 SKU 普遍为 6000 左右，但是主要还是生鲜商品，总的来说商品种类较为单一。另外，除少部分商品是从国外进口和原产地采购外，还有部分商品从本地农蔬企业采购。

从上述五方面分析可以看出，山姆与盒马鲜生在新零售领域的"蛇象之争"针锋相对。未来零售的发展需要山姆会员店、盒马鲜生等未来零售头部企业不断探索，以自身的完善促进行业的发展，让未来零售迎来真正的春天。届时不仅能使这些企业抢占未来零售市场的先机，还能让未来零售行业成为我国经济发展的新动力。

（资料来源：世界经理人，http://m. ceconlinebbs. com/ARTICLE/8800096330。）

阅读以上材料，回答问题：

1. 试分析上述各企业的市场地位以及在市场竞争中的竞争战略。

2. 该案例对我们有什么启示？

第八章
产品策略

◆本章学习目标

☞ 应用知识目标

1. 理解和掌握产品的整体含义；

2. 掌握产品组合概念及其策略；

3. 明确与品牌相关的几个基本概念，了解品牌决策；

4. 掌握包装策略。

☞ 应用技能目标

1. 学会运用产品整体概念区分核心产品、形式产品、外延产品；

2. 能够根据环境变化制定和调整企业的产品组合；

3. 能够制定新产品开发策略。

☞ 创业必知知识点

1. 深刻领会核心产品内涵；

2. 掌握新产品开发的意义和策略。

📖中国传统文化与营销启示

楚人有卖其珠于郑者，为木兰之椟，薰以桂椒，缀以珠玉，饰以玫瑰，辑以羽翠。郑人买其椟而还其珠。此可谓善卖椟矣，未可谓善鬻珠也。

——《韩非子·外储说左上》

启示：它的意思是楚国有一个在郑国卖珠宝的商人，为了招揽顾客，他选上等的木材做成盒子，并用香料把盒子熏得充满香气，再雕刻上美丽的花纹，看上去精致无比，最后他把珠宝放到这些盒子里，结果买家付钱后却把珠宝送还给他。这个典故的原意是指取舍不当，不能认清真正有价值的东西。但今天再看这个典故，回忆我们自己的购买行为，有没有因为包装精美而决定购买的情况？而包装的含义也越来越广，小到日用品，大到无形的事件都会或多或少听到"包装"这个字眼。如何更好地理解呢，这一章会帮助你找到答案。

第一节　产品与产品组合

一、产品及产品整体概念

产品是指提供给市场的能够满足人们需要和欲望的任何有形和无形物品。从现代营

169

销观念来看，企业销售给顾客的不仅仅是产品本身，而是一个产品体系，这就是现代市场营销学中的产品整体观念。市场营销学习惯于将产品整体概念概括为核心产品、形式产品和附加产品三个层次。菲利普·科特勒等学者进一步认为，产品整体概念可以概括为五个层次。

线上导学：
总统与书

（一）核心产品

核心产品是指向购买者提供的基本效用或利益。消费者购买商品不是为了获得商品本身，而是为了获得能够满足某种需求的使用价值。核心产品是消费者追求的最基本内容，也是他们所要真正购买的东西。因此企业在设计开发时，必须首先界定产品能够提供给消费者的核心利益。

（二）形式产品

形式产品是核心产品所展示的全部外部特征，是呈现在市场上的产品的具体形态或产品核心功能、效用借以实现的外在形式，主要包括品牌、包装、款式、特色、质量等。消费者购买产品时，除了要求该产品具有某些基本功能、能提供核心利益外，还要考虑产品的质量、造型、包装、色彩、品牌、特色等多种因素。不同的产品形式能满足同类消费者的不同需求，影响他们的购买决策。企业进行产品设计时，还要注重如何将形式产品的各个要素精心地组合成独特的形式以将核心利益有效地传达给目标顾客。

（三）期望产品

期望产品是指消费者购买商品时希望得到或默认应该得到的属性和条件。如旅客对旅店服务产品的期望包括干净、整洁的房间、卧具、衣柜等。消费者对期望产品的评价以行业的平均质量水准为基础。企业在设计研发产品时，一定要使自己的产品达到同行业的中等或中上等质量水平。

（四）延伸产品

延伸产品指消费者在取得产品或使用产品过程中所能获得的除产品基本效用和功能之外的一切服务与利益的总和。主要包括运送、安装、调试、维修、产品保证、零配件供应、技术人员与操作人员的培训等，它能给消费者带来更多的利益和更大的满足。延伸产品来源于对消费者需要的更深的认识。消费者购买商品的根本动机是满足某种需求，但这种需求是综合性的、多层次的。企业必须提供综合性的产品和服务才能满足其需要。延伸产品所提供的附加价值的大小在市场营销中的重要性越来越突出，已经成为企业差异化策略赢得竞争优势的关键因素。

（五）潜在产品

潜在产品指产品最终会实现的全部附加价值和新转化价值，是附加产品服务和利益的进一步延伸，指明了产品可能的演变给顾客带来的价值。潜在产品是吸引顾客购买非必需品、非渴求品最重要的因素。它与附加产品的主要区别是：顾客没有潜在产品仍然可以很好地满足其现实需求，但得到潜在产品，消费者的潜在需求会得到超值满足，消费者对产品的偏好程度与忠诚程度会得到大大强化。

二、产品分类

（一）耐用品、非耐用品、服务

根据产品的耐用性和有形性，可以划分为耐用品、非耐用品和服务三大类。

1. 耐用品

耐用品指使用时间较长，至少在 1 年以上的物品，如冰箱、汽车、电视、机械设备等。特点：单位价值高，购买频率低，需要较多的人员推销和服务，销售价格高，利润也较大。

2. 非耐用品

非耐用品指使用时间短，甚至一次性消费的商品，如餐巾纸、糖果、牙膏等。特点：这类产品单位价值较低、消耗快，消费者往往经常购买、反复购买和随时购买，大量使用，需要广泛设置分销网点，便利顾客及时、就近购买。价格多随行就市，企业获利较少。多采用经常的促销策略，吸引消费者购买，并建立起品牌偏好，形成习惯性购买。

3. 服务

满足消费者某种需求，给消费者带来便利、好处、满足感的各种活动，如美容美发、交通运输、金融服务、会计服务、律师服务等。特点：服务具有无形性，生产、销售和消费的不可分性，产品质量的可变性和价值易逝性等。这类产品的营销需要更多的质量控制、更有效的促销宣传和更适用的平衡供求矛盾的措施。

（二）消费品和工业品

根据产品的购买者和购买目的，可以划分为消费品和工业品。

1. 消费品

消费品是指个人和家庭为满足生活消费需要而购买的商品和服务。根据消费者的购买习惯和购买行为，消费品可以划分为便利品、选购品、特殊品和非渴求品四类。

（1）便利品。指消费者要经常购买、反复购买、即时购买、就近购买、惯性购买，且购买时不用花时间比较和选择的商品。具体又可以分为日常生活用品，如肥料、香烟、饮料；冲动用品，即不在购买计划之内，由于一时冲动而即时购买的商品，如合意的书籍、折价的小商品、旅游途中购买的工艺品和纪念品等；急救品，即消费者在紧急情况下购买的商品，如饥肠辘辘时的食品，倾盆大雨而至时购买的雨伞等。对便利品的营销，企业要特别重视"地点效用"和"时间效用"，建立密集的销售网点，备足货品，采取特价、折价，集中突出陈列以及赠品等促销策略，方便消费者随时购买、随地购买，刺激冲动消费。

（2）选购品指消费者在购买过程中对功效、质量、款式、色彩、风格、品牌、价格等花较多时间进行比较的商品，如家用电器、服装、鞋帽等。选购品又可分为同质选购品和异质选购品。同质选购品在质量、功效等非价格因素方面差异不大，但价格差异较大，所以要认真比较选购。异质选购品在质量、功效、花色、款式、风格等方面差异较大，消费者购买时重视和追求特色，特色比价格对购买决策的影响更大。企业在异质选购品的营销中首先要重视产品差异的设计与研制，在产品的品种、花色、款式、风格等方面实行多样化，并通过广告宣传和促销活动将产品差异有效地传递给消费者，以满足消费者的差异化需求。

（3）特殊品指具有特定品牌或独具特色的商品，或对消费者有特殊意义、特别价值的商品，如品牌服装、名车、名烟名酒，具有收藏价值的收藏品以及结婚戒指等。对这类商品，企业的营销重点应放在品牌声誉、特色和对消费者而言的特殊价值上，并要相应地选择有较好信誉的经销商和专卖店来销售。

（4）非渴求品指消费者不熟悉，或虽然熟悉，但不感兴趣，不主动寻求购买的商品，如环保产品、人寿保险以及专业性很强的书籍等。非渴求品往往属于消费者的潜在需求或未来需求。在营销中，需要采用较强的开放性策略，采取诸如人员推销、有奖销售等刺激性较强的促销措施，制作强力广告，帮助消费者认识和了解产品，将产品使用价值和他们的需求相联系，引导他们的兴趣，激发他们的购买行为。

2. 工业品

工业品指各种组织，如企业机关、学校、医院为生产或维持组织运作需要而购买的商品和服务。判断一个产品是消费品还是工业品的标准就是，看谁购买，购买的目的是什么。如果个人和家庭购买汽车作为自家的交通工具，这辆汽车就是消费品；如果一家宾馆购买汽车用于接送客人，这辆汽车就成了工业品。对工业品，可以根据它们参与生产过程的程度和价值大小划分为材料和部件、资本项目以及供应品和服务三大类。

（1）材料和部件指完全参与生产过程，其价值全部转移到最终产品的那些物品，又可分为原材料以及半制成品和部件两大类。原材料包括农产品（棉花、稻谷、水果、蔬菜）和天然产品（金属、石油、矿石）；半制成品和零部件包括需要进一步加工的构成材料（水泥、钢材、棉纱）和可以直接成为最终产品一部分的构成部件（轮胎、压缩机、芯片）。农产品具有生产周期长、易变质、季节性等特点，需要采用集中、分级、储存、运输和各种销售服务以及特殊的营销策略。天然产品供应有限，同质性强，体积大，单位价值低，需要大量的运输，采用直接渠道，生产商直接将商品销售给工业品用户，双方之间普遍采用长期合同制。价格因素和交货的及时性、可靠性是工业品用户选择原材料供应商时考虑的主要因素。

（2）资本项目指辅助生产进行，其实体不形成最终产品，价值通过折价、摊销部分转移到最终产品之中的那些物品，包括装备和附属设备。装备包括建筑物（厂房、办公室、仓库）和固定设备（机床、大型计算机系统）。

（3）供应品和服务指不形成最终产品，价值较低、消耗较快的那类物品，包括生产作业辅助用品（煤、润滑油）、办公用品（文具、纸张）和维护用品等。它们相当于产品领域的便利品，购买简单，主要为例行性的重复采购。服务主要有管理咨询服务（培训、策划）、专业服务（会计、律师、商标、广告）和劳务服务（清洁、搬运、保安）。各类服务的提供通常采用订立合同的形式。

知识链接

产品形态：产品形态是指通过设计、制造来满足顾客需求，最终呈现在顾客面前的产品状况，包括产品传达的意识形态、视觉形态和应用形态。意识形态指产品传达的精神属性；视觉形态指产品传达的包装属性；应用形态指产品传达的使用属性。

产品形态的好与坏，直接关系和影响产品的销售和市场占有率。在产品形态的结构上要协调和规划好产品形态的定义和外在表现。常用的规划方法有视觉感官评析法、顾客调查分析法和综合分析法。

三、产品组合

（一）产品组合的概念

产品组合也称产品结构或业务组合，即企业的业务范围与结构。它是指企业向目标市场提供的全部产品或业务的组合或搭配。产品组合由产品线构成，产品线由产品项目组成。产品线是指企业提供给市场的所有产品中，那些在技术上密切相关、具有相同的使用功能、满足同类需要的一组产品。产品项目是指同一产品线中具有不同品种、规格、质量和价格等属性的特定产品。

（二）产品组合决策四要素

表 8 - 1　　　　　　　　　　　　　　海尔公司的产品组合

项目	产品组合宽度						
	冰箱	空调	洗衣机	电热水器	电视	电脑	手机
产品组合长度	王子 金王子 太空王 王中王 果菜王 金统帅 大统帅 小统帅 小小统帅 太空王子 快乐王子	空调 大超人 金超人 健康金超人 金状元 小元帅 太空金元帅	太空钻 玫瑰钻 水晶钻 太阳钻 银河钻 小神螺 小神泡 小神功 大神功 小神童 小小神童 多变神童	大海象 金海象 海象王 海象200 小天将 小小海象	宝德龙 美高美 影丽 银雷 小雷达 小禧龙 青蛙王子 世纪强音	成龙 快龙 超龙 登峰	无智星 喜多星 彩智星 远天星 天彩星 地文星 雅典娜 奔风

资料来源：百度。

1. 产品组合的宽度

产品组合的宽度是指企业生产经营的产品线的数量。表 8 - 1 中海尔公司的产品组合宽度为七条产品线。

2. 产品组合的长度

产品组合的长度是指生产经营的全部产品线所包含的产品项目总数，也即产品线的总长度。表 8 - 1 中海尔公司的产品项目总数是 56，这就是海尔公司产品线的总长度。每条产品线的平均长度是 8（56/7），说明海尔公司平均每条产品线中有 8 个品牌的商品。企业产品总项目数越多，即产品线越长。

3. 产品组合的深度

产品组合的深度是指企业生产经营的每条产品线中，每种产品品牌所包含的产品项目的数量。一个企业每条产品线所包含的产品品牌数往往各不相等，每一产品品牌下又有不同的品种、规格、型号、花色的产品项目。例如，海尔公司的小神童洗衣机有九种型号，那么它的深度是 9。专业商经营的产品品类较少，但同一类产品种类中规格、品种、花色、款式较为齐全，产品组合的深度较深。

4. 产品组合的关联度

产品组合的关联度又称产品组合的密度，是指企业生产和经营的各条产品线的产品在最终用途、生产条件、销售渠道及其他方面相互联系的密切程度。表 8 - 1 中海尔公司七条产品线都是家用电器，产品的最终用途相同，可以通过相同的分销渠道销售，其关联度较为密切。

一般而言，实行多元化综合经营的企业，因同时涉及几个不相关联的行业，各产品之间相互关联的程度较为松散，而实行专业化经营的企业，各产品之间相互关联的程度则较为密切。

企业产品组合的宽度、长度、深度和关联度不同，就构成了不同的产品组合。市场是一个动态系统，需求情况经常变化，原有竞争者不断翻新花样，新的竞争者又不断进入，这些必然会对一个企业产品的营销产生不同影响，对某些产品有利，对某些产品不利。因此，企业要经常对产品组合进行分析、评估和调整，力求保持最适当的产品组合。分析企业产品组合，具体而言就是分析产品组合的宽度、长度、深度及关联度的现状、相互结合运作及发展态势。

（三）产品组合策略

产品线究竟多长为好，取决于企业的目标。如果企业的目标是要在某个行业中占据主导地位，并要求较高的市场占有率和市场增长率，产品线就应长些，即使有些项目缺乏获利能力。如果企业的目标是取得较高的利润率，产品线就应短些，只挑选那些利润率高的产品项目经营。

一般来说，在买方市场上，企业的产品线往往有加长的趋势，这是以下一些原因造成的：生产能力的压力迫使企业开发新项目；新项目只是原有产品的改良，容易设计；推销人员和经销商要求增加产品项目，以适应顾客的需要。

但是，随着产品线的加长，设计、储运、装卸、制造、订单处理和促销费用等成本上升。于是，企业会进行审核研究，然后剔除得不偿失的项目，使产品线又趋于缩短。产品线的这种波动现象，往往会反复出现。

企业可供选择的延伸策略有：

1. 扩充产品组合策略

扩充产品组合策略主要包括通过增加企业产品组合的宽度或增加产品组合的深度从而增加产品组合的长度两个方面的策略：第一，在原产品组合中增加一条或几条产品线；第二，在现有产品线内增加新的产品项目。当企业预测现有产品线的销售与利润在未来有可能下降，或不足以实现企业的发展目标时，就应考虑在产品组合中增加产品线，扩大产品经营范围；当企业打算增加产品特色，或为更多的细分市场提供产品时，则可通过在原有产品线增加新的产品项目来实现。此时，企业应使新增产品项目与原有产品项目有显著的差异，以避免新旧产品自相残杀。

2. 缩减产品组合策略

缩减产品组合策略与扩充产品组合策略正好相反，是指企业减少产品大类数或者减少某一产品线内的产品项目数，从而减少产品组合长度的策略。当整条产品线或产品线中的某些产品获利甚微或已无获利希望时，企业可以考虑采用此策略，以便集中资源经营那些获利大或经营前景看好的产品线与产品项目。

3. 产品线延伸策略

产品线延伸策略是指突破企业原有经营档次的范围，使产品线加长的策略。其实，产品线延伸策略是实现扩充产品组合策略的一种重要途径。可供选择的产品线延伸策略主要有以下三种。

（1）向下延伸。这是指有些生产或经营高档产品的企业逐步增加一些较低档的产品，称为向下延伸。当企业生产经营的高档产品由于种种原因不能再提高销售增长速度，同时企业具备生产经营低档产品的条件，而且能最大限度避免向下延伸带来的风险时，可以采用该策略。

（2）向上延伸。这是指企业原本只经营低档产品，现在逐步增加中高档产品或业务，称为向上延伸。它一般适合于几种情况：一是高档产品有较高的销售增长率和毛利率；二是为了追求高利润率。

（3）双向延伸。这是指有些经营中档产品的企业，在一定条件下，逐渐向高档和低档两个方向延伸，称为双向延伸。这种策略可以加强企业的竞争地位，击退竞争者，赢得市场领先地位。

第二节　产品生命周期策略

一、产品生命周期的概念及其阶段划分

（一）产品生命周期的概念

产品生命周期是企业研究和制定产品策略的重要组成部分。产品生命周期是指某种产品从进入市场到被市场淘汰退出市场所经历的全部过程。产品经过研究开发、试销，然后进入市场，产品进入市场标志着产品生命周期的开始；产品退出市场，标志着其生命周期的结束。任何一种产品都存在一个市场寿命周期，而且其市场寿命周期都是有

线上导学：
彩色电视机的
一生

限的，特别是在科学技术日新月异的今天，产品市场寿命周期呈现出缩短的趋势。企业决策者根据产品寿命周期理论，认识产品发展的规律性，制定产品开发战略，最大限度地延长产品市场寿命周期，无论现在还是将来都是一项艰巨而复杂的任务。

（二）产品生命周期阶段划分

典型的产品生命周期一般分为四个阶段，即引入期、成长期、成熟期和衰退期（如图8-1所示）。

1. 引入期

引入期也称介绍期、导入期，是指在市场上推出新产品，顾客对产品还不太了解，产品销售呈缓慢增长状态的阶段。

2. 成长期

成长期是指该产品在市场上迅速为消费者所接受，成本开始大幅度下降，销售额迅

速上升，利润较大幅度地增长的阶段。

3. 成熟期

成熟期是指大多数购买者已经接受该产品，市场销售额缓慢增长或下降的阶段。

4. 衰退期

衰退期是销售额下降趋势明显增强，而利润趋于零的阶段。

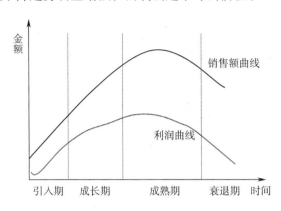

图 8-1　典型的产品生命周期

二、需要注意的问题

产品生命周期只是说明产品生命的一般趋势，典型的产品生命周期有四个阶段，但并不是每个产品都必须经历这四个阶段。产品生命周期的持续时间因产品的不同而有所区别。产品生命周期不同于产品使用寿命。产品生命周期一般是针对一个企业的产品而言的。但从整个市场来看，生产和经营此类产品的企业可能很多，这些不同品牌的同类产品，在市场上又有一个总的生命周期，称为市场产品生命周期。产品生命周期与产品种类、形式和品牌有关。产品生命周期的循环、产品生命周期与企业的经营活动、广告宣传、促销手段等有关，通过促销会出现产品生命周期的延续与循环。

三、产品生命周期的作用

研究和正确应用产品生命周期，不仅可以帮助企业制定合理的产品策略，促进产品的更新换代，而且促进企业营销策略和手段的更新，提高企业管理水平，促进企业的可持续发展。具体地说，包括以下几个方面：

第一，它是企业生产经营决策的基础，是企业制定营销策略的重要依据。

第二，它是科学预测的依据。一般来说，销售增长率在 0.1% 以下的，属于引入阶段；销售增长率在 10% 以上的，属于成长阶段；销售增长率在 0.1% ~ 10% 之间的，属于成熟阶段；销售增长率低于 0 时，属于衰退阶段。

第三，它是进行产品评价的依据。根据产品生命周期，可以判断产品所处的阶段，并进行客观评价，以作出相应决策。

第四，它是制定营销策略的依据。正确分析产品生命周期，能够帮助企业掌握成本、价格和利润发展趋势，以便制定合理的价格策略、分销策略和促销策略。

四、产品生命周期各阶段的特点与营销策略

（一）引入期的市场特点与营销策略

1. 引入期的市场特点

引入期的特点主要表现为：新产品刚投入市场，顾客对产品还不太了解，只有少数追求新奇的顾客可能购买；销售网络还没有全面有效地建立起来，销售增长缓慢，销售量很低；生产技术还有待完善，产品质量还不稳定；前期投入大量开发成本，还必须继续追加高额的促销费用；企业通常处于亏损或微利状态；同类产品的生产者较少，竞争不激烈。

2. 引入期的市场营销策略

引入期企业营销策略的总思路可以概括为：加大推广力度，缩短介绍周期，推出品牌，突出一个"快"字。从促销策略和价格策略两个方面考虑，引入期主要有以下四种组合策略可供选择，这四种策略的适用条件如表8－2所示。

（1）快速掠取策略。快速掠取策略也称快速撇脂策略，即选择高价格和高水平的促销方式迅速推出新产品，迅速抢占市场，取得较高的市场占有率。采取该策略需要以下市场环境与条件：市场有较大潜力，顾客有求新求异心理，急于求购，并愿意付出高价；企业面临竞争威胁，需要创建高价名牌的形象，并迅速形成消费者对该产品的偏好。

表8－2　　　　　　　　　　　　　　引入期组合策略

价格水平 ＼ 促销水平	高	低
高	快速—掠取策略	缓慢—掠取策略
低	快速—渗透策略	缓慢—渗透策略

（2）缓慢掠取策略。缓慢掠取策略也称缓慢撇脂策略，即以高价格和低促销费用的方式推出新产品，面向市场，以求取较高的利润。采取该策略需要以下市场环境与条件：市场规模较小，消费者已熟悉该产品，并愿意出高价购买；竞争者较少，竞争威胁不大。

（3）快速渗透策略。快速渗透策略是指采用低价格、高促销费用的方式推出新产品的策略，以迅速占领市场，用低价赢得顾客，较大地提高市场占有率。采取该策略需要以下市场环境与条件：市场容量很大，顾客对产品缺乏了解，但对价格比较敏感；竞争者多，竞争比较激烈，产品单位成本可随生产规模及销售量迅速下降。

（4）缓慢渗透策略。缓慢渗透策略是指采用低价格和高促销费用的方式推出新产品，以低价扩大市场份额，以低的促销成本获取相对较高的净利。采取该策略需要以下市场环境与条件：市场容量较大，市场需求价格弹性较大，促销弹性较小，顾客对价格比较敏感；存在较多潜在竞争者的威胁。

（二）成长期的市场特点与营销策略

1. 成长期的市场特点

顾客对该产品比较熟悉，销售习惯基本形成，销售量迅速增长；产品基本定型，步

入大批量生产阶段，大量的竞争者也开始生产此类产品，竞争比较激烈；产品成本降低，市场价格趋于下降；顾客开始重视产品性能、质量、特色与品牌；单位产品促销费用随销售额的迅速增长而相对降低，利润开始较大地提高。

2. 成长期的市场营销策略

成长期企业营销策略的总思路可以概括为：抢占市场份额，加快推广速度，创出名牌，突出一个"争"字。具体而言，企业可以采取的营销策略主要有以下几个方面：

（1）改善产品品质、增加产品性能，提高产品质量。

（2）加强促销，创建名牌，树立良好的形象。

（3）加强市场细分，拓展市场。

（4）重视产品价格、渠道、促销方式的巧妙组合，开拓新的市场等。

（三）成熟期的市场特点与营销策略

1. 成熟期的市场特点

产品销售量增长缓慢，市场需求量逐渐趋于饱和；生产量很大，生产成本降到最低限度；产品的服务、广告和推销工作十分重要，销售费用不断提高；利润达到最高点，并开始下降；很多同类产品进入市场，市场竞争十分激烈。

2. 成熟期市场营销策略

成熟期企业营销策略的总思路可以概括为：巩固市场地位，延长成熟期限，护好名牌，突出一个"保"字。具体而言，成熟期企业的营销重点是维持市场占有率并积极扩大产品销量，争取利润最大化。企业可以采取的营销策略主要有以下三个：

（1）市场改进策略。该策略主要是通过发现产品新的用途或改变促销方式，发现新用户，开拓新市场，进一步提高产品销售量。

（2）产品改进策略。该策略主要是通过进一步改进产品的性能、质量和服务，实现产品的再次推出，吸引新老顾客。

（3）营销组合改进策略。该策略是通过对产品、价格、渠道和促销等因素加以改进，如降低价格、改良款式、变更广告、拓展渠道、延期付款、加强服务等刺激顾客消费，争取稳定的销售量，从而延长成熟期。

（四）衰退期的市场特点与营销策略

1. 衰退期的市场特点

产品销售量急剧下降，性能和质量更好的新产品吸引了消费者的注意力；价格降到最低水平，利润迅速下降，已无利可图，甚至出现亏损现象；大量的竞争者退出市场；消费趋势发生新的变化，消费习惯与偏好已经转移；留在市场上的企业也开始减少服务，削减营销费用，处于维持经营的状态。

2. 衰退期的市场营销策略

在衰退期，企业面临销售和利润直线下降、大量竞争者退出市场、消费者的消费习惯已发生转变等情况，此时，企业应突出一个"转"字。可供选择的营销策略主要有以下几个：

（1）维持策略。保持原有的细分市场，继续使用原来的分销渠道、定价和促销等营销组合策略，维持较低水平的销售，直到该产品退出市场。

（2）集中策略。把企业的有限资源集中到最有利的细分市场和销售渠道上来，销售最畅销、最有利可图的品种。通过缩短战线，集中力量，获取较大的利润后再退出市场。

（3）收缩策略。大幅度降低销售费用，减少人员推销，保持低水平的销售，通过降低营销成本以获得微薄的利润。

（4）放弃策略。放弃落后产品的生产与经营，退出市场，保持实力，另辟蹊径，及早推出新产品，占领市场。

✍ 探讨与应用

J牌小麦啤酒生命周期延长策略

国内某知名啤酒集团针对啤酒消费者对啤酒口味需求日益趋于柔和、淡爽的特点，积极利用公司的人才、市场、技术、品牌优势进行小麦啤酒研究。2000年利用其专利科技成果，开发出具有国内领先水平的J牌小麦啤酒。这种产品泡沫更加洁白细腻、口味更加淡爽柔和，更加迎合啤酒消费者的口味需求，一经上市在低迷的啤酒市场上掀起一场规模宏大的J牌小麦啤酒消费概念和消费热潮。

一、J牌小麦啤酒的基本状况

J牌啤酒公司当初认为，J牌小麦啤酒作为一个概念产品和高新产品，要想很快获得大份额的市场，迅速取得市场优势，就必须对产品进行一个准确的定位。J牌集团把小麦啤酒定位于零售价2元/瓶的中档产品，包装为销往城市市场的500ml专利异型瓶装和销往农村、乡镇市场的630ml普通瓶装两种。合理的价位、精美的包装、全新的口味、高密度的宣传使J牌小麦啤酒在2000年5月上市后，迅速风靡本省及周边市场，并且远销到江苏、吉林、河北等外省市场，当年销量超过10万吨，成为J牌集团一个新的经济增长点。由于上市初期准确的市场定位使J牌小麦啤酒迅速从诞生期过渡到高速成长期。

高涨的市场需求和可观的利润回报使竞争者也随之发现了这座金矿，本省的一些中小啤酒企业不顾自身的生产能力，纷纷上马生产小麦啤酒。一时间市场上出现了五六个品牌的小麦啤酒，而且基本上都是外包装抄袭J牌小麦啤酒，酒体仍然是普通啤酒，口感较差，但凭借1元左右的超低价格，在农村及乡镇市场迅速铺开，这很快造成小麦啤酒市场竞争秩序严重混乱，J牌小麦啤酒的形象遭到严重损害，市场份额也严重下滑，形势非常严峻。J牌小麦啤酒一部分市场迅速进入了成熟期，销量止步不前，由于杂牌小麦啤酒低劣质量的严重影响，消费者对小麦啤酒不再信任，J牌小麦啤酒销量也急剧下滑，产品提前进入了衰退期。

二、J牌小麦啤酒的战略抉择

面对严峻的市场形势，是依据波士顿理论选择维持策略，尽量延长产品的成熟期和衰退期最后被市场的自然淘汰，还是选择放弃小麦啤酒市场策略，开发新产品投放其他的目标市场？决策者经过冷静的思考和深入的市场调查后认为：小麦啤酒是一个技术壁垒非常强的高新产品，竞争对手在短期内很难掌握此项技术，也就无法缩短与J牌小麦啤酒之间的质量差异；小麦啤酒的口味迎合了当今啤酒消费者的流行口味，整个市场有较强的成长性，市场前景是非常广阔的。所以选择维持与放弃策略都是一种退缩和逃避，失去的将是自己投入巨大的心血打下的市场，实在可惜，而且研发新产品开发其他的目标市场，研发和市场投入成本很高，市场风险性很大，如果积极采取有效措施，调整营销策略，提升J牌小麦啤酒的品牌形象和活力，使其获得新生，重新退回到成长期或直接过渡到新一轮的生命周期，自己将重新成为小麦啤酒的市场引领者。

事实上，通过该公司准确的市场判断和快速有效的资源整合，J牌小麦啤酒化险为夷，重新夺回了失去的市场，J牌小麦啤酒重新焕发出强大的生命活力，重新进入高速成长期，开始了新一轮的生命周期循环。

（资料来源：百度文库，http://www.wenku.baidu.com。）

试分析：

1. J牌小麦啤酒的优势与劣势。

2. 如果你是公司的决策人，你会采取哪些具体措施来延长J牌小麦啤酒的生命周期？

第三节　产品品牌与包装策略

一、品牌策略

（一）品牌的概念

品牌，即商品的牌子，是用来识别卖方产品或服务的名称及标志。它通常由文字符号、图形图案、标记颜色等要素或这些要素的组合构成。其中能用语言发音表达的部分称为品牌名称，简称品名。例如，可口可乐（饮料）、长虹（电视机）等，它主要产生听觉效果；其中不能用语言发音表达的部分称为品牌标志，简称品标。例如，凤凰自行车的凤凰图案、迪士尼乐园的米老鼠和唐老鸭图案，它主要产生视觉效果。

品牌是产品整体概念的重要组成部分，具有复杂的象征、深刻的内涵和丰富的市场信息。要把握品牌的深刻内涵，可以从以下几个层次加以理解。

1. 属性

品牌代表着特定的商品属性。例如，奔驰牌轿车不仅意味着工艺精湛、制造优良、耐用性强、转卖价值高，还是昂贵、高贵、体面的象征。这些属性就是用来宣传或做广告的主要内容。

2. 利益

品牌不仅代表着一系列的属性，还体现着某种利益。顾客购买某种商品的实质是购买某种利益。因此，属性需要转化成功能性或情感性的利益。如奔驰车"工艺精湛"的属性可以转化为"安全、舒适、有面子"等利益；"价格昂贵"可以转化为"身份高，令人尊重，受到羡慕"等利益；而"耐用性强"可以转化成"多年内我不需要买新车"等。

3. 价值

品牌能够体现生产者的某些价值。例如，奔驰车体现了高绩效、安全、名望等方面的价值，营销人员必须分辨出对这些价值真正感兴趣的消费者群体。

4. 文化

品牌还可能代表一种文化，反映文化的特质或蕴藏着的内涵。如奔驰牌轿车代表着德国文化：组织严密、高效率和高质量。

5. 个性

品牌也反映一定的个性。如果品牌是一个人、动物或物体的名字，会令人产生许多联想。如奔驰（梅塞德斯）就可能让人联想到一位严谨高效的老板，一只勇敢的雄狮，一幢富贵庄严的宫殿等。

（二）品牌的作用

从企业角度来看，品牌的作用主要有：品牌有助于促进产品销售，树立良好的企业形象；品牌有利于保护品牌所有者的合法权益，防止其他个人或企业的仿冒侵权；品牌还能够约束企业的行为，促使企业重视长远利益、消费者利益和社会利益；品牌有利于扩大产品组合，开发品牌系列产品；品牌还是企业竞争的手段，有利于企业占领目标市场，提高市场占有率；品牌是企业重要的无形资产和宝贵的财富，对企业的生存与发展具有重要的推动作用等。品牌的作用不仅表现在企业方面，还表现在消费者方面，具体地说，品牌便于消费者辨认、识别、选购所需的商品；品牌有利于维护消费者的利益；品牌有利于产品的改进，满足消费者新的期望和需求；品牌有助于建立顾客的偏好，从而吸引更多的品牌忠诚者等。

（三）品牌和商标的区别

按照国际惯例，商标是指按照法定程序向商标注册机构提出申请，经审查，予以核准，并授予商标专用权的品牌或品牌中的一部分。商标受法律保护，任何人未经商标注册人许可，皆不得仿效或使用。因此可以说，商标一定是品牌，但品牌不一定是商标。

线上导学：
慕名而来

尽管品牌与商标都是用于识别不同企业不同产品的商业名称及其标志，但品牌与商标仍有一定的区别：

1. 概念不同

品牌是市场概念，通常是指产品和服务的牌子，其实质代表品牌使用者对顾客在产品特征、服务和利益方面的承诺；而商标是法律概念，是获得专利权并受法律保护的品牌。

2. 外延不同

品牌的外延大，包括产品的名称、属性、品质和标志等；而商标则是品牌的一部分，并经过注册。

3. 价值不同

就品牌而言，必须使用并结合特定的产品和服务投放市场，才有价值，不使用的品牌往往没有价值；而商标只要注册，不管是否使用，都有一定的价值。

（四）品牌设计及其原则

随着市场竞争的激烈化和消费的多样化，产品的品牌越来越重要。一个醒目、易记、招人喜爱的品牌直接关系产品的销售量和利润额，关系企业的长期生存与持续发展。大部分企业已经意识到品牌设计的重要性。品牌设计是指根据企业发展和消费者需要，通过市场调研，并运用市场学、心理学、语言学、工艺美术学等方面的知识对某一产品的名称、标志及商标进行设计，以更好地满足消费者需求的过程。品牌设计充满了艺术性与创造性。在品牌设计中应重视以下几个基本原则：

（1）简洁醒目，上口易记。如宝洁公司的"玉兰油"、"娃哈哈"的图案。

（2）构思新颖，造型优美。如奔驰车的标志就是一个圆形的方向盘。这个构思既朴实，又大方明了，还反映产品的功能，是绝妙的设计。

（3）内涵深刻，情色并重。如江苏红豆集团的"红豆"牌就有一定的文化内涵。"红豆"，俗名"相思子""相思豆"，是表达爱情与亲情，反映美好情操的象征物。而千古咏诵的"红豆生南国，春来发几枝，愿君多采撷，此物最相思"名诗又赋予"红豆"深刻、动情的文化底蕴。

（4）富有特色，避免雷同。如"孔府家酒"与"孔府宴酒"就像亲姊妹，人们往往把它们联想在一起，认为是同一企业的两个品牌，但实际上它们却是山东省不同地域、不同企业的产品。

（五）品牌策略

品牌策略是企业品牌运营的谋略。它是企业面向市场的重要决策。品牌策略主要包括以下内容：

1. 无品牌策略

20世纪70年代以来，西方国家的许多企业对某些消费品和药品不设计品牌，也不向政府登记注册，实行无品牌策略，其主要目的是节省包装、广告费用，降低价格，扩大销售。

2. 有品牌策略

有品牌策略也称品牌化策略。使用品牌无疑对企业有许多好处，品牌既有利于消费者识别不同生产者的商品，也有利于生产者进行商品的分类经营管理；既有利于通过追究商标所有人责任保护消费者合法权益，也有利于企业保护自己合法权益避免他人假冒侵权；既有利于企业宣传推广自己特定品牌的产品，也有利于企业培养建立稳定的顾客群。因此，大多数企业一般都进行品牌设计与注册，利用好商标这件市场营销利器。

3. 品牌使用者策略

（1）制造商品牌策略。制造商品牌策略就是谁生产用谁的牌子销售。具体而言，就是在整个营销流程中，使用的是产品生产者自己设计、注册并使用的商标。使用制造商品牌，有利于生产者积累品牌资产，形成持续稳定的市场竞争力。

（2）中间商品牌策略。简言之，中间商品牌策略就是谁经销使用谁的牌子。具体而言，就是生产者将自己的产品大批量销售给中间商，然后中间商使用自有品牌进行销售。

（3）制造商品牌与中间商品牌并存。有些生产者生产的产品一部分用自有品牌销售，一部分则提供给中间商，使用中间商品牌进行销售。

（4）授权品牌。营销实践中，有些生产者既不用自己的品牌销售产品，也不用中间商品牌销售，而是经过申请，获得一些知名品牌授权，用经过授权后的品牌进行销售。

4. 品牌统分策略

（1）统一品牌策略。即企业所有产品都统一使用同一个品牌。例如，美国通用电气公司的产品都使用"GE"这个品牌。采用此策略的好处是，可减少品牌设计费，降低促销成本，同时，如果品牌声誉很高，还有助于新产品推出。不足之处是，某一产品出问题，会影响整个品牌形象，危及企业的信誉。

（2）分类品牌策略。即企业依据一定的标准将产品分类，同一类产品使用相同的品牌。

（3）个别品牌策略。即企业同一类产品中的各种产品分别使用不同的品牌。如上海联合利华生产的牙膏名"洁诺"、洗衣粉名"奥妙"等。

（4）企业名称加个别品牌策略。即企业对其不同种类的产品分别使用不同的品牌，但在各种类产品品牌前面还冠以企业名称。这种策略的好处是：在各种不同新产品的品牌名称前冠以企业名称，可以使新产品享受企业的信誉，又可以使各种不同品牌的新产品保持自己相对的独立性。

5. 品牌延伸策略

品牌延伸是指企业利用其成功品牌的声誉来推出改进产品或新产品。

（1）纵向延伸。即企业先推出某一品牌，赢得一定市场声誉后，逐步推出新一代经过改进的该品牌产品。例如，宝洁公司在中国市场推出"飘柔"洗发水后，逐步推出新一代"飘柔"洗发水。

（2）横向延伸。即企业把成功的品牌用于新开发的不同产品。例如，海尔公司先后向市场推出海尔品牌的冰箱、空调、电视机、电脑等系列产品。

品牌延伸策略的优点是：可以大幅度降低广告宣传等促销费用，使新产品迅速、顺利地进入市场。缺点是：品牌延伸可能淡化甚至损害品牌原有的形象，使品牌的独特性被逐步遗忘。因此，品牌延伸策略的实施应谨慎行事。

6. 多品牌策略

多品牌策略是指企业同时经营两种或两种以上相互竞争的不同品牌的同类产品。该策略由宝洁公司（P&G）首创，并获得了成功。宝洁公司冲破"单一品牌延伸理论"的束缚，提出了"多品牌延伸"观点。宝洁公司认为，单一品牌并非万全之策。某一品牌创立后，容易在顾客中形成固定的印象，不利于产品的延伸，不利于开拓不同的细分市场。在中国市场上，宝洁公司的洗发用品就有"飘柔""海飞丝""潘婷"三个成功的品牌，尽管三个品牌之间有一定的竞争，但三个品牌总的市场占有率是66.7%。宝洁公司的清洁剂等产品也实行了多品牌策略并取得了成功。

7. 品牌重新定位策略

品牌重新定位策略也称再定位策略。它是指对企业全部或部分产品的品牌市场定位进行调整或改变的策略。七喜公司是品牌重新定位成功的范例。七喜牌饮料是众多饮料的一种，主要消费群是老年人。但在众多的饮料市场中，可乐类饮料是七喜饮料的主要对手。七喜公司通过调查发现许多消费者并不喝可乐饮料，七喜公司就将自己的饮料重新定位为"非可乐"饮料，从而取得了非可乐饮料市场的领导地位。

✎ 探讨与应用

《英雄联盟》和哈尔滨啤酒推出系列电竞罐

打游戏与喝啤酒更配吗？

《英雄联盟》版本的啤酒来了——哈啤 LPL 电竞罐。哈尔滨啤酒的冰纯 ICE 圆罐包装，在品牌冰山 LOGO 之下，加上了 LPL 官方 LOGO，而罐身背景由"冰山图"改为"红蓝相撞的 LPL 现场实景照"。

另外，你可以通过扫拉环下的二维码获得相关电竞周边。哈尔滨啤酒还会在比赛开始后，逐步推出定制化战队罐，每位粉丝可选择自己心仪战队的专属战队罐。针对未满18 周岁、不宜饮酒的年轻用户，LPL 表示将联合哈啤陆续推出定制化系列产品。

《英雄联盟》职业联赛英文名为 League of Legends Pro League，简称 LPL，它是中国最高级别的《英雄联盟》职业比赛。

（资料来源：https：//www.jiemian.com/article/3050052.html。）

试分析：

哈尔滨啤酒与电竞合作的事件对品牌的影响。

二、包装策略

（一）包装的概念及其作用

"包"即包裹，"装"即装饰。产品包装是形式产品的重要组成部分，通常是指产品的容器、包装物及其设计装潢。在现代市场营销中，包装具有重要作用，具体来说有以下几个。

线上导学：
买椟还珠新解

1. 保护商品

这是包装最基本的作用。良好的包装可以保护产品在搬运、运输、仓储及销售过程中不受到损害、变质、散落，以确保产品的使用价值，从而保证企业和顾客双方的利益。

2. 便利顾客

根据消费者的习惯、要求进行适当的包装既能满足消费者的特定心理与习惯，又能方便消费者的使用。

3. 促进销售

在消费者购买过程中，包装是产生购买兴趣的重要因素。通过合理的包装，不仅区别不同的产品，便于顾客识别，而且构思巧妙、新颖、奇特的包装还能吸引顾客注意力，诱发购买兴趣，促进产品销售。

4. 形象宣传

包装是产品广告宣传的重要方式，是活广告。合理的包装能起到非人员推销的作用。法国香水业的名言"设计精美的香水瓶是香水的最佳推销员"就道出了包装的广告作用。包装还是企业理念与文化的表现，是树立企业良好形象的重要手段。

5. 增加价值

随着社会平均收入水平及生活水平的不断提高，消费者愿意多付出一定费用购买包装新颖、美观、可靠的产品。

（二）包装策略

可供企业选择的包装策略主要有以下几种：

1. 类似包装策略

它是指企业生产经营的所有产品，在包装外形上都采用相同或近似的图案、色彩和共同的标志或特征。该策略便于产品的识别，节约包装设计费用，有利于树立统一的企业形象，有利于促进不同产品开拓细分市场，促进产品销售。如舒肤佳香皂，在其生产的四种不同香型的香皂包装设计上采取了名称、标志、图案一致，而用白、绿、黄、粉红四种不同颜色区分产品的差异，不仅增加了产品的知名度，也促进了产品的销售。

2. 差异包装策略

它是指企业的各种产品都有自己独特的包装，在设计上采取不同的风格、不同的色调、不同的材料进行包装的策略。这一策略的优点是避免因某一产品的失败而殃及其他产品的市场声誉，其缺点是产品包装设计、制作费和促销费相应增加。

3. 组合包装策略

它是指企业按人们的消费习惯，将多种相关产品组合包装在同一包装物中。如把茶壶、茶杯、茶碟等组合装在同一包装物中。这种包装不仅便于顾客配套购买，还方便顾客携带、使用等。

4. 等级包装策略

它是指企业根据企业同类产品的质量等级和消费者消费档次设计和使用不同的包装，以反映产品的等级或档次。其做法是高档品采用精致包装，低档品采取粗略包装。这种包装策略不仅有利于产品市场定位，便于消费者对产品的识别，而且有利于满足不同消费水平的顾客的特定需求，从而扩大市场面，提高销售量。

5. 再使用包装策略

它是指设计的包装物具有双重用途，即在产品使用后其包装物还可以另作他用。如有些饮料的包装瓶在饮料喝完后，还是很漂亮的茶杯，方便人们使用。再包装策略增加了包装物的用途，迎合消费者一物多用的需求，有利于产品的销售。

6. 附赠品包装策略

即在包装物中附有一定的小赠品，如书签、儿童玩具、奖券等，以诱发消费者的购买欲望。这种策略适应于儿童、青少年及有特定嗜好或偏好的消费者。

7. 改变包装策略

它是指企业处于改变企业形象或对产品进行市场定位的需要，而对产品的包装进行改进或更新的策略。更新包装策略包括更新包装设计、包装材料及包装制作工艺等。该策略能够让顾客产生新鲜感，有利于企业产品以新的气象出现，从而促进销售。

✎ 探讨与应用

可口可乐的"城市罐"来了

你可能还记得不同城市便利店都会出现的"本地特产老酸奶"，现在这种复杂的家乡情结可以更大程度上被满足——可口可乐的城市罐来了。

最近可口可乐推出了"城市美食罐"，有北京、上海、广州、深圳、杭州、南京、呼和浩特、南昌、海口、哈尔滨等在内的30套全新包装。

从包装的设计来看，城市罐上的形象集合了当地的特色元素，比如杭州的是一个头戴荷叶帽、以西湖断桥为服装造型的姑娘；哈尔滨小伙子戴着的雷锋帽，上面还有本地特色的烧烤元素。每个城市罐上还有特色的文案，比如大气北京、绵绵杭州、多元深圳、怡然海口等，可以说很入乡随俗了。

可口可乐30套城市美食罐

消费者对于喜欢在包装上玩花样的可口可乐并不陌生。1916年，可口可乐专门设计并申请专利的弧形瓶诞生，也成为可口可乐的标准包装瓶。从此之后，可口可乐做到了让消费者可以通过它标志性的红色、飘带型字体识别出品牌。

产品才是最好的营销。作为消费者最直接接触到的媒介，经过设计的产品包装，便成为可口可乐提供个性化消费体验、提升品牌新鲜感的方式。

从姓名瓶、昵称瓶、密语瓶、歌词瓶、台词瓶到城市罐，可口可乐的包装营销，无非是想让更多的年轻人购买并且讨论它。可口可乐的城市罐去年就推出过，2018年的城市罐包含23款，有上海潮、成都闲、广州味、北京范、洛阳韵、西安调、杭州媚、大连畅、长沙辣、南京雅、青岛浪、厦门风等。

可口可乐2018年的城市摩登罐

和之前玩网络流行梗的包装不同，城市罐想要抓住的，其实是更为群体化的情绪——对一座城市的感情。这种突出本地特色的营销方式，让可口可乐这个国外品牌看起来更接地气。

当然和去年的城市罐相比，今年深入本地的程度进一步升级了。不仅有突出城市性格的标签，每一个城市还有配套的文案，是关于各地美食的，杭州桂花糖藕、哈尔滨烤冷面、深圳鲜虾肠粉和胡椒猪肚鸡、南昌瓦罐煨汤、海南椰子鸡……对于眼下的中国年轻人来说，美食这个话题，似乎比其他话题更有共鸣和感情。

（资料来源：界面新闻。）

试分析：

可口可乐包装策略对其营销的影响。

第四节　新产品开发策略

一、新产品的概念和类型

（一）新产品的概念

新产品是指在某个市场上首次出现的或者是企业首次生产销售的整体产品。产品整体概念中任何一部分的创新、革新和改良，都可视为新产品。新产品是一个广泛的、动态的、相对的概念，它一般是相对于老产品而言，因时因地而异，今新明旧，此旧彼新。

企业之间的竞争，最终集中表现为产品的竞争。正如市场竞争中没有常胜将军一样，市场上没有畅销不衰的产品。任何一种产品都经历过新产品时期，随着时间的推移和科学技术的进步，必然被技术更先进、功能更全、性能更好的新产品所替代，由新变旧、由畅变滞、由盈变亏。企业根据市场需求和竞争对手的变化，有针对性地开发、研制新产品，及时填补市场空白，抢占市场制高点，控制生产、流通和消费的导向权，是企业振兴发展之宝和克敌制胜之术。

开发新产品是扩大市场份额的需要。市场份额的大小，市场占有率的高低，直接制约企业的生存和发展。消费者是企业的衣食父母，是决定企业命运的上帝。当今的时代是一个科技、经济迅猛发展的时代，消费者对产品的需求越来越高，对产品好中求好、新中求新的追求永无止境。在一个现存市场里竞争，企业生存和发展的空间越来越狭小。企业只有成功地开发新产品，才能成功地改变和创造需求，满足消费者对更美好生活的追求，使自己周围的顾客越聚越多，市场规模越变越大。

开发新产品是战胜竞争对手的重要武器。在激烈的"商战"中，谁拥有新产品，谁就占据市场竞争的有利地位。市场争夺战是一个无休止的过程，弱肉强食、优胜劣汰是市场竞争的基本法则。那种依靠一种或几种产品永霸市场的想法只不过是一个天真的梦。企业要想战胜竞争对手，就必须推陈出新，不断给市场注入"新鲜血液"，除此之外，别无选择。开发新产品是增强企业活力和后劲的重要途径，是企业生命长盛不衰的根本保证。

（二）新产品的类型

从现代市场营销学的角度来看，新产品主要有以下六种类型：

（1）全新产品，即利用新技术创造出的整体更新的产品。采用新原理、新材料、新技术、新工艺创造的并率先在市场上问世的产品。

（2）新产品线。能够使一个公司首次进入新市场的产品。

（3）现有产品线的增补产品。在公司现有产品线上，增补的新产品，包括产品型号、款式、大小等方面的变化。

（4）现有产品的改进和更新。产品性能的改进或注入新的价值，能够替代现有产品。

（5）市场重新定位的产品。能够进入新的细分市场的现有产品或改变原有市场定位推出的新产品。

（6）成本减少的产品。以较低的成本推出同样性能的产品。

二、新产品开发的意义及过程

（一）新产品开发的意义

新产品开发不仅是提高企业核心竞争力、促进企业持续发展的需要，也是市场需求及社会、经济、科技发展的要求。具体地说：

（1）新产品开发是提高企业核心竞争力，促进企业可持续发展的需要。

（2）新产品开发是适应消费需求变化的需要。

（3）新产品开发也是产品生命周期理论的要求。

（4）新产品开发是科学技术发展的结果。

（二）开发新产品的原则

对企业而言，开发新产品绝非一件易事。随着科学技术和市场需求的高速发展，新产品开发具有多能化、高能化、微型化、简易化、系列化和舒适化的特点。这就要求企业开发新产品时，要注意几个问题：

（1）要有特色，即要有较强的独创性、时尚性和适应性，能满足消费者新的需求和欲望；

（2）要有能力，即具备开发新产品的资金实力、技术设备装备和人才优势，为新产品开发提供较充足的物质资源；

（3）要有市场，即有实现新产品的潜在市场，新产品效用能激发和创造新需求，与市场购买力水平和消费观念变化相一致，具有一定规模的销售量；

（4）要有效益，即能充分利用企业的综合生产能力，形成适度的规模生产和经营，努力降低成本，制定合理价格，在提高社会效益的前提下，较大幅度地增加经济效益；

（5）要合国情，即以社会需要为目的开发新产品，在充分利用资源优势的前提下，瞄准世界先进技术，开发结构相似、工艺相近、周期短、投资少、效益高的新产品，填补国内市场空白；

（6）要有调查，即开发新产品必须在市场调查和科学论证的基础上进行，提高新产品开发的科学性，避免盲目研制和重复开发所造成的资源浪费。

（三）新产品开发的过程

新产品开发过程一般由新产品构思、筛选产品构思、形成产品概念、制定营销规划与战略、商业分析、新产品研制、市场试销、批量上市等八个阶段。

1. 新产品构思

新产品开发的第一阶段是形成构思。构思是指为满足某种市场需要而提出的新产品的设想。一个成功的新产品，首先来自一个有创造性的构思。新产品构思的来源很多，企业应集思广益，从多方面寻求产品的构思。主要的新产品构思来源有：企业内部的技术人员与营销人员、顾客、竞争对手、经销商以及其他来源。

2. 筛选产品构思

筛选产品构思就是对形成的大量新产品构思进行分析研究、比较评价，筛选出技术上可行、经济上合算、社会效益优良的新产品构思方案。对构思的筛选要避免两种失误，一是误舍，即将有希望的新产品构思舍弃；二是误用，即将没有前途的新产品构思付诸开发。不论是误舍还是误用，都会给企业造成重大损失，必须从本企业的实际出发，根据企业的具体情况决定取舍。

3. 形成产品概念

新产品构思经过筛选后，需要进一步发展更具体、明确的产品概念。产品概念是指已经基本定型的产品构思，是从消费者角度对此构思所做的详尽的描述，并能用文字、图像、模型等予以清晰地描绘。产品概念的形成一般需要经过产品设计与评估两个步骤来实现。

4. 制定营销规划与战略

形成产品概念后，由有关人员拟定新产品投放市场的初步的市场营销战略计划书，该计划书需要在以后的发展中不断完善。它一般包括三部分内容：第一部分主要描述目标市场的规模、结构和行为，新产品在目标市场的定位，以及短期的市场销售量、市场份额和利润目标等；第二部分主要描述产品的计划价格、分销策略和第一年的营销预算；第三部分主要描述预期的长期销售量和利润目标，以及不同时期的市场营销组合策略等。

5. 商业分析

企业确定产品概念及市场营销策略后，还必须对要开发的新产品进行商业分析。商业分析主要是从经济效益的角度分析新产品是否符合企业目标，能否满足市场需求。企业市场营销管理部门要审查新产品将来的销售量、成本和利润的估计。

6. 新产品研制

新产品概念经过商业分析后，进入研制阶段。研制阶段是指新产品研究与开发部门或技术工艺部门将产品概念转变成产品模型或样品，并设计其包装及品牌等。

7. 市场试销

如果企业对新产品的研制，包括样品、品牌、包装设计感到满意，就应把试制的小批量产品拿到市场上试销。

8. 批量上市

新产品试销成功后，企业就可以正式批量生产与全面投放市场了。一旦决定大批投产上市，企业就需再次投入大量资金，支付大量费用。企业在此阶段应在投放时机、投放地区、目标市场选择、营销组合策略等方面慎重决策。

三、开发新产品的策略

（一）开发功能策略

以原型产品为基础，设法增加新功能，变一物一用为一物多用。在自行车上安装电动机就变成了电动脚踏车，在手仗上安装按摩器就变成手仗保健按摩器。一种产品满足多种需要，便会扩大产品的市场覆盖面。

（二）简化产品结构策略

在保持产品基本性能的前提下，以产品内在的"质量过剩"为革新目标，简化产品结构，缩小产品体积，降低成本。

（三）翻版复制策略

引进国外先进技术，分解复制，制造性能好、效率高、需求大的新产品，是开发新产品的捷径。

（四）修正缺点策略

以现存产品为对象，找出其缺陷与不足，选出某个或几个缺点作为消除目标，按照需要加以改进，开发出优于原产品的新产品。

（五）类比移植策略

运用类比和联想的思维方式，举一反三，触类旁通地开发新产品。

（六）特性开发策略

产品特性是指产品固有的基本属性，是不同使用价值的产品相互区别的标志。根据消费者对产品特性多方面需求的发展变化，开发出更优化特性的新产品，更好地满足消费者需求。

（七）系列创新策略

以某种产品及其生产技术工艺为基础，上下延伸、左右扩展的产品开发策略。此方法投资少、见效快、收益高，特别是以某一名牌产品为龙头开发系列产品时，可扩展企业影响，增强市场开拓能力，形成竞争对手奈何不得的市场地位。

（八）方便开发策略

这是一种根据用户使用方便，开发研制便携带、便运输、便储存、便使用、便维修、便食用的产品策略。现代生活节奏越来越快，讲求生活舒适和工作效率的人，对方便食品的需求量越来越大，为新产品开发提供了极其广阔的市场。

✍ 探讨与应用

芭比娃娃品牌美泰首次推出"无性别"系列玩偶

美泰称，"孩子们不希望他们的玩具受到性别规范的约束。"

性别属性明显的玩具正在改变他们的营销思路，而且一次比一次更具有突破性。

这一次，国际玩具品牌美泰第一次推出了性别中立的"创意世界"系列玩偶。

这些娃娃的零售价为每套 29.99 美元，适用于 6 岁及以上的儿童。每套玩具由一个没有性别特征的娃娃、两个长短可选的发型以及各种服装配饰组成。

除此之外，这次发售的六个娃娃还具有不同的肤色和头发纹理选择。

孩子们能够对这些娃娃进行自由搭配，创造出多样化的性别表达方式——也就是说，通过他们自己的搭配，制造出一个最能反映让他们是谁，或者是他们最想要见到的娃娃，而不是被动接受玩具产品中的性别陈规。

为了开发这一系列的玩偶和配件，美泰花费了 8 个月进行研究和设计，并与了解性别认同的医生和专家以及全美 250 个家庭合作。

美泰是一家 1959 年创立于美国的玩具公司，除了著名的芭比娃娃，美泰还拥有风火轮、美国女孩和托马斯和朋友等标志性玩具品牌。

美泰曾因在芭比娃娃系列中缺乏多样性和对女性的不现实描绘而广受批评。直到最近几年美泰才决定真正作出改变，一方面是女权舆论逐渐成社会主流，人们对芭比娃娃外形的诟病越来越多；另一方面是公司业绩也感受到了来自市场的压力，根据统计门户Statista 的数据，自 2014 年以来，美泰公司的营收连续四年下滑。

美泰意识到了问题的严重性并采取许多措施来打破偏见。

美泰对芭比娃娃作出了许多改变，包括提供不同体型、职业选择和肤色的娃娃形象，从而改变原来芭比娃娃金发碧眼、身材纤细的一贯形象。

我们也曾经报道过，2015 年美泰推出了一支以小男孩为主角的广告片，借以表达男孩子玩娃娃并没有什么奇怪的性别观念，呼吁人们打破对性别的刻板印象。

美泰高级副总裁 Kim Culmone 表示："玩具是一种文化的反映，我们认为是时候创建一个没有标签的玩偶系列了。"

（资料来源：https：//www.jiemian.com/article/3539919.html。）

试分析：

美泰"无性别"系列玩偶的产品策略。

☆ 同步测试

◇ 单项选择题

1. 在产品整体概念中最基本、最主要的部分是（　　）。

A. 核心产品　　　　B. 包装　　　　　　C. 有形产品　　　　D. 附加产品

2. 延伸产品是指顾客购买某类产品时，附带获得的各种（　　）的总和。

A. 功能　　　　　　B. 利益　　　　　　C. 属性　　　　　　D. 用途

3. 产品组合的宽度是指产品组合中所拥有的（　　）的数目。

A 产品项目　　　　B. 产品线　　　　　C. 产品种类　　　　D. 产品品牌

4. 产品组合的长度是指（　　）的总数。

A. 产品项目　　　　B. 产品品种　　　　C. 产品规格　　　　D. 产品品牌

5. 产品生命周期是由（　　）的生命周期决定的。

A. 企业与市场　　　B. 需要与技术　　　C. 质量与价格　　　D. 促销与服务

6. 处于（　　）的产品，可采用无差异性的目标市场营销策略。

A. 成长期　　　　　B. 衰退期　　　　　C. 导入期　　　　　D. 成熟期

7. （　　）策略是指企业以高价格配合大规模的促销活动将新产品投放市场，其目的是为了使消费者尽快了解产品，迅速打开销路。

A. 快速取脂　　　　B. 缓慢取脂　　　　C. 快速渗透　　　　D. 缓慢渗透

8. 雀巢公司将雀巢品牌使用到奶粉、巧克力、饼干等产品上，这种品牌决策是（　　）。

A. 品牌化策略　　　B. 品牌归属策略　　C. 品牌延伸策略　　D. 多品牌策略

9. 在现代营销中，企业提高市场竞争力的最重要的手段是（　　　）。

A. 质量 　　　　　B. 价格 　　　　　C. 促销 　　　　　D. 新产品开发

10. 在普通牙膏中加入不同物质制成各种功能的牙膏，这种新产品属于（　　　）。

A. 全新产品 　　　B. 革新产品 　　　C. 新牌子产品 　　　D. 改进产品

◇**多项选择题**

1. 企业针对成熟期的产品所采取的市场营销策略，具体包括的途径是（　　　）。

A. 开发新市场 　　B. 开发新产品 　　C. 寻求新用户 　　D. 巩固老用户

E. 改进老产品

2. 企业往往不只经营一种产品，由此形成了产品组合，界定产品组合的主要特征就是（　　　）。

A. 宽度 　　　　　B. 长度 　　　　　C. 高度 　　　　　D. 深度

E. 关联度

3. 优化产品组合的过程，通常是企业营销人员（　　　）现行产品组合的工作过程。

A. 调查 　　　　　B. 分析 　　　　　C. 研究 　　　　　D. 评价

E. 调整

4. 快速渗透策略，即企业以（　　　）推出新品。

A. 高品质 　　　　B. 高促销 　　　　C. 低促销 　　　　D. 高价格

E. 低价格

5. 产品组合策略一般有（　　　）策略可供选择。

A. 扩大产品组合 　B. 缩减产品组合 　C. 产品组合深度 　D. 产品线延伸

E. 产品组合广度

6. 产品进入成长期后，企业营销策略可具体采取（　　　）营销策略。

A. 提高产品质量 　B. 适当降价 　　　C. 加强渠道建设 　D. 加强产品促销

E. 突出知名度宣传

7. 产品一旦进入衰退期，企业可采取（　　　）策略。

A. 维持策略 　　　B. 快速渗透策略 　C. 放弃策略 　　　D. 收缩策略

E. 快速掠取策略

◇**判断题**

1. 整体产品包含三个层次，其中最基本的层次是形式产品。　　　　　　（　　　）

2. 消费者在购买商品时只能从实体产品中得到利益。　　　　　　　　　（　　　）

3. 上海大众生产了桑塔纳后，又推出了帕萨特，这是向上延伸策略。　　（　　　）

4. 产品生命周期就是产品使用寿命周期。　　　　　　　　　　　　　　（　　　）

5. 在产品投入期，采用"快速掠夺"策略是为了薄利多销，便于企业长期占领市场。　　　　　　　　　　　　　　　　　　　　　　　　　　　　　　（　　　）

6. 第一台上市的彩电是全新产品。　　　　　　　　　　　　　　　　　（　　　）

◇**简答题**

1. 产品整体概念包括哪五个层次？

2. 简述产品组合策略的具体应用。

3. 产品寿命周期各个阶段的特征及策略是什么？

4. 什么是新产品？分析新产品开发的意义和方式。

☆ 创业营销技能实训项目

在附近超市中开展饮料市场的调查，分析畅销产品抢占市场的原因

［训练目标］通过深入实地观察，熟悉不同的品牌，加深对本任务内容的理解。

［训练组织］学生每6人分为一组，选择不同类别的饮品。

［创业思考］畅想一下你创立的品牌价值。

［训练提示］教师提出活动前准备及注意事项，同时随队指导。

［训练成果］各组汇报，教师讲评。

☆ 案例分析

传音：远征非洲的传奇

传音是真正关心非洲消费者，致力于改善他们生活的一家企业。这是一家远走非洲的中国企业，通过在当地的本土化创新，其品牌发展如火如荼。

IDC 数据显示，从全球全品类手机出货量及市场占有比率来看，该公司 2018 年出货量 1.24 亿部，全球市场占有率 7.04%，排名仅次于华为，位列全球厂商第四；在非洲市场，其占比更是高达 48.71%，稳居行业第一，是当之无愧的"非洲之王"。

这家公司因未在中国销售而鲜为国人所知，但其在非洲却家喻户晓。根据英国商业杂志 *African Business* "2018/2019 年度最受非洲消费者喜爱品牌"百强榜单，该公司旗下三大手机品牌皆排名三十以前，其中 TECNO 荣获第五名，排在上榜的所有中国品牌之首，并力压排名第七的苹果。

这家公司就是深圳传音控股股份有限公司（以下简称传音）。传音一直以来从事以手机为核心的智能终端的设计、研发、生产、销售和品牌运营，拥有 TECNO、itel 和 Infinix 三大手机品牌。目前，其销售区域主要覆盖非洲、南亚、东南亚、中东和南美等新兴市场。招股书中财务数据显示，2018 年传音旗下智能手机带来的收入 154.78 亿元，占总营收的 69.81%，功能手机营收 59.50 亿元，占比 26.84%。

"我们将全球化的技术，以本地化的创新带到新兴国家。我们不想落下任何一个人，这是推动我们去非洲的最大力量。"传音副总裁阿里夫·乔杜里对《世界经理人》说道。作为公司创始团队中的一员，来自孟加拉国的阿里夫见证了传音在非洲的崛起。

远征非洲之战

与国内手机品牌的发展之路相比，传音在非洲称霸的历程是一个罕见的传奇故事。

时间拨回至传音创立初期，彼时的中国手机市场一片红海，国际化品牌互相拼杀，国产品牌生存空间有限。与之相反的是，另一片非洲大陆的市场却无人问津，较低的市场渗透率使其长期遭到各大品牌忽视。

然而，正是这样一片寂静的蓝海吸引了传音创始团队的注意。他们察觉到了隐匿其中的商机，将目光锁定在非洲这片"最后一个超过10亿人口的蓝海市场"。

事实上，非洲大陆不仅人口基数大，且三分之二的人口年龄在24岁以下，根据Visual Capitalist的调查，非洲大陆的年龄中位数只有18岁。随着经济的快速增长，这些数据都意味着非洲市场将爆发巨大的增长潜力。"非洲的年轻人很多，在未来，他们会成为最大的增量群体。"阿里夫说。

在做了这样摄人心魄的决定后，传音再次面临关于未来命运的重大抉择——做贴牌还是做品牌？前者是当地绝大多数中国企业的选择，也是离钱最近的路径；后者则是鲜有人走的路，看上去充满未知和挑战。最终，他们选择了看上去并非捷径的模式——明确了"中国科技品牌出海"这一定位，踏上前往非洲的征程。

在阿里夫看来，这10亿多的下沉市场用户的真正需求仍尚待挖掘与满足。在非洲市场，欧美等国际手机品牌因长期以全球化理念运作，对于与其他市场差距较大的非洲缺乏认知，推出的标准化产品难以满足当地用户的需求；而其他手机品牌虽然可能了解当地居民的痛点，但囿于实力不足而难以真正解决问题。

对传音来说，介于二者之间的"断层"正是难得的发展机遇。"我们希望能提供给当地用户'买得起、用得好'的产品，也就是基于本土化创新的解决方案。对传音来说，我们既能发现真正的问题，也有能力解决问题。因为我们具备相应的工业实力与研发能力，而且传音是真正关心非洲消费者，致力于改善他们生活的一家企业。"阿里夫说。

真正读懂用户

"本土化创新"是阿里夫在接受《世界经理人》采访时一直强调的品牌战略核心之一，用他的话来说就是"Keep in mind"。"我们做任何事情，都秉持'看清楚、想清楚、说清楚、做清楚'的理念。"

读懂非洲，是传音征服消费者的第一步。依据这样的理念，传音的研发团队在当地进行了大量的实地考察与调研。告别急功近利的增长模式，传音基于扎实的前期调查，通过本土化创新的产品满足当地消费者多元化的需求。

比如，非洲国家不同运营商网络的资费差别较大，跨网络的电话费相对较贵，一般非洲用户会拥有多张SIM卡，基于这个痛点，传音推出了双卡双待的手机甚至四卡四待的手机；再比如，针对非洲人的肤色肤质特点，传音与芯片公司、研发公司共同研究，有针对性地提升手机的夜间拍照质量，推出了具有针对性的美颜功能手机。

同样，2016年传音进军印度，本土化运营模式成功复制到当地市场。为了更了解当地特色，传音光是前期调研便花费一年时间，其中调研人员中本地人占绝大多数。经过一番苦功之后，传音找到了直击痛点的解决方案。

比如，由于生活方式的不同，印度人喜欢用手吃饭，手指便会沾有油污，为了解决手机解锁的问题，传音开发出了防油污指纹识别功能的手机；另外，不同于非洲，印度人吃饭和睡觉的时间较晚，因此在黄昏时分拍照的人最多，为了解决这一时段弱光线的曝光问题，传音专门开发出了更高成像质量的拍照功能，以便还原色彩鲜明的画面。

在新兴市场的锤炼下，传音不仅产品本土化创新能力增强，产业链的布局也更为完善。据了解，2016 年至 2019 年 6 月，传音的研发投入累计已超过 20 亿元；不仅在中国上海、深圳设立了自主研发中心，还与尼日利亚、肯尼亚等国的当地研发团队紧密合作，研发人员总共 1500 余人；同时，传音还通过手机供应链的深度定制合作来实现融合创新；除了在中国拥有工厂，传音还在埃塞俄比亚、印度和孟加拉国设立了生产制造中心，积累了深厚的制造实力。

"不管我们去哪一个市场，我们都要做到本地化创新，这是始终不变的。"阿里夫说。在这样的初衷与坚持下，传音换来的是市场的积极反馈。除了在非洲市场称霸外，IDC 数据显示，2018 年传音在印度市场取得了 6.72% 的份额、排名第四的佳绩。

掘金下一风口

本土化的运营模式让传音获取了非洲市场的巨大红利，但新的问题开始浮现，随着后来者的入局以及市场趋势的变化，传音的优势地位是否能一直延续？对此，阿里夫对《世界经理人》表示，传音将坚持以"研发和技术创新，持续为消费者带来惊喜的产品。"

阿里夫的信心来自智能手机的增量以及移动互联的机遇。他认为，非洲当前正处于"功能机向智能机，2G 向 3G、4G 网络"的转变进程之中。

全球移动通信系统协会的数据显示，撒哈拉以南非洲 2017 年底移动支付账户已达 3.38 亿个。其他如音乐、社交软件等移动服务在非洲也将成为增长潜力巨大的应用领域。

阿里夫阐释道："我们发现大量的智能机用户对音乐、社交媒体、游戏、新闻，尤其娱乐以及大型足球赛事的新闻软件特别感兴趣。"

非洲已开始步入数字化时代。在这一发展浪潮下，传音以"快市场半步"之势，提前打造非洲移动互联生态链。在阿里夫看来，移动互联网的用户与智能机的增长是正相关的。而传音在非洲的先发优势早已将护城河挖得足够深。

根据公司招股书和 IDC 发布的统计数据，传音控股最近三年的智能手机销量逐年提高，从 2016 年的 1661 万台上升到 2018 年的 3406.56 万台，年复合增长率达到 43.21%，2018 年在非洲占据了 34.3% 的市场份额。随着智能机的占比攀升，传音打造的移动互联网产品及服务将会迎来非常可观的用户增长量。

为了助力非洲数字化发展，传音基于安卓平台，二次开发、深度定制了更加适合当地的传音智能终端操作系统 HiOS、itelOS、XOS（简称"传音 OS"），除此之外，传音依托规模巨大的硬件载体，与网易等多家国内领先的互联网公司，在音乐、游戏、短视频、内容聚合及其他应用领域进行出海战略合作，积极开发和孵化移动互联网产品。

截至目前，传音已合作开发出 5 款月活跃用户超过 1000 万的应用程序，其中，传音与网易共同投资的非洲音乐流媒体服务平台 Boomplay 已经拥有超过 4300 万激活用户，是目前非洲最大的音乐流媒体平台。

"除了在音乐、社交媒体等软件服务上布局，还有多款产品仍在开发和孵化中。随着非洲移动互联网络基础设施的发展和智能手机的进一步普及，今后非洲用户在移动互联领域会有更多本地化需求，新机会将不断涌现。如果我们能解决这些本地化需求，我们的机会是非常大的。在传音现有的业务当中，我们认为移动互联网的未来潜力是最大的。"阿里夫说。

如同阿里夫所说，传音站在了非洲移动互联网的风口上，他们早已做好准备。

（资料来源：世界经理人。）

阅读以上材料，回答问题：

1. 结合本章所学知识分析传音品牌成功的原因。

2. 传音的成功给我们什么启示？

第九章
定 价 策 略

◆**本章学习目标**

  ☞ 应用知识目标

1. 理解影响企业定价的因素；

2. 掌握企业定价的相关方法和策略。

  ☞ 应用技能目标

1. 对企业进行定价方法的策划；

2. 对企业进行定价策略的策划。

  ☞ 创业必知知识点

1. 了解价格策略的影响因素；

2. 掌握价格策略的制定方法。

📖**中国传统文化与营销启示**

论其有余不足，则知贵贱。贵上极则反贱，贱下极则反贵。贵出如粪土，贱取如珠玉。

——范蠡《价略》

货真价实，童叟无欺。

——清·吴趼人《二十年目睹之怪现状》。

启示：陶朱公商训中有一句"能知机。售贮随时，可称名哲"。掌握卖出的时机以什么价格卖出买进非常重要，所以审贵贱是《价略》的核心，"贵出如粪土，贱取如珠玉"乃是范蠡经营商业的名言，在《史记·货殖列传》有所记载，价格问题无论古今在商场中都颇为复杂。范蠡说的价格原理，就是货物供求关系的有余与不足，他指出了价格变化中物极必反的规律。后一句指明了价格策略应该遵守的道德准则，即便今天依旧应该为企业所借鉴。

第一节　定价的主要影响因素

所有营利性组织和许多非营利性组织都必须为自己的产品或服务定价。价格是最容易调节的营销组合因素，同时也是企业或产品或品牌的意愿价格同市场交流的纽带。价格通常是产品销售的关键因素，是营销成功与否的决定性因素之一。

一、价格的内涵

对于营销的定义，我们可以从广义和狭义的角度进行分析，也可以从经济学和市场营销学的角度分析。

从狭义的角度来说，价格是对一种产品或服务的标价；从广义的角度来看，价格是消费者在交换中所获得的产品或服务的价值。价格并非是一个数字或一种术语，它可以用许多名目出现，大致可以分为商品的价格和服务的价格两大类。商品价格是各类有形产品和无形产品的价格，货物贸易中称其为价格，服务贸易中称其为费，如运输费或交通费、保险费、学费、服务费等。

从经济学的角度来看，价格是商品价值的货币表现形式，是围绕价值上下波动的。价格是与利润的实现紧密联系在一起，即价格 = 总成本 + 利润。从市场营销的角度来看，价格是可以随时随地根据需要而变动的，定价也可以根据整个市场的变化作出灵活的反应，价格必须根据消费能否接受为出发点。价格是决定企业盈利的重要因素，但绝不是唯一的决定性因素。企业定价是为了促进销售，获取利润，因此企业在定价时，既要考虑成本的补偿，又要考虑消费者对价格的接受能力，从而使定价具有买卖双方决策的特征。

二、影响企业定价的因素

价格策略是企业营销组合的重要因素之一，它直接决定着企业市场份额的大小和盈利率高低。企业的定价决策受企业内部因素的影响，也受外部环境因素的影响（见图9－1）。随着营销环境的日益复杂，制定价格策略的难度越来越大，不仅要考虑成本补偿问题，还要考虑消费者的接受能力和竞争状况。

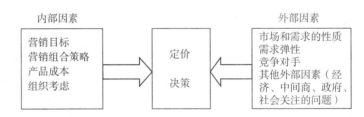

图9－1　影响定价决策的因素

（一）影响定价的内部因素

1. 营销目标

产品的定价要遵循市场规律，讲究定价策略。定价策略因企业的营销目标的变化而变化，不同的目标决定了不同的策略和不同的定价方法和技巧。同时，价格策略作为企业实现经营目标的手段，直接影响企业的经营成效，具体表现在不同的价格水平会对企业的利润、销售额和市场占有率产生不同的影响，因此，企业在实施定价策略时，要结合企业内部情况，目标市场的经济、人文情况及竞争对手情况，根据对企业的生存和发展影响最大的战略因素来选择定价目标。与定价有关的营销目标主要有以利润为目标、以市场占有率为目标、以应对竞争为目标等。

2. 营销组合战略

由于价格是4P营销组合因素之一，产品定价时要注意价格策略与产品的整体设计、分销和促销策略相匹配，形成一个协调的营销组合。如果产品是根据非价格因素来定位的，那么有关质量、促销和销售的决策就会极大地影响价格；如果价格是一个重要的定位因素，那么价格就会极大地影响其他营销组合因素的决策。因此，营销人员在定价时必须考虑整个营销组合，不能脱离其他营销组合而单独决定。

3. 产品成本

产品从原材料到成品要经过一系列复杂的过程，在这个过程中必定要耗费一定的资金和劳动，这种在产品的生产经营中所产生的实际耗费的货币表现就是成本，它是产品价值的基础，也是制定产品价格的最低经济界限，是维持简单再生产和经营活动的基本前提。产品的价格必须能够补偿产品生产、分销和促销的所有支出，并能补偿企业为产品承担风险所付出的代价。低成本的企业能设定较低的价格，从而取得较高的销售量和利润额。因此，企业想扩大销售或增加利润，就必须降低成本，从而降低价格，提高产品在市场上的竞争力。如果企业生产和销售产品的成本大于竞争对手，那么企业将不得不设定较高的价格或减少利润，从而使自己处于竞争劣势。一般而言，企业定价中使用比较多的成本类别主要有总成本、总固定成本、总变动成本、单位成本和边际成本等。

4. 组织考虑

每个企业规模有大小、财务状况不同、经销指标不同、企业价值取向不同，对追求利润型的企业来说，高价格是企业的定价方向；而对追市场份额的企业来讲，中、低价格定位是企业的定价方向。同时要根据企业自身状况并考虑其他因素（品牌、市场地位、推广费用、渠道建设情况、产品的包装、产品规格）来制定价格。

（二）影响定价的外部因素

1. 市场和需求的性质

与成本决定价格的下限相反，市场和需求决定价格的上限。在设定价格之前，营销人员必须理解产品价格与产品需求之间的关系。

在市场经济条件下，市场结构不同，即企业及其产品在市场上的竞争状况不同，企业的定价策略也不同。企业价格决策面临的竞争主要来自同行业生产者、经营者之间的竞争，尤其是市场处于买方市场的势态下，卖方间的竞争十分激烈，企业价格决策者必须熟悉本企业产品在市场竞争中所处的地位，分析市场中竞争对手的数量，研究它们的生产、供应能力及市场行为，从而作出相应的价格策略。不同的市场结构下采用的定价策略是不同的。根据市场竞争程度的具体因素，我们可以把市场结构划分为完全竞争市场、垄断竞争市场、完全垄断市场和寡头垄断市场四种类型。

市场供求状况也是企业价格决策的主要依据之一。企业对产品的定价，一方面必须补偿经营所耗费的成本费用并保证一定的利润；另一方面也必须适应市场对该产品的供求变化，能够为消费者所接受。例如企业的产品是哪一个人群使用，是儿童、老人、男士、女性，还是用于家庭消费、团体消费，或是豪华型消费、普通消费，一般来讲，用于儿童、女性、团体消费或豪华型消费的产品价格都相应高，企业多采用高价位，反之则相反。否则，企业的价格决策会陷入一厢情愿的境地。企业需考虑整体消费水平、消费习性、市场规模和容量以及市场发展趋势几个因素来对产品进行综合评价制定价格。

2. 需求弹性

需求弹性是指因价格和收入等因素而引起需求的相应变动率，一般分为需求收入弹性、需求价格弹性和需求交叉弹性。

需求收入弹性是指因收入变动而引起需求相应的变动率。收入弹性大的产品，一般包括耐用消费品、高档商品、娱乐支出等，当消费者收入增加时，对这类产品的需求量也会大幅度增加。收入弹性小的产品，一般包括生活的必需品，如食盐等，当消费者收入增加时，对这类产品的需求量的增加幅度比较小。

需求价格弹性是指因价格变动而引起需求相应的变动率，用弹性系数 E 表示。$E=1$，反映需求量与价格等比例变化。定价时可选择实现预期利润的价格或选择通行的市场价格，同时把其他市场营销策略作为提高利润的手段。$E>1$，反映需求量的相应变化大于价格自身变动。定价时应通过降低价格，薄利多销达到增加盈利的目的。反之，提价时务求谨慎以防需求量发生锐减，影响企业收入。$E<1$，反映需求量的相应变化小于价格自身变动。定价时较高水平价格往往会增加盈利，低价对需求量刺激效果不大，薄利不能多销，反而会降低收入水平。

需求交叉弹性是指有互补或替代关系的某种产品价格的变动，引起与其相关的产品需求相应发生变动的程度。一般而言，在消费者实际收入不变的情况下，具有替代关系的产品之间，某个商品价格的变化将使其关联产品的需求量出现相应的变动（一般是同方向的变动）；具有互补关系的产品之间，当某产品价格发生变动，其关联产品的需求量会同该产品的需求量发生相一致的变化。

3. 竞争对手

竞争价格因素对定价的影响主要表现为竞争价格对产品价格水平的约束。同类产品的竞争最直接表现为价格竞争。如果企业采取高价格、高利润的战略，就会引来竞争；而低价格、低利润的战略可以阻止竞争对手进入市场或者把它们赶出市场。如果企业试图通过适当的价格和及时的价格调整来争取更多顾客，这就意味着其他同类企业将失去部分市场，或维持原有市场份额要付出更多的营销努力，因而在竞争激烈的市场上，企业都会认真分析竞争对手的价格策略，密切关注其价格动向并及时作出反应。

4. 其他外部因素

在设定价格时，企业还必须考虑外部环境中的其他因素。经济条件对企业的定价策略有很大影响，如经济增长和衰退、通货膨胀和利率等因素会影响产品的生产成本以及消费者对产品和价值的看法。企业制定价格时应该能够给销售商带去可观的利润，鼓励它们对产品的支持，以及帮助它们有效地销售产品。营销人员需要了解影响价格的法律法规，并确保自己的定价依法合规。同时企业在制定价格时，企业的短期销售、市场份额和目标利润必须服从整个社会的需要。

第二节　定价的基本方法

定价方法是企业在特定的定价目标指导下，依据对成本、需求及竞争等状况的研究，运用价格决策理论，对产品价格进行计算的具体方法。定价方法主要包括以成本为基础的定价方法、以购买者为基础的定价方法和以竞争为基础的定价方法三种类型。

一、成本导向定价法

基于成本的定价法是以产品成本为基础，加上目标利润来确定产品价格的成本导向定价法，是企业最常用、最基本的定价方法。主要有总成本加成定价法、目标收益定价法、边际成本定价法、盈亏平衡定价法等几种具体的定价方法。

（一）总成本加成定价法

总成本加成定价法是指按照单位成本加上一定百分比的加成来制定产品的销售价格，即把所有为生产某种产品而发生的耗费均计入成本的范围，计算单位产品的变动成本，合理分摊相应的固定成本，再按一定的目标利润率来决定价格。其计算公式为：

单位产品价格 = 单位产品总成本 × (1 + 目标利润率)

单位产品成本 = 总成本 / 总产量

总成本 = 总固定成本 + 总变动成本

例题：某皮具厂生产 1000 个皮箱，固定成本 3000 元，每个皮箱的变动成本 45 元，企业确定的成本利润率为 30%，请用成本加成定价法进行定价。

解：　　　　单位产品价格 = 单位产品总成本 × (1 + 目标利润率)

= (3000/1000 + 45) × (1 + 30%)

= 62.4(元)

采用成本加成定价法，关键问题是确定合理的成本利润率。而成本利润率的确定，必须考虑市场环境、行业特点等多种因素。这种方法的优点是：简化了定价工作，便于经济核算；价格竞争会减到最少；在成本加成的基础上制定出来的价格对买卖双方来说都比较公平。

✎ 探讨与应用

产品的价格到底由什么决定？

从商业洞察的角度来说，产品价格是由消费者能感知到的价值决定的。消费者能感知到什么价值？——功能价值、体验价值、个性化价值。

什么是功能价值？

几乎所有的食物，理论上都可以满足吃饱的需求。如果仅仅是满足吃饱需求，那么所有食物的价格就应该是一样的。这时你认为哪种食物更受用户欢迎？当然是价格更低的食物。如果消费者只是为了吃饱，那么无论是吃馒头还是海鲜，其实功能都一样。所以价格是一个非常重要的竞争。

但是价格这个词还不准确，我们用一个更准确的词来描述：性价比。什么是性价比？性价比高是指产品在品质不变的情况下，价格更便宜；或者是产品在价格不变的情况下，品质更好。人类有两种最基本的购物需求：物美价廉和价廉物美。这两者有什么区别？上海有个地方叫七浦路，翻译成英文是 Cheap Road，意思就是便宜。另外在徐家汇，有个很高端的购物中心叫港汇广场。大家一般会在什么情况下去七浦路？通常是在空闲时的周末去逛一逛，因为七浦路的好多东西都便宜，所以大家都去价廉里面找物美。那一般会在什么情况下去港汇广场？比如出席隆重的场合每个人都要穿礼服，这时候你会去港汇广场，因为这里的物品都很好，但通常都比较贵。然后你就到处逛，试图从中找到一件比较便宜的，这就叫从物美里面找价廉。这两种需求永远都不会消失。而不管是价廉还是物美，背后都存在着性价比。所以，如果你做的是功能型产品，性价比或许可以成为你的竞争优势。

那要怎样做出性价比？最基本的方法是通过规模效应降低成本，规模越大价格越便宜。但成本降低后会带来更多的规模，比到后面就是价格战，没多少利润空间。或者用技术优势降低成本，比效率。就是本来一个小时只能生产 10 件产品，用了技术可以一个小时生产 50 件产品。但比效率的难度越来越大，只有少数公司能做成。那大多数公司怎么办？大多数公司都不应该在同一产品上比价格，而是要给消费者提供更稀缺的价值感——体验。

什么是体验价值？

在今天，任何商品只要贴上"德国制造"（Made in Germany），价格就会立马上涨。因为德国商品给人的印象是质量可靠。但是你知道 Made in Germany 这个名称怎么来的吗？在 18 世纪，英国谢菲尔德公司生产的剪刀和刀具非常有名，质量很好，受到市场欢迎。德国索林根城制造商就山寨了这个产品，做得非常像，品质也很接近，但是价格卖得非常便宜。正因为这种模仿和对别人品牌的侵犯，导致英国、法国等制造商对德国制造商非常痛恨，当时德国制造声名狼藉。为了解决产品被仿冒的问题，维护英国制造商的权利，愤怒的英国拿起了法律武器，打击德国的侵犯。1887 年，英国人在国会上通过了一项侮辱性的法案《商品法》。商品法中有一个重要的条款，所有来自德国的产品必须贴上"Made in Germany"的标签，以此将价廉质劣的德国货与优质的英国产品区分开来。从此时开始，德国人意识到，所有的努力和创新都要凝聚在这个标签上，这是别人选择我们的标准。所以德国制造后来越做越好，最终脱离了低级货的名声。许多国家都曾是山寨大国，美国和日本也不例外。但是，比起一味地模仿，更重要的是要懂得建立差异化，给消费者提供更稀缺的体验价值。而打造体验价值的核心方法论，是从产品视角切换为用户视角。

但用户仅仅满足于此了吗？不，还有比体验价值更稀缺的价值感——个性化。

什么是个性化价值？

个性化是最高级的卖法，就是每个人都可以拥有私人定制。典型的如红领西服公司，主要在互联网上做个性化衣物定制。他们的定制流程是这样的，你量完身材把尺寸数据发给他们，然后他们找专业设计师帮你做十几件衣服，邮寄给你。接着他告诉你十几种搭配方法，你按照搭配试穿即可。如果有喜欢的就可以留下，不喜欢也没关系，你再给我邮寄回来。利用这种邮购的方式，可以在互联网上满足每个人的个性化价值，这样你就不用再跑到商场做私人定制了。个性化需求是这个时代最高级、最昂贵的需求，个性化产品是能让用户感知到最稀缺的产品。

所以，产品的定价取决于提供给消费者的价值。价值越稀缺，价格就越高。

（资料来源：世界经理人。）

试分析：

产品定价与消费者需求之间有什么关系？

（二）目标收益定价法

目标收益定价法又称投资收益率定价法，是根据企业的总成本或投资总额、预期销量和投资回收期等因素来确定价格（如图 9 - 2 所示）。

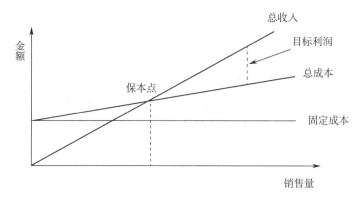

图 9 - 2 目标收益定价法

企业试图确定能带来它正在追求的目标投资收益。它是根据估计的总销售收入（销售额）和估计的产量（销售量）来制定价格的一种方法。其公式为

单位产品价格 =（总成本 + 目标收益额）/ 预期销量（1）或

目标利润价格 = 单位成本 +（目标利润率 × 投资成本）/ 销售量（2）

其中，目标利润率或目标收益率 = 1/投资回收期。

例题： 某企业预计其产品的销量为 10 万件，总成本 740 万元，决定完成目标利润为 160 万元，求单位产品的价格是多少？

解： 单位产品价格 =（总成本 + 目标收益额）/ 预期销量

= (740 + 160)/10

= 90 元

与成本加成定价法类似，目标收益定价法也是一种生产者导向的产物。其缺陷表现为：很少考虑到市场竞争和需求的实际情况，只是从保证生产者的利益出发制定价格；另外，先确定产品销量，再计算产品价格的做法完全颠倒了价格与销量的因果关系，把销量看成是价格的决定因素，在实际上很难行得通。尤其是对于那些需求的价格弹性较大的产品，用这种方法制定出来的价格，无法保证销量的必然实现。

（三）边际成本定价法

边际成本是指每增加或减少单位产品所引起的总成本的变化量。边际成本定价法又称边际贡献法，其基本思想是只考虑变动成本，不考虑固定成本，以预期的边际贡献补偿固定成本并获得盈利。采用边际成本定价法时是以单位产品变动成本作为定价依据和可接受价格的最低界限。在价格高于变动成本的情况下，企业出售产品的收入除完全补偿变动成本外，尚可用来补偿一部分固定成本，甚至可能提供利润。其公式为

单位产品价格 ＝ 单位产品变动成本 ＋ 单位产品边际贡献

其中，单位产品边际贡献是指企业增加一个单位的销售，所获得的收入减去边际成本的数值。边际贡献 = 销售收入 − 变动成本，若边际贡献大于固定成本，企业就有盈利；若边际贡献小于固定成本，企业就会亏本；若边际贡献等于固定成本，企业盈亏平衡。只要边际贡献大于等于零，企业就可以考虑生产。这种定价方法适合于企业存在生产能力过剩、市场供过于求等的情况。

（四）盈亏平衡定价法

盈亏平衡定价法又称收支平衡法，是利用收支平衡点来确定产品的价格，即在销量达到一定水平时，企业应如何定价才不至于发生亏损；反过来说，已知价格在某一水平上，应销售多少产品才能保本。其公式为

盈亏平衡点价格 ＝ 固定总成本 ÷ 销量 ＋ 单位变动成本

例题：某产品生产的固定成本是 150000 元，单位变动成本为 15 元，若销量为 3000 件，则价格应定多少企业才不会亏损？若销售价格为 40 元，则企业必须销售多少才能保本？

解：盈亏平衡点价格 = 固定总成本 ÷ 销量 + 单位变动成本

= 150000/3000 + 15

= 65（元）

销量 ＝ 固定总成本 ÷（盈亏平衡点价格 − 单位变动成本）

= 150000/（40 − 15）

= 6000（件）

实际上，这种定价法的实质就是确定总收入等于总支出时的价格，以盈亏平衡点确定价格只能使企业的生产耗费得以补偿，而不能得到收益。若实际价格超过收支平衡价格，企业就可盈利。科学地预测销量和已知固定成本、变动成本是盈亏平衡定价的前提。有时为了开展价格竞争或应付供过于求的市场格局，企业采用这种定价方式以取得市场竞争的主动权。

从本质上说，成本导向定价法是一种卖方定价导向。它忽视了市场需求、竞争和价格水平的变化，有时候与定价目标脱节。此外，运用这一方法制定的价格均是建立在对销量主观预测的基础上，从而降低了价格制定的科学性。因此，在采用成本导向定价法时，还需要充分考虑需求和竞争状况。

二、需求导向定价法

市场营销观念要求企业的一切生产经营必须以消费者需求为中心，并在产品、价

格、分销和促销等方面予以充分体现。

基于需求的定价方法是根据市场需求状况和消费者对产品的感觉差异来确定价格的方法，又称市场导向定价法。需求导向定价法主要包括认知价值定价法、需求差别定价法和市场售价逆向推导法。

（一）认知价值定价法

认知价值定价法是根据顾客对产品价值的认知程度，即产品在顾客心目中的价值观念为定价依据，运用各种营销策略和手段，影响顾客对产品价值的认知的定价方法。定价的关键不是卖方的成本，而是购买者对价值的认知。企业如果过高地估计认知价值，便会定出偏高的价格；相反，则会定出偏低的价格。

（二）需求差别定价法

需求差别定价法是指产品价格的确定以需求为依据，首先强调适应消费者需求的不同特性，而将成本补偿只放在次要地位。这种定价方法对同一商品在同一市场上制定两个或两个以上的价格，或使不同商品价格之间的差额大于其成本之间的差额。其好处是可以使企业定价最大限度地符合市场需求，促进商品销售，有利于企业获取最佳的经济效益。根据需求特性的不同，需求差异定价法通常有以下几种形式：以用户为基础的差别定价、以地点为基础的差别定价、以时间为基础的差别定价、以产品为基础的差别定价、以流转环节为基础的差别定价。

企业采取差别定价必须具备的条件：第一，市场必须是可以细分的，而且各个细分市场须表现出不同的需求程度；第二，以较低价格购买某种产品的顾客没有可能以较高价格把这种产品倒卖给别人；第三，竞争者没有可能在企业以较高销售产品的市场上以低价竞销；第四，细分市场和控制市场的成本费用不得超过因实行价格歧视而得到的额外收入，这就是说，不能得不偿失；第五，价格歧视不会引起顾客反感而放弃购买，影响销售；第六，采取的价格歧视行为不能违法。

（三）市场售价逆向推导法

市场售价逆向推导法也称零售价格定价法，是依据消费者能够接受的最终销售价格，逆向推算出中间商的批发价和生产企业的出厂价。这种定价方法主要不是考虑产品成本，而重点考虑需求状况。市场售价逆向推导法的特点是：价格能反映市场需求情况，有利于加强与中间商的良好关系，保证中间商的正常利润，使产品迅速向市场渗透，并可根据市场供求情况及时调整，定价比较灵活。其公式为

$$批发价格 = 市场可销价格 \times (1 - 批零差率)$$
$$出厂价格 = 批发价格 \times (1 - 销进差率)$$
$$= 市场可销价格 \times (1 - 销进差率) \times (1 - 批零差率)$$

三、竞争导向定价法

对于一些市场竞争十分激烈的产品，许多企业制定价格时，往往不是根据成本和需求，而是以竞争者的价格水平为基础进行定价。

竞争导向定价法是指通过研究竞争对手同类产品的商品价格、生产条件、服务状况等，结合企业自身的发展需求，以竞争对手的价格为基础进行产品定价的一种方法。其

特点是价格与成本和市场需求不发生直接关系。当然，为实现企业的定价目标和总体经营战略目标，谋求企业的生存或发展，企业可以在其他营销手段的配合下，将价格定得高于或低于竞争者的价格，并不一定要求和竞争对手的产品价格完全保持一致。竞争导向定价主要包括随行就市定价法、主动竞争定价法、竞争投标定价法和拍卖定价法。

（一）随行就市定价法

随行就市定价法又称流行水准定价法，是指与本行业同类产品的价格水平保持一致的定价方法。也就是说，在一个竞争比较激烈的行业或部门中，某个企业根据市场竞争格局，跟随行业或部门中主要竞争者的价格，或各企业的平均价格，或市场上一般采用的价格，来确定自己产品的价格的方法。即企业按照行业的平均现行价格水平来定价。采用随行就市定价法，企业就不必去全面了解消费者对不同价差的反应，也不会引起价格波动，从而为营销、定价人员节约了很多时间。

（二）主动竞争定价法

主动竞争定价法又称价格领袖定价法或寡头定价法，是指在某个行业或部门中，由一个或少数几个大企业首先定价，其余企业参考定价或追随定价的方法。这一个或少数几个大企业就是价格领袖。它们的价格变动往往会引起其他企业的价格随之变动。

其实，这种定价法与前一种定价法有相同之处。不追随竞争者的价格，而是根据本企业产品的实际情况及与竞争对手产品的差异来确定产品的价格。一般而言，它将企业估算价格与市场上竞争者的价格进行比较，分为高于竞争者定价、等于竞争者定价、低于竞争者定价三个价格层次。

（三）竞争投标定价法

竞争投标定价法又称为密封投标定价法，是指一个企业根据招标方的条件，主要考虑竞争情况来确定标的价格的一种方法。许多大宗商品、原材料、成套设备和建筑工程项目的买卖和承包以及征招经营协作单位、出租出售小型企业等，往往采用发包人招标、承包人投标的方式来选择承包者，确定最终承包价格。

一般来说，招标方只有一个，处于相对垄断地位，而投标方有多个，处于相互竞争地位。一个企业能否中标，在很大程度上取决于该企业与竞争者投标报价水平的比较。标的物的价格由参与投标的各个企业在相互独立的条件下确定，在买方招标的所有投标者中，报价最低的投标者通常中标，他的报价就是承包价格。

（四）拍卖定价法

拍卖定价法是由卖方预先发表公告，展示拍卖物品，买方预先看货，在规定时间公开拍卖，由买方公开叫价，不再有人竞争的最高价格即为成交价格，卖方按此价格拍板成交。拍卖定价法越来越被广泛地使用，其作用之一是处置积压商品或旧货。有三种主要的拍卖形式：

1. 英国式拍卖

一个卖方和多个买方，是一种加价拍卖方式。卖方出示一个商品，买方不断加价竞标，直到达到最高价格。英国式拍卖经常被用来出售古董、家畜、不动产和旧设备、车辆等。

2. 荷兰式拍卖

一个卖方多个买方，或者一个买方多个卖方，是一种降价拍卖方式。在一个卖方多个买方的情况下，拍卖人宣布一个最高的价格然后逐渐降低价格直至出价人接受为止；在一个买方多个卖方的情况下，买方宣布他想买的商品，多个卖方不断压低价格以寻求最后中标。每个卖方都能看到当前最低价格，从而决定是否继续降价。

3. 封闭式投标拍卖

供应商只能提供一份报价，并且不知道其他人的报价如何。供应商不会低于自己的成本报价，但是考虑到可能失去订单也不会报得太高。政府部门经常利用这种方法采购。

第三节　定价的策略

制定价格不仅是一门科学，而且需要有一套策略和技巧。企业定价策略是指企业为实现企业定价目标，根据市场中影响产品价格的不同因素，在制定价格时灵活采取的各种定价手段和定价技巧。主要类型有新产品定价策略、产品组合定价策略、折扣与折让定价策略、差别定价策略、心理定价策略、促销定价策略和地理定价策略等。

一、产品定价策略类型

（一）新产品定价策略

新产品定价关系到新产品能否顺利进入市场，企业能否站稳脚跟，能否取得较大的经济效益。常见的新产品定价策略主要有三种，即撇脂定价策略、渗透定价策略和满意定价策略。

线上导学：
定价九策

1. 撇脂定价策略

这是一种高价格策略，即在新产品上市之初，将其价格定得较高，以便在短期内获取厚利，迅速收回投资，减少经营风险，待竞争者进入市场，再按正常价格水平定价。这一定价策略犹如从鲜奶中撇取其中所含的奶油一样，取其精华，所以称为撇脂定价策略。

一般而言，对于全新产品、受专利保护的产品、需求的价格弹性小的产品、流行产品、未来市场形势难以测定的产品等，可以采用撇脂定价策略，其优点主要表现在：

（1）新产品上市之初，顾客对其尚无理性认识，此时的购买动机多属于求新求奇，利用较高价格可以提高产品身份，适应顾客求新心理，有助于开拓市场。

（2）主动性大，先制定较高的价格，在新产品进入成熟期后可以拥有较大的调价余地。

（3）在新产品开发之初，由于资金、技术、资源、人力等条件的限制，企业很难以现有的规模满足所有的需求，利用高价可以限制需求的过快增长，缓解产品供不应求状况。

（4）在短期内可以收回大量资金，用作新的投资。

撇脂定价策略的缺点主要表现在：

（1）高价产品的需求规模毕竟有限，过高的价格不利于市场开拓、增加销量。

（2）不利于占领和稳定市场，容易导致新产品开发失败。

（3）高价高利容易引来大量的竞争者，仿制品、替代品迅速出现，从而迫使价格急剧下降。

（4）价格远远高于价值，在某种程度上损害了消费者利益，容易招致公众的反对和消费者抵制，甚至会被当作暴利来加以取缔，诱发公共关系问题。

2. 渗透定价策略

这是与撇脂定价相反的一种定价策略，是一种低价策略，即企业在新产品上市之初将其价格定得较低，吸引大量的购买者，借以打开产品销路，扩大市场占有率，谋求较长时期的市场领先地位。

当新产品没有显著特色，竞争激烈，需求弹性较大时宜采用渗透定价法。其优点主要表现在：

（1）低价可以使产品迅速为市场所接受，并借助大批量销售来降低成本，获得长期稳定的市场地位。

（2）微利可以阻止竞争对手的进入，减缓竞争，获得一定市场优势。

渗透定价策略的缺点主要是投资回收期较长、见效慢、风险大。

3. 满意定价策略

满意定价策略又称为适中定价策略，是一种介于撇脂定价与渗透定价之间的定价策略，以获取社会平均利润为目标。它既不是利用高价格来获取高额利润，也不是用低价格制约竞争者，而是尽量降低价格在营销手段中的地位，重视其他更有效的营销手段，是一种较为公平、正常的定价策略。当不存在适合采用撇脂定价或渗透定价策略的环境时，企业一般采取满意定价策略。其优点主要表现在：

（1）产品能较快为市场接受且不会引起竞争对手的对抗。

（2）可以适当延长产品的生命周期。

（3）有利于企业树立信誉，稳步调价并使顾客满意。

满意定价策略的缺点是比较保守，缺乏主动进攻性，不适于需求复杂多变或竞争激烈的市场环境。

（二）产品组合定价策略

当产品只是某产品组合的一部分时，企业必须对定价方法进行调整。这时企业要制定出一系列价格，使整个产品组合的利润实现最大化。因为各种产品之间存在需求和成本的相互联系，而且会带来不同程度的竞争，所以定价十分困难。

产品组合定价是指企业为了实现整个产品组合（或整体）利润最大化，在充分考虑不同产品之间的关系，以及个别产品定价高低对企业总利润的影响等因素的基础上，系统地调整产品组合中相关产品的价格。主要的策略有产品线定价、任选品定价、连带品定价、分级定价、副产品定价、产品捆绑定价。

1. 产品线定价策略

产品线定价（产品大类定价）是企业为追求整体收益的最大化，为同一产品线中不同的产品确立不同的角色，制定高低不等的价格。若产品线中的两个前后连接的产品之间价格差额小，顾客就会购买先进的产品，此时若两个产品的成本差额小于价格差额，企业的利润就会增加，若价格差额大，顾客就会更多地购买较差的产品。产品线定价策略的关键在于合理确定价格差距。

2. 任选品定价策略

任选品是指那些与主要产品密切相关的可任意选择的产品。如饭菜是主要产品，酒水为任选品。不同的饭店定价策略不同，有的可能把酒水的价格定得高，把饭菜的价格定得低；有的把饭菜的价格定得高，把酒水的价格定得低。

3. 连带品定价策略

连带品（又称互补品）是指必须与主要产品一同使用的产品，如隐形眼镜与消毒液、饮水机与桶装水等。许多企业往往是将主要产品定价较低，连带品定价较高，这样有利于整体销量的增加，增加企业利润。

4. 分级定价策略

分级定价又称分部定价或两段定价法。服务性企业经常收取一笔固定的费用，再加上可变的使用费，如游乐园一般收门票，如果游玩的地方超过规定，就再交费。

5. 副产品定价策略

在生产加工肉类、石油产品和其他化工产品的过程中，经常有副产品。如果副产品定价过低，处理费用昂贵，就会影响到主产品的定价。制造商确定的价格必须能够弥补副产品的处理费用。如果副产品对某一顾客群有价值，就应该按其价值定价。副产品如果能带来收入，将有助于公司在竞争压力下制定较低的价格。

6. 产品捆绑定价策略

产品捆绑定价又称组合产品定价。企业经常将一些产品组合在一起定价销售。在一个组合捆绑中，卖方经常比单件出售要少收很多钱，以此来推动顾客购买。如对于成套设备、服务性产品等，为鼓励顾客成套购买，以扩大企业销售，加快资金周转，可以使成套购买的价格低于单独购买其中每一产品的费用总和。

（三）折扣与折让定价策略

大多数企业为了鼓励顾客及早付清货款，或鼓励大量购买，或为了增加淡季销售量，还常常需酌情给顾客一定的优惠，这种价格的调整叫作价格折扣和折让。折扣定价是指对基本价格作出一定的让步，直接或间接降低价格，以争取顾客，扩大销量。其中直接折扣的形式有数量折扣、现金折扣、功能折扣、季节折扣，间接折扣的形式有回扣和津贴。

1. 数量折扣

数量折扣指按购买数量的多少，分别给予不同的折扣，购买数量越多，折扣越大。其目的是企业给那些大量购买某种产品的顾客的一种减价，鼓励大量购买或集中向本企业购买。数量折扣包括累计数量折扣和一次性数量折扣两种形式。数量折扣的优点：促销作用非常明显，企业因单位产品利润减少而产生的损失完全可以从销量的增加中得到补偿；销售速度加快，使企业资金周转次数增加，流通费用下降，产品成本降低，从而导致企业总盈利水平上升。例如，顾客购买某种商品 100 单位以下，每单位 10 元；购买 100 单位以上，每单位 9 元。

2. 现金折扣

现金折扣是给予在规定的时间内提前付款或用现金付款者的一种价格折扣，其目的是鼓励顾客尽早付款，加速资金周转，降低销售费用，减少财务风险。采用现金折扣一般要考虑三个因素：折扣比例、给予折扣的时间限制与付清全部货款的期限。例如"2/10，n/30"，表示付款期是 30 天，但如果在成交后 10 天内付款，给予 2% 的现金折扣。许多行业习惯采用此法以加速资金周转，减少收账费用和坏账。

3. 功能折扣

功能折扣也叫贸易折扣或交易折扣，是指中间商在产品分销过程中所处的环节不同，其所承担的功能、责任和风险也不同，企业据此给予不同的折扣，即制造商给某些批发商或零售商的一种额外折扣，促使它们执行某种市场营销功能如推销、储存、服务等。其目的一是鼓励中间商大批量订货，扩大销售，争取顾客，并与生产企业建立长期、稳定、良好的合作关系；二是对中间商经营的有关产品的成本和费用进行补偿，并让中间商有一定的盈利。功能折扣的比例，主要考虑中间商在分销渠道中的地位、对生产企业产品销售的重要性、购买批量、完成的促销功能、承担的风险、服务水平、履行的商业责任以及产品在分销中所经历的层次和在市场上的最终售价等。

4. 季节折扣

季节折扣是企业鼓励顾客淡季购买的一种减让，以使企业的生产和销售一年四季能保持相对稳定。有些商品的生产是连续的，而其消费却具有明显的季节性。为了调节供需矛盾，生产企业对在淡季购买商品的顾客给予一定的优惠，使企业的生产和销售在一年四季能保持相对稳定。例如啤酒生产厂家对在冬季进货的商业单位给予大幅度让利，羽绒服生产企业则为夏季购买其产品的客户提供折扣，旅馆和航空公司在它们经营淡季期间也提供优惠。季节折扣比例的确定，应考虑成本、储存费用、基价和资金利息等因素。季节折扣有利于减轻库存，加速商品流通，迅速收回资金，促进企业均衡生产，充分发挥生产和销售潜力，避免因季节需求变化带来的市场风险。

5. 回扣和津贴

回扣是间接折扣的一种形式，它是指购买者在按价格目录将货款全部付给销售者以后，销售者再按一定比例将货款的一部分返还给购买者。

津贴又称为折让，是根据价目表给顾客以价格折扣的另一种类型。津贴是企业为特殊目的，对特殊顾客以特定形式给予的价格补贴或其他补贴。如零售商为企业产品刊登广告或设立橱窗，生产企业除负担部分广告费外，还在产品价格上给予一定优惠。旧货折价折让就是当顾客买了一件新品目的商品时，允许交还同类商品的旧货，在新货价格上给予折让；促销折让是卖方为了报答经销商参加广告和支持销售活动而支付的款项或给予的价格折让。

（四）差别定价策略

由于市场上存在着不同的顾客群体、不同的消费需求和偏好，企业为了适应在顾客、产品、地理等方面的差异，常常采用差别定价策略。差别定价（歧视定价）是指企业以两种或两种以上不同反映成本费用的比例差异的价格来销售一种产品或服务，即价格的不同并不是基于成本的不同，而是企业为满足不同消费层次的要求而构建的价格结构。差别定价有以下几种形式：以顾客为基础的差别定价策略、以产品为基础的差别定价策略、以地点为基础的差别定价策略和以时间为基础的差别定价策略。

1. 顾客差别定价

企业把同一种商品或服务按照不同的价格卖给不同的顾客。例如，公园、旅游景点、博物馆将顾客分为学生、年长者和一般顾客，对学生和年长者收取较低的费用；铁路公司对学生售票的价格往往低于一般乘客；自来水公司根据需要把用水分为生活用水、生产用水，并收取不同的费用；电力公司将电分为居民用电、商业用电、工业用电，对不同的用电收取不同的电费。

2. 产品差别定价

企业根据产品的不同型号、不同式样，制定不同的价格，但并不与各自的成本成比例。一般来说，新式样产品的价格会高一些。

3. 地点差别定价

地点差别定价是指对处于不同地点或场所的产品或服务制定不同的价格，即使每个地点的产品或服务的成本是相同的。例如，影剧院不同座位的成本费用都一样，却按不同的座位收取不同价格，因为公众对不同座位的偏好不同；火车卧铺从上铺到中铺、下铺，价格逐渐增高。

4. 时间差别定价

产品或服务的价格因季节、时期或钟点的变化而变化。一些公用事业公司，对于用户按一天的不同时间、周末和平常日子的不同标准来收费。航空公司或旅游公司在淡季的价格便宜，而旺季一到价格立即上涨。这样可以促使消费需求均匀化，避免企业资源的闲置或超负荷运转。

企业采取差别定价策略的前提条件是：

（1）市场必须是可以细分的，而且各个细分市场表现出的需求程度不同。

（2）细分市场间不会因价格差异而发生转手或转销行为，且各销售区域的市场秩序不会受到破坏。

（3）市场细分与控制的费用不应超过价格差别所带来的额外收益。

（4）在以较高价销售的细分市场中，竞争者不可能低价竞销。

（5）推行这种定价法不会招致顾客的反感、不满和抵触。

（五）心理定价策略

心理定价是根据消费者不同的消费心理而制定相应的产品价格，以引导和刺激购买的价格策略。常用的心理定价策略有数字定价、声望定价、招徕定价、习惯定价等。

1. 数字定价策略

尾数定价策略又称零数定价、奇数定价、非整数定价，指企业利用消费者求廉的心理，制定非整数价格，而且常常以零数做尾数。例如某种产品价格定价为 19.99 元而不是 20 元。使用尾数定价，可以使价格在消费者心中产生三种特殊的效应：便宜、精确、中意，一般适应于日常消费品等价格低廉的产品。

与尾数定价相反，整数定价针对的是消费者的求名、自豪心理，将产品价格有意定为整数。对于那些无法明确显示其内在质量的商品，消费者往往通过其价格的高低来判断其质量的好坏。但在整数定价方法下，价格的高并不是绝对的高，而只是凭借整数价格来给消费者造成高价的印象。整数定价常常以偶数，特别是"0"做尾数。整数定价策略适用于需求的价格弹性小、价格高低不会对需求产生较大影响的中高档产品，如流行品、时尚品、奢侈品、礼品等。整数定价的好处，一是可以满足购买者显示地位、崇尚名牌、购买精品的虚荣心；二是利用高价效应，在顾客心目中树立高档、高价、优质的产品形象。

还有一种就是愿望数字定价策略。由于民族习惯、社会风俗、文化传统和价值观念的影响，某些数字常常会被赋予一些独特的含义，企业在定价时如能加以巧用，则其产品将因之而得到消费者的偏爱。当然，某些为消费者所忌讳的数字，如西方国家的"13"、日本的"4"，企业在定价时则应有意识地避开，以免引起消费者的厌恶和反感。

2. 声望定价策略

声望定价策略指根据产品在顾客心中的声望、信任度和社会地位来确定价格的一种定价策略。例如一些名牌产品，企业往往可以利用消费者仰慕名牌的心理而制定大大高于其他同类产品的价格，国际著名的欧米茄手表，在我国市场上的售价从几万元到几十万元不等。消费者在购买这些名牌产品时，特别关注其品牌、标价所体现出的炫耀价值，目的是通过消费获得极大的心理满足。声望定价的目的是可以满足某些顾客的特殊欲望，如地位、身份、财富、名望和自我形象，可以通过高价显示名贵优质。声望定价策略适用于一些知名度高、具有较大的市场影响、深受市场欢迎的驰名商标的产品。

3. 招徕定价策略

招徕定价又称特价商品定价，是指企业将某几种产品的价格定得非常之高，或者非常之低，在引起顾客的好奇心理和观望行为之后，带动其他产品的销售，加速资金周转。这一定价策略常为综合性百货商店、超级市场，甚至高档商品的专卖店所采用。

值得企业注意的是，用于招徕的降价品，应该与低劣、过时商品明显地区别开来，必须是品种新、质量优的适销产品，而不能是处理品。否则，不仅达不到招徕顾客的目的，反而可能使企业声誉受到影响。

4. 习惯定价策略

习惯定价策略是指根据消费市场长期形成的习惯性价格定价的策略。对于经常性、重复性购买的商品，尤其是家庭生活日常用品，在消费者心理上已经"定格"，其价格已成为习惯性价格，并且消费者只愿付出这么大的代价。有些商品，消费者在长期的消费中，已在头脑中形成了一个参考价格水准，个别企业难以改变。降价易引起消费者对品质的怀疑，涨价则可能受到消费者的抵制。企业定价时常常要迎合消费者的这种习惯心理。

（六）促销定价策略

促销定价指企业暂时地将其产品价格定得低于目录价格，有时甚至低于成本，从而达到促进销售的目的。促销定价有以下几种形式。

1. 牺牲品定价

一些超市和百货商店会用几个产品作为牺牲品招徕客户，希望他们购买其他有正常加成的产品。

2. 特殊事件定价

销售者在某些季节还可以用特殊事件定价来吸引更多的客户。例如企业在利用开业庆典或开业纪念日或节假日等时机，降低某些产品的价格，以吸引更多的顾客。

3. 现金回扣

制造商对在特定的时间内购买企业产品的顾客给予现金回扣，以清理存货，减少积压。回扣在汽车制造商、耐用品和小器具生产商中间十分流行。一些制造商提供低息贷款，较长期担保或者免费保养来减让消费者的"价格"。

4. 心理折扣

企业开始时给产品制定很高的价格，然后大幅度降价出售，刺激顾客购买。企业可以从正常价格中简单地提供折扣，以增加销售量和减少库存。

（七）地理定价策略

地理定价指由企业承担部分或全部运输费用的定价策略。公司针对国内不同地方和各国的顾客决定其产品定价。当市场竞争激烈，或企业急于打开新的市场时常采取这种做法。通常一个企业的产品不仅在本地销售，同时还要销往其他地区，而产品从产地运到销地要花费一定的运输、仓储等费用。那么应如何合理分摊这些费用？不同地区的价格应如何制定，就是地区定价策略所要解决的问题。具体有以下五种方法：

1. 产地定价策略

顾客（买方）以产地价格或出厂价格为交货价格，企业（卖方）只负责将产品运到产地某种运输工具（如卡车、火车等）上交货，运杂费和运输风险全部由买方承担。这种做法适用于销路好、市场紧俏的商品，但不利于吸引路途较远的顾客。

2. 统一交货价策略

统一交货价策略也称邮资定价法，和产地定价策略相反，企业对不同地区的顾客实行统一的价格，即按出厂价加平均运费制定统一交货价。这种方法简便易行，但实际上是由近处的顾客承担了部分远方顾客的运费，对近处的顾客不利，而比较受远方顾客的欢迎。

3. 分区定价策略

分区定价介于产地定价和统一交货价之间，企业把销售市场划分为远近不同的区域，各区域因运距差异而实行不同的价格，同区域内实行统一价格。对企业来讲，可以较为简便地协调不同地理位置用户的运费负担问题，但对处于分界线两侧的顾客而言，还会存在一定的矛盾。

4. 基点定价策略

企业在产品销售的地理范围内选某些城市作为定价基点，然后按照出厂价加上基点城市到顾客所在地的运费来定价。这种情况下，运杂费用等是以各基点城市为界由买卖双方分担的。该策略适用于体积大、销售范围广、需求弹性小的产品。有些公司为了提高灵活性，选定许多个基点城市，按照顾客最近的基点计算运费。

5. 津贴运费定价

津贴运费定价又称为减免运费定价，指由企业承担部分或全部运输费用的定价策略。有些企业因为急于和某些地区做生意，负担全部或部分实际运费。这些卖主认为，如果生意扩大，其平均成本就会降低，因此足以抵偿这些费用开支。这种定价方法有利于企业加深市场渗透。当市场竞争激烈，或企业急于打开新的市场时常采取这种做法。

二、价格调整的策略

企业在产品价格确定后，由于客观环境和市场情况的变化，往往会对现行价格进行修改和调整。企业产品价格调整的动力既可能来自内部，也可能来自外部。倘若企业利用自身的产品或成本优势，主动地对价格予以调整，将价格作为竞争的利器，这称为主动调整价格。有时，价格的调整出于应付竞争的需要，即竞争对手主动调整价格，而企业也相应地被动调整价格。无论是主动调整还是被动调整，其形式不外乎是削价和提价两种。

（一）发动价格改变

企业常面临是否需要降低或提高价格的问题。

1. 企业提价

企业提价一般会遭到消费者和经销商反对，但在以下情况下企业可能会提价：一是产品已经改进。二是应付产品成本增加，减少成本压力。三是适应通货膨胀，物价普遍上涨，企业生产成本必然增加，为保证利润，减少企业损失，不得不提价。四是产品供不应求，遏制过度消费。一方面买方之间展开激烈竞争，争夺货源，为企业创造有利条件；另一方面也可以抑制需求过快增长，保持供求平衡。五是利用顾客心理，创造优质高价效应。六是政府或行业协会的影响。

2. 企业降价

这是定价者面临的最严峻且具有持续威胁力量的问题。企业在以下情况须考虑降价：一是生产能力过剩，产品供过于求，急需回笼资金，企业以降价来刺激市场需求；二是市场份额下降，通过降价来开拓新市场；三是决策者决定排斥现有市场的竞争者；四是由于技术的进步而使行业生产成本大大降低，费用减少，使企业降价成为可能，并预期降价会扩大销售；五是政治、法律环境及经济形势的变化，迫使企业降价。

✍ 探讨与应用

有关价格的认知

定价项目通常可以将利润率提升 2%～5%。适当的"定价智慧"能帮助你开发更多的生意，企业走得更远。

价格是整个市场经济的中枢。

试想一下，一家公司所获得的每一笔收入或利润都来自一个直接或非直接的价格决定。个人预算中所支出的每一笔花费都以得到某一样东西为回报，这就意味着每一次消费都支付了一个价格。

一切围绕价格转。日本经营之圣稻盛和夫说，"定价即管理。定价是管理层的责任"。股神巴菲特说，"评估一家企业最重要的判断依据是它的定价权。"而根据定价咨询的全球领导者——西蒙顾和的经验，定价项目通常可以将利润率提升2%~5%。

管理者有一个共识，那就是：要迅速高效地提升销售额，市场上没有比降价更有效的手段了。这就是为什么在很多市场，价格战成了常规，而不是偶然的例外，虽然这往往会给利润带来毁灭性的影响。

管理者往往对价格怀有一种恐惧感，尤其是当他们要去提高它的时候。这种恐惧有一个合理的源头：没有人能绝对确定客户对价格的变动持什么样的态度。如果我们提高价格，客户还会继续保持品牌忠诚度吗？他们会不会奔向我们的竞争对手？如果我们的产品降价他们真的会购买更多吗？

打折和特价促销这两种典型的降价方式在零售业是常见现象，但它们无论是在频率还是深度方面均有愈演愈烈的趋势。近年来，世界上最大的啤酒市场，其促销销量占了啤酒总销量的50%。仅两年之后，约70%啤酒的零售销量来自特价促销活动，折扣力度高达50%。

不管是出于把握商机的需求，还是自认为是必要手段而采取促销手段，这都清楚地表明了管理者认为激进的价格有助于销售业绩的增长。

但这种认知真的对吗？

要更好地认识这个不确定因素，你只需要听听百思买（Best Buy）首席执行官休伯特·乔利（Hubert Joly）以下的这番话。这是2013年于美国节日季期间遭遇了销售滑铁卢后他说的："浓烈的促销氛围并没有带来更旺盛的行业需求。"实际上，《华尔街日报》曾报道："百思买的激进打折活动对吸引消费者购买更多的电子产品没有起到任何作用，仅仅是减低了产品的销售价格。"

调整价格是高风险的决定，因为当这个决定被发现是个错误的时候，伴随而来的是戏剧性的后果。在节日销售量的新闻曝光之后，第二天百思买的股价就下跌了近30%。

（资料来源：世界经理人。）

试分析：
价格变动对市场营销的影响。

（二）价格变动的反应
任何价格变化都将受到购买者、竞争者、分销商、供应商，甚至政府的注意。
1. 顾客对价格变动的反应
不同市场的消费者对价格变动的反应是不同的，即使处在同一市场的消费者对价格变动的反应也可能不同。顾客对提价的可能反应有：产品很畅销，不赶快买就买不到了；产品很有价值；卖主想赚取更多利润。顾客对降价可能有以下看法：产品样式老了，将被新产品代替；产品有某些缺点，销售不畅；企业财务困难，难以继续经营；价格还要进一步下跌；产品质量下降了。

购买者对价值不同的产品价格的反应也有所不同，对于价值高、经常购买的产品的价格变动较为敏感；而对于价值低、不经常购买的产品，即使单位价格高，购买者也不大在意。此外，购买者通常更关心取得、使用和维修产品的总费用，因此卖方可以把产品的价格定得比竞争者高，取得较多利润。

2. 竞争者对价格变动的反应

虽然透彻地了解竞争者对价格变动的反应几乎不可能，但为了保证调价策略的成功，主动调价的企业又必须考虑竞争者的价格反应。没有估计竞争者反应的调价，往往难以成功，至少不会取得预期效果。

在实践中，为了减少因无法确知竞争者对价格变化的反应而带来的风险，企业在主动调价之前必须明确回答以下问题：本行业产品有何特点？本企业在行业中处于何种地位？主要竞争者是谁？竞争对手会怎样理解我方的价格调整？针对本企业的价格调整，竞争者会采取什么对策？这些对策是价格性的还是非价格性的？它们是否会联合作出反应？针对竞争者可能的反应，企业的对策又是什么？有无几种可行的应对方案？在细致分析的基础上，企业方可确定价格调整的幅度和时机。

竞争者对调价的反应有以下几种类型：

（1）相向式反应。你提价他涨价；你降价他也降价。这样一致的行为，对企业影响不太大，不会导致严重后果。企业坚持合理营销策略，不会失掉市场和减少市场份额。

（2）逆向式反应。你提价，他降价或维持原价不变；你降价，他提价或维持原价不变。这种相互冲突的行为，影响很严重，竞争者的目的也十分清楚，就是趁机争夺市场。对此，企业要进行调查分析，首先摸清竞争者的具体目的，其次要估计竞争者的实力，最后要了解市场的竞争格局。

（3）交叉式反应。众多竞争者对企业调价反应不一，有相向的，有逆向的，有不变的，情况错综复杂。企业在不得不进行价格调整时应注意提高产品质量，加强广告宣传，保持分销渠道畅通等。

（三）价格变动的应对

竞争对手在实施价格调整策略之前，一般都要经过长时间的深思熟虑，仔细权衡调价的利害，但一旦调价成为现实，则这个过程相当迅速，并且在调价之前大多要采取保密措施，以保证发动价格竞争的突然性。企业在作出反应时，首先必须分析：竞争者调价的目的是什么？调价是暂时的，还是长期的？能否持久？企业面临竞争者应权衡得失：是否应作出反应？如何反应？另外还必须分析价格的需求弹性，产品成本和销售量之间的关系等复杂问题。企业要作出迅速反应，最好事先制定反应程序，到时按程序处理，提高反应的灵活性和有效性（如图9－3所示）。

一般来说，在同质产品市场上，如果竞争者降价，企业必须随之降价，否则企业会失去大部分顾客。但面对竞争者的提价，本企业既可跟进，也可以暂且观望。如果大多数企业都维持原价，则最终迫使竞争者把价格降低，从而使竞争者涨价失败。

在异质产品市场，由于每个企业的产品质量、品牌、服务和消费者偏好等方面有着明显的不同，面对竞争者的调价策略，企业有较大的选择余地：一是价格不变，顺其自

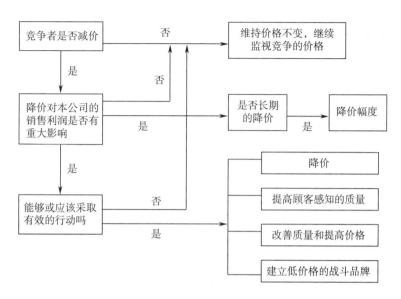

图 9 - 3 对竞争者调价的估计和反应

然；二是价格不变，加强非价格竞争，如扩大广告宣传、改进售后服务、增加销售网点等；三是部分或完全跟随竞争者的价格变动；四是以优越于竞争者的价格跟进并结合非价格手段进行反击，如比竞争者更大的幅度降价，更小的幅度提价。

☆ 同步测试

◇ **单项选择题**

1. 在企业定价方法中，目标（利润）定价法属于（   ）。

A. 成本导向定价法　　　　　　　　　B. 需求导向定价法

C. 竞争导向定价法　　　　　　　　　D. 市场导向定价法

2. （   ）是制造商给某些批发商或零售商的一种额外折扣，促使他们愿意执行某种市场营销功能（如推销、储存、服务）。

A. 现金折扣　　　　B. 数量折扣　　　　C. 功能折扣　　　　D. 季节折扣

3. 需求收入弹性较小的产品大都是（   ）。

A. 生活必需品　　　　B. 耐用消费品　　　　C. 高档选购品　　　　D. 低档削价品

4. 下列定价方法中，属于需求导向定价法的是（   ）。

A. 成本加成定价法　　　　　　　　　B. 目标定价法

C. 认知价值定价法　　　　　　　　　D. 随行就市定价法

5. 在成本加成定价法中"加成"的含义是指（   ）。

A. 一定比率的利润　　　　　　　　　B. 一定比率的价格

C. 固定比率的利润　　　　　　　　　D. 固定比率的成本

6. 产品需求价格弹性大，产品成本随产销量扩大而降低较明显的新产品宜采用

（　　）。

    A. 高价策略   B. 低价策略   C. 中间价策略   D. 撇脂策略

7. 剧院里前后排座位票价不同，火车卧铺上下铺价格也不同，这种策略属于（　　）。

    A. 地区定价   B. 心理定价   C. 差别定价   D. 促销定价

8. 企业为鼓励顾客及早付清货款及大量购买、淡季购买而降低价格的策略叫作（　　）。

    A. 单一价格定价   B. 撇脂定价   C. 渗透定价   D. 价格折扣

9. 在密封投标定价法中，供货企业报价的制定依据是（　　）。

    A. 企业的目标利润   B. 对竞争对手报价的估计

    C. 企业的成本费用   D. 市场需求

10. 在企业产量过剩、面临激烈竞争或试图改变消费者需求的情况下，企业的主要定价目标是（　　）。

    A. 维持企业生存   B. 当期利润最大化

    C. 市场占有率最大化   D. 产品成本最小化

◇ **多项选择题**

1. 需求收入弹性大的产品通常是一些（　　）。

    A. 高档食品   B. 耐用消费品   C. 娱乐支出   D. 低档产品

    E. 中档产品

2. 下列定价方法中，属于竞争导向定价法的是（　　）。

    A. 目标定价法   B. 随行就市定价法

    C. 认知价值定价法   D. 成本加成定价法

    E. 密封投标定价法

3. 价格折扣与折让策略主要包括（　　）。

    A. 现金折扣   B. 数量折扣   C. 功能折扣   D. 季节折扣

    E. 让价折扣

4. 心理定价策略主要包括（　　）。

    A. 声望定价   B. 尾数定价   C. 认知定价   D. 知觉定价

    E. 招徕定价

5. 下列产品缺乏弹性的是（　　）。

    A. 生活必需品   B. 名牌产品   C. 新产品   D. 特殊品

    E. 替代性强的产品

◇ **判断题**

1. 一种产品价格的上升引起另外一种产品需求的下降，这两种产品为替代品。

                                                    （　　）

2. 消费者对于价值高、经常购买的产品的价格变动不会太在意，而对价值低、不经常购买的小商品的价格变动较敏感。   （　　）

3. 投标定价是卖方引导买方竞争成交的一种定价方法。 （　　）

4. 当企业以公开技术大量生产新产品时应采用渗透定价策略。 （　　）

5. 现金折扣是卖方给买方的现款回扣。 （　　）

◇简答题

1. 影响企业产品定价的因素有哪些?

2. 简述价格折扣的类型。

3. 产品定价有哪些方法?

4. 产品定价策略有哪些基本类型?

5. 顾客和竞争者对价格的变动有哪些反应?

☆ 创业营销技能实训项目

各模拟公司针对新产品进行定价

[训练目标] 通过对新产品进行定价，充分了解产品定价的策略，培养学生对定价策略的实际运用能力。

[训练组织] 将一个班的同学分成小组，每组成员 5~7 人。

[创业思考] 你创业后会如何对自己的产品定价并思考其原因。

[训练提示] 教师提出活动前准备及注意事项，并组织学生组成各个模拟公司，以模拟公司为单位，通过市场调查，详细了解产品的特点，消费者对价格接受的程度、竞争对手定价情况。

[训练成果] 各组选取适当的定价方法，制定本模拟公司的定价方案，在全班进行讨论，并由师生共同评估，选出优胜者。

☆ 案例分析

2019 年 Q4 旺季，电商卖家如何布局库存与定价策略?

Q4 旺季库存和定价策略有哪些套路?

毫无疑问，假日购物季是电商卖家一年中极为重要的时刻。如果做好了充分的准备，你将获得比其他财务季度多出两倍到三倍的利润。否则，你不仅将错过这个宝贵的销售机会，还会给新客户留下不好的印象。

在你制定营销、广告和促销策略之前，你需要确保其覆盖了基本因素。例如，库存准备和定价等良好销售的基础。如果这些基础不可靠，就无法支持你的业务拓展。

以下七个关于假期购物季定价和库存准备的建议供企业参考。

1. 将韦伯定律应用于旺季涨价

关于电子商务，19 世纪的德国生理学家能带给我们什么? 如果你把他的理论运用到现代，你会发现很多神奇的东西。韦伯定律证明了变化对公众的影响力。他的发现几乎可以应用于任何领域，包括电子商务定价。

基本上，韦伯的电子商务定律是这样的：如果价格高于原价的10%，消费者不太可能会注意到价格的上涨。

因为假日销售季的一切都是关于价格优化，所以建议你要时刻牢记韦伯定律。如果你确定某个产品肯定会卖出去，则很有可能你将价格提高了10%也不会影响销售。但问题是，如何预测假日旺季哪些产品将会热销呢？

2. 分析去年的销售情况

在今年的销售旺季到来之前，首先你要回顾去年的销售情况：销量最好和最差的产品、售出的产品库存、顾客满意的价格、时间趋势（如一周中销量最高的时间）。

消费者在假日购物期间的行为与一年中的其他时间不同，因此，你要预测哪些产品需要促销以及需要囤积的库存量。分析去年的假日购物季销售表现是一种可靠的方法。当然，一年内会有很多变化，包括新的热门商品和趋势，但去年的数据可以作为你最初估算的基础。

3. 为缺货做准备

假日购物高峰出现缺货的情况是非常致命的。这意味着你不仅错过了一次销售机会，而且还面临着声誉扫地的风险。

如何防止这一状况出现呢？

首先，利用去年的销售数据来充分储备所有你认为会在旺季热销的产品。虽然这是一个明智的举动，但仍然无法预防意想不到的销售热潮。在这种情况下，建议你有一个后备计划。

如果不幸出现了缺货的情况，试着和其他能帮助你的卖家合作。例如，你可以向友好的竞争对手支付一定的佣金，让他们把产品发给你的客户。

4. 巧妙利用数字"9"来定价

提到定价，我们都会想起"9"这个神奇的数字。麻省理工大学和芝加哥大学的一项研究证实了商家多年前就知道的一个事实：以9结尾的价格对消费者更具吸引力。

关于个中原因，有几种不同的解释。其中一个解释是，因为我们从左到右阅读，所以我们更重视最左边的数字，所以19.99元似乎比20.00元更便宜。另一种理论是，人们完全忽略了"分"的存在，得出了同样的结论。不管原因是什么，这个理论在实践中是正确的，所以你在调整价格时也不要忘记它。

5. 使用工具同步更新所有销售渠道的库存

如果你在多个渠道销售开展业务，你必须同步更新该产品在每个渠道的库存水平，否则，你就有缺货的风险。

全年监控和更新库存水平非常烦琐且耗时，在假日旺季期间，这尤其令人头痛，因为拥有更多的销售意味着你需要进行更频繁的更新。

此时，你可以借助自动化库存管理工具来完成这个工作。一旦销售完成，库存管理工具会自动更新你在所有渠道上的所有产品库存水平，无须手动操作。

6. 使用不规则数字或奇数定价

定价有更多的心理技巧，而不仅仅是以"9"结尾。另一个方法是"精确定价"。正如佛罗里达大学的一项研究解释的那样，不规则或奇数价格似乎更能准确反映产品的真实成本，而偶数或整数则更像是商家的自定义价格。

假设你看到有两台电视同时在出售：一台3800元，另一台3817元。从统计学上讲，你更有可能买3817元的，因为它的定价似乎更准确。而3800元似乎是商家为了凑整数而改变了出厂价格。

7. 尽早降低销量差的产品库存

任何预先制定的计划都不能保证你的假期销售不会出现任何问题，所以准备好以后需要重新评估你的策略，如果需要的话应该及时作出相应调整。

重要的是，你要尽早发现销售速度慢的产品并降价出售。例如，11月初是重新审视你的销售策略和修改策略的好时机。

（资料来源：雨果网。）

阅读以上材料，回答问题：

1. 材料中涉及哪些定价策略？

2. 电商的这些定价策略对你有哪些启示？

第十章
分销渠道策略

◆ **本章学习目标**

☞ 应用知识目标

1. 理解分销渠道的含义；

2. 了解一般的渠道模式；

3. 掌握现代物流管理思想与方法。

☞ 应用技能目标

1. 能够根据不同的企业类型设计分销渠道、评估渠道、激励渠道成员、解决渠道冲突；

2. 能用现代物流管理思想与方法处理仓储、存货、运输之间的关系。

☞ 创业必知知识点

1. 设计分销渠道；

2. 掌握现代物流管理思想。

📖 中国传统文化与营销启示

感遇

唐·张九龄

江南有丹橘，经冬犹绿林。

岂伊地气暖，自有岁寒心。

可以荐嘉客，奈何阻重深。

运命唯所遇，循环不可寻。

徒言树桃李，此木岂无阴。

启示：这是张九龄遭谗贬谪后所作的诗，然而诗中并无哀怨之感，我们在领会诗人坚强不屈的精神的同时，也注意到"可以荐嘉客，奈何阻重深"所描写的江南的丹橘本是推荐给嘉宾的佳品，可惜山水阻隔远深，没有运输的渠道，诗人的愿望也就落空了。无论是古代还是现代，渠道的畅通都是营销得以实现的重要保障。孟洛川是中华老字号"瑞蚨祥"第二代掌门人，"踏莎行，疆域辽阔，商机无限。关山重重路三千，驼铃不辞塞北雪，帆影流连江南烟。粜东籴西，汇北兑南，经世济民两肩担。"在这首描述一代大商的心胸与情怀的词中，你可以体会到"瑞蚨祥"实现货通天下，利射四海，与其无论是水路还是陆路建立的畅通渠道密不可分。当时其绸缎呢绒的供应商都由苏州定织，其销售商则遍布京、沪、津、济、青、烟等大中城市，才有"瑞蚨祥"字号立百世不朽，财富积万贯有余。

第一节　分销渠道概述

一、分销渠道的概念

分销渠道也称为销售渠道，是对一组配合起来促成商品能被使用或消费的若干独立组织的总体体系的描述，是让产品以正确的数量、正确的时间和正确的地点运送。菲利普·科特勒认为"一条分销渠道是指某种货物或劳务从生产者向消费者移动时取得这种货物或劳务的所有权或帮助转移其所有权的所有企业和个人。因此，一条分销渠道主要包括中间商（因为他们取得所有权）和代理中间商（因为他们帮助转移所有权）。此外，它还包括作为分销渠道的起点和终点的生产者和消费者，但是，它不包括供应商、辅助商等。"简单地说，分销渠道就是商品和服务从生产者向消费者转移过程的具体通道或路径。

二、渠道的特点

（一）渠道具有持久竞争优势

作为营销组合中的一个，渠道越来越显示出比其他三个要素（产品、价格、促销）更能为企业带来持久的竞争优势。

渠道与营销组合：

产品：技术的快速普及使得维持产品的差异化或者优越性变得困难。

价格：全球竞争使得价格优势不可能成为持久优势。

渠道：长期的系统工程，能够为企业带来持久优势。

促销：过多的促销信息、消费者疲劳等导致促销不能形成持久竞争优势。

渠道的构建是长期的系统工程，通常要求有一个包括组织和人员来实施的机构，这些都是短时期内无法实现的。渠道关系错综复杂，是不容易维持的。因此，渠道可以给企业带来持久的竞争优势。

（二）分销渠道的起点是生产者，终点是消费者或用户

分销渠道一端连接生产，另一端连接消费，是从生产领域到消费领域的完整的商品流通过程。在这个过程中，主要包含两种运动：一是商品价值形式的运动，商品所有权的转移，即商流；二是商品实体的运动，商品在空间的位置移动，即物流。由此可以看出，渠道不仅仅是中间商的活动，厂家与消费者也是分销渠道的基本服务对象。

（三）分销渠道主体是参与商品流通过程的中间商和代理中间商

对于绝大多数生产者来说，中间商的介入是产品分销必不可少的。虽然生产者可以直接与消费者进行沟通，但真正实现无中间商参与销售的企业是非常少的，产品分销离不开中间环节的介入。

（四）分销渠道引发商品所有权转移的行为

商品从生产者流向消费者的过程中，商品所有权至少转移一次。大多数情况下，生

产者必须经过一系列中介机构转卖或代理转卖产品。所有权转移的次数越多，商品的分销渠道就越长，反之则相反。

（五）分销渠道的辅助形式

在分销渠道中，与商品所有权转移直接或间接相关的，还有一系列流通辅助形式，如物流、信息流、资金流等，它们发挥着相当重要的协调和辅助作用。

三、分销渠道的功能

（一）联结产销

分销渠道一头连着生产，一头连着消费，它就像一座桥梁，把生产者和消费者联结在一起，使产品供应和消费之间在时间、地点和所有权等方面的差异得以消除。

（二）沟通和反馈信息

信息沟通是产品从生产者向消费者转移的重要条件。为了保证商品的适销对路和有效流动，分销渠道必然时刻努力搜集、传播和反馈各类信息，了解现实和潜在的产品销售情况，市场供求的变化，顾客、竞争者及其他市场要素的动态信息等。

（三）促进销售

分销渠道中的中间商以转移商品为基本业务，因此，在经营过程中，会努力地将有关企业产品的信息通过各种促销方式传播给目标消费者和用户，以刺激需求，扩大商品销售量。

（四）风险负担

分销渠道成员在商品流转过程中，由于大量集散商品，承担商品供求变化、自然灾害、价格下跌等风险。

（五）实体分配

产品在实现空间转移时，渠道成员负责货物的运输、仓储及信息处理等具体活动，从而使商品高效、适时地到达消费者的手中。

（六）协商谈判

渠道成员在实现产品所有权转移的过程中，要就产品的价格、付款方式、促销费用、订货和交货条件等问题进行协商谈判，保证顺利成交。

分销渠道除了上述主要功能外，还具有减少交易次数、降低流通费用、集中平衡和扩散商品、分级分等、提供服务、资金融通等作用。因此，企业在市场营销中，必须科学地选择和培育分销渠道，合理设置中间环节，充分发挥分销渠道的作用，实现货畅其流，物尽其用。

✍ **探讨与应用**

渠道合作的典范："宝洁—沃尔玛协同商务模式"

世界500强企业宝洁和沃尔玛的"协同商务模式"证明：只要厂商双方放弃短期的利益追逐，克服相互之间的"控制欲"和"占有欲"，全面实施供应链全过程的商务协同运作，就能够真正满足双方的各自利益，并把整个产业的蛋糕做大，实现"双赢"。

宝洁，全球最大的日用品制造企业，沃尔玛，全球最大的商业零售企业，"宝洁—沃尔玛协同商务模式"的形成其实并不复杂。最开始时，宝洁开发并给沃尔玛安装了一套"持续补货系统"，该系统使得宝洁可以通过电脑监视其产品在沃尔玛各分店的销售及存货情况，然后据此来调整自己的生产和补货计划。此项措施很快在客户服务水平的提升和双方库存的下降方面取得了"戏剧性"的效果，并迅速地恢复了双方的信任关系。

在持续补货的基础上，宝洁又和沃尔玛合力启动了 CPFR（Collaborative Planning，Forecasting and Replenishment，协同计划、预测与补货）流程。这是一个有 9 个步骤的流程，从双方共同的商业计划开始，到市场推广、销售预测、订单预测，再到最后对市场活动的评估总结，构成了一个可持续提高的循环。流程实施的结果是双方的经营成本和库存水平都大大降低，沃尔玛分店中的宝洁产品利润增长了 48%，存货接近于"零"。而宝洁在沃尔玛的销售收入和利润也大幅增长了 50% 以上。

基于以上成功的尝试，宝洁和沃尔玛接下来在信息管理系统、物流仓储体系、客户关系管理、供应链预测与合作体系、零售商联系平台以及人员培训等方面进行了全面、持续、深入而有效的合作，宝洁公司甚至设置了专门的客户业务发展部，以项目管理的方式密切与沃尔玛等合作伙伴的关系，以求最大限度地降低成本、提高效率。

"宝洁—沃尔玛协同商务模式"的形成和实施，使得双方都获得了极大的好处与收益，也大大地提高了双方在市场竞争中优势地位的巩固，宝洁与沃尔玛的战略联盟关系也变得更加稳定。

（资料来源：[1] http：//www.docin.com/p-581103108.html.[2] 赵岩.供、销商合作供应链的建立与协同管理——以宝洁与沃尔玛为例 [J].企业家天地下半月刊（理论版），2010（1）：180；[3] 杨俊锋.供应链协同管理：宝洁与沃尔玛的故事 [J].现代营销（学苑版），2006（12）：56-58，部分有改动。）

试分析：

1. "宝洁—沃尔玛协同商务模式"是怎样的一种渠道合作模式？具有哪些特点？

2. 企业与中间商的密切合作有何意义？

第二节 分销渠道的模式和类型

一、分销渠道模式

（一）渠道层次的数量

分销渠道的长度可以用渠道层次的数量来表示。在将产品和产品所有权带给最终购买者的过程中，每一层营销中介都代表一种渠道层次。由于生产者和最终消费者都起到了一些作用，他们也是分销渠道的一部分。我们用分销渠道层次的数量来表示渠道的长度。

（二）渠道模式

在产品从制造商向消费者转移的过程中，任何一个对产品拥有所有权或负有推销责任的机构，就叫作一个渠道层次。渠道层次的多少决定了渠道的具体模式。渠道的具体模式可分为以下几种。

1. 零层渠道（M–C）通常叫作直接分销渠道

直接分销渠道是指产品从生产者流向最终消费者的过程中不经过任何中间商转手的分销渠道。直接分销渠道主要用于分销产业用品和少数消费品，如安利产品等。因为，一方面，许多产业用品要按照用户的特殊需要制造，有高度技术性，制造商要派遣专家去指导用户安装、操作、维护设备；另一方面，用户数目较少且较集中，某些行业工厂往往集中在某一地区，这些产业用品的单价高，用户购买批量大。

2. 一层渠道（M–R–C）含有一个营销中介机构

在消费品市场，这个中介机构通常是零售商。例如，电视机、照相机、轮胎、家具、家用电器和许多其他产品的制造商直接将商品售给大型零售商，像沃尔玛和苏宁电器，然后再由它们销售给最终消费者。在产业市场，则可能是销售代理商或佣金商。

3. 二层渠道（M–W–R–C）含有两个营销中介机构

在消费品市场，有两个营销层次，一个是批发商，另一个是零售商。药品、食品、五金工具其他产品的小型制造商通常使用这种渠道。在产业市场，则通常是销售代理商和批发商。

4. 三层渠道（M–W–J–R–C）含有三个营销中介机构

如肉食类食品及包装类产品的制造商通常采用这种渠道分销其产品。在这类行业中，通常有一家专业批发商处于批发商和零售商之间，该专业批发商从批发商进货，再卖给无法从批发商进货的零售商。

产品的消费目的与购买特点等具有差异性，导致形成了消费品市场的分销渠道和产业市场的分销渠道这样两种基本模式，每一种基本模式中又存在具体的分销渠道模式。产业市场的营销者可以用自己的销售力量直接向产业客户进行销售；也可以销售给产业分销商，让其卖给产业客户；还可以通过制造商的销售代表或是销售机构向产业客户进行销售，或是让销售代表或是销售机构与产业分销商进行接触。因此，通常产业市场涉及多层次分销渠道，分别如图10–1、图10–2所示。

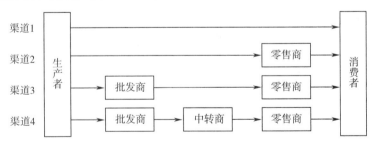

图10–1 消费品分销渠道

二、分销渠道的类型及构成

由于我国个人消费者与生产性团体用户消费的主要商品不同，消费目的与购买特点等具有差异性，根据有无中间商参与交换活动，可以将分销渠道模式中的所有通道归纳

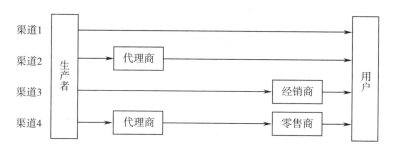

图10-2 生产资料分销渠道

为两种最基本的销售渠道类型：直接分销渠道和间接分销渠道。间接渠道又分为短渠道与长渠道。

（一）直接分销渠道

1. 直接分销渠道的含义

直接分销渠道是指生产者将产品从生产者流向最终消费者的过程中不经过任何中间商转手的分销渠道。直接分销渠道的形式是：生产者—用户，直接分销渠道是工业品分销的主要类型。例如大型设备、专用工具及技术复杂等需要提供专门服务的产品，都采用直接分销，消费品中有部分也采用直接分销，如鲜活商品等。

2. 直接分销渠道的具体方式

企业直接分销的方式比较多，但概括起来有以下几种：

（1）订购分销。订购分销是指生产企业与用户先签订购销合同或协议，在规定时间内按合同条款供应商品，交付款项。一般来说，主动接洽方多数是销售生产方（如生产厂家派人员推销），也有一些走俏产品或紧俏原材料、备件等由用户上门求购。

（2）自开门市部销售。自开门市部销售是指生产企业通常将门市部设立在生产区外、用户较集中的地方或商业区，也有一些邻近用户或商业区的生产企业将门市部设立于厂前。

（3）联营分销。例如工商企业之间、生产企业之间联合起来进行销售。

3. 直接分销渠道的优缺点

（1）直接分销渠道的优点

①有利于产、需双方沟通信息，可以按需生产，更好地满足目标顾客的需要。由于是面对面的销售，用户可更好地掌握商品的性能、特点和使用方法；生产者能直接了解用户的需求、购买等特点及其变化趋势，进而了解竞争对手的优势和劣势及其营销环境的变化，为按需生产创造了条件。

②可以降低产品在流通过程中的损耗。由于去掉了商品流转的中间环节，减少了销售损失，有时也能加快商品的流转。

③可以使购销双方在营销上相对稳定。一般来说，直销渠道进行商品交换，都签订合同，数量、时间、价格、质量、服务等都按合同规定履行，购销双方的关系以法律的形式于一定时期内固定下来，使双方把精力用于其他方面的战略性谋划。

④可以在销售过程中直接进行促销。企业直接分销，实际上又往往是直接促销的活

动。例如，企业派人员直销，不仅促进了用户订货，同时也扩大了企业和产品在市场中的影响，又促进了新用户的订货。

（2）直接分销渠道的缺点

①在产品和目标顾客方面：对于绝大多数生活资料商品，其购买呈小型化、多样化和重复性。生产者若凭自己的力量去广设销售网点，往往力不从心，甚至事与愿违，很难使产品在短期内广泛分销，很难迅速占领或巩固市场，企业目标顾客的需要得不到及时满足，势必转移方向购买其他厂家的产品，这就意味着企业失去目标顾客和市场占有率。

②在商业协作伙伴方面：商业企业在销售方面比生产企业的经验丰富，这些中间商最了解顾客的需求和购买习性，在商业流转中起着不可缺少的桥梁作用。而生产企业自销产品，就拆除了这一桥梁，势必自己去进行市场调查，包揽了中间商所承担的人、财、物等费用。这样，加重生产者的工作负荷，分散生产者的精力。更重要的是，生产者将失去中间商在销售方面的协作，产品价值的实现增加了新的困难，目标顾客的需求难以得到及时满足。

③在生产者与生产者之间：当生产者仅以直接分销渠道销售商品，致使目标顾客的需求得不到及时满足时，同行生产者就可能趁势而进入目标市场，夺走目标顾客和商品协作伙伴。在生产性团体市场中，企业的目标顾客常常是购买本企业产品的生产性用户，他们又往往是本企业专业化协作的伙伴。所以，失去目标顾客，又意味着失去了协作伙伴。当生产者之间在科学技术和管理经验方面的交流受到阻碍以后，将使本企业在专业化协作的旅途中更加步履艰难，这又会影响本企业的产品实现市场份额和商业协作，从而造成一种不良循环。

（二）间接分销渠道

1. 间接分销渠道的含义

间接分销渠道是指生产者利用中间商将商品供应给消费者或用户，中间商介入交换活动。间接分销渠道的典型形式是：生产者—批发商—零售商—个人消费者（少数为团体用户）。现阶段，我国消费品需求总量和市场潜力很大，且多数商品的市场正逐渐由卖方市场向买方市场转化。与此同时，对于生活资料商品的销售，市场调节的比重已显著增加，工商企业之间的协作已日趋广泛、密切。因此，如何利用间接渠道使自己的产品广泛分销，已成为现代企业进行市场营销时所研究的重要课题之一。

2. 间接分销渠道的具体方式

随着市场的开放，我国以间接分销的商品比重增大。企业在市场中通过中间商销售的方式很多，如厂店挂钩、特约经销、零售商或批发商直接从工厂进货、中间商为工厂举办各种展销会等。

3. 间接分销渠道的优缺点

（1）间接分销渠道的优点

①有助于产品广泛分销。中间商在商品流转的始点同生产者相连，在其终点与消费者相连，从而有利于调节生产与消费在品种、数量、时间与空间等方面的矛盾。既有利

于满足生产厂家目标顾客的需求，也有利于生产企业产品价值的实现，更能使产品广泛的分销，巩固已有的目标市场，扩大新的市场。

②缓解生产者人、财、物等力量的不足。中间商购买了生产者的产品并交付了款项，就使生产者提前实现了产品的价值，开始新的资金循环和生产过程。此外，中间商还承担销售过程中的仓储、运输等费用，也承担着其他方面的人力和物力，这就弥补了生产者营销中的力量不足。

③间接促销。消费者往往是货比数家后才购买产品，而一位中间商通常经销众多厂家的同类产品，中间商对同类产品的不同介绍和宣传，对产品的销售影响甚大。此外，实力较强的中间商还能支付一定的宣传广告费用，具有一定的售后服务能力。所以，生产者若能取得与中间商的良好协作，就可以促进产品的销售，并从中间商那里及时获取市场信息。

④有利于企业之间的专业化协作。中间商是专业化协作发展的产物，生产者产销合一，既难以有效地组织商品的流通，又使生产精力分散。有了中间商的协作，生产者可以从烦琐的销售业务中解脱出来，集中力量进行生产，专心致志地从事技术研究和技术革新，促进生产企业之间的专业化协作，以提高生产经营的效率。

（2）间接分销渠道的缺点

①可能形成"需求滞后差"。中间商购买了产品，并不意味着产品就从中间商手中销售出去了，有可能销售受阻。对于某一生产者而言，一旦其多数中间商的销售受阻，就形成了"需求滞后差"，即需求在时间或空间上滞后于供给。但生产规模既定，人员、机器、资金等照常运转，生产难以剧减。当需求继续减少，就会导致产品的供给更加大于需求。若多数商品出现类似情况，便造成所谓的市场疲软现象。

②可能加重消费者的负担，导致抵触情绪。流通环节增大储存或运输中的商品损耗，如果都转嫁到价格中，就会增加消费者的负担。此外，中间商服务工作欠佳，可能导致顾客对商品的抵触情绪，甚至引起购买的转移。

③不便于直接沟通信息。如果与中间商协作不好，生产企业就难以从中间商的销售中了解和掌握消费者对产品的意见、竞争者产品的情况、企业与竞争对手的优势和劣势、目标市场状况的变化趋势等。企业信息不灵，生产经营必然会迷失方向，也难以保持较高的营销效益。

📝 探讨与应用

戴尔成功的秘密——"定制＋直销"的模式

1962 年后，沃尔玛从根本上改变美国批发业，也改变了美国人的日常生活。但是，就像美国所有的行业一样，有竞争就有不断地创新。

1984 年，时年 19 岁的麦克·戴尔连续多年在《福布斯》财富榜上排在前十位，2006 年以 155 亿美元的财富总值排名第九。戴尔的故事非常有意思，而且他的商业模式跟微软、星巴克、沃尔玛都不同。从某种意义上，那也是时势造英雄，只不过是戴尔有商业天赋，超过别人抓住了商机。

1983 年，戴尔 18 岁，是得克萨斯州立大学一年级学生。那年，他成立了自己的公司，白天上学，晚上与周末帮其他公司更新个人电脑操作系统，随着业务的扩展，他开始雇用员工。到 1985 年，在他还是大学二年级学生时，他的公司收入已达 600 万美元。也是在 1985 年，戴尔看到 IBM、康柏克的商业模式过于呆板，不能根据客户的需要组装电脑，不同用户的需要显然不同，但 IBM、康柏克不能为多数用户量体裁衣，同时，它们的商业模式又使资金周转速度太慢，库存电脑太久、太多，占用太多批发店面，成本过高。

那年，戴尔改做电脑生意，他的模式是"先拿到客户订单，收到钱，再组装电脑，然后发货"。也就是说，你先打电话下买单，告诉你所要的电脑速度、存储器大小等，交好钱，然后戴尔电脑公司才开始装，装后寄到你家里。这样，戴尔不需要太多流动资金，没有库存，没有批发店面成本，更没有电脑技术过时的风险，因此也没有价格风险。既有满足用户需求的灵活性，又大大降低成本，这使戴尔有很大的砍价空间，即使他卖的电脑比 IBM、康柏克的便宜很多，戴尔电脑公司照样能盈利，而 IBM、康柏克却可能亏损。

有了这种"定制加直销"模式，戴尔不胜出才怪呢，是不是？看来戴尔跟沃尔玛、星巴克、微软一样，都是除了创新以外，还在成本上下功夫，甚至创新就是为降低成本。降低成本是企业经营的核心之一。要么有技术劣势，要么有成本劣势，当然最好两者都有。有意思的是，虽然戴尔的电脑业务于 1985 年才开始，到年底，他的销售额已达 7000 万美元，1990 年的销售额为 5 亿美元。到 1999 年，戴尔电脑超过 IBM、康柏克、惠普成为最大的个人电脑商。对于客户而言，他们不仅可以根据个人需要定制电脑，戴尔的价格也最低，而且一有问题，还能直接跟制造商交涉，而不是与批发商打交道，这很有吸引力。戴尔的"定制加直销"非常成功。

比如，在 20 世纪 90 年代中期，它的平均库存时间在 6 天到 13 天，而竞争对手的库存时间为 75 天至 100 天。电脑淘汰速度、降价速度一直很快，这种库存时间优势对戴尔的成功极为关键。戴尔的"定制加直销"模式跟特定产品的标准化程度有关，标准化程度越高、越成熟、越简单的产品，越便于做直销。个人电脑到 1985 年已具备这些特点，已相当标准化。但是，有很多东西是非常个性化的，比如，女士服装、时装，还有汽车、食物等许多商品，可能难以直销，一般人都喜欢看一眼、试一下才决定买不买。所以，零售商店不可能被淘汰，总会有市场，只是人们必须为此多付一些钱。戴尔的"定制加直销"模式还有其他优势。

实际上，这种模式和中国的房地产模式非常相似，房地产开发商往往在盖楼房之前，就把房子预售给客户，然后再用得到的房款盖房，这样，开发商不仅节省了成本，而且拿到这些房款后，可以把钱存在银行先赚利息，或者做别的投资，从而提升利润。

（资料来源：改写自微信公众号：六六学社的《戴尔"定制＋直销"模式的成功》。）

试分析：

1. 直销方式同店铺营销方式相比有哪些优势？

2. 在"互联网＋"时代，直销应当怎样做才能焕发新的生机？

第三节　分销渠道的设计及管理

一、影响分销渠道的因素

影响分销渠道设计的因素有很多，其中主要因素有以下几种。

（一）产品因素

1. 价值大小

一般而言，商品单价低，分销渠道一般宽又长，以追求规模效益。反之，单价越高，路线越短，渠道越窄。

2. 体积与重量

体积庞大、重量较大的产品，如建材、大型机器设备等，要求采取运输路线最短、搬运过程中搬运次数最少的渠道，这样可以节省物流费用。

3. 变异性

易腐烂、保质期短的产品，如新鲜蔬菜、水果、肉类等，一般要求较直接的分销方式，因为时间拖延和重复搬运会造成巨大损失。同样，对式样、款式变化快的时尚商品，也应采取短而宽的渠道，避免不必要的损失。

4. 标准化程度

产品的标准化程度越高，采用中间商的可能性越大。例如，毛巾、洗衣粉等日用品以及标准工具等，单价低、毛利低，往往通过批发商转手。而对于一些技术性较强或是一些定制产品，企业要根据顾客要求进行生产，一般由生产者自己派员直接销售。

5. 技术性

产品的技术含量越高，渠道就越短，常常是直接向工业用户销售，因为技术性产品一般需要提供各种售前售后服务。在消费品市场上，技术性产品的分销是个难题，因为生产者不可能直接面对众多的消费者直接进行销售，生产者通常是直接向零售商推销，通过零售商提供各种技术服务。

（二）市场因素

1. 不同的渠道

不同类型的市场，要求不同的渠道与之相适应。例如，生产消费品的最终消费者购买行为与生产资料用户的购买行为不同，所以就需要有不同的分销渠道。

2. 市场规模

一个产品的潜在顾客比较少，企业可以自己派销售人员进行推销；如果市场面大，分销渠道就应该加长、加宽。

3. 顾客集中度

在顾客数量一定的条件下，如果顾客集中在某一地区，则可由企业派人直接销售；如果顾客比较分散，则必须通过中间商才能将产品转移到顾客手中。

4. 用户购买数量

如果用户每次购买的数量大、购买的频率低，可采用直接分销渠道；如果用户每次购买的数量小、购买的频率高时，则宜采用长而宽的渠道。一家食品生产企业会向一家大型超市直接销售，因为其订购数量庞大。但同样是这家企业会通过批发商向小型食品店供货，因为这些小商店的订购量太小，不宜采取过短的渠道。

5. 竞争者的分销渠道

在选择分销渠道时，应考虑竞争者的分销渠道。如果自己的产品比竞争者有优势，可选择同样的渠道；反之，则应尽量避开。

（三）企业自身因素

企业自身因素是分销渠道选择和设计的根本立足点。

1. 企业的规模、实力和声誉

企业规模大、实力强、往往有能力担负起部分商业职能，如仓储、运输、设立销售机构等，有条件采取短渠道。而规模小、实力弱的企业无力销售自己的产品，只能采用长渠道。声誉好的企业，希望为之推销产品的中间商就多，生产者容易找到理想的中间商进行合作；反之则不然。

2. 产品组合

企业产品组合的宽度越宽，越倾向于采用较短渠道；产品组合的深度大，则宜采取短渠道。反之，如果生产者产品组合的宽度和深度都较小，生产者只能通过批发商、零售商来转卖商品。产品组合的关联性越强，则越应使用性质相同或相似的渠道。

3. 企业的营销管理能力和经验

管理能力和经验较强的企业往往可以选择较短的渠道，甚至直销；而管理能力和经验较差的企业一般将产品的分销工作交给中间商去完成，自己则专心于产品的生产。

4. 对分销渠道的控制能力

生产者为了实现其战略目标，往往要求对分销渠道实行不同程度的控制。如果这种愿望强，就会采取短渠道；反之，渠道可适当长些。

（四）环境因素

影响分销渠道设计的环境因素既多又复杂。如科学技术发展可能为某些产品创造新的分销渠道，食品保鲜技术的发展，使水果、蔬菜等的销售渠道有可能从短渠道变为长渠道。又如经济萧条时迫使企业缩短渠道。

（五）中间商因素

不同类型的中间商在执行分销任务时各自有其优势和劣势，分销渠道设计应充分考虑不同中间商的特征。一些技术性较强的产品，一般要选择具备相应技术能力或设备的中间商进行销售。零售商的实力较强，经营规模较大，企业就可直接通过零售商经销产品；零售商实力较弱，规模较小，企业只能通过批发商进行分销。

二、分销渠道的设计步骤

分销渠道的设计必须立足长远，因为一经形成，再想改变或替代原有的渠道是比较困难的，通常需要付出较大的代价，所以在设计渠道方案时，应谨慎从事，精心设计。渠道方案设计主要包括确定渠道模式、确定中间商数目和规定渠道成员间的权利和责任。

（一）确定渠道模式

生产企业在进行分销渠道的设计时，首先要决定采取什么类型的渠道，是直销还是通过中间商销售。如果决定直销，就要选择是派人上门推销、采用自设店面销售，还是采用互联网销售，或是采用其他形式；如果企业是通过中间商销售，就要进行中间商层次的选择，首先考虑选择使用几层中间商，再考虑中间商的类型、规模及经营状况等。一般企业在设计时，要把目前企业可以利用的渠道全部列出，然后综合各个方面的因素进行比较，找出最有利的渠道模式。

（二）确定中间商的数目

企业在决定分销渠道的宽窄时，应考虑影响分销渠道的各个因素，合理地确定中间商的数目。一般有三种形式可以选择：

1. 独家分销

生产企业在特定的市场区域内，仅选择一家中间商为其销售产品，实行独家经营。独家分销是最窄的分销渠道，这种方式一般适用于新产品、名牌产品以及有某些特殊性能和用途的产品。

2. 密集分销

生产企业利用尽可能多的中间商分销，销售网点越多越好，力求使产品能广泛地和消费者接触，方便消费者购买。

3. 选择分销

生产企业在同一市场区域内，有条件地选择几家最合适的中间商为其销售产品。这是介于上述两种方式之间的一种形式，适合于所有产品的销售。这种分销方式比独家分销面宽，比密集分销面窄，有利于扩大销路，开拓市场；有助于加强双方的了解和联系，从而获得中间商的合作，提高中间商的经营积极性；可减少中间商之间的盲目竞争，提高产品的声誉。

企业在对上述三种方式选择时，还应充分考虑企业的营销目标，目标不同，选择的方式应有所不同。例如，生产企业在新产品刚上市时，为打开销路，往往采用密集性分销，但新产品占领市场后，为提高销售效率，往往又改用选择性分销，淘汰一些效率低的中间商，选择一些经营水平较高的中间商。

（三）规定渠道成员间的权利和责任

为保证分销渠道的畅通，企业必须就价格政策、销售条件、市场区域划分、相互服务和责任等方面明确中间商的权利和责任。

（1）价格政策是指生产企业要制定中间商认为公平合理的价格折扣和价格目录。

（2）销售条件是指付款条件和生产企业的承诺。

（3）市场区域划分是指生产企业给予经销商在一定地区范围内的特许经销权。

（4）相互服务和责任主要指企业要求中间商提供市场情报、配合促销、保证服务水平，同时，企业向中间商提供技术支持、促销支持、人员培训等。

三、分销渠道评估

分销渠道方案确定后，生产厂家就要根据各种备选方案，进行评价，找出最优的渠道路线，通常渠道评估的标准有三个，即经济性、控制性和适应性，其中最重要的是经济标准。

（一）经济性标准

经济标准是最重要的标准，这是企业营销的基本出发点。在分销渠道评估中，首先应该将分销渠道决策可能引起的销售收入增加同实施这一渠道方案需要花费的成本做一比较，以评价分销渠道决策的合理性。这种比较可以从以下角度进行。

1. 静态效益比较

分销渠道静态效益比较是指在同一时点对各种不同方案可能产生的经济效益进行比较，从中选择经济效益较好的方案。

某企业决定在某一地区销售产品，现有两种方案可供选择：

方案一是向该地区直接派出销售机构和销售人员进行直销。这一方案的优势是，本企业销售人员专心于推销本企业产品，在销售本企业产品方面受过专门训练，比较积极肯干，而且顾客一般喜欢与生产企业直接打交道。

方案二是利用该地区的代理商。该方案的优势是，代理商拥有几倍于生产商的推销员，代理商在当地建立了广泛的交际关系，利用中间商所花费的固定成本低。

通过估算两个方案所花费的成本，利用中间商更划算。

2. 动态效益比较

分销渠道动态效益比较是指对各种不同方案在实施过程中引起的成本和收益的变化进行比较，从中选择在不同情况下应采取的渠道方案。

3. 综合因素分析比较

在实际分析上述影响分销渠道设计的五大因素时，可能会出现都倾向于某一特定的渠道，也有可能某一因素分析倾向直接销售，而其他因素分析可能得出应该使用中间商的结论。因此，企业必须对几种方案进行评估，以确定哪一种最适合企业。

（二）控制性标准

企业对分销渠道的设计和选择不仅应考虑经济效益，还应该考虑企业能否对其分销渠道实行有效地控制。因为分销渠道是否稳定对于企业能否维持其市场份额，实现其长远目标是至关重要的。

企业对于自销系统是最容易控制的，但是由于成本较高，市场覆盖面较窄，不可能完全利用这一系统来进行分销。而利用中间商分销，就应该充分考虑所选择的中间商的可控程度。一般而言，特许经营、独家代理方式比较容易控制，但企业也必须相应作出授予商标、技术、管理模式以及在同一地区不再使用其他中间商的承诺。在这样情况下，中间商的销售能力对企业影响很大，选择时必须十分慎重。如果利用多家中间商在同一地区进行销售，企业利益风险比较小，但对中间商的控制能力就会相应削弱。

（三）适应性标准

在评估各渠道方案时，还有一项需要考虑的标准，那就是分销渠道是否具有地区、时间、中间商等适应性。

1. 地区适应性

在某一地区建立产品的分销渠道，应充分考虑该地区的消费水平、购买习惯和市场环境，并据此建立与此相适应的分销渠道。

2. 时间适应性

根据产品在市场上不同时期的适销状况，企业可采取不同的分销渠道与之相适应。

3. 中间商适应性

企业应根据各个市场上中间商的不同状态采取不同的分销渠道。如在某一市场若有一两个销售能力特别强的中间商，渠道可以窄一点；若不存在突出的中间商，则可采取较宽的渠道。

四、分销渠道管理

分销渠道管理的实质就是要解决分销渠道中存在的矛盾冲突，提高分销渠道成员的满意度和积极性，促进渠道的协调性，提高分销的效率。

（一）选择分销渠道成员

如果企业确定了间接分销渠道，下一步就应作出选择中间商的决策。如果选择得当，能有效地提高分销效率。选择中间商首先要广泛搜集有关中间商的业务经营、资信、市场范围、服务水平等方面的信息。其次要确定审核和比较的标准。最后要说服中间商接受各种各样的条件。

（二）中间商类型

中间商是指在生产者与消费者之间参与商品交易业务，促使买卖行为发生和实现的、具有法人资格的经济组织或个人，它是连接生产者与消费者的中介环节。

1. 按中间商在流通过程中所起的作用划分，可分为批发商和零售商

批发商指将商品大批量购进，又以较小批量转售给生产者或其他商业企业的商业组织。批发商又可以按不同标准分为不同类型，按商品性质划分，可分为生活资料批发商和生产资料批发商；按业务范围划分，可分为专业批发商和综合批发商；按其在流通领域的位置划分，可分为生产地批发商、中转地批发商和销售地批发商。

零售商指直接向最终消费者出售商品的商业组织。零售商的类型最多，主要包括店铺零售（百货商店、专业商店、超级市场、大卖场等）和无店铺零售（邮购、自动售货、网上购物等）。

2. 按产品流通过程中有无所有权转移，中间商可以分为经销商和代理商

经销商是指自己进货，取得商品所有权后再出售的商业企业。代理商是指促成产品买卖活动得以实现的商业组织，它不取得产品的所有权，只是通过与买卖双方的商洽，来完成买卖活动。

（三）选择中间商的条件

1. 中间商的市场范围

市场范围是选择中间商最关键的因素，选择中间商首先要考虑预定的中间商的经营范围与产品预定的目标市场是否一致，这是最根本的条件。

2. 中间商的产品政策

中间商承销的产品种类及其组合情况是中间商产品政策的具体体现。选择时一要看中间商的产品线，二要看各种经销产品的组合关系，是竞争产品还是促销产品。

3. 中间商的地理区位优势

区位优势即位置优势。选择零售商最理想的区位应该是顾客流量较大的地点，批发商的选择则要考虑其所处位置是否有利于产品的储存与运输。

4. 中间商的产品知识

许多中间商被具有名牌产品的企业选中，往往是因为他们对销售某种产品有专门的经验和知识。选择对产品销售有专门经验的中间商能够很快打开销路。

5. 预期合作程度

中间商与生产企业合作得好会积极主动地推销企业的产品，这对生产者和中间商都很重要。有些中间商希望生产企业能参与促销，生产企业应根据具体情况确定与中间商合作的具体方式。

6. 中间商的财务状况及管理水平

中间商能否按时结算，这对生产企业业务正常有序运作极为重要，而这一点取决于中间商的财务状况及企业管理的规范、高效。

7. 中间商的促销政策和技术

采用何种方式推销商品及运用什么样的促销技术，这将直接影响中间商的销售规模和销售速度。在促销方面，有些产品适合广告促销，有些产品则适合人员销售，有些产品需要储存，有些则应快速运输。选择中间商时应该考虑中间商是否愿意承担一定的促销费用以及有没有必要的物质、技术基础和相应人才。

8. 中间商的综合服务能力

现代商业经营服务项目甚多，选择中间商要看其综合服务能力如何，如售后服务、技术指导、财务援助、仓储等。合适的中间商提供的服务项目应当与企业产品销售要求保持一致。

（四）渠道冲突管理

1. 渠道冲突管理的概念

渠道冲突管理是指分析和研究渠道合作关系，对预防和化解渠道冲突工作加以计划、组织、协调和控制的过程。渠道冲突的存在是一个客观事实，在任何产品或服务分销过程中都是不可避免的。专家研究表明，并非所有的渠道冲突都会阻碍企业的发展，存在适当的冲突还能在一定程度上增强渠道成员的忧患意识；而且在特定条件下，某些冲突也有助于激发渠道成员的创新性，提高渠道效率。

2. 区分及识别冲突

渠道冲突的类型多种多样，企业的渠道管理者在实行冲突管理时首先必须把握冲突的类别。渠道冲突的类型大致分为两类：（1）潜在冲突和现实冲突。当一些条件并未达到能够引起冲突发生的程度时，冲突可能处于潜伏状态。如果处理不当，潜在冲突会升级为现实冲突。（2）建设性冲突与破坏性冲突。建设性冲突表现为各方在共同绩效期望下能以核心争议点为中心，协调行动、增强归属感；而破坏性冲突表现为伙伴之间关系恶化、运作失调、效率降低甚至导致合作解体。

当然，在企业的分销体系中，往往存在以上冲突的交合体，如破坏性的现实冲突等。因此，冲突管理者在制定解决方案时必须在宏观上了解与掌握冲突的特征。

3. 渠道冲突管理的策略

（1）显性冲突管理策略。当潜在性冲突不可避免地转化为现实性冲突后，企业的冲突管理者可采取回避、迁就、竞争和妥协等方式来解决。具体可采用以下方法：

一是协商谈判。冲突一般都是在信息不对称或信息失真的前提下引起的，要想完全消除冲突，必须对冲突事件进行全面"诊断"，对冲突的来龙去脉、基本类型和表现认真研究。而当务之急是恢复直接对话，寻求各方利益的平衡点，坦诚沟通，处理的焦点应集中于问题本身，从而化解矛盾。

二是移情设想。渠道成员的许多决策都是基于自身目标和利益，如果一方在决策过程中在考虑自己利益的同时换位思考，多为对方考虑，可加强相互间的沟通，达成共识。

三是第三方仲裁。矛盾上升到冲突双方都无法回到谈判桌时，可让无利害关系的第三方（法定仲裁员）出面调停，以公正的态度监视冲突双方的行为并从中进行调解、仲裁。

四是权利解决。在前几种方法都无法解决渠道冲突的情况下，冲突各方可通过诉诸法院进行强制性的判决，或由上级机关按照"下级服从上级"的原则，强迫各方执行。但这都是下策，会破坏冲突双方的关系，应慎用。

五是选择退出。事实上，企业与渠道其他成员间的矛盾不可调和时，借助损益平衡分析和投资收益率分析，退出该分销渠道而重新选择新的分销渠道，也不失为可取的办法。这样做虽然可能产生一种新的渠道运作模式，但也预示着要付出相当大的退出成本。

（2）渠道合作与联盟

生产企业与分销商在相互找到合适的渠道伙伴后，可与之建立持久的渠道合作，开展合作营销，通过合作可增强相互间的理解与信任，消除对方的预期差异和感觉上的差异。渠道合作的具体形式包括以下几种：

> **知识链接**
>
> 联合业务拜访是指企业派销售人员协同经销商或代理商的销售人员联合对批发商或零售商进行销售访问，从而把握渠道的分销效率，并加强渠道控制。如飞利浦家电中国区销售就采取这种形式。折扣或返利也是合作方式之一，通过激励机制继续保持渠道成员与企业之间的长期合作关系。不过需掌握此种策略的正确操作性，最好把折扣或返利作为一种管理窜货等类似冲突行为的有效工具。

一是销售支持计划。这项计划包括销售宣传活动、联合业务拜访、折扣或返利等。企业在产品宣传活动中，可提供整体性广告计划，并与经销商之间就推广的产品分担广告费用，并在经销商的协助下，进行整体促销。

二是经销区域保护。生产企业在划定区域后，委托一家代理销售企业。代理销售企业与该生产企业为一对一的代理关系，形成独家代理的形式，通过确定独家销售区域，可明确代理销售企业与生产企业双方的权利义务关系。制造商利用代理商分销网络的长处，代理商利用制造商的生产制造优势。

三是会员制合作。通过签订协议组成会员联盟，各方遵守行业规则、相互信任、帮助，在协议基础上享有权利，履行义务。

四是销售渠道联合。渠道各方建立共识，形成战略合作伙伴关系，通过共享对方的核心资源并发挥各自的核心能力，创造差异化的竞争优势，最终达到共赢的效果。

五是战略联盟。厂商之间应建立彼此间的联盟合作关系从而达到协同效应。联盟各方通过营销资源整合、专业分工、优势互补，最终形成战略协同、互利多赢的结果。

✍ 探讨与应用

京东与苏宁的渠道冲突管理

京东商城是中国最大的综合网络零售商，是中国电子商务领域最受消费者欢迎和最具有影响力的电子商务网站之一，在线销售家电、数码通讯、电脑、家居百货、服装服饰、母婴、图书、食品、在线旅游等 12 大类数万个品牌百万种优质商品。

苏宁易购是苏宁电器旗下新一代 B2C 综合网上购物平台，现已覆盖传统家电、3C 电器、日用百货等品类。苏宁电器高层表示，力争使苏宁易购占据中国家电网购市场超过 20% 的份额，将其打造成为中国最大的 3C 家电 B2C 网站，强化与实体门店"陆军"协同作战的虚拟网络"空军"，全面创新连锁模式。

京东和苏宁在各方面都有着自己的优势：京东是典型的网上商城模式，而苏宁是"实体 + 网销"的模式。

这个涉及实体渠道和网络渠道的利与弊。实体渠道就是集中大卖场，它能够满足有限区域的客户大部分的需求，同时他将产品直观地面向消费者。消费者可以触摸到产品，买卖双方的信息交流比较充分。他的缺点也一样明显，它面向的消费者是有限制的，即地理区域的限制。很多消费者距离太远，当然如果你能像便利店一样就最好。但那样的成本太高。

网络销售渠道主要通过在网络上公布商品信息，以物流支持将货物送达给消费者。优点就是几乎面向所有消费者，缺点是网络的信息交流是有障碍的，消费者只能通过有限的图片和文字等信息了解商品。万一消费者不满意就产生了退货。同时，它需要高度的物流支持。

这场战争中，苏宁和京东就是在争夺网络消费者，网络销售是以后的发展方向，所以苏宁不遗余力地开拓这个市场。鉴于目前的市场局限，网络销售还不能成为大宗商品的主流。但是铺好路也是必要的，苏宁依托实体大卖场去发展网络销售的做法具有可行性，这样渠道就能覆盖更广。同时苏宁还欠缺网络销售的经验，物流也有待完善。纯粹的电子商务模式在零售业中还是难以发展，必须建立分布各地的库存来响应消费需求。苏宁的卖场就是仓库。这样就可以互补形成较广的辐射面。但要完善这种模式不是一朝一夕的事情。

（资料来源：https：//wenku. baidu. com/view/75c5d0caa417866fb94a8ead. html，部分内容有改写。）

试分析：

1. 京东与苏宁的销售渠道模式有何不同？

2. 京东与苏宁应当如何妥善处理目前渠道冲突局面？

第四节　物流的储存、运输和配送

企业在商品交换的同时，必须提供商品的时间效用和地点效用。为此需要商品仓储和运输，进行物流管理。制定正确的物流策略对于降低成本费用、增强竞争实力、提供优质服务、促进和便利顾客购买、提高企业效益，具有重要的意义。

一、物流的含义及作用

（一）物流的含义

物流是指为了满足客户的需求，以最低的成本，通过运输、保管、配送等方式，实现原材料、半成品、成品或相关信息由商品的产地到商品的消费地的计划、实施和管理的全过程。

物流是一个相当宽泛的概念。按不同的观察角度划分，可分为宏观物流、中观物流和微观物流；按不同的空间范围划分，可分为国内物流和国际物流、区间物流和区内物流；按不同的服务对象划分，可分为产业物流、商业物流和消费者物流；按其在产业部门中的不同功能划分，可分为生产物流、营销物流、采购物流和回收物流。物流的任务涉及原料及最终产品从起点到最终使用点或消费点的实体移动的规划与执行，并在取得一定利润的前提下满足顾客的需求。

（二）物流的作用

任何产品都不可能生产出来，不经过搬运装卸、包装、运输、保管就立即消费，充其量可以节省物流环节中的一个或两个。因此，物流是一个不可省略或者说不可跨越的过程，而且，随着这个过程的发生，就会产生费用、时间、距离以及人力、资源、能源、环境等一系列问题。人们只有客观地认识这些问题，正确地对待、科学地解决好这些问题，才是唯一的正确态度和选择。笼统地说，物流的作用主要表现在以下六个方面。

1. 保值

物流有保值作用。也就是说，任何产品从生产出来到最终消费，都必须经过一段时间、一段距离，在这段时间和距离过程中，都要经过运输、保管、包装、装卸搬运等多环节、多次数的物流活动。在这个过程中，产品可能会淋雨受潮、水浸、生锈、破损、丢失等。物流的使命就是防止上述现象的发生，保证产品从生产者到消费者移动过程中的质量和数量，起到产品的保值作用，即保护产品的存在价值，使该产品在到达消费者时使用价值不变。

2. 节约

搞好物流，能够节约自然资源、人力资源和能源，同时也能够节约费用。比如，集装箱化运输，可以简化商品包装，节省大量包装用纸和木材；实现机械化装卸作业，仓库保管自动化，能节省大量作业人员，大幅度降低人员开支。重视物流可节约费用的事例比比皆是。被称为"中国物流管理觉醒第一人"的海尔企业集团，加强物流管理，建设起现代化的国际自动化物流中心，一年时间将库存占压资金和采购资金从 15 亿元降到 7 亿元，节省了 8 亿元开支。

3. 缩短距离

物流可以克服时间间隔、距离间隔和人的间隔，这自然也是物流的实质。现代化的物流在缩短距离方面的例证不胜枚举，比如，在北京可以买到世界各国的新鲜水果，电商配送可以做到当天送到。这种物流速度，把人们之间的地理距离和时间距离一下子拉得很近。随着物流现代化的不断推进，国际运输能力大大加强，极大地促进了国际贸易，使人们逐渐感到这个地球变小了，各大洲的距离更近了。

4. 增强企业竞争力，提高服务水平

在新经济时代，企业之间的竞争越来越激烈。在同样的经济环境下，制造企业相互之间的竞争主要表现在价格、质量、功能、款式、售后服务的竞争上，但有些产品在工业科技如此进步的今天，质量、功能、款式及售后服务目前各企业的水平已经没有太大的差别，唯一可比的地方往往是物流。

5. 加快商品流通，促进经济发展

在谈这个问题时，我们用配送中心的例子来讲最有说服力。可以说，配送中心的设立为连锁商业提供了广阔的发展空间。利用计算机网络，将超市、配送中心和供货商、生产企业连接，能够以配送中心为枢纽形成一个商业、物流业和生产企业的有效组合。有了计算机迅速及时的信息传递和分析，通过配送中心的高效率作业、及时配送，并将信息反馈给供货商和生产企业，可以形成一个高效率、高能量的商品流通网络，为企业管理决策提供重要依据，同时，还能够大大加快商品流通的速度，降低商品的零售价格，提高消费者的购买欲望，从而促进国民经济的发展。

6. 创造社会效益和附加价值

实现装卸搬运作业机械化、自动化，不仅能提高劳动生产率，而且也能解放生产力。把工人从繁重的体力劳动中解脱出来，这本身就是对人的尊重，是创造社会效益。

比如，快递公司是为消费者服务的新行业，它们的出现使居民生活更舒适、更方便。

近年来随着网络技术与物流的不断发展，越来越多的超市提供了"1 小时达"等送货上门服务，顾客足不出户，只要在手机 APP 上下单，就可以收到超市送来的各类商品。

随着物流的发展，城市居民生活环境、人民的生活质量可以得到改善和提高，人的尊严也会得到更多体现。物流创造附加值主要表现在流通加工方面，比如，把钢卷剪切

成钢板、把原木加工成板材、把粮食加工成食品、把水果加工成罐头，名烟、名酒、名著、名画都会通过流通中的加工，使装帧更加精美，从而大大提高了商品的欣赏性和附加价值。

二、物流系统的含义及目标

（一）物流系统的含义

物流系统是指在一定的时间和空间里，由所需输送的物料和包括有关设备、输送工具、仓储设备、人员以及通信等若干相互制约的动态要素构成的具有特定功能的有机整体。作为物流系统的"输入"就是采购、运输、储存、流通加工、装卸、搬运、包装、销售、物流信息处理等环节的劳务、设备、材料、资源等，由外部环境向系统提供的过程。（如图 10-3 所示）。

国外的制造企业很早就认识到了物流是企业竞争力的法宝，搞好物流可以实现零库存、零距离和零流动资金占用，是提高为用户服务，构筑企业供应链，增加企业核心竞争力的重要途径。在经济全球化、信息全球化和资本全球化的 21 世纪，企业只有建立现代物流结构，才能在激烈的竞争中求得生存和发展。

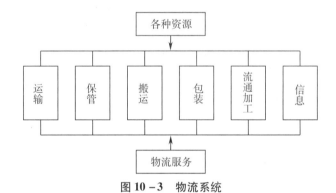

图 10-3 物流系统

（二）物流系统的目标

现代物流系统运作有五大目标（以下简称"S5"目标）：

1. 服务目标（Service）。物流系统是"桥梁、纽带"作用的流通系统的一部分，它具体地联结着生产与再生产、生产与消费，因此要求有很强的服务性。物流系统采取送货、配送等形式，就是其服务性的体现。在技术方面，近年来出现的"准时供货方式""柔性供货方式"等也是其服务性的表现。

2. 快速、及时目标（Speed）。及时性不但是服务性的延伸，也是流通对物流提出的要求。快速、及时既是一个传统目标，更是一个现代目标。其原因是随着社会化大生产的发展，这一要求更加强烈了。在物流领域采取的诸如直达物流、联合一贯运输、高速公路、时间表系统等管理和技术，就是这一目标的体现。

3. 节约目标（Saving）。节约是经济领域的重要规律，在物流领域中除流通时间的节约外，由于流通过程消耗大而又基本上不增加或提高商品的使用价值，所以依靠节约来降低投入，是提高相对产出的重要手段。

4. 规模化目标（Scale Optimization）。以物流规模作为物流系统的目标，是指以此来追求"规模效益"。生产领域的规模生产是早已为社会所承认的。由于物流系统比生产系统的稳定性差，难以形成标准的规模化格式。在物流领域以分散或集中等不同方式建立物流系统，研究物流集约化的程度，就是规模优化这一目标的体现。

5. 库存调节目标（Stock Control）。库存调节是服务性的延伸，也是宏观调控的要求，当然，这也涉及物流系统本身的效益。在物流领域中正确确定库存方式、库存数量、库存结构、库存分布就是这一目标的体现。

三、物流的主要功能

物流的主要功能包括仓储管理、存货管理、运输管理。

（一）仓储管理

生产和消费的周期是很少吻合的。所以，大多数公司都必须将有形产品存储起来等待销售。存储的功能弥合了购销双方在数量和时间上的差距，保证了无论消费者何时需要都可以购买到产品。企业必须决定存储产品的数量和种类，并决定存放的地点。企业使用的仓库越多，意味着货物越能更快地送交顾客。但较多的仓库也意味着较高的仓储成本。企业储存地点和数目必须考虑顾客服务水平和分配成本之间的平衡。

企业既可使用储存仓库，也可使用配销中心（或物流中心）。成品储存仓库用以储存商品以满足长期的需求；配销中心则是用以配送产品而不仅仅是储存，这些高度自动化的仓库被用来从不同的工厂和供应商处接收产品、接受订单并有效地处理订单，然后将产品尽可能快地交付给消费者。

（二）存货管理

存货管理同样影响着顾客的满意度。存货太少会导致脱销、昂贵的紧急运输成本或生产成本，以及顾客的不满意。存货过多，则有可能导致较高的存货成本，存货也有可能会过时。为此，在做存货决策时，管理部门必须在增加的成本与由此产生的销售和利润之间作出权衡。

很多公司通过 JIT（Just－In－Time）物流系统大大降低了存货和相关的成本。在这样的体系下，制造商和零售商只保持很小规模的产品和零部件的存货，通常只够几天的生产和销售。例如，戴尔公司通常只保留 5 天的存货，而竞争者的一般水平是 40～60 天。新的存货会在需要时恰好送达，而不是被储存在那里等待使用。JIT 系统要求准确地预测及快速、频繁和灵活地交付，这样可大大节省存货保持成本。

（三）运输管理

运输是物流作业中最直观的要素之一。运输提供两大功能：产品转移和产品储存。

1. 产品转移

无论产品处于哪种形式，是材料、零部件、装配件、在制品还是制成品，运输都是必不可少的。运输的主要功能就是产品在价值链中的来回移动。既然运输利用的是时间资源、财务资源和环境资源，那么，只有当它确实提高产品价值时，该产品的移动才是重要的。运输的主要目的就是要以最低的时间、财务和环境资源成本，将产品从原产地转移到规划地点。此外，产品损坏的费用也必须是最低的。同时，产品转移所采取的方式必须能满足顾客有关交付履行和装运信息的可得性等方面的要求。

2. 产品储存

在仓库空间有限的情况下，利用运输车辆储存也不失为一种可行的选择。可以采取的一种方法是，将产品装到运输车辆上，然后采用迂回线路或间接线路运往其目的地。在本质上，这种运输车辆被用作一种储存设施，但它是移动的，而不是处于闲置状态。实现产品临时储存的第二个方法是改道。这在交付的货物处于转移之中，而原始的装运目的地被改变时才会发生。

☆ 同步测试

◇ 单项选择题

1. 当生产量大且超过了企业自销能力时，其渠道策略应为（　　）。

A. 直接渠道　　　B. 间接渠道　　　C. 专营渠道　　　D. 都不是

2. 对于直接销售渠道而言，（　　）的说法是错误的。

A. 生产者同消费者直接接触　　　　B. 产销之间没有任何中间环节

C. 可使商品快速同用户见面　　　　D. 不便于为消费者提供特殊服务

3. 一层渠道在消费者市场通常是（　　）。

A. 批发商　　　B. 零售商　　　C. 销售代理商　　　D. 佣金商

4. "三元"公司为使广大消费者能随时随地买到"三元"牛奶这种日常用品，通常采用的渠道策略是（　　）。

A. 密集分销　　　B. 选择分销　　　C. 独家分销　　　D. 间接分销

◇ 多项选择题

1. 具备下列哪些条件时，企业可选择直接式渠道？（　　）

A. 市场集中　　　　　　　　　　　B. 消费者或用户一次需求批量大

C. 中间商实力强、信誉高　　　　　D. 产品易腐易损，需求时效性强

E. 产品技术性强

2. 评估各种可能的分销渠道方案的标准是（　　）。

A. 经济性标准　　　B. 控制程度　　　C. 适应性　　　D. 畅通性

E. 统一性

3. 物流的主要功能包括（　　）。

A. 仓储管理　　　B. 存货管理　　　C. 运输管理　　　D. 销售管理

E. 组织管理

◇ 判断题

1. 渠道的长度是指产品在流通过程中所经过的层级的多少。　　　　（　　）

2. 非标准化产品通常由企业推销员直接销售。　　　　　　　　　　（　　）

3. 经纪人和代理商对其经营的商品具有所有权。　　　　　　　　　（　　）

4. 生产者只要提高对中间商的激励水平，销售量就会上升。　　　　（　　）

◇简答题

1. 简述直接分销渠道的优缺点。
2. 简述渠道冲突管理策略。
3. 简述物流的主要功能。

☆创业营销技能实训项目

去不同形式的零售店看一看，了解目前我国都有哪些形式的零售企业存在

[训练目标] 通过深入实地认知与体验分销形式，加深对本任务内容的理解，了解我国目前都有哪些形式的零售企业存在，各自具有怎样的特征，为自身的创业选择提供借鉴。

[训练组织] 学生每5人分为一组，选择不同的零售企业。

[创业思考] 你如何来看待线上或线下渠道的建立？

[训练提示] 教师提出活动前准备及注意事项，同时随队指导。

[训练成果] 各组汇报，教师讲评。

☆案例分析

京东：自建物流的奥秘

电子商务正在改变中国，而中国的电子商务正在以其独特的购物体验、摧枯拉朽的伟力，疯狂地从传统零售业中争夺用户。"电商的难点是物流，物流是电商的核心竞争力，是决定电商生死存亡的关键"，这句话似乎已经成为今日电商业界的广泛共识，电商的物流之争是继电商价格大战之后的又一个更为艰巨、更为长期的主战场。当亚马逊在全球布局物流中心，要将商品存储离消费者更近；当京东自建物流，布局全国，将触角延伸至三线、四线城市；当马云宣布菜鸟网络投入高达千亿元之巨，誓言全国任何一个地方网购24小时使命必达、送货到家的时候，所有已经开展电商销售或跃跃欲试、正想加入的广大品牌商、制造商们，乃至各种各样的所谓"自营电商、垂直电商、平台电商们"，都可能不禁要暗暗问自己"电商物流，我该如何应对？"

京东商城并没有像其他B2C企业那样完全将物流外包出去，而是创办了自己的物流体系。很多人都认为京东的成功是源于所谓"自建物流"，刘强东也在不同场合反复为其数万人的快递员队伍做宣传，说他们待遇如何比"四通一达"的快递员高、如何敬业、如何服务态度好，买家对京东的物流配送如何满意等。言下之意，似乎京东今日能获得买家认可而获得的成功，主要就是因为京东没有像淘宝平台或其他自营电商那样，普遍使用服务质量备受责难的"四通一达"的快递配送，以至于许多电商们也在思索要不要也像京东那样搞所谓的"自建物流"，舆论也一度热衷于争论"电商到底是自建物

流好，还是使用社会化物流好"。

京东商城选择自建物流体系，能够将物流最大限度地控制在自己手里，京东商城已经将 70% 以上的物流掌控在自己手中，从全部的仓储到大部分的配送都由京东商城自己的团队来完成，这样京东商城完成了对整个供应链链条的控制，这个模式能够帮助京东商城将物流从成本控制中心转变成未来新的盈利点，为其保持高速发展提供强有力的支撑，而且这将大幅提升其在全国的配送速度，服务质量将得到改善，会解决许多问题。这也是京东商城的差异化战略，将许多电子商务竞争对手阻挡在外。

（资料来源：[1] http://www.slxun.com/topic-193-1.html；[2] 李丹莉，孙金华. 京东——自建仓配一体的物流体系 [J]. 现代商贸工业，2017（27）：38-39，部分有改写。）

阅读以上材料，回答问题：

1. 京东商城的渠道策略是什么？
2. 影响京东商城制定渠道策略的因素有哪些？

第十一章

促销策略

◆ **本章学习目标**

☞ 应用知识目标

1. 理解并掌握促销、促销组合、广告、人员推销、营业推广及公共关系等概念；

2. 了解制定促销组合应考虑的主要因素；

3. 了解促销预算的常用方法。

☞ 应用技能目标

1. 掌握促销组合策略在实际中的应用方法；

2. 能够对企业的整合营销传播进行设计。

☞ 创业必知知识点

1. 掌握促销组合策略；

2. 掌握促销技巧。

📖 **中国传统文化与营销启示**

水浒传第二十二回《横海郡柴进留宾 景阳冈武松打虎》节选：武松在路上行了几日，来到阳谷县地面。此去离县治还远。当日晌午时分，走得肚中饥渴望见前面有一个酒店，挑着一面招旗在门前，上头写着五个字道："三碗不过冈"。武松入到里面坐下，把哨棒倚了，叫道："主人家，快把酒来吃。"

启示：这段文字是武松打虎之前的一段描写，这里的"招旗"就是古人的广告牌，而"三碗不过冈"就是一句对喝酒之人极有诱惑力的成功广告语。之所以成功是因为它吸引了好酒者的注意，在他们心里一定会有这样的判断：一是这一定是烈酒，总是要尝一尝才能感受其烈性；二是要显示自己的实力，别人喝不过三碗，自己一定要喝几个三碗让别人瞧瞧。武松不就是因此走进店，一连喝了十八碗，今天我们反对酗酒，但依旧记得景阳冈打虎的精彩一幕。现代这种促销方式使用也非常多，有一本书名叫《千万不要打开这本书》，估计看到这个书名，你一定会翻开它。随着今天媒介的广泛使用，商家的促销方式越来越多，满满的"套路"，到底如何才能打动消费者呢？

第一节 促销组合

促销作为一种重要的营销活动，也是营销组合策略之一，其核心就是沟通信息，目的是激发消费者的购买欲望，促进消费者购买。促销的方式很多，其中最主要的有人员推销、广告、营业推广、公共关系等，各种促销传播形式各具特色，企业应根据促销目标、产品市场类型、市场特性等因素予以组合，以形成有效的促销策略。

一、促销的概念与实质

（一）促销的概念

促销是促进销售的简称，由 Promotion 翻译而来。它是指企业以人员促销和非人员促销的方式向目标顾客沟通市场信息，影响和帮助顾客认清购买某项产品或劳务所带来的益处，或者促使顾客对企业及其产品产生好感和信任，从而引起顾客的兴趣，激发顾客的购买欲望和购买行为的活动。

（二）促销的实质

促销的实质是产品的生产者与需求者之间的信息沟通活动。一方面，产品需求者将对产品的需求意向或意图传递给产品生产者，促使产品生产者贯彻这一意图，生产出的产品适合需求者的口味或意图。另一方面，产品的生产者将产品的信息传递给产品的需求者，试图影响产品需求者的态度和购买行为，促使产品需求者贯彻产品生产者的意图从而实现交换。

二、促销的方式

企业促销的主要方式有四种：广告、人员推销、营业推广和公共关系。

（一）广告

广告是指广告主支付一定的费用，采取非人员推销形式，通过种种媒介把市场商品信息传递到广大目标顾客，广而告知，促进商品销售。

（二）人员推销

人员推销是指企业组织销售力量，引导顾客偏爱、建立购买信心，为销售产品而进行的人员展示活动。

线上导学：
我们不一样
（上）

（三）营业推广

营业推广是指为鼓励购买而采取的除广告、人员推销和公共关系之外的各种短期刺激行为等营销活动的总称。

（四）公共关系

公共关系是指为树立和保持良好的公众形象，与企业内部公众维持良好关系，慎重处理不利于企业的各种流言、谣传与事件的活动，又称企业的软推销。

线上导学：
我们不一样
（下）

三、促销组合策略

促销组合策略是指企业根据其促销的需要，对人员推销、广告、营业推广和公共关系等促销方式进行适当选择和组合的策略，即如何确定促销预算及其在各种促销方式之间的分配。表 11－1 给出了四种促销方式的优缺点的比较。

表 11 - 1　　　　　　　　　　　　四种促销方式优缺点比较

类型	促销方式	优点	缺点
人员促销	人员推销	直接快速，反应及时，有利于建立与顾客的长期关系。	人才难得，费用高，面窄，管理难度大。
非人员促销	广告	传播面广、传播速度快、形象生动、表现手法丰富，容易引起注意。	停留时间短、费用高、针对性强，不易促成现实购买。
	公共关系	影响面广、可信度高、效果持久，可提高企业的美誉度。	程序复杂，投入大，效果难以控制。
	营业推广	强烈刺激性，可以促使产生即时购买。	影响面小，时效较短，顾客容易产生疑虑。

四、制定促销组合策略应考虑的因素

（一）促销目标

确定最佳促销组合，需考虑促销目标。相同的促销工具在实现不同的促销目标上，其成本效益会有所不同。也就是说，促销目标不同，应有不同的促销组合。如果促销目标是为了提高产品的知名度，那么促销组合重点应放在广告和营业推广上，辅之以公共关系宣传；如果促销目标是让顾客了解某种产品的性能和使用方法，那么促销组合应采用适量的广告、大量的人员推销和某些营业推广；如果促销目标是立即取得某种产品的推销效果，那么重点应该是营业推广、人员推销，并安排一些广告宣传。

（二）AIDMA 法则

AIDMA 法则是指消费者从认知产品到采取购买行为的心理过程。购买心理过程包括五个阶段，即引起注意（Attention）→产生兴趣（Interest）→激发欲望（Desire）→强化记忆（Memory）→购买行为（Action）。在不同的购买心理阶段，企业应采取不同的促销组合，并以此来指导消费者购买心理的一系列变化，诱导消费者作出购买决定。一般来说，广告在购买的初级阶段对引起消费者的注意很有效果；公共关系适合新产品的促销，如利用新闻报道等宣传新产品几乎接近广告的效果；人员推销对唤起购买欲望、诱导购买决定具有很好的效果。

（三）"推"与"拉"的策略

企业采用"推"式策略还是"拉"式策略进行促销，对促销组合也有较大的影响。"推"式策略是指利用推销人员和中间商把产品推销给顾客。"拉"式策略是指企业针对最终顾客，利用广告、公共关系等促销方式，激发消费需求，经过反复强烈的刺激，顾客将向零售商指名购买这一产品，零售商则向批发商指名采购这种产品，而批发商必然要向生产企业要货，生产企业就这样把自己的产品拉进销售渠道。

（四）市场特性

不同的市场，其规模、类型、潜在顾客数量不同，因此应该采用不同的促销组合。规模大、地域广阔的市场，多以广告为主，辅之以公共关系宣传；反之，则宜以人员推

销为主；消费者市场购买者众多、零星分散，应以广告为主，辅之以营业推广、公共关系宣传；生产者市场用户少，购买批量大，产品技术性强，则宜以人员推销为主，辅之以营业推广、广告和公共关系宣传；市场潜在顾客数量多，应采用广告促销，有利于开发需求；反之，则宜采用人员推销，有利于深入接触顾客，促成交易。

（五）产品生命周期

产品生命周期的不同阶段具有不同的特点，各阶段的促销目标通常不同，促销组合也就自然不同。下面以消费品市场为例进行说明。

1. 导入期

在导入期，以广告为主，通过各种媒介大力宣传新产品的品牌、特性、功能、服务等，使消费者对刚投入市场的新产品有所了解和认识。

2. 成长期

在成长期，产品已被消费者和用户认识，销售量开始迅速上升。社交渠道沟通方式开始产生明显效果，口头传播越来越重要。如果企业想继续提高市场占有率，就必须加强原来的促销工作。如果企业要取得更多的利润，则宜于用人员推销来取代广告和营业推广的主导地位，以降低成本费用，同时也更具有针对性。

3. 成熟期

在成熟期，竞争对手日益增多，大多数消费者已了解产品，促销的主要目的是为了与竞争对手抗衡，使企业的产品在竞争中保持优势，保持已有的市场占有率，企业必须增加促销费用。这一阶段可能发现了现有产品的新用途，或推出了改良产品，在这种情况下，加强促销能促使顾客了解产品，诱发购买兴趣。运用赠品等促销工具比单纯的广告活动更为有效，因为这时顾客只需提醒式广告即可。

4. 衰退期

在衰退期，市场需求已饱和，可替代的新产品已在市场上批量出售，消费者的兴趣和爱好开始转移，产品销量急剧下降。企业应把促销规模降到最低限度，以保证获取足够的利润。这一阶段，只用少量广告活动来保持顾客的记忆即可，公共关系活动可以全面停止，人员推销也可减至最小规模。

5. 促销预算

企业在制定促销组合策略时，还要考虑促销费用的限制。应根据促销预算安排促销组合。如果用于促销的预算较少，自然不能采用费用昂贵的电视广告，可考虑采用其他媒体广告，或依赖公共关系与人员推销，也可使用直接邮寄产品目录、产品说明书、订单等方式，向顾客传递产品信息、争得订单。对于某些小企业，特别是潜在顾客不多的小企业，使用直接邮寄常常会获得较好的促销效果。

第二节　广告宣传

一、广告的概念与作用

（一）广告的概念

广告一词源于拉丁语 Advertere，是"吸引人心"或"注意与诱导"的意思，后来演变为英语 Advertise，含义为"引起别人注意，通知别人某件事"。汉语的广告就是广而告之。从其含义来说，广告可以分为广义和狭义两种。广义的广告定义范围很大，凡是能唤起人们的注意、告知某项事物、传播某种信息、宣传某种观点或见解的活动都可以称为广告。例如，政府公告、公共利益宣传、教育通告、各种启事、标语、口号、声明等。既包括商业广告，也包括非商业广告。

线上导学：
你的朋友圈
被刷广告了吗

（二）广告的作用

广告作为一种积极有效的信息传递活动，对实现"产品的惊险跳跃"有极为重要的作用。具体地说可归纳为以下几点：

1. 传送信息，沟通产需

这是广告的基本作用。现代产品的销售过程是"信息流"与"物流"高度统一的过程，如果没有有效的信息沟通，买卖双方相互隔阂，产品就难以实现销售。广告能够把产品、劳务等信息传递给可能的顾客，迅速、有效地沟通产需，缩短产需之间的距离，加速产品的流转。

2. 创造需求，刺激消费

广告通过各种传播媒体向顾客广泛介绍产品信息，不仅能提高顾客对产品的认识程度，诱发其需求和购买欲望，而且能起到强化顾客对产品的印象，刺激需求，创造需要的作用。

3. 树立形象，利于竞争

竞争是市场经济的产物，哪里有商品生产，哪里就有竞争。广告是开展竞争的重要手段，广告在竞争中为企业创名牌、树声誉而呐喊；为新技术、新工艺、新产品而摇旗。广告在竞争中可以起到鼓励先进，鞭策后进，促进社会生产发展的作用。

4. 指导购买，扩大销售

商店里商品琳琅满目，花色品种繁多，既给顾客提供了充分挑选的余地，也增加了顾客购买决策的难度。各种形式的广告不断向顾客介绍产品的性能、特色、适用范围、价格、销售地点及售后服务项目等，能帮助他们识别产品，指导购买。既满足了顾客需求，又扩大了销售，加速资金周转，增加企业盈利。

二、广告目标的确定

企业在运用广告策略时，首要的是要确立广告的目标。广告目标就是企业通过广告要达到的目的，例如，将产品知名度由 10% 提高到 30%，广告目标的实质就是要在特定的时间内对特定的受众完成特定内容的沟通。确定广告目标必须依据企业有关目标市场、市场定位以及市场营销组合决策的相关资料。

根据广告目标特点的不同，广告目标可分为告知、劝说、提示三大类。

（一）告知性广告

主要向市场告知有关新产品的信息，目的是要为产品创造最初的需求。主要应用在产品生命周期的介绍期。例如，生产酸奶的企业在产品刚投放市场时，通过广告告诉消费者酸奶有哪些营养价值。另外，通过广告，企业还可以向市场介绍一项老产品的新用途，介绍产品价格的变化，说明产品的性能和功效，介绍可以提供的服务，纠正消费者在某些方面产生的错误印象，减少消费者对使用产品的担心或树立一个公司的新形象等。

（二）劝说性广告

主要是引导选择性的需求，以便在竞争中获得更多的成效。主要应用在产品生命周期的成长期。目前，大多数广告属于这种类型。例如，一个企业可以通过广告使消费者相信，它的产品与市场上的其他任何品牌的产品都不同，从而突出自己产品的优势。许多劝说性广告已变成对比性广告。对比性广告广泛应用于那些竞争比较激烈的产品，如清洁剂、快餐食品、牙膏、轮胎、汽车等。劝说性广告可以用来促进和激发消费者建立产品品牌的偏好，吸引正在使用竞争对手产品的消费者，转向使用本企业的产品，改变消费者对产品特性的知觉，促使消费者立即购买以及说服消费者接受人员推销等。

（三）提示性广告

主要是保持顾客对产品的记忆。主要应用在产品生命周期的成熟期。例如，可口可乐公司经常在电视、路牌、杂志等媒体做广告，这些广告的目的既不是宣传新产品，也不是劝说消费者，而是提醒人们可口可乐的存在。与提示性广告相关的是强化性广告，其目的是使购买本企业产品的顾客充分相信他们作出的选择是正确的。例如，汽车广告常常通过画面显示心理满足的顾客对自己购买新车的某些特点感到何等的称心如意等。提示性广告的作用在于，提醒消费者可能很快就会需要某种产品，提醒消费者购买本企业产品的地点，这种提示可以促使消费者在淡季也能记住这些产品，使产品保持较高的知名度。

三、广告设计原则

广告效果不仅取决于广告媒体的选择，还取决于广告设计的质量。优秀的广告要遵循下列原则来设计。

（一）真实性

广告的生命在于真实。真实的广告有助于建立企业及其商品的信誉，维护企业形象及消费者利益。虚伪、欺骗性的广告必然会使企业丧失信誉。

（二）社会性

广告是一种信息传递。在传播信息的同时，也传播了一定的思想意识，必然会潜移默化地影响社会文化、社会风气。广告必须符合社会文化、思想道德的客观要求。

（三）针对性

由于各个消费者群体都有自己的喜好、厌恶和风俗习惯，为适应不同消费者群体的不同特点和要求，广告要根据不同的广告对象来决定广告的内容与形式。

（四）感召性

广告的诉求点必须与产品的优势点以及目标顾客购买产品的关注点一致。

（五）简明性

广告媒体具有播放时间短和信息容量有限等局限性，因此不能给消费者太大的视觉与听觉上的辨识压力。广告设计的客观要求必然是简明、清晰。

（六）艺术性

广告是一门科学，也是一门艺术。它运用科学技术，集文学、戏剧、音乐、美术等各艺术于一体，通过特定的形式表现出来。优秀的广告就像优美的诗歌，像美丽的图画，会给消费者美的享受。

四、广告媒体的选择

广告必须通过一定的媒体传播出去，媒体的质量决定着广告的成败。广告媒体的选择，是广告策略的重要内容。选择广告媒体的目的在于：利用最佳手段输出信息，达到尽可能大覆盖面的宣传效果。

（一）广告媒体的种类

不同的广告媒体各具特点，各有利弊。

1. 报纸

报纸是传递信息的最重要工具，是广告运用最多的媒体形式之一。其优点是：读者面广、稳定、宣传覆盖面大；信息传播快，时效性强，尤其是日报，当天即可知道；空间余地大，信息量丰富，便于查找；收费较低。其缺点是：保留时间短，生命力短；形象表现手段不佳，感染力差；制作简单粗糙。

2. 杂志

杂志专业性较强，目标读者较集中，是刊登各种专业产品广告的良好媒体。其优点是：读者对象明确、集中，针对性强，广告效果好；保留时间长，信息利用充分；读者文化程度高，有专业知识，易接受新事物。更适合新产品和相应专业产品的广告；版面整齐，制作精良，能较好地表现产品外观形象。其缺点是：发行范围不广，广告覆盖面小；周期长，不利于快速传播。

3. 广播

广播是听觉媒体，在我国现阶段也是一种广为利用的主要媒体。其优点是：传收同步，听众易收到最快最新的信息，且不受交通条件和距离远近的限制；传播空间广泛，适应性强，无论何时何地，无论男女老幼和是否识字，只要有听觉能力，都可接受；每天重播频率高，传播信息方式灵活多样，可以用音乐、对话、戏剧小品、相声等多种形式加强广告效果；广告制作费用低。其缺点是：只有信息的听觉刺激，没有视觉刺激；信息消失快，给人印象不深；难以保存，无法查找；听众分散，选择性差。

4. 电视

电视是重要的现代化媒体，它通过视觉形象和听觉的结合，综合运用各种艺术手法，融声音、图像、色彩、运动于一体，直观形象地传递商品信息，具有丰富的表现力和强烈的感染力。其优点为：表现力丰富，形声兼备，感染力极强，给人以强烈的刺激；播放及时，覆盖面广、收视率高；可以重复播放，加深印象。其缺点是：制作成本高，播放收费高；信息消失快；目标观众无法选择。

5. 户外广告

户外广告主要包括路牌广告、灯箱广告、交通车身广告、车辆广告、机场、车站码头广告、张贴广告、传单广告等。其优点是：传播主题鲜明、形象突出；不受时间限制，比较灵活；展露重复性较强，成本较低。其缺点为：不能选择对象，传播内容受一定的限制，创造力受到局限。

6. 售点广告

售点广告指售货点及购物场所的广告。例如，柜台广告、货架陈列广告、模特广告、门面装饰等。

7. 其他媒体

其他媒体主要包括邮寄广告、赞助广告、体育广告、包装广告、互联网广告等。这些媒体也各有特点和利弊，如邮寄媒体传播对象明确，传播效果明显，信息反馈快，形式灵活，费用低廉。

（二）广告媒体的选择

要使广告达到一定的促销效果，则必须注意广告媒体的覆盖面、接触频率及作用强度等。广告媒体种类繁多，并且各具特点和利弊，企业在选择广告媒体时应考虑以下因素。

1. 企业对传播信息的要求

企业对信息的传播次数、效果及达到目标顾客的最低时间限度要求不同，因此要根据各种媒体的特点，选择不同的广告媒体。如要求重播次数多，立即传送到目标顾客时，可选择广播或电视媒体。

2. 产品特性

根据产品的性质、特点等不同，要选择不同的广告媒体。比如，产品为高档消费品，如高档家具、电器和高级时装等，需选用较高读者层的媒体，或在较高层次的电视节目间插播；产品属于中、低档消费品，就应选择以大众为对象的读物作为投放媒体。再如，服装、化妆品、食品等最好选用彩印或电视广告，以突出色彩，形象生动。新产品、高新技术产品可利用邮寄广告，以便详细说明，并有目的地选择目标顾客。

3. 目标顾客特点

顾客的年龄、性别、文化程度、经济收入和社会地位等不同，接触媒体的习惯也不同，企业应选择能顺利传播到目标市场的媒体。如化妆品、妇女儿童用品，在妇女杂志或电视上做广告，效果会好些。

4. 媒体特征

媒体的传播范围、效果、选择性和声誉各不相同，因此必须根据媒体特征来选择。媒体的传播范围应与产品销售范围一致，在全国销售的产品，适宜在全国性报纸、杂志或中央广播电台、中央电视台做广告；在地区销售的产品，可选用地方报刊、广播、电视为广告媒体；目标顾客数量较少，可采用选择性强的邮寄媒体。媒体本身的效果和声誉对广告效果有直接影响。因此，应注意选用效果好、声誉高和影响力大的媒体。

5. 媒体的成本和支付能力

不同媒体的成本不同，在选用时应考虑企业广告费用支付能力，分析费用与广告效果之间的关系，选用成本低、效果好的媒体。

五、广告预算的确定

在制定企业的目标之后，就要进行广告预算。广告预算就是确定一定时期企业广告活动所将要花费的全部资金。可供企业采用的广告预算的方法主要有以下几种。

（一）量力而行法

这种方法是指企业在其他市场营销活动优先分配经费后，尚有剩余可供广告花费，这样企业就可以根据资金情况来决定广告开支，可以做到量力而行，但是这样做有本末倒置之嫌。因为企业做广告的根本目的就是要促进销售，企业在做广告预算时应关注企业要花费多少广告费才能完成销售目标，因此量力而行法具有片面性。

（二）销售额百分比法

销售额百分比法是指企业根据销售额或单位产品售价来计算和决定广告开支。

1. 销售额百分比法的优点

（1）它能将企业的销售额和广告开支综合考虑；

（2）可促使企业管理人员基于单位广告成本、产品售价和销售利润之间的关系考虑企业的经营问题；

（3）如果某行业大多数企业都按销售百分比法来预算广告开支，则有利于保持竞争的相对稳定。

2. 销售额百分比法的缺点

（1）产品生命周期的不同阶段，销售额百分比是波动的；

（2）企业先决定销售额的标准再决定广告预算的测算程序，忽视了广告能促进销售额上升的这种因果关系。

（三）目标任务法

首先确定广告目标（如销售增长率、市场占有率等），再确定达到此目标所要完成的任务，然后估计要完成这些任务所需要的费用。这种方法从促销目标任务的需要出发来决定广告费用，在逻辑程序上有较强的科学性。因此，为许多企业所采用。但这种方法也有其缺点，没有从成本的观点出发考虑广告费用。

（四）竞争参照法

企业参照竞争对手的广告开支来决定自己企业的广告开支，以保持自己的竞争优势。这种方法在实践中运用得较多，但是企业采用这种方法的前提是：首先，企业必须了解竞争对手的广告预算信息；其次，竞争者的广告预算具有一定的代表性，能够反映该行业广告费用的趋势；最后，采用这种方法能够维持竞争均衡，避免企业之间激烈的广告战。

六、广告效果评价

企业都是先设计一个广告活动，在一个和几个城市或地区展开，然后评价其效果。根据广告的效果再决定是否在全国范围铺开。广告效果的评价一般包括两方面：一方面是沟通效果评价，另一方面是销售效果评价。

（一）沟通效果评价

沟通效果评价是指广告对消费者的认知和偏好所产生影响的评价，其目的是确定广告是否正在产生有效的沟通。例如，为了了解广告的整体影响和不足之处，广告推出前，企业邀请专家和具有代表性的目标顾客对已制作的广告进行评价。广告推出后，为了了解顾客对广告的具体反应，企业可以对顾客进行抽样调查。

企业进行沟通效果评价时，一般采用以下方法：

1. 广告预先评价

广告预先评价有三种方法：

（1）直接评分法。直接评分法是指请专家和具有代表性的目标顾客对已经制作的广告进行打分，一般分别从广告吸引受众的能力、促使受众继续阅读的能力、核心信息鲜明度、诉求效能、促使购买的能力五个方面进行考察，如果分数较高说明该广告可能有效。

（2）组合测试法。组合测试法是指向被测试的目标顾客展示一组广告，展示的时间长短由被测试对象自定，然后请他们尽可能地回忆广告的内容。测试的结果可以说明一个广告的优劣程度，检查出广告内容是否好懂易记。

（3）实验测试法。实验测试法是指用仪器来测试目标顾客对广告的生理和心理反应，以此来评价广告效果。例如，可测试消费者接受广告时的心跳、脉搏、血压、瞳孔变化、汗液分泌等。通过测试，可了解广告的吸引力。需要注意的是，这种测试无法衡量消费者的信念、态度和意图等方面的效果。

2. 广告事后评价

广告事后评价一般根据广告的事前测定效果，用随机抽样的方式来进行，例如，企业如果对产品的品牌知名度、品牌理解力和明确的品牌偏好等方面事前进行了测试，那么企业可在广告活动后进行随机抽样来评价上述指标，假如企业对品牌知名度事前测试为20%，而事后进行抽样调查为30%，而企业的广告目标是提高到50%，则说明广告的沟通存在一定的问题，企业可查找原因。

（二）销售效果评价

广告的沟通效果不等于广告的销售效果，通过广告提高了品牌的知名度，不一定能提高产品的销售量，因此，越来越多的企业不再满足于广告沟通效果的衡量，而开始注重对企业广告推出后产品销售效果的评价。广告销售效果评价比沟通效果评价更难，因为影响企业产品销售额的因素很多，除广告外，还有价格、竞争、产品质量等，影响因素越多，效果越难控制，广告对销售的影响越难评价。式（1）和式（2）可作为衡量广告效果的参考。

$$广告效果 = \frac{销售量增加额}{广告费用增加额} \tag{1}$$

$$广告效果比率 = \frac{销售量增长率}{广告费用增长率} \times 100\% \tag{2}$$

✍ 探讨与应用

真香？"从不做广告"的老干妈推出魔性广告

从不做广告宣传，从不上市融资，曾经是老干妈品牌引以为傲的原则。不过，眼下的老干妈也让网友惊呼：你变了。近期，老干妈凭借一则魔性十足的广告走红网络。不仅如此，早在去年，它就曾玩过跨界，例如亮相纽约时装周、与男人装合作推出联名商品……

老干妈年轻化大幕开启？

近日，一则"拧开干妈"的广告视频在网络中流传。视频中的老干妈由一年轻女子饰演，夸张的舞蹈和音乐，配上"魔性"的台词，引起了广泛关注。不仅如此，微博上还推出了"老干妈拧瓶舞"和"南北饭圈"两个话题。"南北饭圈"话题中，老干妈代表南队发声，与另一品牌PK。记者注意到，仅"南北饭圈"这一话题，阅读量已达1.6亿人次。

中国食品产业分析师朱丹蓬则分析，老干妈公司新的管理层上台后，更加年轻化了。如何使品牌与新生代对接，如何布局未来，这些都是新的管理层要面临的问题。"从魔性广告的推出，可以看出老干妈品牌年轻化的大幕开启。"

对于老干妈等老品牌的新型营销，吴先明认为这是一种较好的尝试。因为老品牌也需要顺应企业发展的规律，适应新的消费者要求，拓展新的发展空间，谋求未来进一步做大做强。

（资料来源：东方财富网，每日经济新闻，2019-09-19，有改动。）

试分析：

1. "从不做广告"的老干妈推出魔性广告起到什么作用？

2. 怎样理解老品牌也需要顺应企业发展的规律，适应新的消费者要求？

第三节　人员推销

一、人员推销的含义及特点

（一）人员推销的含义

人员推销是指企业运用推销人员直接向顾客推销产品和劳务的一种促销活动。根据美国市场营销学会的定义，推销是指企业通过派出销售人员与一个或一个以上可能成为购买者的人交谈，做口头陈述，以促进和扩大销售。在人员推销活动中，推销人员、推销对象和推销品是三个基本要素，前两者是推销活动的主体，后者是推销活动的客体。通过推销人员与推销对象之间的接触、洽谈，让推销对象购买推销品，达成交易，实现既销售商品又满足顾客需求的目的。

（二）人员推销的特点

与广告相比，人员推销有以下三个特点。

1. 面对面洽谈

人员推销一般是两个人或几个人之间建立的一种生动的、活跃的相互关系，每一方能观察到对方的态度，并随时调整自己的态度。一个成功的推销员所做的第一件事就是先把自己推销出去，不仅是他的学识、仪表谈吐，更重要的是让对方增加对他的好感和信任，这样才能获得购买和重复购买的机会。

2. 培养关系

人员推销可以促进买卖双方从纯粹的买卖关系发展到建立深厚的友谊关系。主要体现在推销员的"服务化"特点上。在销售过程中，一个商品是否能卖出去，服务态度起相当关键的作用。另一个关键作用在于使商品个性化的能力。在推销商品时，不是推销商品本身，而是推销商品的功能，也可以说在推销商品的使用价值观念，因为商品是死的，必须经过推销人员把它人性化后加以说明、介绍，别人才能了解。这里面的灵活性很大，通常买卖一个商品，只是一种手段，真正满足顾客的需要才是他的目的。所以，如何通过商品本身唤起并满足顾客的需求，是一个推销人员的能力表现。一个一般的专业推销人员和一个很成功的专业推销人员的最大差异，就在于他对商品价值观念的掌握和说明。在推销行为中最重要的是人，当推销人员提供优良的服务，耐心细致地将商品介绍给顾客时，二者之间的关系融洽了，为可能的销售铺平了道路。

3. 人员推销的"顾问化"

推销人员应了解购买者的心理特点。比如当你想购买一台电视机时，你非常需要别人给你做顾问式的服务，诸如哪个牌子质量好、尺寸大小、屏幕材质、清晰度如何、耗电量多少等。顾客有了了解，才能作出选择。在知识不断更新、社会不断进步的环境里，一个人对其他行业不可能了解得非常清楚，任何行业都需要专业人员顾问式的服务。人员推销往往是一种费用较高的促销方式。

二、人员推销的基本形式

（一）上门推销

上门推销是最常见的人员推销形式。它是由推销人员携带产品样品、说明书和订单等走访顾客，推销产品。这种推销形式可以针对顾客的需要提供有效的服务，方便顾客，故为顾客广泛认可和接受。

（二）柜台推销

柜台推销是指企业在适当地点设置固定门市，由营业员接待进入门市的顾客，推销产品。门市的营业员是广义的推销员。柜台推销与上门推销正好相反，它是等客上门式的推销方式。由于门市里的产品种类齐全，能满足顾客多方面的购买要求，为顾客提供较多的购买方便，并且可以保证产品完好无损，故顾客比较乐于接受这种方式。

（三）会议推销

会议推销是指利用各种会议向与会人员宣传和介绍产品，开展推销活动。比如，在订货会、交易会、展览会、物资交流会等会议上推销产品。这种推销形式接触面广、推销集中，可以同时向多个推销对象推销产品，成交额较大，推销效果较好。

三、人员推销的基本步骤

根据应用较为广泛的"程序化推销"理论，可以把推销的程序分成以下七个步骤（如图 11-1 所示）。

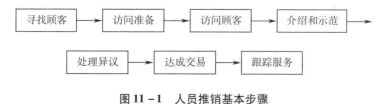

图 11-1　人员推销基本步骤

（一）寻找顾客

推销过程的第一步是挖掘和选择潜在顾客，这是最基础的一步，因为准确地选择潜在顾客对于成功推销是很关键的。推销人员可以请求现有顾客提供潜在客户名单；可以建立来源信息网，比如供应商、经销商、非竞争者的销售人员及银行；可以加入潜在客户所属的组织；可以在报纸或工商指南上寻找顾客名单，并利用电话等来追踪线索；也可以进行突然拜访。发掘到潜在顾客后，还要进行选择，通过查看潜在顾客的财力、营业额、需求情况、所在位置等确定潜在顾客是否合格。

（二）访问准备

推销人员在访问顾客之前必须做好充分的访问准备工作。要尽可能多地了解顾客的情况，如可能的采购量、决策者是谁、采购习惯等。准备工作还包括推销人员的心理准备、确定介绍方法、选择接触方法（登门拜访、打电话等）、制订推销访问计划以及准备携带的物品等。

（三）访问顾客

推销人员应该知道初次与客户交往时如何会见和向客户问候，使双方的关系有一个良好的开端，这包括推销人员仪表、开场白和随后谈论的内容。在交谈过程中应更关注客户的心理，善于启发、引导和激发买主的好奇心和注意。

（四）介绍和示范

这一阶段除了对产品进行实际推销介绍外，还包括产品的展示。在这一过程中，推销人员应指出产品的特点，以及它们如何优于竞争者的产品，有时甚至也可指出本产品的某些不足或可能出现的问题及如何减免或防范。在展示产品时，推销人员还可以请顾客亲自演练使用展示品。在这种产品的展示和试用中，必须把重点放在推销介绍时所指出的产品的独特卖点上。

（五）处理异议

顾客在整个购买过程中必然会提出问题和不同的看法与意见，它对成交会造成障碍。此时，推销人员必须采取积极的态度，设法找出问题的根源，并有针对性地解决处理，从而促成交易。这一过程对销售人员提出了新的要求，即接受各种应付拒绝技巧的培训。

（六）达成交易

推销人员必须懂得如何从顾客那里发现可以达成交易的信号，包括顾客的动作、语言、评论和提出的问题。达成交易有几种方法，推销人员可以要求顾客订货，重新强调一下协议的要点，帮助填写订单，询问顾客是要产品 A 还是产品 B，让顾客对颜色、尺寸等次要内容进行选择，或者告诉顾客如果现在不订货将会遭到什么损失。推销人员也可以给予购买者以特定的成交劝诱，如特价、免费赠送额外数量，或是赠送一件礼物。

线上导学：
消费者异议来源

（七）跟踪服务

如果推销人员想确保顾客感到满意并能继续订购，这最后一步是必不可少的。交易达成之后，销售人员就要立刻将一切必要的细节处理妥当，同时安排追踪访问，以确保所有的安装、指导与服务都准确无误，并及时发现各种问题。

四、人员推销的策略与技巧

（一）人员推销策略

1. 试探性策略

试探性策略是指在不了解客户需要的情况下，事先准备好要说的话，对客户进行试探。同时密切注意对方的反应，然后根据反应进行说明或宣传。

线上导学：
营销沟通 123

2. 针对性策略

针对性策略的特点是事先基本了解客户的某些方面的需要，然后有针对性地进行"说服"，当讲到"点子"上引起客户共鸣时，就有可能促成交易。

3. 诱导性策略

诱导性策略是一种创造性推销，即首先设法引起客户需要，再说明所推销的这种产品能较好地满足需要。这种策略要求推销人员有较高的推销技术，在"不知不觉"中成交。

（二）人员推销技巧

1. 上门推销技巧

（1）找好上门对象。可以通过商业性资料手册或公共广告媒体寻找重要线索，也可以到商业网点寻找客户名称、地址、电话、产品和商标。

（2）做好上门推销前的准备工作，尤其要对产品、服务的内容材料要十分熟悉，充分了解并牢记，以便推销时有问必答；同时对客户的基本情况和要求应有一定的了解。

（3）掌握"开门"的方法，即要选好上门时间，以免吃"闭门羹"，可以采用电话、传真、电子邮件等手段事先交谈或传送文字资料给对方并预约面谈的时间、地点。也可以采用请熟人引见、名片开道、与对方有关人员交朋友等策略，赢得客户的欢迎。

（4）把握适当的成交时机。应善于体察顾客的情绪，在给客户留下好感和信任时，抓住时机发起"进攻"，争取签约成交。

（5）学会推销的谈话艺术。

2. 洽谈艺术

推销人员与顾客洽谈时首先注意自己的仪表和服饰打扮，给客户一个良好的印象；同时，言行举止要文明、懂礼貌、有修养，做到稳重而不呆板、活泼而不轻浮、谦逊而不自卑、直率而不鲁莽、敏捷而不冒失。在开始洽谈时，推销人员应巧妙地把谈话转入正题，做到自然、轻松、适时。可采取以关心、赞誉、请教、炫耀、探讨等方式入题，顺利地提出洽谈的内容，以引起客户的注意和兴趣。在洽谈过程中，推销人员应谦虚谨言，注意让客户多说话，认真倾听，表示关注与兴趣，并作出积极的反应。遇到障碍时，要细心分析，耐心说服，排除疑虑，争取推销成功。在交谈中，语言要客观、全面，既要说明优点所在，也要如实反映缺点，切忌高谈阔论、"王婆卖瓜"，让客户反感或不信任。洽谈成功后，推销人员切忌匆忙离去，这样做会让对方误以为上当受骗了，从而使客户反悔违约。应该用友好的态度和巧妙的方法祝贺客户做了笔好生意，并指导对方做好合约中的重要细节和其他一些注意事项。

3. 排除推销障碍的技巧

（1）排除客户异议障碍。若发现客户欲言又止，推销员应主动少说话，直截了当地请对方充分发表意见，以自由问答的方式真诚地与客户交换意见。对于一时难以纠正的偏见，可将话题转移。对恶意的反对意见，可以"装聋扮哑"。

线上导学：
异议处理对策

（2）排除价格障碍。当客户认为价格偏高时，应充分介绍和展示产品、服务的特色和价值，使客户感到"一分钱一分货"；对低价的看法，应介绍定价低的原因，让客户感到物美价廉。

（3）排除习惯障碍。实事求是地介绍客户不熟悉的产品或服务，并将其与他们已熟悉的产品或服务相比较，让客户乐于接受新的消费观念。

五、推销人员管理

（一）推销人员的选择

推销人员的素质高低，对于打开市场局面，做好产品销售工作，有着十分重要的作用。一般推销人员应具备如下基本素质：

（1）关心他人，乐于帮助他人解决困难。这样才能赢得他人的信任和好感，为自己的推销工作铺平道路。

（2）健全的心智，整齐的仪表，良好的习惯，亲切的微笑，弹性的工作能力，热情和正直的品格。健全的心智是指推销人员不仅要用很高的智慧去工作，而且还要有一颗温暖的心。亲切的微笑是说推销人员不应该板着脸去工作，要让顾客看到笑脸。弹性的工作能力是指推销人员不能太固执，处理不同意见时，要留有回旋的余地。

（3）经常自我激励，使自己的情绪永远保持在一个比较高的境界，这种自我激励包括两个方面：一是知识上的自我激励。要经常不断地学习，知识在不断地变化，人要进步也必须不断地摄取新的知识。二是情绪上的自我激励。要做情绪的主人，失败的时候能够重振旗鼓，不怕失败和挫折。

推销人员的选择，除了考察上述基本素质，还要符合不同行业对专业知识、文化程度的不同要求。

（二）推销人员的培训

培训推销人员的方法很多，常被采用的方法有三种：一是课堂讲授，由专家、教授和有丰富推销经验的优秀推销员来讲授基础理论和专业知识，介绍推销方法和技巧；二是模拟培训，由受训人员扮演推销人员，向由专家、教授或有经验的优秀推销员扮演的顾客推销；三是实践培训，通过有经验的推销人员帮助受训人员逐渐熟悉业务。

在培训推销人员的过程中如何应对竞争对手，也成为销售人员必须掌握的一门艺术和技术。在应对竞争对手的问题上，应根据具体情形不同采用以下策略：

（1）避免对竞争产品非议。直接贬低竞争对手产品或指出本企业优于竞争对手的有利之处，如果没有充分的事实依据，会让顾客对你的职业道德产生疑问，有可能转向竞争对手一边。

（2）要通过仔细研究、对比来找出本企业产品优于竞争对手之处，特别是与行业领袖的同类产品比较。将比较的各种特性一一列出来，实事求是地找出自己产品的优点，在向顾客介绍时，主要强调自己产品占优势的那些特点，以吸引感兴趣的顾客。

（三）推销人员的激励

企业中的任何人员都需要激励，推销人员也不例外。企业必须建立激励制度来促使推销人员努力工作。

1. 销售定额

企业的通常做法是订立销售定额，即规定推销人员在一年内应销售产品的数量，并将推销人员的报酬与定额完成情况挂钩。

2. 推销人员的报酬

认真贯彻按劳付酬原则，建立合理的报酬制度，对于调动推销人员的积极性，提高推销效率，扩大产品销售有着重要作用；反之，若报酬制度不合理，则可能挫伤推销人员的积极性。推销人员的报酬应因人而异，多劳多得，对于真正优秀的、推销业绩卓著的推销人员，应实行重奖。报酬形式可采取工资制、佣金制或者两者相结合的制度。

（四）推销人员的评估

为了对推销人员进行有效的管理同时也作为分配报酬的依据，一般认为的销售额是考量推销人员的主要或唯一依据是错误和片面的。在实际工作中，要建立一套对推销人员工作业绩科学的评估、考核制度，具体评估需从以下三个方面进行。

1. 收集评估资料

具体的评估资料应该包括其销售报告、访问报告、费用报告，也可以参考领导的观察、顾客的评价以及同事的意见等。

2. 建立有效评估标准

评估标准应能反映推销人员的销售绩效，其主要指标有销售量及增长率、毛利、每天访问次数、访问成功率、平均订单数、销售费用与费用率、新顾客的增长数及失去的顾客数等。

3. 选择评估方法

第一种评估方法是将所有销售人员的销售绩效加以比较，并评定等级。但这种比较存在一定的弊端，因为不同区域的市场潜力、工作负荷、竞争水平、公司促销效果和其他因素各不相同，销售人员的绩效必然存在差异。销售额往往不是最佳指标。第二种评估方法是把销售人员目前的绩效同过去的绩效相比较。这种方式有利于衡量推销人员工作的改善状况。

✍ 探讨与应用

各大银行绞尽脑汁编文案花式推销ETC

"现在ETC设备很抢手，全国都在抢设备，缺货严重，抢了5台，免费安装，上门

261

服务。""不需要考虑装不装，而是该考虑今年免费装还是明年花钱装。"作为银行工作人员的亲属，长沙市民林媛的朋友圈被银行 ETC 办理业务推广文案刷了屏。

相信每个人的朋友圈里，或多或少都能看到这样的来自银行工作者的"深情呼唤"，总结起来就是一句话："快来我这里办 ETC"。各家银行为争取更多客户上门办理，也推出了各种各样的优惠：送油卡、免费洗车、积分兑换等。到底去哪家办？很多人说，光是比较各家银行的优惠都看花了眼。

市民求装 ETC 的人太多，家里车不够用

长沙市民贺先生家有三台车，最近都装上了 ETC，说起这个事，他觉得既好笑又无奈。

我老婆原来在银行工作，所以很多朋友都是银行的，自从各家银行开始推广办理 ETC 之后，朋友圈就成了各家银行"秀优惠的舞台"。贺先生说，朋友们的文案一个比一个精彩。而且，不同的银行优惠还不一样，有的可以加油优惠、免费看电影、洗车等，有的在指定时间内可享受高速通行费七五折。可以说，各家银行都亮出了自己的"撒手锏"。

贺先生说，他和老婆各一台车，在中国邮政储蓄银行办理了两个 ETC，后来还有一个农商银行的朋友也来求助。"都是关系特别好的朋友，我想着办理了确实可以方便出行，还能享受高速优惠，就把我爸的车也装了一个 ETC"。贺先生说，父亲的车平时开得少，反正现在可以免费办理，办了等于帮朋友。"如果还有银行的朋友来求助，我就真没办法了，家里的车都不够用了。"他说。

市民林媛的表妹也在银行工作，她隔三差五就能在表妹的朋友圈里了解到 ETC 的办理情况。林媛说，表妹和她的同事们，每个人都有安装指标，在三个月内要完成 280 个 ETC 的安装任务，为了完成任务，每个人各显神通。

银行为抢占收费站，有人忙得中暑

每天要在朋友圈精心编写（文案），希望将安装 ETC 的重要性和可以享受到的优惠完整告诉更多的人。林媛的表妹说，现在安装确实是最优惠的，除了免费上门安装之外，还有相关的优惠政策。

她说，她有一个同事特别厉害，天天出去扫街，询问车主是不是要安装 ETC，一个月就完成了全部的任务。为了办理 ETC，他们还在高速公路的收费站出入口搭棚子，向过往的车辆宣传、办理 ETC。虽然一天能办理四五十个，但是因为天气太热，有的人还中暑了。因为那个位置车流量大，办理效果好，后来其他银行也纷纷来站台。

"城区里的车安装完了，就去发展镇上的车辆，再往后就得下乡了。"林媛的表妹说。

截至 2019 年 8 月 28 日，全省高速公路 ETC 总用户为 383.92 万户。其中，2019 年新增 116.8 万户，8 月新增 61.47 万户，单日最高发行量 3.31 万户。今年剩余的 ETC 发行任务为 272.84 万个，每天需发行 2.18 万个。此外，记者从湖南省深化收费公路制度改革取消高速公路省界收费站通气会上获悉，截至 8 月 28 日，全省高速公路 ETC 门架

系统建设已开工 862 套。

（资料来源：http：//www.myzaker.com/article/5d686fb71bc8e0890f000018，有改动。）

试分析：

1. 各大银行绞尽脑汁编文案花式推销 ETC 的目的是什么？

2. 案例中的推销方式是否妥当？你有什么好的建议？

第四节　营业推广

一、营业推广的含义及作用

（一）营业推广的含义

营业推广被誉为现代营销的开路先锋，亦称销售促进或特种推销，是指除人员推销、广告和公共关系宣传之外能有效地刺激顾客购买、提高交易效率的种种促销活动。营业推广的范围较广，包括陈列、展示和展览会、示范表演和演出以及种种非常规的、非经常性的推销活动。一般用于暂时的和额外的促销活动，是人员推销和广告的一种补充。

（二）营业推广的作用

1. 可以吸引消费者购买

这是营业推广的首要目的，尤其是在推出新产品或吸引新顾客方面，由于营业推广的刺激比较强，较易吸引顾客的注意力，使顾客在了解产品的基础上采取购买行为，也可能使顾客追求某些方面的优惠而使用产品。

2. 可以奖励品牌忠实者

因为营业推广的很多手段，比如销售奖励、赠券等通常都附带价格上的让步，其直接受惠者大多是经常使用本品牌产品的顾客，从而使他们更乐于购买和使用本企业产品，以巩固企业的市场占有率。

3. 可以实现企业营销目标

这是企业的最终目的。营业推广实际上是企业让利于购买者，它可以使广告宣传的效果得到有力的增强，破坏消费者对其他企业产品的品牌忠实度，从而达到扩大本企业产品销售的目的。

二、营业推广的方式

营业推广的方式多种多样，企业应根据市场类型、顾客心理、销售目标、产品特点、竞争环境以及各种营业推广的费用和效率等因素进行选择。

（一）针对消费者的营业推广

这种方式可以鼓励老顾客继续购买、使用本企业产品，促进新顾客使用本企业产品，引导顾客改变购买习惯，培养顾客对本企业的偏爱行为等。其方法主要有以下几种：

1. 赠品促销

向消费者免费赠送样品，样品可以挨户赠送，在商店或闹市区散发，在其他商品中附送，也可以公开广告赠送，但费用较高，对高价值商品不宜采用。

2. 赠品印花

顾客在购买产品时，商店送给一定张数的交易印花，待凑足若干张后即可兑换某一件产品。

3. 优惠券

持有者在购买本企业产品时免付一部分货款。这种形式有利于刺激消费者使用老产品，也可以鼓励消费者认购新产品。

4. 付现金折款（或称退款）

此种形式同优惠券的差别是减价发生在购买之后，顾客可把指定的"购物证明"寄给企业，由企业"退还"部分购货款。

5. 包装兑现

即采用商品包装来兑换现金。如收集到若干个某种饮料瓶盖，可兑换一定数量的现金或实物，借以鼓励消费者购买该种饮料。

6. 有奖销售

企业在销售某种产品时设立若干奖励并印有奖券，规定购买数量，顾客购买达到数量后可获奖券。

7. 展览

通过举办展览会、展销会等形式，进行现场表演和示范操作以招揽顾客。

（二）向中间商推广的方式

向中间商推广，其目的是为了促使中间商积极经销本企业产品。其方式主要有以下几种：

1. 批发折扣

企业为争取批发商或零售商多购进自己的产品，在某一时期内可给予购买一定数量本企业产品的批发商以一定的折扣。购买数量越大，折扣越多。折扣可以直接支付，也可以在付款金额中扣除，还可以赠送商品作为折扣。

2. 资助

资助是指生产者为中间商提供陈列商品、支付部分广告费用和部分运费等补贴或津贴。

3. 销售竞赛

对经销本企业产品有突出成绩的中间商给予奖励。根据各个中间商销售本企业产品的实绩，分别给优胜者以不同的奖励，如现金奖、实物奖、免费旅游、度假奖等。

（三）对推销人员营业推广的形式

对推销人员营业推广最为有效的方式是销售提成；此外，还可以进行销售竞赛，对于销售能手在给予物质奖励的同时，予以精神奖励；为推销人员提供较多培训学习的机会，为其进一步发展奠定基础。

十二种不正当促销行为

1. 提供商品和服务违背公开、公平、自愿、诚实信用原则；
2. 不明码标价或在标价外加价出售商品；
3. 标价内容不如实填写或填写不规范和不完整；
4. 促销活动内容公布后随意变更、终止或任意解释；
5. 降价、折扣、返券、赠物促销活动所依据的标价不一致；
6. 以降价方式销售商品而不如实标示降价原因；
7. 以折扣方式销售商品而不如实标示商品具体折扣幅度；
8. 以返券方式销售商品而不如实标示返券商品范围；
9. 以赠物方式销售假冒伪劣商品；
10. 以积分返利方式销售商品而不如实标示积分办法；
11. 以抽奖方式销售商品而不如实标示抽奖办法；
12. 使用最低价、特价等价格术语无特定含义，价格无依据或者无从比较。

三、制定营业推广计划的步骤

（一）确定营业推广的目标

营销推广目标按照不同的对象可分为三类：

1. 针对消费者的营业推广目标

主要是刺激消费者购买，与其他促销手段配合提高整体购买量。

2. 针对中间商的营业推广目标

主要是取得经销商的合作，为企业经销产品，并使它们对企业及企业产品忠诚。

3. 针对推销人员的营业推广目标

主要是鼓励推销人员多推销商品，刺激他们寻找更多的顾客。

（二）选择营业推广方式

营业推广的方式有很多，企业在选择时，应考虑企业营销目标、市场竞争状况、推销方式的成本与效益以及推销时间等。

（三）制定营业推广方案

制定营业推广方案要考虑营业推广的规模、推广的途径、推广的主题、明确参与推广活动的对象、持续时间、选择推广的时机以及推广经费预算等。

（四）测试方案的促销效果

首先要在执行方案前进行试点效果测试，以此确定鼓励规模是否最佳、推广形式是否合适、途径是否有效，试点成功后再组织全面实施营业推广方案。在执行过程中，要实施有效的控制，及时反馈信息，如发现问题，要采取必要措施，调整和修改原方案。

（五）评估营业推广效果

最常用的方法是比较推广前、推广中、推广后的销售额数据，以评估其效果大小，总结经验教训，不断提高营业推广的促销效率。

✍ 探讨与应用

2018，耐克的营销创变战

2018 年是体育圣年，世界杯、冬奥会、亚运会等大型体育赛事接连举办。这不仅是一场体育界的狂欢，更是体育品牌的盛典。各大体育赛事冠名、各个运动员赞助等都将为体育品牌带来新的发展机遇。

作为世界上最大的运动品牌的耐克成为营销圈的焦点，30 岁的耐克被公认为是今年市场营销界的"最有价值球员"。

从运动品牌最新的 2018 年第三季度、第四季度业绩表现来看，运动服饰市场似乎正处于一个上升发展的阶段，且上升势头越来越明显。不同规模的运动品牌，似乎正采用不同的发展策略来进一步扩张自己的版图。

2019 年国际篮联篮球世界杯比赛已经拉开序幕，这届世界杯将于 8 月 31 日至 9 月 15 日在中国 8 座城市举行。作为东道主，中国男篮小组赛三场比赛将全部在北京进行，这是自 2008 年北京奥运会之后，中国男篮时隔 11 年再次在家门口征战国际大赛。作为中国国家队的赞助商，耐克也于此时发力，为中国男篮助威。

媒介 360 观点：

1. 世界杯已经拉开序幕，耐克助力中国男篮契合热点；

2. 耐克此次活动契合品牌理念，有利于品牌精神传播。

品牌：耐克

案例时间：8 月 30 日

媒体传播：微博、微信、全网

案例背景：

8 月 8 日，耐克集团以助力中国男篮为名义，举行一场 2019 年篮球创新峰会。耐克在现场公布中国男篮世界杯队服，战袍以"火箭升空"为灵感来源，采用回收聚酯制成，每件球衣使用约 20 个回收的塑料瓶。与此同时，耐克为男篮国手带来 Nike Alpha-dunk 新鞋款，作为世界杯专用比赛鞋。

营销挑战：

1. 广告有局限性，对于非目标群体传播效果受限；

2. 传播效果乏力，品牌不够深入人群。

营销创意亮点

1. 结合热门赛事进行产品营销，有利于提高传播声量；

2. 以"燃"为传播点，有广大的感召力。

执行过程：

1. 8 月 30 日官方微博发布视频，以"出手即证明"为传播话题；

2. 对事件进行实时播报，扩大传播效果。

此次耐克广告转发量突破 23 万次，微博、微信上都有大量转发传播，线上线下都受到了大量的关注。

近日，耐克又通过一系列京味十足的影片的发布，正式上线 JUSTDOIT 系列消费者体验活动——"甭信我，服我"，激励整个城市开启运动的热潮。影片共有六支，"京腔""直爽""幽默"等北京特色贯穿其中。此外，还启动了耐克北京 99 球衣争霸赛，根据中国 11 种神兽定制了 99 件球衣，消费者可自行报名参赛争霸"北京篮球最强 99人"。

此次耐克最新的京片广告中穿插着地道的北京特色，十分接地气。一系列影片与 Nike 的核心精神一脉相承，不禁让人产生共鸣之感。

（资料来源：http：//www.chinamedia360.com/media＿web/case/info/3/1794。）

试分析：

1. 耐克的体育赞助对企业经营有哪些影响？
2. 评价耐克两次营业推广事件的效果。

第五节　公共关系

一、公共关系的概念及作用

（一）公共关系的概念

公共关系（Public Relation）是指某一组织为改善与社会公众的关系，促进公众对组织的认识、理解及支持，达到树立良好组织形象、促进商品销售的目的的一系列公共活动。它本意是社会组织、集体或个人必须与其周围的各种内部、外部公众建立良好的关系。它是一种状态，任何一个企业或个人都处于某种公共关系状态之中。它又是一种活动，当一个工商企业或个人有意识地、自觉地采取措施去改善和维持自己的公共关系状态时，就是在从事公共关系活动。作为公共关系主体长期发展战略组合的一部分，公共关系的含义是指这种管理职能：评估社会公众的态度，确认与公众利益相符合的个人或组织的政策与程序，拟定并执行各种行动方案，提高主体的知名度和美誉度，改善形象，争取相关公众的理解与接受。

（二）公共关系的作用

企业作为社会组织的重要组成部分，它的公共关系好坏，直接影响企业在公众心目中的形象，影响企业市场营销目标的实现。从市场营销角度来讲，公共关系有以下作用：

1. 直接促销

企业公共关系可在新闻传播媒介中获得不付费的报道版面或播放时间，实现企业特定的促销目标。

2. 间接促销

企业在把社会利益和公众利益放在第一位，在不断提高产品质量和服务质量的前提下，通过有计划的、持续不断的传播和沟通、交往与协调、咨询与引导等公共关系的职能活动，就会不断提高信誉和知名度，不断塑造优良的企业形象和产品形象，赢得公众理解和信任。企业生产的产品形象好、信誉高，必然会提高吸引力和竞争力，就能间接地促进产品销售。

3. 发挥有效管理的职能

企业的公共关系能与内部公众和外部公众进行双向信息沟通，协调好企业与内部和外部公众的关系，能防止和缓和企业与内外公众之间的各种矛盾，真正取得谅解、协作和支持，达到"内求团结、外求发展"的目的。

二、公共关系的活动方式

公共关系的活动方式是指以一定的公关目标和任务为核心，将若干种公关媒介与方法有机地结合起来，形成一套具有特定公关职能的工作方法系统。按照公共关系的功能不同，公共关系的活动方式可分为以下六种。

（一）宣传性公关

宣传性公关是指运用报纸、杂志、广播、电视等各种传播媒介，采用撰写新闻稿、演讲稿、报告等形式，向社会各界传播企业有关信息，以形成有利的社会舆论，创造良好氛围的活动。

✍ **探讨与应用**

联合碳化钙公司的宣传性公关

美国联合碳化钙公司一幢高达52层的总部大楼竣工后，正在为找不到合适的宣传办法而发愁时，大楼里发生了一件"怪事"：一大群鸽子飞进了这幢新大楼的一个房间里，鸽子粪、羽毛把房间搞得很脏。公司的公关顾问得知此事后，立即产生了灵感，下令关闭所有门窗，不让一只鸽子飞走。然后，打电话通知"动物保护委员会"。请该会迅速派人前来协助处理这件有关保护动物的"大事"。动物保护委员会派人带着网兜前来捕捉。同时，公关人员又通知新闻机构：在联合碳化钙公司总部大楼将发生一件有趣而又有意义的捕捉鸽子"事件"。新闻界被惊动了，纷纷派记者进行现场采访和报道。从捕捉第一只鸽子起，到最后一只鸽子落网，前后共花了三天时间。在这三天中，各新闻媒介对捕捉鸽子的行动进行了连续报道，结果，联合碳化钙公司总部大楼名声大振。

（资料来源：中国营销传播网。）

（二）征询性公关

这种公关方式主要是通过开办各种咨询业务、问卷调查、进行民意测验、设立热线电话、聘请兼职信息人员、举办信息交流会等形式，连续不断地努力，逐步形成效果良好的信息网络，再将获取的信息进行分析研究，为经营管理决策提供依据，为社会公众服务。

（三）交际性公关

交际性公关通过语言、文字的沟通，为企业广结良缘，巩固传播效果。可采用宴会、座谈会、招待会、谈判、专访、慰问、电话、信函等形式。

（四）服务性公关

服务性公关是指通过各种实惠性服务，以行动去获取公众的了解、信任和好评，以实现既有利于促销又有利于树立和维护企业形象与声誉的活动。

（五）社会性公关

社会性公关是指通过赞助文化、教育、体育、卫生等事业，支持社区福利事业，参与国家、社区重大社会活动等形式来塑造企业的社会形象，提高企业的社会知名度和美誉度的活动。

（六）危机公关

危机公关是指企业管理不善或者外界特殊事件对企业或品牌造成的不良影响，会令企业的美誉度大大降低，企业针对危机采取的一系列自救行动，包括消除影响、恢复形象等。

✍ 探讨与应用

从奔驰事件，看企业如何进行危机公关

2019 年 4 月 11 日，一位女车主坐在奔驰汽车引擎盖上哭诉维权的视频引起广泛关注，把西安利之星奔驰 4S 店以及奔驰品牌推向舆论的风口浪尖。奔驰中国官方最初应该完全没想到一个地方 4S 店遭遇维权纠纷，竟然会让整个品牌声誉和形象在中国陷入一场空前的危机。

危机公关绝不是一句简单的"对不起"。面对负面消息，无论企业还是个人应该严格遵循以下几个原则：

一、速度第一原则

好事不出门，坏事行千里。在危机出现的最初 12～24 小时内，消息会像病毒一样，以裂变方式高速传播。而这时候，可靠的消息往往不多，社会上充斥着谣言和猜测。公司的一举一动将是外界评判公司如何处理这次危机的主要根据。媒体、公众及政府都密切注视公司发出的第一份声明。对于公司在处理危机方面的做法和立场，舆论赞成与否往往都会立刻见于传媒报道。

因此公司必须当机立断、快速反应、果决行动，与媒体和公众进行沟通。从而迅速控制事态，否则会扩大突发危机的范围，甚至可能失去对全局的控制。危机发生后，能否首先控制住事态，使其不扩大、不升级、不蔓延，是处理危机的关键。

二、真诚沟通原则

企业处于危机漩涡中时，是公众和媒介的焦点。企业的一举一动都将接受质疑，因此千万不要有侥幸心理，企图蒙混过关。而应该主动与新闻媒介联系，尽快与公众沟通，说明事情真相，促使双方互相理解，消除疑虑与不安。

真诚沟通是处理危机的基本原则之一。这里的真诚指"三诚"，即诚意、诚恳、诚实。如果做到了这"三诚"，则一切问题都可迎刃而解。

三、承担责任原则

危机发生后，公众会关心两个方面的问题：一方面是利益的问题，利益是公众关注的焦点，因此无论谁是谁非，企业应该承担责任。即使受害者在事故发生中有一定责任，企业也不应首先追究其责任，否则会各执己见，加深矛盾，引起公众的反感，不利于问题的解决。另一方面是感情问题，公众很在意企业是否在意自己的感受，因此企业

应该站在受害者的立场上表示同情和安慰，并通过新闻媒介向公众致歉，解决深层次的心理、情感关系问题，从而赢得公众的理解和信任。

实际上，公众和媒体往往在心目中已经有了一杆秤，对企业有了心理上的预期，即企业应该怎样处理，我才会感到满意。因此企业绝对不能选择对抗，态度至关重要。

（资料来源：http://www.hc79.com/newsdetail/543。）

试分析：

1. 奔驰汽车在处理这次危机事件中有何不妥之处？
2. 危机的及时处理对消除负面影响有什么作用？

☆ 同步测试

◇ 单项选择题

1. 人员推销区别于其他促销手段的重要标志是（　　）。

A. 寻找开拓　　　　B. 双向沟通　　　　C. 方式灵活　　　　D. 提供服务

2. 不同广告媒体所需成本是有差别的，其中最昂贵的是（　　）。

A. 报纸　　　　　　B. 电视　　　　　　C. 广播　　　　　　D. 杂志

3. （　　）一直是生产者市场营销的主要促销工具。

A. 广告　　　　　　B. 公共关系　　　　C. 人员推销　　　　D. 营业推广

4. 营业推广是一种（　　）的促销方式。

A. 常规性　　　　　B. 辅助性　　　　　C. 经常性　　　　　D. 连续性

5. 公共关系是一项（　　）的促销方式。

A. 一次性　　　　　B. 偶然　　　　　　C. 短期　　　　　　D. 长期

6. 下列因素中，不属于人员推销基本要素的是（　　）。

A. 推销员　　　　　B. 推销品　　　　　C. 推销对象　　　　D. 推销条件

◇ 多项选择题

1. 促销作为促成商品交易的经济活动，必须包括（　　）。

A. 公共关系　　　　B. 营业推广　　　　C. 促销主体　　　　D. 载体

E. 促销对象

2. 以下属于公共关系的活动有（　　）。

A. 展销　　　　　　B. 赞助事件　　　　C. 降价销售　　　　D. 公益活动

E. 在电视台播放介绍企业的节目

3. 人员推销的基本形式包括（　　）。

A. 上门推销　　　　B. 柜台推销　　　　C. 会议推销　　　　D. 洽谈推销

E. 约见推销

4. 下列因素属于促销组合的有（　　）。

A. 产品质量　　　　B. 营业推广　　　　C. 广告　　　　　　D. 公共关系

E. 人员推销

5. 四大广告媒体是指（　　　）。

A. 广播　　　　　　　B. 杂志　　　　　　　C. 报纸　　　　　　　D. 电视

E. 霓虹灯

◇**判断题**

1. 宣传性公关公益性强，影响力大。 （　　　）

2. 营业推广是一种经常的、无规则的促销活动。 （　　　）

3. 促销的作用在于传递信息、提供情报。 （　　　）

4. 无论促销目标是否相同，促销组合都应相同。 （　　　）

5. 双向的信息沟通是人员推销区别于其他促销手段的重要标志。 （　　　）

◇**简答题**

1. 广告的作用是什么？

2. 营业推广最重要的特点是什么？

3. 公共关系的作用体现在哪些方面？

4. 简述促销组合及其影响因素。

☆ 创业营销技能实训项目

设计一个上门推销情景剧

［训练目标］通过情景剧来展现利用营销理论开展推销实践。

［训练组织］学生每2人分为一组，进行情景模拟。

［创业思考］你首次拜访客户，如何进行自我介绍？

［训练提示］教师提出活动前准备及注意事项，同时随队指导。

［训练成果］各组汇报，教师讲评。

☆ 案例分析

春节营销

如果说生活需要调味品，那么到了春节怕是需要"重麻重辣加香菜"，不然总感到新年愈加乏味。加之七大姑八大姨的嘘寒问暖，不得不让人思考怎样才是春节的正确打开方式？如何过年才能找回年味？春节这一特定时节往往会成为人们情感的催化剂，而品牌主们也最爱抓住每年的这个时机，上演年度情感大戏。年味儿究竟从何而来？我们可以从各大品牌的春节广告中找到一些答案。

春节营销，这些品牌成领跑担当

百事，一罐可乐引发的奇妙穿越

每一年，百事都会以一支新年广告力图唤醒国民的情感记忆，而《把乐带回家》系列微电影经历数年，已经成功升级为百事的春节内容IP。今年的《把乐带回家》以霹雳舞贯穿起大众的情感记忆点，讲述父子两代人关于爱和梦想的故事。从最初的儿子与父母之间的相互不理解，再到儿子"穿越"后见证父母年轻时代梦想，两代人最终达成和解。广告最后更是以一个Happy Ending的现代歌舞剧形式，欢乐诠释百事"把乐带回家"的品牌精神。

爱彼迎，致"爱上不回家"的你

什么是家？有家人的地方就是家。在充满浓浓团圆气息的春节档，爱彼迎则另辟蹊径，上线了号召年轻人"不回家过年"的广告。庆祝新年的方式可以有很多种，陪伴爸妈的方式也可以有很多种。"爱彼迎"用一系列游记风的广告，替当下的年轻人发声："今年，过我的新年"，换一种新年打开方式，带着爸妈去旅行，去见识这个精彩的万千世界。品牌以另一种方式来解读春节回家过年的习俗，但不变的是家人间的爱与亲情。

vivo，隔千里，爱相随

今年vivo将故事焦点放在出门在外的年轻人身上，用照片来打破他们与家人间的时空距离，传递爱的温度。广告巧妙地通过"拍照"这一动作，让分隔两地的孩子与父母同时呈现在一个镜头之中，帮助心系子女的父母通过照片来随时随地分享在外孩子的故事与喜悦。品牌旨在通过产品的拍照功能，帮助用户打破地域间隔，串联彼此情感。

vivo 2018年春节广告《新年心一起，照亮你的美》

vivo的进攻谋略：捕捉生活小瞬间，实现情感大释放

春节期间，所有品牌都在发力于节日营销，尤其着重把握情感入口，无论是百事这样充满戏剧性的穿越剧情，还是爱彼迎"新年的另类打开方式"，又或是vivo上演照片背后的"新年心一起"，它们无不将情感营销玩到极致，紧紧牵动用户的心情。成功的情感营销总能恰如其分地走进用户内心，让情感烘托成为品牌的营销利器。以vivo的春节营销案为例，vivo究竟如何以精准的情感营销来正确打开受众需求，在与用户传情达意间又完美诠释"照亮你的美"的品牌精神产品理念？

在对的时机说对的故事，节日营销在情感渲染上有着天然优势，vivo抓住春节这个特别的时间点，捕捉生活中那些动人的小瞬间，放大用户内心对"亲情、团聚、爱"的渴望。此次品牌以"新年心一起，照亮你的美"作为2018年春节营销的主题，讲述一名在海外打拼的女孩与父母间山海相隔的亲情故事。独自一人搬家，一个人吃便当，开始一份新的工作，和朋友一起出去滑雪……虽然远离父母，但孩子生活里的点点滴滴，每一个瞬间，其实父母都能够通过照片看到、感受到。用拍照将这些点滴装进相片，让情感在这些美好的小瞬间实现大释放。

每个孩子既想要出去看看世界，探寻自己的人生之旅，但离家越远就对父母有着更深的牵绊，也会为自己无法陪伴父母左右而内疚。此轮Campaign正是通过鼓励年轻人多多拍照记录生活，用照片与父母分享自己的点滴，来巧妙化解这个矛盾，将用户情感需求借助拍照这一简单动作进行巧妙串联，让节日里的亲情迅速升温。

品牌与用户间的故事传承：更像一部"连续剧"

用户对于vivo的"偏爱"，并非是通过简单的营销推广而产生的，而是通过连续的

品牌故事建立起来的联系。从 2016 年开始，vivo 就开始以"照亮你的美"Slogan，用微电影形式开展一系列延续性的品牌理念打造。2016 年春节，vivo 推出一支以"快·乐回家"为主题的微电影，总想盼着快点长大、快点工作、快点去感受人生的孩子与正在快速老去的父母产生一种强烈对比。时光不能减慢，但回家可以快一点，而从始至终 vivo 手机都贯穿于整个故事之中，帮助孩子与父母在快节奏的生活中，进行每一次对话，分享每一个生活点滴。

vivo 2016 年春节广告：《vivo 陪你快乐回家》

而 2017 年的春节营销，vivo 在 2016 年的温情路线上添加了更多有趣的故事，且更为突出产品的拍照功能，针对不同人群以一则则具体的小篇章表达"爱与亲情"的主题。事实上，近几年来 vivo 一直在强化拍照与用户情感诉求间的联系，用照片定格下节日里充满爱意与温度的人与事，让所有美好的回忆都浓缩在照片之中。

vivo 2017 年春节广告：《vivo 照亮全家福》

而今年，vivo 同样把"照亮你的美"进行延续，让照片化身为父母与孩子间传情达意的丘比特，品牌以具象化的产品功能支撑起整个情感营销的情感输出口。这其实是孩子与父母间的一次远距离对话，一则广告实际传达的是两代人的心声。创意从年轻用户群体的视角出发，表达其"世界那么大，我想去看看"的心声，而这又与父母内心"世界那么大，他们只想看看你"的深深关切产生情感碰撞。当这两种情感诉求被巧妙地放置在一个广告中，广告本身则已逃脱了心灵鸡汤或是温情故事的脚本，品牌并不是单纯在包装一个感人至深的春节营销案例，而是传递出更多讯息去引发观众深思，广告对于当下的"80 后、90 后"更多了一份正面的启示与引导。对于品牌自身而言，这种与消费者深层次的对话，则更能激起用户对品牌的信赖度与好感，对提升品牌自身形象与价值而言，意义深重。

线下照相馆开业，顶级人像摄影师带来私人定制全家福

随着今年这一轮"新年心一起，照亮你的美"春节广告的上线，vivo 还将配合推出"心一起照相馆"线下活动，此次活动邀请了国内顶级人像摄影师使用 vivo X20 为参与者拍摄全家福。让每一个普通用户能够感受一把顶级摄影大师为其拍摄全家福的定制化服务，此外品牌还在照相馆内设置了多样化的互动体验项目，与用户展开零距离接触，通过参与线下活动，在社交网络输出多样的 UGC 内容，又反哺了品牌的线上传播，从而更完整地诠释品牌"照亮你的美"的精神主旨。有兴趣的用户可以去体验一下。

精准的消费者洞察，加上立体的品牌文化输出，vivo 成功搭建起拍照与用户情感诉求间的桥梁，而情感营销更是在品牌与用户间充当了关键的密钥一角。

（资料来源：http://www.sohu.com/a/221056547_117194。）

阅读以上材料，回答问题：

1. 春节营销中各品牌的一系列促销活动会给企业带来什么影响？

2. vivo 成功搭建起拍照与用户情感诉求给了我们什么启示？

第十二章
营销计划、组织与控制

◆ **本章学习目标**

☞ 应用知识目标

1. 了解市场营销计划的作用与内容；
2. 理解市场营销组织的主要类型；
3. 明确市场营销控制的主要方法。

☞ 应用技能目标

1. 掌握处理营销部门与其他职能部门关系的技能；
2. 以现代市场营销管理理念指导营销活动。

☞ 创业必知知识点

1. 营销计划与管理；
2. 营销部门的职能。

📖 中国传统文化与营销启示

孙子曰：兵者，国之大事，死生之地，存亡之道，不可不察也。

故经之以五事，校之以计，而索其情：一曰道，二曰天，三曰地，四曰将，五曰法。

——《孙子兵法·始计篇》

启示： 在第二章中我们引用"凡事豫则立，不豫则废"说明事先谋划和计划的重要性，如何来制定计划，《孙子兵法》中说明"兵"的重要之后，告诉治兵者应该从五个方面来分别谋划。这五个方面对于企业营销计划制定也非常有借鉴作用。"道"广义上说是符合社会利益的企业营销观念，狭义上可以理解为某一具体营销计划的目标指向；"天""地"告诫企业应关注的营销环境的变化；"将"说明营销工作领导者与执行者的重要性；而"法"是营销活动应采取的方法及所遵循的规范。

第一节 市场营销计划

计划是管理的一项重要职能。营销计划就是根据企业的经营方针及策略，确定相应时间内的销售目标和与其相关的主要营销活动指标，以及为实现这些目标和指标所要进行的各项销售活动安排。营销计划是统一相关部门和员工营销行为的纲领，是营销控制的依据。

一、营销计划的主要内容

不同行业、不同企业都会有自己需要的详略不同的营销计划，一般包括八个方面（如表 12-1 所示）。

表 12-1 市场营销计划的内容

计划步骤	目的
1. 计划概要	对整个计划或主要内容的摘要或综述。
2. 市场状况	提供有关市场、产品、竞争、分销以及环境的相关资料。
3. 机会与威胁	确定主要的机会、威胁、优势、劣势和产品面临的问题。
4. 营销目标	确定销售量、市场份额和利润等要完成的目标。
5. 营销策略	提供实现计划目标的主要营销手段。
6. 行动方案	要做什么？谁去做？什么时候做？
7. 预算	费用是多少？预测期望的财务收支。
8. 控制	如何监测计划的执行？

（一）计划概要

营销计划通常以营销计划书的形式对本计划的主要目标及执行方法、措施做简要概述，其目的是便于管理机构和高层主管很快掌握计划的核心内容，并据此审核、评价该计划的优劣。例如，在计划概要中应包括计划年度的销售额、利润、市场占有率的具体目标值，各指标与上年度比较增长的幅度，达到该目标的措施等。

（二）市场状况

这部分内容是对当前市场营销状况的分析，即提供与市场、竞争、产品、分销和宏观环境因素有关的背景材料，详细分析和描述目标市场的特点及企业在这一目标市场中所处的地位。为了进行这些分析，应通过调查研究，收集和掌握诸如全行业和主要竞争对手过去、现在及计划期的相关信息。这是一项较为复杂的工作，资料齐备可使营销计划的其他阶段，如营销目标、策略等的制定更科学、更准确。同时，除上述各项指标信息外，还应包括市场容量大小、主要的细分市场、消费者的需求、特有的环境因素等，以便进一步估计目前和将来本企业产品可获得的市场占有率。

（三）机会与威胁

机会是指营销环境中对企业有利的因素，也就是对企业的市场营销活动具有吸引力的领域，在这些领域企业可与其竞争对手并驾齐驱或独占鳌头，能获得优厚的利益。威胁，即营销环境中对企业营销不利的因素或者说是不利的市场趋势，若不采取相应措施，可能出现产品滞销，也可能出现市场占有率降低或丢失，甚至威胁到企业的生存。市场营销管理人员应对机会和威胁作出预测，估计机会的吸引力大小、威胁的严重性及发生的可能性。针对将影响企业兴衰的重大威胁，准备若干应对方案。

在营销计划书中还有必要对企业的优势、劣势作出分析。与机会和威胁相反，优势和劣势是内在因素，反映企业在竞争中与对手相比的长处和短处。优势指企业可利用的因素，如产品品牌优势、高端的质量、不可模仿的核心竞争力、高素质的员工等。劣势指企业应加以改进的内容，如营销渠道不畅、促销方法欠妥等。确定企业的优势、劣势可通过表 12 – 2 所列的项目举例进行分析，每个企业都应认真分析，列出自己的优势、劣势项目，以便在营销策略中应用或回避。

表 12 – 2 企业优势和劣势分析

市场营销 方面因素	表现					重要性		
	绝对优势	相对优势	中性	相对劣势	绝对劣势	高	中	低
1. 相对市场份额								
2. 声誉								
3. 竞争地位								
4. 消费者忠诚度								
5. 产品组合长度								
6. 产品组合宽度								
7. 产品质量								
8. 新产品开发								
9. 分销成本								
10. 分销网络								
11. 销售队伍								
12. 售后服务								
13. 制造成本								
14. 价格								
15 利润率								
⋮								

（四）营销目标

拟定营销目标是计划的核心部分，并对影响这些目标的问题加以分析和论证，最后以具体指标的形式表现出来。企业要确定的营销目标通常分为以下两大类：

（1）市场营销目标，主要有销售量、销售额增长率、市场占有率、分销网覆盖面、价格水平等。

（2）财务目标，主要有近期利润指标和长期投资收益率目标等。这些目标是在前期目标完成的基础上对未来市场进行预测确定的。

（五）营销策略

每一个目标都可以通过多种途径去实现。营销策略是指企业为达到营销目标而灵活运用的逻辑方式和推理方法。营销策略包括目标市场与市场定位、营销组合策略与营销费用支出水平等。

1. 目标市场与市场定位

企业对目标市场的选择非常重要，不同的细分市场其消费者爱好、盈利机会、对市场营销工作的反应是不同的。因此，企业要敏锐地觉察到这些区别，从竞争的角度出发，将企业的物力和精力投入到最有利的细分市场，为每个目标市场制定相应的营销策略。

2. 营销组合策略

在营销计划书中，应概括提出有关市场营销组合的各种具体策略，如新产品策略、价格策略、分销策略及促销策略等，并根据机会威胁分析其中的问题，说明采取上述各种不同策略的理由。

3. 营销费用支出水平

计划书中还必须详细说明为执行各种市场营销策略所必需的营销费用预算，而且应以科学的方法来确定恰当的费用水平。一般来说，营销费用支出越高，销售额也会越高。但不同的产品要达到一定的市场占有率，其费用支出水平是不同的。例如，化妆品的营销预算比较高，而农产品的营销预算则较低。

总之，由于企业的目标是多方面的，要达到各种特定市场营销目标所采用的市场营销策略和重点也可能不完全相同。如果要提高某产品的市场份额，则可从价格策略、产品策略、服务策略、市场优势策略、广告与促销策略等方面入手制定相应的方案。

（六）行动方案

各种营销策略制定以后，必须制定相应的行动方案才能使策略得以实施。这些行动方案需要围绕下列问题：（1）要完成什么任务？（2）怎样完成？（3）何时完成？（4）由谁负责执行？（5）需要多少费用？这些都要按时间顺序列出详细且可供实施的具体方案。

（七）预算

根据行动方案编制预算方案。这种预算实际上就是一份预计损益表。收入为预计销售量与平均价格的乘积，支出则包括产品销售成本、储运费用、销售薪金与佣金、各种促销活动费用及其他市场营销费用。收入减去支出的差额便是预期利润。企业高层主管将负责预算的审查、修改和批准。预算一经批准，便成为采购、生产和营销等活动各项支出的依据。

（八）控制

控制是用来监督检查整个计划进度与执行情况的，是顺利完成计划的保证。一般是将计划规定的目标和预算按季度、月度或更小的时间单位进行分解，高层主管可审查每一时期内各类目标的完成情况与成果，完不成目标的部门要作出解释，制定整改措施，从而使企业的市场营销计划得以贯彻执行。

知识链接

判断一份市场营销计划是否稳健的六个问题

1. 该计划是否列出了企业面临的重要的新机会，考虑到了主要的威胁，认识到了企业自身条件中的优势和弱点？

2. 该计划是否清楚地定义了有关的目标细分市场和它们的相对潜力？

3. 该计划中的目标市场的绝大多数，都认为我们的产品或服务比竞争者的更优秀（更值得信任和购买）吗？

4. 该计划拟用的战略、战术和行动之间，是否具有一致性、连贯性；运用的市场营销手段和工具恰当吗？

5. 该计划达成预定目标的可能性（概率）多大？

6. 假如我们只同意该计划80%的经费，市场营销部门会减少哪些项目？假如我们给予该计划120%的经费，他们又会增加哪些项目？

二、市场营销计划的实施

把市场营销计划转化为市场营销业绩的"中介"因素是计划的执行。市场营销计划的实施涉及以下相互联系的四项内容。

（一）制定行动方案

为了有效实施市场营销计划，市场营销部门以及有关人员需要制定详细的行动方案。方案必须明确市场营销计划中的关键性环境、措施和任务，并将任务和责任分配到个人或团队。方案还应包含具体的时间表，即每一行动的确切时间。

（二）调整组织结构

在计划实施过程中，组织结构起着决定性的作用。它把任务分配给具体的部门和人员，规定明确的职权界限和信息沟通路线，协调企业内部的各项决策和行动。组织结构应当与计划的任务相一致，同企业自身的特点、环境相适应。也就是说必须根据企业战略、市场营销计划的需要，适时改变、完善组织结构。

（三）形成规章制度

为了保证计划能够落在实处，必须设计相应的规章制度。在这些规章制度中，必须明确与计划有关的各个环节，岗位，人员的责、权、利，各种要求以及奖惩条件。

（四）协调各种关系

为了有效实施市场营销战略和计划，行动方案、组织结构、规章制度等因素必须协调一致，相互配合。

✐ **探讨与应用**

苹果公司市场营销计划书

一、市场分析

（一）企业的目标和任务

美国市场研究机构 Gartner 统计数据显示，自 2007 年苹果推出 iPhone 智能手机以来，智能手机市场的格局开始发生改变。2008 年，苹果仅凭一款 iPhone，全球市场份额就已经达到 8.2%，而 2011 年第一季度，仅仅三年时间，仅凭四代 iPhone 产品，苹果的市场份额已经达到 16.8%，成为全球第三大操作系统。

（二）当前市场和战略描述

1. 当前市场状况

随着社会的不断发展和人们对 IT 设备智能化的需求，消费者已不再满足于仅用手机来打电话或发短信，同时也不满足每天提着沉重的电脑奔波于各处，他们所需要的是一款兼备手机和电脑功能的产品，那就是智能手机。智能手机的发展极为迅速，2010 年中国手机市场销售量达 2 亿台，其中智能手机份额为 18%，且不断有上升的趋势，智能手机市场开始步入快速增长轨道。

2. 战略描述

中国智能手机市场发展迅速，市场份额已经基本抢占完毕。目前，三星智能手机仍然定位于中高端市场，然而随着智能手机的普及，全球智能手机消费趋势开始向中低端转移，维持高端手机的利润空间已经变得越来越难。因此，现在的三星智能手机正面临着很大的挑战。

（1）优势

苹果给广大消费者带来了最新的技术体验，它不仅拥有独一无二的外观设计，还有独特的软件和系统，就是因为不一样的好、不一样的先进、不一样的高科技，赢得了大量消费者的关注和口碑，甚至非理性购买。

（2）劣势

手机的价格让人望而生畏。对中国市场的消费群体来说，iPhone 的定价使 iPhone 成为一个不折不扣的奢侈品，使其难以迅速融入大众；虽然有价格下调，但在售价上仍不具备竞争优势。智能手机在除去娱乐应用外，最大的客户就是商务用户。商务用户喜好系统成套的解决方案，而 iPhone 偏向个人应用的特点使其丧失了部分商用市场的开拓能力。

（3）机会

iPhone 的商业模式已获得更高的利润率，甚至成为虚拟运营商。iPhone 产品若能和运营商延续这种合作，将是 iPhone 的最大的商机持续保证。随着 iPhone 的持续大卖，其他未能合作的运营商都希望得到 iPhone 代理权，这让 iPhone 在运营商的选择中有了更大的主动权。

（4）威胁

其他手机生产商对 iPhone 的围剿。其中以诺基亚为例，诺基亚在 iPhone 的冲击下，不仅市值缩水，而且失去许多市场份额。诺基亚其领先的技术对其为夺回市场份额提供强有力的保障，这对于 iPhone 是一个威胁；iPhone 的音乐及程序商店的服务模式正受到其他智能手机系统的模仿跟进，这让 iPhone 的后续客户增长乏力。

（5）主要竞争者

包括苹果公司在内，全球主要的智能手机提供商包括诺基亚、摩托罗拉、黑莓、三星、HTC 等。

（三）外部环境分析

1. 政治环境分析

随着我国市场经济体制的不断完善，苹果手机的市场环境也在不断得到改善。各种对企业营销影响较大的法律法规的出台和修正，将会对 iPhone 的买方和卖方提供更多的保证，同时也会促进苹果扫除入华道路上的障碍。

2. 经济环境分析

苹果手机一直属于高端产品，其价格自然也很高。售价过高是影响 iPhone 在中国大规模普及的主要障碍。但是随着中国经济的快速发展，人均可支配收入的提高，再加上苹果在中国日益扩大的 fans 群体，价格方面的劣势并不会对苹果手机的竞争力产生很大的影响。

3. 社会人文环境分析

中国的手机市场发展日趋成熟，各大品牌都在市场份额上占有一席之地，苹果进入中国市场比较晚，又将中国置于其全球组织架构中等级较低的位置，在与一些知名品牌的竞争中，并不占优势。中国人的价值观念正在不断发生改变。中国的手机消费者相较于其他国家消费者更注重手机的娱乐和上网功能，而这些恰好又是苹果的强项。随着苹果手机在全国的扩张，以其独特性吸引了越来越多的人群，所以苹果在中国的 fans 基础也正不断扩大。

4. 技术环境分析

苹果手机基本保持每年更新的速度，技术进步的加快使产品生命周期不断缩短，产品成熟期缩短，在手机行业尤其如此。新技术的出现对整个行业都会产生巨大的影响，谁能更准确地把握时机，迎合消费者的新需求，谁就能屹立不倒。苹果公司一向在技术创新领域走在前端，在看似复杂的技术面前，苹果公司往往能化繁为简，让消费者轻易使用。

（四）内部环境分析

苹果并不是简单地将产品包装设计得很漂亮，给每一个产品加盖一个很好看的 Logo。其独特之处在于，它在令人想不到的地方，以不同寻常的方式将自己与他人区别开来，而且不会影响消费者的体验享受。

苹果公司由内而外的创新文化可以说与乔布斯的个人行事作风密不可分。正是在他苛求完美的创新标准形式的强大压力下，所有的人都从内心重新审视创新，使创新在苹果公司从一个概念变成行动，从行动变成习惯，从习惯变成文化，从文化变成性格。因此，与其他竞争对手相比，苹果懂得人们的心理，其产品总能以惊奇和愉悦引起注意、刺激欲望。

二、营销策略

（一）目标市场

iPhone 的目标群体主要定在年轻人和中年人这个区间。iPhone 具有年轻人热爱的时尚、个性和潮流，同时也受到中年成功的商业人士和职业人士的追捧。

（二）市场定位

iPhone 把自己定位于凝聚高科技的时尚智能通讯产品。在智能通讯市场上，代表了科技的最前沿。拥有 iPhone，就是拥有了时尚。而 iPhone 具备的不断创新的特性，更是能一直吸引对苹果有品牌忠诚的消费群体。

（三）营销组合描述

1. 产品战略

以 iPhone 4s 为例，iPhone 4s 不论是在核心还是在形式上都采用的是最尖端的科技。

（1）核心产品分析：显示屏可拍摄 3264×2448 像素图像，配备 A5 双核处理器及双核显示核心，CPU 速度是 iPhone 4 的两倍，图形性能则是 iPhone 4 的 7 倍。iPhone 4s 电池续航能力大幅提升。

（2）形式产品的分析：iPhone 4s 中的玻璃采用的是用于制造直升飞机和高速列车的风窗玻璃；iPhone 4s 的不锈钢饰框由电脑数控加工而成，取材自独创的合金材料，经过锻造比标准钢材坚固 5 倍。

2. 价格战略

iPhone 4s 依然走的是高端路线，和 iPhone 4 相比，功能上升级了很多，价格上和 iPhone 4 刚上市时差不多。定价在 4100～4200 元的范围。同样是手机，苹果手机的高价让中国的大多数消费者只能远观而不敢亵玩焉。不过，俗话说"一分钱一分货"。苹果的质量和功能我们是不可否认的。从 2010 年 iPhone 4 的销售情况来看，可以看出，iPhone 各代产品在上市初期定价较高，后期有新产品上市，前代的产品会大幅降价以配合新产品的推出。苹果公司在降价的同时有针对性地对购买前代的消费者进行一定的补偿。因此，从苹果手机的高价格来看，苹果手机用户主要定位在成功人士或具有稳定高收入的白领等职业人士上。

3. 渠道战略

目前，苹果旗下的产品渠道大致可分为经销商、专卖店、网上订购等。iPhone 4 正式上市之后着实火了一把，不过极小的库存让大批用户根本无法买到行货 iPhone 4。说到渠道我们不得不提专属于苹果的战略——饥饿式营销战略。iPhone 的饥饿营销和传统的策略不同，在苹果公司实施营销策略的过程中，我们看到它并没有去控制产品的产量来制造市场供不应求的假象，而是把产品的相关信息转化成一种市场饥渴，让消费者渴望了解 iPhone。

4. 促销战略

iPhone 的每一代自发布到正式上市都没有大张旗鼓地做广告，但所有的媒体都在报道 iPhone。产生这种良好效应的原因是 iPhone 手机独特的促销策略三大阶段。

（1）第一阶段：众里寻他千百度。在上市之前，Apple 以小道消息等形式开始为 iPhone 造势。对 iPhone 的关注和猜测的各种相关信息提高了用户对 iPhone 的期待值和购买 iPhone 的可能性。

（2）第二阶段：犹抱琵琶半遮面。在每次的 Apple 大会上，都只是简单地对 iPhone 进行展示，缺少相对完整的描述，用户很难掌握 iPhone 的具体情况，因此人们以及各种媒体纷纷猜测 iPhone 的具体细节。

（3）第三阶段：千呼万唤始出来。iPhone 正式发售后，Apple 通过大量的广告对 iPhone 极富创新性的设计、应用、功能等各个方面的情况进行非常详细的介绍，以吸引用户购买 iPhone 产品。

三、活动计划

综上策略，我们为苹果推出了一个促销方案，主要针对青少年和有稳定工作的在职人员。具体方案如下：

（一）内容

元旦节、春节即将来临，我们可以与运营商共同赞助比较红火、热门的电视台即将举办的"跨年演唱会"。

具体内容：

（1）通过网上或短信的方式参与节目中的有奖活动；

（2）参与现场的有奖问答等。

（二）活动预算

本次活动的具体预算及效果如下：

（1）节目赞助费用和网络广告费用及其他支出（包括奖品费用、人员支出等）预计为××万元。

（2）利用媒介和中国的传统节日，苹果的品牌将会产生更大范围的影响，从而达到提升品牌知名度的目的。

（3）通过这次促销活动，我们能够获得苹果用户的信息，因此能更好地完善苹果的用户档案，更好地提升苹果的售后服务等，达到以后能使他们成为潜在的消费者的目的。

（三）风险控制

本次活动的预想风险如下：

（1）预算超支；

（2）奖品超支；

（3）后期反应不理想。

具体风险控制措施如下：

（1）根据具体情况，调整预算，但调整额也不能高出××万元。

（2）根据具体情况，调整奖品数量，但调整数不能超过××部。

（3）增加后继的活动产生持续的影响。

（资料来源：百度文库，https：//wenku. baidu. com/view/380cb6f3cdbff121dd36a32d7375a417876fc1d0. html？from＝search，部分有改写。）

试分析：

苹果公司市场营销计划书还有哪些不足之处，应当如何改进？

第二节　市场营销组织

一、市场营销组织的概念

市场营销组织是指企业内部涉及市场营销活动的各个职位及其结构。理解这一概念必须注意两个问题：第一，并非所有的市场营销活动都发生在同一组织岗位。例如，在拥有很多产品线的大公司中，每个产品经理下面都有一支销售队伍，而运输则由一位生产经理集中管辖。不仅如此，有些活动甚至还发生在不同的国家或地区。但它们属于市场营销组织，因为它们都是市场营销活动。第二，不同企业对其经营管理活动的划分也不同。例如，信贷对某个企业来说是市场营销活动，对另一个企业而言则可能是会计活动。同时，即使企业在组织结构中正式设有市场营销部门，企业的所有市场营销活动也不是全部由该部门来完成。因此，市场营销组织的范围是难以明确界定的。

二、市场营销组织类型

（一）职能型组织

职能型组织是最常见的市场营销组织形式。它在市场营销副总经理的领导下，集合各种市场营销专业人员，如广告和促销人员、推销人员、市场营销调研人员、新产品开发人员，以及顾客服务人员、市场营销策划人员、储运管理人员等。市场营销副总经理负责协调各个市场营销职能科室、人员之间的关系（如图 12－1 所示）。

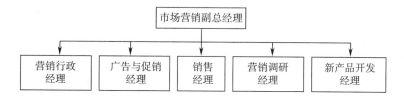

图 12－1　职能型组织形式

职能型组织的主要优点是行政管理简单、方便。但是随着产品增多和市场扩大，这种组织形式会逐渐暴露其弱点。

（1）在这种组织形式中，没有一个人对一种产品或者一个市场全盘负责，因此可能缺少按产品或市场制定的完整计划，使得有些产品或市场被忽略。

（2）各个职能科室之间为了争取更多的预算，得到比其他部门更高的地位，相互之间进行竞争，市场营销副总经理可能经常处于调解纠纷的"漩涡"之中。

（二）产品（品牌）管理型组织

生产多种产品或拥有多个品牌的企业，往往按产品或品牌建立市场营销组织。通常是在一名总产品（品牌）经理的领导下，按每类产品（品牌）分设一名经理，再按每种具体品种设一名经理，分层管理。在一个企业，如果经营的各种产品差别很大，产品的数量又很多，超过了职能型组织所能控制的范围，就适合于建立产品（品牌）管理型组织（如图12-2所示）。产品（品牌）经理的作用，是制定产品（品牌）计划，监督计划实施，检查执行结果并采取必要的调整措施，以及为自己负责的产品（品牌）制定长期的竞争战略和政策。

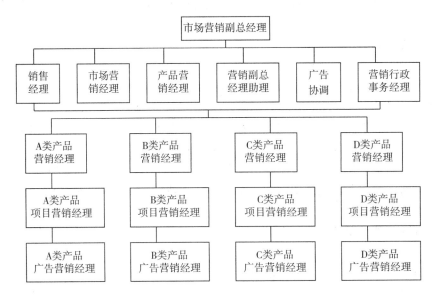

图12-2　产品型组织形式

1. 品牌管理型组织形式的优点

（1）便于统一协调产品（品牌）经理负责的特定产品（品牌）的市场营销组合战略；

（2）产品（品牌）经理各自负责自己管辖的产品（品牌），可以保证每一产品（品牌）纵然眼下不太出名，也不会被忽视；

（3）有助于培养人才，产品（品牌）管理涉及企业经营、市场营销的方方面面，是锻炼年轻管理人员的最佳场所。

2. 品牌管理型组织形式的缺点

（1）造成了一些矛盾冲突。由于产品（品牌）经理权力有限，不得不依赖于同广告、推销、制造部门之间的合作，这些部门又可能把他们视为"低层的协调者"而不予重视。

（2）产品（品牌）经理容易成为自己负责的特定产品（品牌）的专家，但是不一定熟悉其他方面如广告、促销等业务，因此可能在其他方面成不了专家，影响其综合协调能力。

（3）建立和使用产品管理系统的成本往往比预期的费用要高。产品管理人员的增加，导致人工成本增加；企业要继续增加促销、调研、信息系统和其他方面的专家，企业必然承担大量的间接管理费用。

（三）地区型组织

业务涉及全国甚至更大范围的企业，可以按照地理区域组织、管理销售人员。比如在推销部门设有中国市场经理，下有华东、华南、华北、西北、西南、东北等大区市场经理，每个大区市场经理下面按省、自治区、直辖市设置区域市场经理，再往下还可以设置若干地区市场经理和销售代表。从全国市场经理依次到地区市场经理，所辖下属人员的数目即"管理幅度"逐级增加。当然，如果销售任务艰巨、复杂，销售人员的工资成本太高，他们的工作成效又对利润影响重大，管理幅度就可以适当缩小（如图12－3所示）。

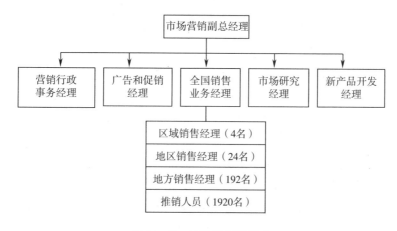

图 12－3　地区型组织形式

（四）市场型组织形式

当企业把一条产品线的各种产品向多样化的市场销售，而客户可以按照不同的购买行为或产品偏好分为不同的用户类别，从而使市场呈现不同特点时，设立市场型组织模式是比较理想的（如图12－4所示）。市场型组织模式的优点在于：企业可围绕特定顾

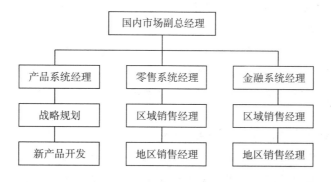

图 12－4　市场型组织形式

285

客的需要开展一体化的营销活动，而不是把重点放在彼此隔开的产品或地区上，这有利于企业加强销售和市场开拓。其缺点是：存在权责不清和多头领导的矛盾，这方面和产品型组织模式相类似。

（五）产品—市场型组织形式

面向不同市场生产多种产品的企业，在确定市场营销组织结构时经常面临两难抉择：是采用产品管理型还是市场管理型；能否吸收两种形式的优点，扬弃它们的不足之处。所以，有的企业建立一种既有产品经理又有市场经理的矩阵组织（如图 12 - 5 所示），以求解决这个难题。

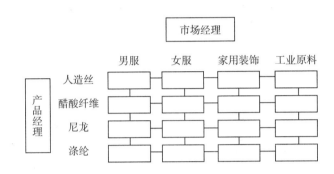

图 12 - 5　杜邦公司纺织纤维部的产品——市场管理矩阵

但是矩阵组织的管理费用高，容易产生内部冲突，因此又产生了新的两难抉择：一是如何组织销售力量，究竟是按每种产品组织销售队伍，还是按各个市场组织推销队伍，或者销售力量不实行专业化；二是由谁负责定价，产品经理还是市场经理。绝大多数大企业认为，只有相当重要的产品和市场才需要同时设置产品经理和市场经理。

✍ **探讨与应用**

星巴克3毒招，实现营销组织变革

2019 年 5 月 27 日，星巴克总裁在内部信中宣布：从 2019 年 6 月 1 日起，星巴克中国将调整现有管理团队架构，星巴克中国现有全部业务将重组为两个业务单元"星巴克零售"和"数字创新"，直接向新成立的董事长兼首席执行官办公室汇报。

星巴克不是第一个通过互联网、用手机 APP 卖产品的零售商，在不断有追随者与赶超者的咖啡行业，在激烈的竞争环境中，这个全球性的咖啡巨头确实需要通过"数字创新"来打造更智能化的消费体验。

从这次营销组织变革中也可以看出，"数字创新"不仅作为一个独立的业务模块直接向董事长兼首席执行官办公室汇报，而且跟第三空间的"星巴克零售"平起平坐，这足以说明以往重视程度的不够，是在对方向正确却行动力缓慢的补救。

过去，卖咖啡靠的是咖啡因，现在要想把咖啡卖好，却要抓住消费者的"科技瘾"。

其实，星巴克早已经成为一家成功而又庞大的O2O组织，每周有超过4500万消费者在星巴克消费，其中大约900万消费者是使用手机下单支付的。那他是使出了什么"毒招"让消费者们上瘾的？

毒招1：疯狂搞手机APP

市面上好的咖啡馆有很多，星巴克卖的也许并不是最好的咖啡，但是这并不妨碍它拥有一款最好的移动零售APP。

毒招2：疯狂搞移动支付

今年10月，美国星巴克消费者的移动支付数量达到了一个更高的水平，占星巴克在美国所有交易的21%。这样的迅猛势头恐怕连苹果都要眼红了。

毒招3：跟苹果合作，打造品牌黏性

星巴克并不是第一个将数字科技应用于市场销售的，但绝对是用的最好的公司之一。早在2002年，星巴克的门店就已经实现Wi-Fi信号覆盖了。2007年，星巴克与苹果公司合作，为顾客提供免费使用iTunes Music的服务。2008年，星巴克推出"每周推荐"程序，通过该程序，顾客可以用他们在星巴克门店拿到的卡片免费换取iTunes歌曲下载的机会。

星巴克对于科技的关注和应用跨越了多个不同领域，包括移动支付、用户忠诚度以及奖励机制等，涵盖这么多领域就是为了推动销量。从根本上说，星巴克的思路是把消费者忠诚度计划与其他商业结合起来，例如，让消费者可以通过各种途径、各种消费场所攒星星换取免费的星巴克咖啡，而且并不局限于使用星巴克的APP。

这就是星巴克吸引更多咖啡爱好者进店消费的方式。除了人们对于咖啡因的渴望发挥了作用，现在"手机上瘾"是另一种为社会所接受的"瘾"，星巴克已经找到将两种"瘾"结合起来并相互促进的有效方式。

（资料来源：http：//business. sohu. com/20151110/n425938307. shtml，部分有改写。）

试分析：

1. 分析星巴克的案例，试述企业的营销组织应当如何提高对市场的反应能力？

2. 现代企业在成长壮大的过程中，随着产品和业务的日趋多元化，企业组织机构应当如何从单一的产品管理模式向多元化的管理模式过渡？

第三节 营销控制

营销控制是指市场营销管理者经常检查市场营销计划的执行情况，看看计划与实际是否一致，如果不一致或没有完成计划，就要找出原因所在，并采取适当措施和正确行动，以保证市场营销计划的完成。营销控制一般要做四件事：一是营销控制的中心是目标管理，营销控制就是监督任何偏离计划与目标的情况出现；二是营销控制必须监视计划的实际执行情况；三是通过营销控制过程，判断任何偏离计划的行为产生的原因；四是营销控制者必须采取改正方案，甚至改变目标本身。市场营销控制过程见图12-6。

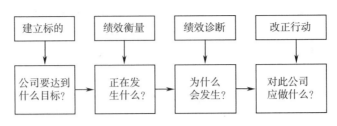

图 12 – 6　营销控制过程

一、营销控制的必要性

（一）环境变化的需要

控制总是针对动态过程而言的。从营销管理者制定目标到目标的实现通常需要一段时间，在这段时间里，企业内外部的情况可能会发生变化，尤其是面对复杂而动荡的市场环境，每个企业都面临着严峻的挑战，各种变化都可能会影响到企业已定的目标，甚至有可能需要重新修改或变动以符合新情况。高效的营销控制系统能帮助营销管理者根据环境变化情况及时对自己的目标和计划作出必要的修正。一般来说，目标的时间跨度越大，控制也越重要。控制系统的作用在于：帮助管理者看到形势的变化，并在必要时对原来的计划做相应的修正。

（二）需要及时纠正执行过程中的偏差

营销控制不仅要对企业营销过程的结果进行控制，而且必须对企业营销过程本身进行控制，对过程本身的控制更是对结果控制的重要保证。因此，营销管理者必须依靠控制系统及时发现并纠正小的偏差，以免给企业造成不可挽回的损失。

线上导学：
35 次紧急电话

控制与计划既有不同之处，又有密切的联系。一般来说，营销管理程序中的第一步是制订计划，然后是组织实施和控制。从另一个角度看，控制与计划又是紧密联系的。控制不仅要按原计划目标对执行情况进行监控，纠正偏差，在必要时还将对原计划目标进行检查，判断其是否合理，也就是说要考虑及时修正战略计划，从而产生新的计划。

二、营销控制的类型

营销控制包括年度计划控制、盈利能力控制、效率控制和战略控制。年度计划控制主要检查市场营销活动的结果是否达到了年度计划的要求，在必要时采取调整和纠正措施；盈利控制是为了确认在各产品、地区、顾客群和分销渠道等方面的实际获利能力；效率控制的任务是提高诸如人员推销、广告、促销、分销等工作的效率；战略控制则是审计企业的战略、计划是否有效地抓住了市场机会，是否同市场营销环境相适应。

（一）年度计划控制

任何企业都要制定年度计划，然而年度市场营销计划的执行能否取得理想的成效，还要看控制工作进行得如何，年度计划的控制是市场营销控制的重点。年度计划控制是指企业在本年度内采取控制步骤，检查实际绩效与计划之间是否有偏差，并采取改进措施，以确保市场营销计划的实现与完成。许多企业每年都制定周密的计划，但执行的结果却往往与之有一定的差距。事实上，计划的结果不仅取决于计划制定得是否正确，还有赖于计划执行与控制的效率如何。可见，年度计划制定并付诸实施之后，搞好控制工作也是一项极其重要的任务。年度计划控制的主要目的在于：（1）促使年度计划产生连续不断的推动力；（2）控制的结果可以作为年终绩效评估的依据；（3）发现企业潜在问题并及时予以妥善解决；（4）高层管理人员可借此有效地监督各部门的工作。

综合国内外企业市场营销控制的基本做法，年度计划控制通常在以下四个方面展开。

1. 销售分析

销售分析是衡量并评估实际销售额与计划销售额的差距。具体有两种方法：

（1）销售差距分析，这种方法主要用来衡量造成销售差距的不同因素的影响程度。

例如，一家企业在年度计划中规定，某种产品第一季度出售 4000 件，单价 1 元，总销售额 4000 元。季末实际售出 3000 件，售价降为 0.80 元，总销售额为 2400 元，比计划销售额少 40%，差距为 1600 元。显然，既有售价下降方面的原因，也有销量减少的原因。二者各自对总销售额的影响程度又是多少呢？

计算如下：

$$售价下降的差距 = (P_S - P_A)Q_A = (1.00 - 0.80) \times 3000 = 600(元)$$
$$售价下降的影响 = 600 \div 1600 \times 100\% = 37.5\%$$
$$销量减少的差距 = (Q_S - Q_A)P_S = (4000 - 3000) \times 1.00 = 1000(元)$$
$$销量减少的影响 = 1000 \div 1600 = 62.5(\%)$$

式中，P_S 为计划售价，P_A 为实际售价，Q_S 为计划销售量，Q_A 为实际销售量。由此可见没有完成计划销售量是造成差距的主要原因，需要进一步深入分析销售量减少的原因。

（2）地区销售量分析，这种方法用来衡量导致销售差距的具体产品和地区。

例如，某企业在 A、B、C 三个地区的计划销售量分别为 1500 件、500 件和 2000 件，共 4000 件。但是，各地实际完成的销售量分别为 1400 件、525 件和 1075 件，与计划的差距为 -6.67%、+5% 和 -46.25%。显然，引起差距的主要原因在于，C 地区销售量大幅度减少。因此，有必要进一步查明原因，加强该地区的市场营销管理。

2. 市场占有率分析

销售分析不能反映出企业在市场竞争中的地位，而市场占有率是基本的销售目标之一，市场占有率分析要从多方面入手，例如，企业销售额增加了，可能是由于企业所处的整个经济环境的发展，也可能是因为其市场营销工作较竞争者有相对改善。

市场占有率分析一般采用三种不同的度量方法：

（1）全部市场占有率。全部市场占有率是指企业的销售额（量）占行业销售额（量）的百分比。市场占有率通过销售额（量）计算，可以反映出企业间在争取顾客方面的竞争地位的变化。使用这种方法必须做两项决策：一要以单位销售量或以销售额来表示市场占有率；二要正确认定行业的范围，即明确本行业所应包括的产品、市场等。

（2）目标市场占有率。目标市场占有率是指企业销售额（量）占其目标市场总销售额（量）的百分比。对一个企业来说，可能有近100%的目标市场占有率，却只有相对较小百分比的全部市场占有率。企业一般很重视目标市场占有率，通过不断地开发新产品或强化销售手段，以提高其在目标市场上的占有率。

（3）相对市场占有率（相对于三个最大竞争者）。相对市场占有率是指企业销售额（量）占几个最大竞争者的销售额（量）的百分比。例如某公司有30%的市场占有率，其最大的三个竞争者的市场占有率分别为20%、10%、10%，形成了30%对40%的局面，则该公司的相对市场占有率是 $30/40 \times 100\% = 75\%$。一般来说，相对市场占有率高于33%即被认为是实力较强的公司。

市场占有率分析还要具体深入到以下四个方面展开：顾客渗透率、顾客忠诚度、顾客选择性及价格选择性。

> **知识链接**
>
> 顾客渗透率是指购买本企业产品的顾客占顾客总数的百分比。
>
> 顾客忠诚度是指顾客购买本企业产品数量占其购买同种产品总量的百分比。
>
> 顾客选择性是指顾客购买本企业产品的平均数占其购买其他企业产品平均数的百分比。价格选择性是指本企业产品的平均价格占所有其他企业产品的平均价格的百分比。

3. 市场营销费用分析

年度计划控制的任务之一，就是在保证实现销售目标的前提下，控制销售费用开支和营销费用的比率。在我国商业系统中营销费用被称为商品流通费用，营销费用率被称为商品流通费用率。

在生产企业中，营销费用率（例如，营销费用占销售额的30%）包括五项细分指标：推销人员费用与销售额之比（15%），广告费用与销售额之比（5%）、其他促销费用与销售额之比（6%）、营销调研费用与销售额之比（1%）、销售管理费用与销售额之比（3%）。对于以上各项费用率，往往规定一个控制幅度，超过限度就要查找、分析具体原因。

4. 顾客态度追踪分析

年度计划控制的衡量标准大多是以金额、数量或相对值为特征的，它们的作用很重要，但不充分，因为它们没有对市场营销的发展变化进行定性分析和描述。为此，企业建立专门机构来追踪其顾客、经销商以及市场营销系统其他参与者的态度，对于营销控制过程中分析原因、制定调整措施是十分必要的。

顾客态度追踪分析，一般要做以下三个方面的工作：

（1）建立听取意见制度。企业对来自顾客的书面的或口头的意见应该进行记录、分析，并作出适当的反应。对不同的意见应该分析归类汇编成册，对意见比较集中的问题要查找原因，加以根除。

（2）固定顾客样本。有些企业建立由一定代表性的顾客组成的固定顾客样本，定期由企业通过电话访问或邮寄问卷了解其需求、意见和期望。这种做法有时比听取意见更能代表顾客态度的变化及其分布范围。

（3）顾客调查。企业定期让一组随机顾客回答一组标准化的调查问卷，其中问题包括职员态度、服务质量等。通过对这些问卷的分析，企业可及时发现问题，并及时予以纠正。

（二）盈利能力控制

除了年度计划控制之外，企业还需要衡量不同产品、不同销售区域、不同顾客群体、不同渠道以及不同订货规模的获利能力。获利能力的大小对市场营销组合决策有着直接关系。

1. 市场营销成本

市场营销成本是指与市场营销活动有关的各项费用支出。市场营销成本直接影响企业营销的利润。因此，企业不仅要控制销售额和市场占有率，亦要控制营销成本。市场营销成本主要包括以下内容：

（1）直接推销费用：包括推销人员的工资、奖金、差旅费、培训费、交际费等。

（2）促销费用：包括广告媒体成本、产品说明书、印刷费用、赠奖费用、展览会费用、促销人员工资等。

（3）仓储费用：包括租金、维护费、折旧、保险费、包装费、存货成本等。

（4）运输费用：包括托运费用等，如果是自有运输工具，则要计算折旧、维护费、燃料费、牌照税、保险费、司机工资等。

（5）其他市场营销费用：包括市场营销管理人员工资、办公费用等。

上述成本连同企业的生产成本构成企业的总成本，直接影响企业经济效益。其中有些与销售额直接相关，称为直接费用；有些与销售额无直接关系，称为间接费用，有时二者也很难划分。

2. 战略利润模型

利润是企业的最重要的目标之一。企业盈利能力历来为市场营销管理人员高度重视，因此盈利能力控制在市场营销管理中占有十分重要的地位。在对市场营销成本进行分析之后，就应考察如下盈利能力财务指标。

财务指标组合包括总资产周转率、资产收益率、杠杆比率和投资收益率。战略利润模型很好地将四者结合起来。

$$总资产周转率 = \frac{销货收入}{总资产} \times 100\%$$

$$资产收益率 = \frac{净收益}{总资产} \times 100\%$$

$$杠杆比率 = \frac{资产总额}{资产净值} \times 100\%$$

$$投资收益率 = \frac{净利润}{资产净值} \times 100\%$$

战略利润模型有四个重要的管理用途：

（1）该模型强调公司的主要财务目标是赚取足够高的利润和目标既定的投资收益率。

（2）该模型定义了企业可以采取的三种"利润途径"。

（3）该模型理想地阐述了公司主要领域的决策制定方针。

（4）该模型提供了评价财务策略的非常有用的观点，不同的组织可以采用这些财务策略来实现其目标投资收益率。

（三）效率控制

假如盈利能力分析显示出企业关于某一产品、地区或市场所得的利润很差，那么紧接着下一个问题便是有没有高效率的方式来管理销售人员、广告、销售促进及分销。

1. 销售人员效率

企业的各地区的销售经理要记录本地区内销售人员效率的几项主要指标，这些指标包括：

（1）每个销售人员每天平均的销售访问次数；

（2）每次会晤的平均访问时间；

（3）每次销售访问的平均收益；

（4）每次销售访问的平均成本；

（5）每次销售访问的招待成本；

（6）每百次销售访问预订购的百分比；

（7）每个期间增加的新顾客数；

（8）每个期间流失的顾客数；

（9）销售成本占总销售额的百分比。

企业可以从以上分析中发现一些非常重要的问题，例如，销售代表每天的访问次数是否太少，每次访问所花时间是否太多，是否在招待上花费太多，每百次访问中是否签订了足够的订单，是否增加了足够的新顾客并且保留住原有的顾客。当企业开始正视销售人员效率的改善后，通常会取得很多实质性的改进。

2. 广告效率

企业应该至少做好以下统计：

（1）每一媒体类型、每一媒体工具接触每千名购买者所花费的广告成本；

（2）顾客对每一媒体工具注意、联想和阅读的百分比；

（3）顾客对广告内容和效果的意见；

（4）广告前后对产品态度的衡量；

（5）受广告刺激而引起的询问次数。

企业高层管理者可以采取若干步骤来改进广告效率，包括进行更加有效的产品定位；确定广告目标；利用电脑来指导广告媒体的选择；寻找较佳的媒体，以及进行广告后效果测定等。

3. 营业推广效率

为了改善营业推广的效率，企业管理者应该对每一次营业推广的成本及对销售的影响做好记录，注意做好以下统计：

（1）由于优惠而销售的百分比；

（2）每一销售额的陈列成本；

（3）赠券收回的百分比；

（4）因示范而引起询问的次数。

企业还应观察不同营业推广手段的效果，并使用最有效果的促销手段。

4. 分销效率

分销效率主要是对企业存货水准、仓库位置及运输方式进行分析和改进，以达到最佳配置并寻找最佳运输方式和途径。效率控制的目的在于提高人员推销、广告、营业推广和分销等市场营销活动的效率，市场营销者必须关注若干关键比率，这些比率表明市场营销组合因素的功能执行的有效性以及应该如何引进某些资料以改进执行情况。

✎ 探讨与应用

"非洲之王"传音的分销网络控制

2019 年初，中国手机市场四大巨头华米 OV 纷纷放出进军非洲的消息，但有一家企业却很豪气地表示"抱歉，在非洲我们是无敌的"，这家企业就是"传音"。IDC 公布的最新数据显示，2018 年传音控股手机出货量 1.24 亿部，在全球市场上占有率达 7.04%，全球手机品牌厂商中排名第四。而在非洲传音的市场占有率高达 48.71%，排名第一；印度市场占有率达 6.72%，排名第四。

也就是说在非洲，10 个人中至少有 4 个人在使用传音的手机。要知道，华为消费者业务 CEO 余承东一直期盼着在中国市场能够实现每 2 个人中就有 1 个人使用华为手机，而传音在非洲市场即将实现 50% 的市场占有率。"在撒哈拉沙漠以南，Tecno 品牌早已家喻户晓。"来自媒体的报道这样描述。在宣传方面，传音走了一条简单粗暴又直接的方式：将 logo 涂满几乎所有墙面，而不是投放电视广告。OV 无孔不入的营销在传音面前都可以说是小巫见大巫了。

在分销渠道建设方面，传音采取了"农村包围城市"的策略，从贫穷落后的乡村做起，一步步进攻非洲城市中心。有关公开资料显示，传音的销售网络已覆盖尼日利亚、肯尼亚、坦桑尼亚、埃塞俄比亚、埃及、阿联酋（迪拜）、沙特阿拉伯、印度、巴基斯坦、印度尼西亚、越南、孟加拉国等 70 多个国家（地区），在售后方面，传音的售后服务品牌 Carlcare 在全球建有超过 2000 个服务网点（含第三方合作网点），为全球用户提供专业高效的售后服务。

据了解，现在传音已经在上海和深圳建立了自主研发中心，并与尼日利亚和肯尼亚等地的研发团队紧密合作。基于在新兴市场积累的领先优势，传音围绕主营业务积极实施多元化战略布局，还创立了数码配件品牌 Oraimo，家用电器品牌 Syinix 以及售后服务品牌 Carlcare 等。同时，传音与网易等多家国内互联网公司在音乐、游戏、短视频、内容聚合及其他应用领域进行出海战略合作，积极开发和孵化移动互联网产品。截至目前，已合作开发出包括 Boomplay 在内的 5 款月活跃用户超过 1000 万的应用程序。其中，音乐流媒体播放平台 Boomplay 月单曲播放量达 20 亿次，拥有超过 4300 万激活用户。

（资料来源：网易科技《态℃》栏目组，https：//tech. 163. com/19/0930/09/EQAHDINA000999D8. html，部分有删减。）

试分析：

1. 传音公司在非洲及中南亚的多个国家设立销售网络，并同时设置超过 2000 家售后服务网点。你认为采取这一组织结构的最大好处是什么？

2. 传音公司在非洲不断扩大业务范围与业务规模的成功之处有哪些？

☆ 同步测试

◇ 单项选择题

1. 市场营销管理必须依托于一定的（　　　）进行。

A. 财务部门　　　　　B. 人事部门　　　　　C. 主管部门　　　　　D. 营销部门

2. 通常市场营销计划需要提交（　　　）或有关人员审定。

A. 营销机构　　　　B. 企业领导　　　　C. 上级主管　　　　D. 营销组织

3. （　　　）是最常见的现代企业的营销组织形式。

A. 地区型组织　　　B. 职能型组织　　　C. 产品型组织　　　D. 管理型组织

4. 市场管理型组织的优势体现在（　　　）。

A. 可以按照地理区域管理　　　　　　　B. 行政管理简单、方便

C. 能协调营销组合战略　　　　　　　　D. 围绕特定顾客开展营销活动

5. 战略控制的目的是确保企业目标、政策、战略和措施与（　　　）相适应。

A. 市场营销环境　　B. 市场营销计划　　C. 推销计划　　　　D. 生产计划

6. 企业计划未来市场占有率及应采取的措施，应纳入（　　　）之中。

A. 年度计划　　　　B. 新产品计划　　　C. 区域市场计划　　D. 战略性计划

◇ 多项选择题

1. 市场营销计划包括的内容有（　　　）。

A. 背景现状　　　　B. 目标设定　　　　C. 战略选择　　　　D. 战术方案

E. 摘要

2. 产品（品牌）管理型组织的优点是（　　　）。

A. 围绕特定消费者或用户　　　　　　　B. 行政管理简单、方便

C. 便于协调营销组合战略　　　　　　　D. 锻炼年轻管理人员

E. 及时反映特定产品（品牌）的问题

3. 市场营销控制包括（　　　）。

A. 战术控制　　　　B. 盈利控制　　　　C. 效率控制　　　　D. 战略控制

E. 年度计划控制

4. 市场营销成本的基本内容包括（　　　）。

A. 直接推销费用　　B. 促销费用　　　　C. 仓储费用　　　　D. 运输费用

E. 市场营销管理人员工资及办公费用

◇**判断题**

1. 市场营销计划是企业指导、协调市场营销活动的主要依据。　　　　（　　）

2. 市场营销计划从特定层面上可分为战略性计划和年度计划。　　　　（　　）

3. 生产多种产品或拥有多个品牌的企业，往往按产品或品牌建立市场营销组织。

（　　）

4. 市场管理型组织的建立是基于顾客特有的购买习惯和偏好。　　　（　　）

5. 战略控制是为了确认在各产品、地区、顾客群和分销渠道等方面的实际获利能

力。　　　　　　　　　　　　　　　　　　　　　　　　　　　　　　（　　）

◇**简答题**

1. 简述市场营销组织的五种形式。

2. 简述效率控制的主要内容。

3. 市场营销微观环境审计主要包括哪些内容？

☆创业营销技能实训项目

如果你是营销人员，如何解决以下营销工作实际问题

1. 假设一个公司的市场占有率已下降好几个报告期，但该公司的营销副总经理把这称为"偶发现象"，拒绝采取任何行动，他的意思是指什么？你认为他的判断是否正确？

2. 一个大型工业企业将销售人员分派到各大城市，并由地区经理负责监管几个城市的销售代表，总营销主管想评估不同城市的利润贡献，那么下列各项费用应该怎样分配给各城市：（1）地区销售经理的费用；（2）全国性杂志广告费用；（3）营销调研费用。

［训练目标］通过讨论认知与体验市场营销组织工作。

［训练组织］学生进行分组讨论。

［创业思考］请参照本章中的提示内容制定拟创业的营销计划书。

［训练提示］教师提出分组讨论前的准备及注意事项，同时进行相应的业务指导。

［训练成果］各组汇报，教师讲评。

☆案例分析

耐克公司的营销组织变革

耐克公司成立于1964年，现已成为领导性的世界级品牌。当年奈特先生仅仅花了35美元请一位学生设计了耐克的标志，如今那个著名的弯钩标志价值已超过100亿美元。40多年的发展，耐克已成为一个商业传奇，他的成功之道人所共知，就是虚拟生产

的商业模式，耐克以优良的产品设计和卓越的营销手法控制市场，而将生产环节外包。

在过去几年里，耐克大力扩张产品线并增加了新的品牌。耐克的主力商品原来以篮球鞋为主，最近几年推出高尔夫运动用品系列，同时加强足球鞋的推广，以迎合足球运动人口的增加。目前，足球运动用品系列的营业额高达 10 亿美元，占有全球 25% 的市场，在欧洲市场占有率更高达 35%。耐克先后并购了高级休闲鞋品牌 COLE HAAN、曲棍球品牌 BAUER、第一运动鞋品牌 CONVERSE 和滑溜板品牌 HURLY，并放手让各品牌独自经营，取得不俗的成绩。但是，耐克在新兴市场上营销本土化做得不够，效果不理想。

为此，耐克品牌总裁 Charlie Denson 宣布耐克进行营销组织和管理变革，以强化耐克品牌与新兴市场、核心产品以及消费者细分市场的联系。实施这一变革使耐克从以品牌创新为支撑的产品驱动型商业模式逐步转变为以消费者为中心的组织形式，通过对关键细分市场的全球品类管理，实现有效益的快速增长。

耐克为此强化了四个地区运营中心（美国、欧洲、亚太、中东及非洲），新设立了五个核心产品运营中心（跑步运动、足球、篮球、男士训练、女士健康）。实际上，耐克公司已经有成功的经验，正是采用这种协同矩阵的管理方式，耐克公司组建了一支专门的队伍，将公司足球用品市场的经营额从 1994 年的 4000 万美元扩大到今天的 15 亿美元。Charlie Denson 说："通过这种方式，我们可以更好地服务于运动员，更好地加深与消费者的联系，更好地扩大我们的市场份额，实现有效益的增长，增强我们的全球竞争力。"比如中国的篮球运动市场，就由亚太区运营中心和全球篮球运营中心协同开拓。

（资料来源：部分改写自倪海清《耐克的营销组织变革》，中国营销传播网 http://www.emkt.com.cn/article/333/33326.html。）

阅读以上材料，回答问题：

1. 耐克公司进行的营销组织变革有何动因？
2. 耐克公司新的组织形式具有哪些优点？

参 考 文 献

［1］加里·阿姆斯特朗，菲利普·科特勒．市场营销学（原书第 12 版）［M］．赵占波，王紫薇，译．北京：机械工业出版社，2016.

［2］菲利普·科特勒，凯文·莱恩·凯勒．营销管理（14 版）［M］．王永贵，等，译．上海：格致出版社、上海人民出版社，2012.

［3］戴维·乔布尔，约翰·费伊．市场营销学（3 版）［M］．徐瑾，等，译．大连：东北财经大学出版社，2013.

［4］威廉·M. 普莱德，等．市场营销学（15 版）［M］．王学生，等，译．北京：清华大学出版社，2012.

［5］小威廉·D. 佩罗，等．市场营销学基础（18 版）［M］．孙谨，译．北京：中国人民大学出版社，2012.

［6］菲利普·科特勒，凯文·莱恩·凯勒．营销管理（13 版）［M］．何佳讯，译．上海：格致出版社，2011.

［7］菲利普·科特勒，凯文·莱恩·凯勒．营销管理（亚洲版）（5 版）［M］．吕一林，译．北京：中国人民大学出版社，2010.

［8］查尔斯·拉姆，小约瑟夫·海尔，卡尔·麦克丹尼尔．市场营销学（3 版）［M］．徐岚，译．北京：机械工业出版社，2010.

［9］菲利普·科特勒，凯文·莱恩·凯勒，卢泰宏．营销管理（中国版）（13 版）［M］．卢泰宏，高辉，译．北京：中国人民大学出版社，2009.

［10］迈克尔·埃特泽尔．市场营销（4 版）［M］．王永贵，译．南京：南京大学出版社，2009.

［11］王永贵．营销管理［M］．大连：东北财经大学出版社，2011.

［12］吴健安．市场营销学（5 版）［M］．北京：高等教育出版社，2014.

［13］甘碧群，曾伏娥．国际市场营销学（3 版）［M］．北京：高等教育出版社，2015.

［14］何永祺．市场营销学（4 版）［M］．大连：东北财经大学出版社，2013.

［15］万后芬．市场营销教程（3 版）［M］．北京：高等教育出版社，2013.

［16］庄贵军．营销管理［M］．北京：中国人民大学出版社，2011.

［17］郭国庆．市场营销学通论．（6 版）［M］．北京：中国人民大学出版社，2014.

［18］董大海．营销管理［M］．北京：清华大学出版社，2010.

［19］柳欣．市场营销学［M］．北京：中国金融出版社，2013.

［20］倪杰．现代市场营销学［M］．北京：清华大学出版社，2009.

［21］吴晓云．市场营销学［M］．北京：高等教育出版社，2017.

［22］郭国庆．市场营销学概论（第三版）［M］．北京：高等教育出版社，2018.

［23］姚旭，柳欣，刘俊贤．新建本科院校转型发展中学科专业建设研究［M］．北京：中国金融出版社，2016.

［24］柳欣．消费心理学（第四版）［M］．大连：大连理工出版社，2018.